여러분의 합격을 응원하는
해커스PSAT의 특별 혜택

FREE 치명적 실수를 줄이는 오답노트

해커스공무원 사이트(gosi.Hackers.com, ⋯⋯⋯⋯⋯⋯⋯⋯ 료 학습 자료] 클릭 ▶
교재 우⋯

 해커스PSAT 온라인 단과강의 **20% 할인쿠폰**

9BE58F437FF57000

해커스PSAT 사이트(psat.Hackers.com) 접속 후 로그인 ▶
우측 퀵배너 [쿠폰/수강권등록] 클릭 ▶ 위 쿠폰번호 입력 후 이용

* 등록 후 7일간 사용 가능(ID당 1회에 한해 등록 가능)

 PSAT 패스 [교재 포함형] **10% 할인쿠폰**

K26B8F4KD3447000

해커스PSAT 사이트(psat.Hackers.com) 접속 후 로그인 ▶
우측 퀵배너 [쿠폰/수강권등록] 클릭 ▶ 위 쿠폰번호 입력 후 이용

* 등록 후 7일간 사용 가능(ID당 1회에 한해 등록 가능)

PSAT 패스 [교재 미포함형] **10% 할인쿠폰**

KK2E8F4295DEC000

해커스PSAT 사이트(psat.Hackers.com) 접속 후 로그인 ▶
우측 퀵배너 [쿠폰/수강권등록] 클릭 ▶ 위 쿠폰번호 입력 후 이용

* 등록 후 7일간 사용 가능(ID당 1회에 한해 등록 가능)

쿠폰 이용 관련 문의 **1588-4055**

해커스가 제안하는
언어논리
고득점 전략

1. 시험에 출제되는 **문제 유형**을 정확하게 파악해야 합니다.

2. 유형별 **문제풀이 핵심 전략**을 확실하게 익혀야 합니다.

3. **엄선된 기출문제**를 통해 체계적으로 학습해야 합니다.

해커스가 제안하는 언어논리 고득점 전략

1 시험에 출제되는 **문제 유형**을 정확하게 파악해야 합니다.

언어논리는 글의 이해력, 논리적·비판적 사고력 등을 평가하는 영역으로, 독해의 원리, 논증의 방향, 문맥과 단서, 논리의 체계 총 네 가지 유형으로 출제됩니다. 언어논리는 각 유형마다 평가하는 요소와 그에 따른 문제풀이법이 다릅니다. 따라서 언어논리를 효과적으로 대비하기 위해서는 시험에 출제되는 각 문제 유형을 확실하게 파악해야 합니다.

※ 7급 공채 및 5급 공채, 민간경력자 PSAT 출제 유형 기준

2 유형별 **문제풀이 핵심 전략**을 확실하게 익혀야 합니다.

언어논리는 글의 이해력 및 논리적·비판적 사고력을 평가하는 영역으로, 사전에 암기한 지식을 통해 해결하는 문제보다는 종합적인 사고를 요하는 문제가 출제됩니다. 따라서 언어논리에서 고득점을 달성하기 위해서는 언어논리에서 출제되는 유형별 문제풀이 핵심 전략을 학습하여 문제에 대한 접근법을 습득하고, 문제에 적용할 수 있도록 확실하게 익혀야 합니다.

유형별
문제풀이 핵심 전략 학습

문제에 대한 접근법 습득

문제 해결력 및
문제풀이의 정확성 향상

언어논리 고득점 달성!

3 엄선된 기출문제를 통해 체계적으로 학습해야 합니다.

PSAT는 시험마다 난이도는 다르지만 매년 비슷한 유형으로 문제가 출제되고 있습니다. 민간경력자 PSAT와 동일하게 출제되었던 2024년 7급 공채 PSAT 역시 5급 공채 PSAT와 유사하게 출제되었으므로 역대 기출문제를 기반으로 7급 공채 PSAT를 준비해야 합니다. 그러나 단순히 많은 문제를 푸는 것만으로는 성적을 향상시킬 수 없습니다. 언어논리에서 출제되는 문제 유형을 체계적으로 파악하고, 각 문제 유형의 문제풀이 핵심 전략을 보다 효과적으로 익힐 수 있도록 PSAT 전문가가 역대 PSAT 기출문제 중 7급 공채 PSAT 언어논리 대비를 위해 반드시 풀어야 하는 기출문제만을 엄선하였습니다.

실전공략문제
기출문제를 시간에 맞춰
풀어보며 문제풀이 능력
향상시키기

**엄선된
기출문제**

유형공략문제
기출문제로 유형별
문제풀이 핵심 전략
적용해보기

기출 엄선 모의고사
전문가가 엄선한
기출 엄선 모의고사로
실전 대비하기

언어논리 완전 정복!

해커스PSAT

7급PSAT

기본서 언어논리

해커스

조은정

이력
- 이화여자대학교 사회과학대학 졸업
- (현) 해커스 7급 공채 PSAT 언어논리 대표강사
- (현) 베리타스에듀 5급 공채 PSAT 언어논리 대표강사
- (현) 베리타스에듀 7급 지역인재 PSAT 언어논리 대표강사
- (현) 상상로스쿨 언어이해 대표강사
- (전) 한상준 PSAT 전문학원 언어논리 대표강사

저서
- 해커스공무원 7급 PSAT 유형별 기출 200제 언어논리
- 해커스PSAT 7급+민경채 PSAT 16개년 기출문제집 언어논리
- 해커스공무원 7급 PSAT 기출문제집
- 해커스PSAT 7급 PSAT 기본서 언어논리
- 해커스공무원 7급 PSAT 입문서
- 5급공채 PSAT 조은정 언어논리 입문서
- 5급공채 PSAT 조은정 언어논리 기본서
- 112 PSAT 조은정의 떠먹는 언어논리
- PSAT 퀴즈99
- 112 민간경력자 PSAT 기출 유형분석 총정리
- PSAT 조은정 언어논리 실전모의고사

7급 공채 PSAT 언어논리, 어떻게 준비해야 하나요?

7급 공채 PSAT를 준비하는 수험생들 중 많은 분들이
어떻게 PSAT '언어논리'를 준비해야 할지 몰라 어려움을 겪고 있습니다.
언어논리는 '유형'과 '전략'의 문제입니다.
언어논리 문제에는 유형이 있고, 그 유형별로 전략적인 접근 방식이 존재합니다.
모든 문제를 똑같은 방식으로 접근하는 것은 효율적인 전략이 아닙니다.
단순히 독해력과 논리력을 기르는 데에 치중하기보다는
문제 패턴에 맞게 유형을 분류하고 그에 적절한 접근법을 알아가는 것이
언어논리를 공부하는 가장 효율적인 방법입니다.

해커스 PSAT연구소와 함께 출간한 『**해커스PSAT 7급 PSAT 기본서 언어논리**』는
언어논리의 유형별 전략을 제시하고 있습니다.
첫째, '문제풀이 핵심 전략'을 통해 언어논리 문제 유형의 특징을 숙지하고 각 유형별 기본기를 학습할 수 있도록
하였습니다.
둘째, '유형공략문제'를 통해 유형별 풀이법을 자신의 것으로 숙지하고, '실전공략문제'를 통해 언어논리 문제풀이 능력을
향상시킬 수 있도록 하였습니다.
셋째, '기출 엄선 모의고사'를 통해 실전 감각을 키워 언어논리 고득점을 달성할 수 있도록 하였습니다.

『**해커스PSAT 7급 PSAT 기본서 언어논리**』에는
PSAT 언어논리 문제와 싸우고 고민했던 수험생으로서의 제 경험과
PSAT 언어논리 전문 강사로서 다년간 연구를 통해 얻은 노하우가 담겨 있습니다.
저의 경험과 노하우가 PSAT 언어논리 때문에 어려움을 겪고 있는 분들에게
좋은 길잡이가 될 수 있기를 기대합니다.
이 책을 통해 7급 공채 PSAT를 준비하는 수험생 모두 합격의 기쁨을 누리시기 바랍니다.

조은정

목차

1 독해의 원리

2 논증의 방향

언어논리 고득점을 위한 이 책의 활용법

1 문제풀이 핵심 전략에 따라 유형별 문제풀이법을 학습한다.

· 유형별 문제풀이 핵심 전략을 통해 언어논리 문제를 빠르고 정확하게 푸는 방법을 익힐 수 있습니다. 또한 '조은정쌤의 응급처방'을 통해 유형별 문제풀이 팁 및 핵심 이론을 학습할 수 있습니다.

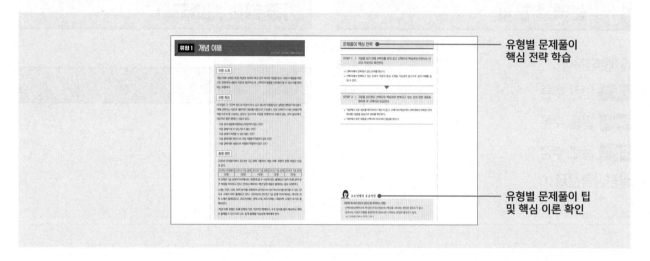

유형별 문제풀이 핵심 전략 학습

유형별 문제풀이 팁 및 핵심 이론 확인

2 유형공략문제와 실력 UP 포인트로 문제풀이법을 완벽히 숙지한다.

· 유형공략문제에서 문제풀이 핵심 전략을 적용하여 유형별 문제풀이법을 완벽히 숙지할 수 있습니다. 특히 문제를 풀고 난 후, 실력 UP 포인트로 문제에서 반드시 확인하고 이해해야 하는 부분들을 점검함으로써 보다 심층적으로 학습할 수 있습니다.

심화 학습을 위한 실력 UP 포인트

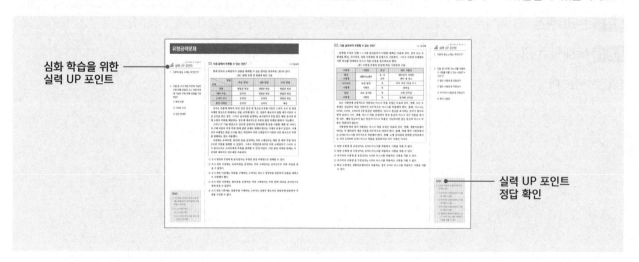

실력 UP 포인트 정답 확인

3 **실전공략문제**로 언어논리 **문제풀이 능력을 향상시킨다**.

· 권장 제한시간에 따라 실전공략문제를 풀어 보며 시간 관리 연습을 할 수 있고, 유형별 문제풀이 능력 또한 향상시킬 수 있습니다.

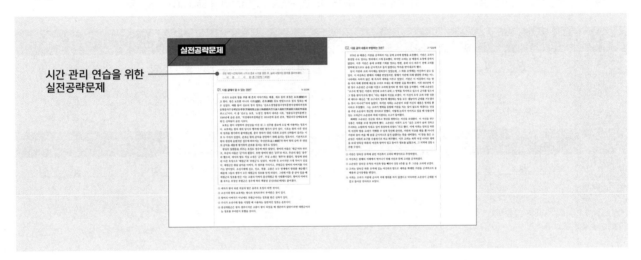

시간 관리 연습을 위한
실전공략문제

4 **기출 엄선 모의고사**를 통해 **실전 감각을 극대화한다**.

· 7급 공채 PSAT 대비를 위해 엄선된 기출문제를 제한시간 내에 풀어봄으로써 실전 감각을 극대화하고 완벽하게 실전에 대비할 수 있습니다.

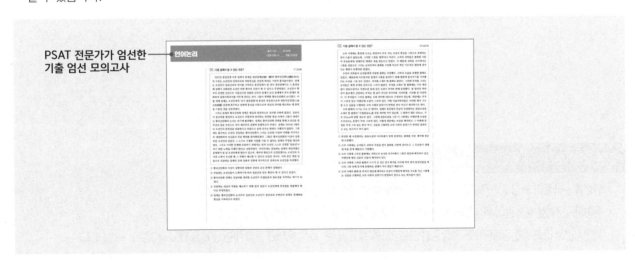

PSAT 전문가가 엄선한
기출 엄선 모의고사

기간별 맞춤 학습 플랜

2주 완성 학습 플랜

👍 이런 분에게 추천합니다!

· PSAT 언어논리를 학습한 경험이 있거나 시간이 부족하여 단기간에 PSAT 언어논리를 대비해야 하는 분

진도	1주차				
날짜	___월___일	___월___일	___월___일	___월___일	___월___일
학습 내용	1. 독해의 원리 · 유형 1~3	1. 독해의 원리 · 실전공략문제	2. 논증의 방향 · 유형 4~7	2. 논증의 방향 · 실전공략문제	3. 문맥과 단서 · 유형 8~10
진도	2주차				
날짜	___월___일	___월___일	___월___일	___월___일	___월___일
학습 내용	3. 문맥과 단서 · 실전공략문제	4. 논리의 체계 · 유형 11~13	4. 논리의 체계 · 실전공략문제	기출 엄선 모의고사	전체 복습

2주 완성 수험생을 위한 학습 가이드

· 유형별 문제풀이 핵심 전략을 확인한 후, 기출문제에 핵심 전략이 어떻게 적용되는지 학습합니다.

· 유형공략문제를 문제풀이 핵심 전략을 적용하여 풀어보면서 문제풀이 핵심 전략을 익힙니다.

· 제한시간에 따라 실전공략문제와 기출 엄선 모의고사를 풀고 난 후, 틀린 문제와 풀지 못한 문제를 다시 풀어보며 복습합니다.

4주 완성 학습 플랜

👍 이런 분에게 추천합니다!

· PSAT 언어논리를 처음 학습하거나 기본기가 부족하여 기초부터 탄탄하게 학습하고 싶은 분

진도	1주차				
날짜	___월___일	___월___일	___월___일	___월___일	___월___일
학습 내용	1. 독해의 원리 · 유형 1~3	1. 독해의 원리 · 실전공략문제	2. 논증의 방향 · 유형 4~5	2. 논증의 방향 · 유형 6~7	2. 논증의 방향 · 실전공략문제
진도	2주차				
날짜	___월___일	___월___일	___월___일	___월___일	___월___일
학습 내용	1. 독해의 원리 복습	2. 논증의 방향 복습	3. 문맥과 단서 · 유형 8~10	3. 문맥과 단서 · 실전공략문제	4. 논리의 체계 · 유형 11~13
진도	3주차				
날짜	___월___일	___월___일	___월___일	___월___일	___월___일
학습 내용	4. 논리의 체계 · 실전공략문제	3. 문맥과 단서 복습	4. 논리의 체계 복습	기출 엄선 모의고사	기출 엄선 모의고사 복습
진도	4주차				
날짜	___월___일	___월___일	___월___일	___월___일	___월___일
학습 내용	1. 독해의 원리 복습	2. 논증의 방향 복습	3. 문맥과 단서 복습	4. 논리의 체계 복습	전체 복습

4주 완성 수험생을 위한 학습 가이드

· 유형별로 제시된 문제풀이 핵심 전략을 꼼꼼히 학습한 후, 기출문제에 핵심 전략이 어떻게 적용되는지 핵심 전략을 단계별로 직접 적용해 보고 문제풀이 핵심 전략을 확실하게 이해합니다.

· 문제풀이 핵심 전략에 따라 유형공략문제를 풀어본 후, 실력 UP 포인트를 풀어보면서 문제에서 반드시 파악해야 하는 내용들을 확인합니다.

· 제한시간에 따라 실전공략문제와 기출 엄선 모의고사를 풀고 난 후, 틀린 문제와 풀지 못한 문제는 다시 풀어보며, 문제풀이 핵심 전략을 완벽하게 익힙니다.

7급 공채 및 PSAT 알아보기

■ 7급 공채 알아보기

1. 7급 공채란?

7급 공채는 인사혁신처에서 학력, 경력에 관계없이 7급 행정직 및 기술직 공무원으로 임용되기를 원하는 불특정 다수인을 대상으로 실시하는 공개경쟁채용시험을 말합니다. 신규 7급 공무원 채용을 위한 균등한 기회 보장과 보다 우수한 인력의 공무원을 선발하는 데에 시험의 목적이 있습니다. 경력경쟁채용이나 지역인재채용과 달리 18세 이상의 연령이면서 국가공무원법 제33조에서 정한 결격사유에 저촉되지 않는 한, 누구나 학력 제한이나 응시상한연령 없이 시험에 응시할 수 있습니다.

> - **경력경쟁채용**: 공개경쟁채용시험에 의하여 충원이 곤란한 분야에 대해 채용하는 제도로서 다양한 현장 경험과 전문성을 갖춘 민간전문가를 공직자로 선발한다.
> - **지역인재채용**: 자격요건을 갖춘 자를 학교별로 추천받아 채용하는 제도로서 일정 기간의 수습 근무를 마친 후 심사를 거쳐 공직자로 선발한다.

2. 7급 공채 채용 프로세스

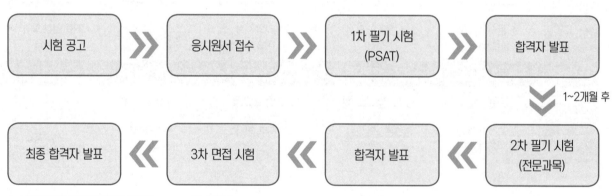

시험 공고 》 응시원서 접수 》 1차 필기 시험 (PSAT) 》 합격자 발표

1~2개월 후

최종 합격자 발표 《 3차 면접 시험 《 합격자 발표 《 2차 필기 시험 (전문과목)

※ 상세 일정은 사이버국가고시센터(www.gosi.kr) 참고

▌7급 공채 PSAT 알아보기

1. PSAT란?

PSAT(Public Service Aptitude Test, 공직적격성평가)는 공직과 관련된 상황에서 발생하는 여러 가지 문제에 신속히 대처할 수 있는 문제해결의 잠재력을 가진 사람을 선발하기 위해 도입된 시험입니다. 즉, 특정 과목에 대한 전문 지식 보유 수준을 평가하는 대신, 공직자로서 지녀야 할 기본적인 자질과 능력 등을 종합적으로 평가하는 시험입니다. 이에 따라 PSAT는 이해력, 추론 및 분석능력, 문제해결능력 등을 평가하는 언어논리, 상황판단, 자료해석 세 가지 영역으로 구성됩니다.

2. 시험 구성 및 평가 내용

과목	시험 구성	평가 내용
언어논리	각 25문항/120분	글의 이해, 표현, 추론, 비판과 논리적 사고력 등을 평가함
상황판단		제시문과 표를 이해하여 상황 및 조건에 적용하고, 판단과 의사결정을 통해 문제를 해결하는 능력을 평가함
자료해석	25문항/60분	표, 그래프, 보고서 형태로 제시된 수치 자료를 이해하고 계산하거나 자료 간의 연관성을 분석하여 정보를 도출하는 능력을 평가함

※ 본 시험 구성은 2022년 시험부터 적용

언어논리 고득점 가이드

▌출제 유형 분석

언어논리는 언어에 대한 이해력과 논리적 사고력을 평가하는 영역으로, 크게 독해의 원리, 논증의 방향, 문맥과 단서, 논리의 체계 네 가지 유형으로 나눌 수 있습니다. 이 중 독해의 원리, 문맥과 단서는 5급 공채와 민간경력자 PSAT뿐만 아니라 7급 공채 PSAT에서도 출제 비중이 높습니다. 또한, 논증의 방향, 논리의 체계는 출제 비중이 높지는 않지만 고난도로 꾸준히 출제되고 있습니다. 네 가지 유형 모두 기본적인 독해력이 필수적으로 요구되므로 주어진 시간 내에 긴 길이의 지문을 빠르고 정확하게 이해하는 능력이 필요합니다.

유형	세부 유형	유형 설명
독해의 원리	· 개념 이해 · 구조 판단 · 원칙 적용	2~5단락 정도의 지문을 제시하고, 지문의 내용을 정확히 이해했는지, 지문의 내용을 바탕으로 지문에 제시되지 않은 정보를 올바르게 추론할 수 있는지, 지문에 제시된 내용을 새로운 상황에 적용할 수 있는지를 묻는 유형
논증의 방향	· 논지와 중심 내용 · 견해 분석 · 논증의 비판과 반박 · 논증 평가	1~3단락 정도의 논증 또는 여러 사람의 견해가 포함된 지문을 제시하고, 논증의 주장이나 견해를 올바르게 이해했는지, 논증의 주장이나 견해에 대한 평가가 제시되었을 때 그 평가가 논증이나 견해를 지지하거나 약화하는지 등을 정확히 평가할 수 있는지를 묻는 유형
문맥과 단서	· 빈칸 추론 · 밑줄 추론 · 글의 수정	중간에 빈칸이 있거나 밑줄이 그어져 있는 1~3단락 정도의 지문을 제시하고, 내용의 흐름을 파악하여 빈칸에 들어갈 내용을 적절하게 추론할 수 있는지, 밑줄 그어진 구절의 의미를 올바르게 판단할 수 있는지를 묻는 유형
논리의 체계	· 논증의 타당성 · 논리 퀴즈 · 독해형 논리	1~3단락 정도의 비교적 짧은 길이의 지문 또는 퀴즈를 해결하는 데 필요한 3~5개 정도의 명제나 조건을 제시하고, 제시된 명제나 조건의 참·거짓 여부를 판단할 수 있는지, 명제나 조건 간의 관계를 고려하여 논증에서 빠진 전제 또는 결론을 추론할 수 있는지를 묻는 유형

▌출제 경향 분석 & 대비 전략

1. 출제 경향 분석

① 출제 유형
7급 공채 PSAT에 출제된 문제는 5급 공채 PSAT에 출제되었던 유형과 거의 동일합니다. 2024년 시험은 2023년과 동일하게 독해 문제 외에 실험의 결과를 추론하는 문제가 출제되었고, 5급 공채와 유사하게 논리와 통합된 논증 문제가 출제되었습니다. 실무 소재 문제는 비중이 줄었으나 응용된 형태로 출제되었습니다.

② 난이도
유형별로 어려운 문제들이 포함되어 있어서 2023년에 비해 난도가 높았습니다. 정보의 옳고 그름을 판단하는 문제의 난도는 평이했으나, 실험의 결과를 추론하거나 논리적 접근을 요하는 논증 문제 및 전제 찾기 문제의 난도가 높았습니다.

③ 소재
인문, 사회, 역사, 과학, 철학, 법조문 등 다양한 소재가 출제되고 있고, 특히 실험 소재가 유형별로 어렵게 출제되고 있습니다. 2023년 7급 공채 PSAT와 달리 실무 관련 소재의 출제 비중은 감소하였습니다.

2. 대비 전략

① 시험 문제에 대한 분석이 선행되어야 합니다.
PSAT는 전문적인 지식의 암기 여부를 테스트하는 시험이 아닌 적성 시험입니다. 그렇기 때문에 시험의 특징과 출제 경향에 대해 정확히 파악하고, 그에 따라 전략적으로 대비하는 것이 중요합니다. 따라서 실제 언어논리 시험 문제가 어떻게 구성되어 있고, 어떤 소재가 출제되는지, 어떤 문제 유형이 출제되는지 등에 대해 분석하여 시험의 특징을 파악해야 합니다.

② 기본적인 독해력과 사고력을 키워야 합니다.
언어논리에서는 지문의 소재가 다양하게 출제되므로 다양한 소재의 글을 읽고 정확히 이해할 수 있어야 합니다. 이에 따라 꾸준한 독서와 독해 연습을 통해 글의 구조를 이해하고, 글에서 묻고자 하는 바와 출제 의도를 파악하는 연습을 해야 합니다. 또한 논리의 체계 유형은 기본적인 논리 지식을 필수적으로 학습해야 합니다.

③ 문제 유형별 풀이 전략을 익혀야 합니다.
7급 공채 PSAT는 제한된 시간 내에 영역별 25문항을 풀어야 하는 시험이므로 시험 시간이 촉박하게 느껴질 수 있습니다. 때문에 언어논리에서 고득점을 획득하기 위해서는 독해 연습과 이론적인 부분에 대한 학습뿐만 아니라 제한된 시간 내에 빠르고 정확하게 문제를 풀 수 있는 유형별 문제풀이 전략을 익혀야 합니다.

언어논리 **고득점 가이드**

▌7급 공채 PSAT 대표 기출문제 분석

기출문제 1

· 유형: 독해의 원리
· 세부 유형: 개념 이해

다음 글에서 알 수 있는 것은? ●

우리나라 국기인 태극기에는 태극 문양과 4괘가 그려져 있는데, 중앙에 있는 태극 문양은 만물이 음양 조화로 생장한다는 것을 상징한다. 또 태극 문양의 좌측 하단에 있는 이괘는 불, 우측 상단에 있는 감괘는 물, 좌측 상단에 있는 건괘는 하늘, 우측 하단에 있는 곤괘는 땅을 각각 상징한다. 4괘가 상징하는 바는 그것이 처음 만들어질 때부터 오늘날까지 변함이 없다.

태극 문양을 그린 기는 개항 이전에도 조선 수군이 사용한 깃발 등 여러 개가 있는데, 태극 문양과 4괘만 사용한 기는 개항 후에 처음 나타났다. 1882년 5월 조미수호조규 체결을 위한 전권대신으로 임명된 이응준은 회담 장소에 내걸 국기가 없어 곤란해 하다가 회담 직전 태극 문양을 활용해 기를 만들고 그것을 회담장에 걸어두었다. 그 기에 어떤 문양이 담겼는지는 오랫동안 알려지지 않았다. 그런데 2004년 1월 미국 어느 고서점에서 미국 해군부가 조미수호조규 체결 한 달 후에 만든 『해상 국가들의 깃발들』이라는 책이 발견되었다. 이 책에는 이응준이 그린 것으로 짐작되는 '조선의 기'라는 이름의 기가 실려 있다. 그 기의 중앙에는 태극 문양이 있으며 네 모서리에 괘가 하나씩 있는데, 좌측 상단에 감괘, 우측 상단에 건괘, 좌측 하단에 곤괘, 우측 하단에 이괘가 있다.

조선이 국기를 공식적으로 처음 정한 것은 1883년의 일이다. 1882년 9월에 고종은 박영효를 수신사로 삼아 일본에 보내면서, 그에게 조선을 상징하는 기를 만들어 사용해본 다음 귀국하는 즉시 제출하게 했다. 이에 박영효는 태극 문양이 가운데 있고 4개의 모서리에 각각 하나씩 괘가 있는 기를 만들어 사용한 후 그것을 고종에게 바쳤다. 고종은 이를 조선 국기로 채택하고 통리교섭사무아문으로 하여금 각국 공사관에 배포하게 했다. 이 기는 일본에 의해 강제 병합되기까지 국기로 사용되었는데, 언뜻 보기에 『해상 국가들의 깃발들』에 실린 '조선의 기'와 비슷하다. 하지만 자세히 보면 두 기는 서로 다르다. 조선 국기 좌측 상단에 있는 괘가 '조선의 기'에는 우측 상단에 있고, '조선의 기'의 좌측 상단에 있는 괘는 조선 국기의 우측 상단에 있다. 또 조선 국기의 좌측 하단에 있는 괘는 '조선의 기'의 우측 하단에 있고, '조선의 기'의 좌측 하단에 있는 괘는 조선 국기의 우측 하단에 있다.

① 미국 해군부는 통리교섭사무아문이 각국 공사관에 배포한 국기를 『해상 국가들의 깃발들』에 수록하였다. ●
② 조미수호조규 체결을 위한 회담 장소에서 사용하고자 이응준이 만든 기는 태극 문양이 담긴 최초의 기다.
③ 통리교섭사무아문이 배포한 기의 우측 상단에 있는 괘와 '조선의 기'의 좌측 하단에 있는 괘가 상징하는 것은 같다.
④ 오늘날 태극기의 우측 하단에 있는 괘와 고종이 조선 국기로 채택한 기의 우측 하단에 있는 괘는 모두 땅을 상징한다.
⑤ 박영효가 그린 기의 좌측 상단에 있는 괘는 물을 상징하고 이응준이 그린 기의 좌측 상단에 있는 괘는 불을 상징한다.

[정답] ④

> 지문의 내용과 핵심어의 의미를 올바르게 파악하여 이를 바탕으로 알 수 있거나 추론할 수 있는 내용이 무엇인지 판단하는 문제가 출제됩니다.

> 인문, 사회, 과학, 철학, 역사 등 일반적인 소재의 글이 제시됩니다.

> 글의 내용을 토대로 알 수 있거나 추론할 수 있는 여러 내용이 제시됩니다.

PSAT 전문가의 TIP

지문에 제시된 생소한 개념이나 세부적인 정보를 파악하고, 제시된 정보를 조합하여 구성된 선택지 내용이 옳은지 그른지 판단하는 연습을 해야 합니다.

기출문제 2

· 유형: 논증의 방향

· 세부 유형: 견해 분석

다음 논쟁을 분석한 것으로 적절한 것만을 <보기>에서 모두 고르면? •────

A: 종 차별주의란 인간 종이 다른 생물 종과 생김새가 다르다는 이유만으로 특별한 대우를 받아야 한다는 주장이다. 이런 종 차별주의가 옳지 않다는 주장은 모든 종을 동등하게 대우해야 한다는 종 평등주의가 옳다는 말과 같다. 하지만 종 평등주의는 너무나 비상식적인 견해이다.

B: 종 차별주의를 거부하는 것과 종 평등주의를 받아들이는 것은 별개다. 모든 생명체를 동등하게 대우해야 한다는 종 평등주의는 이웃 사람을 죽이는 것이 그른 만큼 양배추를 뽑아 버리는 것도 그르다는 것을 암시한다. 그러나 양배추는 신경계와 뇌가 없으므로 어떠한 경험을 할 수도 어떠한 의식을 가질 수도 없다. 그런 양배추를 뽑아 버리는 것이, 의식을 가지고 높은 수준의 경험을 누리는 이웃 사람을 죽이는 행위와 같을 수 없다. 종 차별주의에 대한 거부는 생김새가 아닌 의식에 의한 차별적 대우를 부정하지 않는다. •────

C: 의식에 의한 차별이 정당하다는 주장이 옳다면, 각 인간이 가진 가치도 달라야 한다. 왜냐하면 인간마다 의식적 경험의 정도가 다르기 때문이다. 그러나 모든 인간이 동일한 존엄성과 무한한 생명 가치를 가진다는 것은 거부할 수 없는 윤리의 대전제이다. 따라서 의식을 이용하여 종 사이의 차별을 정당화한다면 이런 윤리의 대전제를 부정할 수밖에 없다.

─────────<보 기>•────

ㄱ. A는 종 차별주의와 종 평등주의가 서로 모순된다고 보지만 B는 그렇지 않다.
ㄴ. B와 C는 모든 인간이 동일한 존엄성과 무한한 생명 가치를 가진다는 견해에 동의한다.
ㄷ. C는 인간과 인간이 아닌 것 사이의 차별적 대우를 정당화하는 근거가 있다는 것에 동의하지만, A는 그렇지 않다.

① ㄱ
② ㄴ
③ ㄱ, ㄷ
④ ㄴ, ㄷ
⑤ ㄱ, ㄴ, ㄷ

[정답] ①

하나의 주제와 관련된 여러 논쟁을 분석하는 문제가 출제됩니다.

인문, 사회, 과학, 철학, 역사 등 일반적인 소재나 실무와 관련된 소재가 제시되고, 한 사람 이상의 견해가 줄글 또는 대화 형식으로 제시됩니다.

논쟁의 내용이나 논지의 방향성을 판단하게 하는 내용이 제시됩니다.

PSAT 전문가의 TIP

지문에 제시된 주장의 방향성을 빠르게 파악하고, 그 주장을 강화하거나 약화하는 진술을 찾거나 주장 간의 관계를 분석하는 연습을 해야 합니다.

언어논리 **고득점 가이드**

기출문제 3

· 유형: 문맥과 단서
· 세부 유형: 빈칸 추론

다음 대화의 빈칸에 들어갈 내용으로 가장 적절한 것은? ●───────── 문맥에 따라 빈칸에 들어갈 적절한 내용을 추론하는 문제가 출제됩니다.

갑: 아시는 바와 같이 코로나19로 인한 위기 상황 속에서 어려움을 겪는 국민의 생계를 지원하기 위해 정부가 지난 5월에 전 국민을 대상으로 긴급재난지원금을 지급했습니다. 그런데 정부는 코로나19로 영업이 어려워진 소상공인 및 자영업자, 생계가 어려운 가구 등을 대상으로 지원금을 다시금 지급하기로 8월에 결정했습니다. 이 소식을 듣고 지원금 수령 가능 여부를 문의하는 민원인들이 많습니다. 문구점을 운영하는 A씨는 소상공인 및 자영업자에게 주는 지원금을 신청할 수 있는지 문의했습니다. ●

을: 이번에는 소상공인 및 자영업자의 일부, 생계 위기 가구 등에 지원금을 주게 되어 있습니다. 사회적 거리두기 2단계의 실시로 출입이 금지된 집합금지 및 집합제한업종의 자영업자는 특별한 증빙서류 없이 소상공인 및 자영업자 대상 지원금을 받을 수 있습니다. 또 사회적 거리두기 2.5단계부터 운영이 제한된 수도권의 카페나 음식점 등도 집합제한업종에 해당하여 지원금을 받을 수 있습니다. 집합금지 및 집합제한업종에 속하지 않더라도 연 매출 4억 원 이하라는 사실을 증명할 수 있는 자료와 함께 코로나19 확산으로 매출이 감소했음을 증빙하는 자료를 제출하면 지원금을 받을 수도 있습니다. A씨가 운영하는 가게가 집합금지 및 집합제한업종에 해당하는지 확인하셨습니까?

갑: 네, A씨가 운영하는 문구점은 집합금지 및 집합제한업종에 해당하지 않는 것으로 확인되었습니다.

을: 그렇다면 제가 말씀드린 내용을 바탕으로 A씨에게 적절한 답변을 해주시기 바랍니다.

갑: 잘 알겠습니다. 민원인 A씨에게 [   ]고 말씀 드리겠습니다.

①───────── 인문, 사회, 과학, 철학, 역사 등 일반적인 소재나 실무와 관련된 소재가 줄글 또는 대화 형식으로 제시됩니다.

① 문구점은 일반 업종에 해당하지 않으므로 긴급재난지원금을 신청할 수 없다 ●───────── 글의 흐름을 토대로 빈칸에 들어갈 수 있는 여러 내용이 제시됩니다.
② 지난 5월에 긴급재난지원금을 받았다는 사실을 증명하는 서류를 제출해야 한다
③ 문구점은 집합금지 및 집합제한업종에 해당하지 않는 것으로 확인되었기 때문에 지원금을 받을 수 없다
④ 사회적 거리두기 2.5단계부터 운영이 제한되거나 금지된 업종이 아니면 긴급재난지원금을 받을 수 없다
⑤ 연 매출 4억 원에 미치지 못하고 코로나19로 매출이 감소한 자영업자라면 증빙서류를 갖추어 신청할 수 있다

[정답] ⑤

PSAT 전문가의 TIP

지문의 전체적인 흐름을 파악하고, 글에 직접적으로 제시되지 않은 내용을 정확하게 추론하는 연습을 해야 합니다.

기출문제 4

· 유형: 논리의 체계

· 세부 유형: 독해형 논리

다음 글의 내용이 참일 때, 반드시 참인 것만을 <보기>에서 모두 고르면? ●

최근 두 주 동안 직원들은 다음 주에 있을 연례 정책 브리핑을 준비해 왔다. 브리핑의 내용과 진행에 관해 알려진 바는 다음과 같다. 개인건강정보 관리 방식 변경에 관한 가안이 정책제안에 포함된다면, 보건정보의 공적 관리에 관한 가안도 정책제안에 포함될 것이다. 그리고 정책제안을 위해 구성되었던 국민건강 2025팀이 재편된다면, 앞에서 언급한 두 개의 가안이 모두 정책제안에 포함될 것이다. 개인건강정보 관리 방식 변경에 관한 가안이 정책제안에 포함되고 국민건강 2025팀 리더인 최팀장이 다음 주 정책 브리핑을 총괄한다면, 프레젠테이션은 국민건강 2025팀의 팀원인 손공정씨가 맡게 될 것이다. 그런데 보건정보의 공적 관리에 관한 가안이 정책제안에 포함될 경우, 국민건강 2025팀이 재편되거나 다음 주 정책 브리핑을 위해 준비한 보도자료가 대폭 수정될 것이다. 한편, 직원들 사이에서는, 최팀장이 다음 주 정책 브리핑을 총괄하면 팀원 손공정씨가 프레젠테이션을 담당한다는 말이 돌았는데 그 말은 틀린 것으로 밝혀졌다.

〈보 기〉

ㄱ. 개인건강정보 관리 방식 변경에 관한 가안과 보건정보의 공적 관리에 관한 가안 중 어느 것도 정책제안에 포함되지 않는다.

ㄴ. 국민건강 2025팀은 재편되지 않고, 이 팀의 최팀장이 다음 주 정책 브리핑을 총괄한다.

ㄷ. 보건정보의 공적 관리에 관한 가안이 정책제안에 포함된다면, 다음 주 정책 브리핑을 위해 준비한 보도자료가 대폭 수정될 것이다.

① ㄱ
② ㄴ
③ ㄱ, ㄷ
④ ㄴ, ㄷ
⑤ ㄱ, ㄴ, ㄷ

[정답] ④

● 지문의 내용이 모두 참이라고 가정하고, 제시된 조건들을 논리적으로 조합하여 참과 거짓인 진술을 판별하는 문제가 출제됩니다.

● 논리 기호화가 가능한 5~7개의 논리 명제들이 제시됩니다.

● 지문에 제시된 명제들을 참이라고 가정하여 조합했을 때, 참인지 거짓인지 진위여부를 알 수 없는지를 판단하도록 출제됩니다.

PSAT 전문가의 TIP

주어진 조건에 따라 논리 이론과 규칙을 적용하여 논리 명제를 기호화하고, 제시된 명제의 참과 거짓 여부를 정확하게 판단하는 연습을 해야 합니다.

해커스PSAT **7급 PSAT 기본서** 언어논리

1 독해의 원리

출제경향분석

1 독해의 원리란?

독해의 원리는 2~5단락 정도 길이의 지문을 제시하고 지문의 내용을 제대로 이해했는지, 지문의 내용을 바탕으로 지문에 제시되지 않은 내용을 올바르게 추론할 수 있는지, 지문에 제시된 내용을 새로운 상황에 적용할 수 있는지를 평가하기 위한 유형이다. 대학수학능력 시험이나 NCS 등 PSAT 이외의 다른 시험에서 출제되는 언어 문제와 겉보기 형태는 비슷하지만 그러한 시험들과는 달리 PSAT 언어논리에서 독해의 원리는 단순 독해력을 평가하는 것이 아니라 문항별 전략에 따라 필요한 내용을 빠르고 정확하게 파악하는 능력을 평가한다는 점에서 차이가 있다.

2 세부 출제 유형

독해의 원리는 문제에서 평가하고자 하는 영역에 따라 ① **개념 이해**, ② **구조 판단**, ③ **원칙 적용** 총 3가지 세부 유형으로 출제된다.

개념 이해	글에 제시된 생소한 용어의 개념이나 특징 등 세부적인 정보를 파악하여 선택지의 옳고 그름을 판단하는 유형
구조 판단	대조나 병렬 등 글의 구조에 초점을 맞추어 정보를 파악하여 선택지의 옳고 그름을 판단하는 유형
원칙 적용	글의 내용을 바탕으로 글에 제시되지 않은 2차적인 정보를 추론하거나 글의 내용을 새로운 상황에 올바르게 적용했는지를 판단하는 유형

3 출제 경향

1. 2020년 모의평가부터 2024년 7급 공채 기출까지 '독해의 원리' 출제 문항 수는 다음과 같다.

2020년 모의평가	2021년 7급 공채	2022년 7급 공채	2023년 7급 공채	2024년 7급 공채
8문항	8문항	8문항	8문항	10문항

독해의 원리는 2021년 7급 공채 PSAT는 구조가 뚜렷한 지문을 제시하거나 원리나 원칙을 제시하여 적용하는 형태의 도식적인 접근법을 요하는 문제의 비중이 높았던 반면, 2022년과 2023년 7급 공채 PSAT의 경우 개념이나 내용을 이해하는 독해 문제가 다수 출제되었다. 2024년 7급 공채 PSAT는 개념, 구조, 적용 등 독해 문제의 유형별 비중이 적절하게 맞춰지는 형태로 출제되었고, 앞으로 이런 경향이 유지될 것으로 예상된다.

2. 지문의 소재는 매우 다양하게 출제되지만 특히 인문학이나 과학 등 주로 초급 관리자들이 갖추어야 할 기본 소양과 관련된 소재와 한국사와 한국 사상 등 공무원에게 필요한 역사의식과 관련된 소재가 다수 출제된다. 2024년 7급 공채 PSAT에서는 역사와 과학, 법, 의학 등 다양한 소재가 지문으로 출제되었다. 이 외에도 2023년 7급 공채 PSAT에서는 실무 소재, 2022년 7급 공채 PSAT에서는 철학, 경제학 소재가 출제되었다. 앞으로도 기존 시험에서 다루고 있는 인문, 과학, 역사 소재와 더불어 실무적인 내용의 텍스트도 주요 소재로 출제될 가능성이 높다.

4 대비 전략

기본적인 독해력이 필수적인 영역이므로 꾸준히 글을 읽는 연습을 해야 한다. 그러나 풀이 시간을 단축하기 위해 전략적으로 빠르게 글을 읽고 내용을 파악하는 연습을 하는 것이 중요하다.

1. 문제에 따라 지문의 소재나 구조, 선택지의 구성이 달라지므로 소재, 구조, 선택지의 구성에 따라 글을 읽는 초점을 달리하는 연습을 한다.

2. 독해의 효율성을 높이기 위해 글에 제시된 세부 정보를 모두 정리하기보다는 선택지나 <보기>의 핵심어를 중심으로 제시된 정보의 중요도를 구분하는 연습을 한다.

3. 글의 내용을 정확하게 이해하고, 글의 구조를 빠르게 파악하는 것이 중요하므로 글의 내용과 함께 구조를 분석하는 연습을 한다.

4. 주어진 시간이 촉박한 시험이므로 핵심 키워드를 중심으로 빠르게 읽는 연습을 한다.

유형 소개

'개념 이해' 유형은 특정 개념의 정의와 특성 등이 제시된 지문을 읽고, 지문의 내용을 바탕으로 선택지의 내용이 지문과 일치하는지, 선택지의 내용을 지문에서 알 수 있는지를 판단하는 유형이다.

유형 특징

이 유형은 3~5단락 정도의 지문이 다소 길고 생소한 내용을 담은 설명문 형태로 제시된다. 이때 선택지는 지문의 세부적인 정보를 바탕으로 구성된다. 또한 선택지가 지문 전체의 맥락을 아우르게 구성되는 경우도 있으므로 지문을 전체적으로 차분히 읽는 것이 필요하다. 대표적인 발문 형태는 다음과 같다.

· 다음 글의 내용에 부합하는/부합하지 않는 것은?
· 다음 글에서 알 수 있는/알 수 없는 것은?
· 다음 글에서 추론할 수 있는/없는 것은?
· 다음 글에 대한 판단으로 가장 적절한/적절하지 않은 것은?
· 다음 글에 대한 설명으로 적절한/적절하지 않은 것은?

출제 경향

· 2020년 모의평가부터 2024년 7급 공채 기출까지 '개념 이해' 유형의 문항 비중은 다음과 같다.

2020년 모의평가	2021년 7급 공채	2022년 7급 공채	2023년 7급 공채	2024년 7급 공채
3문항	3문항	4문항	3문항	2문항

이 유형은 5급 공채 PSAT에서도 40문제 중 4~6문제 정도 출제되고 있어 독해 영역 중 큰 비중을 차지하고 있다. 언어논리에서는 매년 일정 비율로 출제되는 중요 유형이다.

· 소재는 인문, 사회, 과학 분야를 포함하여 공무원으로서의 역사의식을 평가할 수 있는 한국사 소재가 자주 출제되고 있다. 2024년과 2023년 7급 공채 PSAT에서는 역사와 과학 소재가 출제되었고, 2022년에는 경제 소재, 2021년에는 사회과학 소재가 추가로 출제되었다.

· '개념 이해' 유형은 독해 문제의 가장 기본적인 형태이고, 주로 정보를 많이 제시하는 형태로 출제될 수 있으므로 난도 높게 출제될 가능성에 대비해야 한다.

문제풀이 핵심 전략

1 독해의 원리

2 논증의 방향

3 문맥과 단서

4 논리의 체계

기출 엄선 모의고사

해커스PSAT 7급 PSAT 기본서 언어논리

STEP 1 | 지문을 읽기 전에 선택지를 먼저 읽고 선택지의 핵심어와 반복되는 단어가 무엇인지 확인한다.

√ 선택지에서 반복되고 있는 단어를 찾는다.

√ 선택지에서 반복되고 있는 단어가 지문의 중심 소재일 가능성이 높으므로 글의 이해를 높일 수 있다.

▼

STEP 2 | 지문을 읽으면서 선택지의 핵심어와 반복되고 있는 단어 관련 내용을 파악한 후 선택지와 비교한다.

√ 지문에서 모든 정보를 확인하려고 애쓰지 않고, 선택지의 핵심어와 선택지에서 반복된 단어에 대한 설명을 중심으로 정보를 확인한다.

√ 지문에서 찾은 내용을 선택지와 비교하여 정답을 찾는다.

 조은정쌤의 응급처방

지문에 제시된 정보의 중요도를 파악하는 방법

· 선택지에 반복적으로 제시된 단어의 개념이나 특징을 나타내는 문장은 중요도가 높다.

· 접속사는 지문의 흐름을 결정하므로 접속사로 시작하는 문장은 중요도가 높다.

  ex) 그러므로, 따라서, 하지만, 그러나

문제풀이 핵심 전략 적용

다음 글의 내용과 부합하지 않는 것은?   19 민경채

> 기원전 3천 년쯤 처음 나타난 원시 수메르어 문자 체계는 두 종류의 기호를 사용했다. 한 종류는 숫자를 나타냈고, 1, 10, 60 등에 해당하는 기호가 있었다. 다른 종류의 기호는 사람, 동물, 사유물, 토지 등을 나타냈다. 두 종류의 기호를 사용하여 수메르인들은 많은 정보를 보존할 수 있었다.
>
> 이 시기의 수메르어 기록은 사물과 숫자에 한정되었다. 쓰기는 시간과 노고를 요구하는 일이었고, 기호를 읽고 쓸 줄 아는 사람은 얼마 되지 않았다. 이런 고비용의 기호를 장부 기록 이외의 일에 활용할 이유가 없었다. 현존하는 원시 수메르어 문서 가운데 예외는 하나뿐이고, 그 내용은 기록하는 일을 맡게 된 견습생이 교육을 받으면서 반복해서 썼던 단어들이다. 지루해진 견습생이 자기 마음을 표현하는 시를 적고 싶었더라도 그는 그렇게 할 수 없었다. 원시 수메르어 문자 체계는 완전한 문자 체계가 아니었기 때문이다. 완전한 문자 체계란 구어의 범위를 포괄하는 기호 체계, 즉 시를 포함하여 사람들이 말하는 것은 무엇이든 표현할 수 있는 체계이다. 반면에 불완전한 문자 체계는 인간 행동의 제한된 영역에 속하는 특정한 종류의 정보만 표현할 수 있는 기호 체계다. 라틴어, 고대 이집트 상형문자, 브라유 점자는 완전한 문자 체계이다. 이것들로는 상거래를 기록하고, 상법을 명문화하고, 역사책을 쓰고, 연애시를 쓸 수 있다. 이와 달리 원시 수메르어 문자 체계는 수학의 언어나 음악 기호처럼 불완전했다. 그러나 수메르인들은 불편함을 느끼지 않았다. 그들이 문자를 만들어 쓴 이유는 구어를 고스란히 베끼기 위해서가 아니라 거래 기록의 보존처럼 구어로는 하지 못할 일을 하기 위해서였기 때문이다.

① 원시 수메르어 문자 체계는 구어를 보완하는 도구였다.

② 원시 수메르어 문자 체계는 감정을 표현하는 일에 적합하지 않았다.

③ 원시 수메르어 문자를 당시 모든 구성원이 사용할 줄 아는 것은 아니었다.

④ 원시 수메르어 문자는 사물과 숫자를 나타내는 데 상이한 종류의 기호를 사용하였다.

⑤ 원시 수메르어 문자와 마찬가지로 고대 이집트 상형문자는 구어의 범위를 포괄하지 못했다.

1 독해의 원리

2 논증의 방향

3 문맥과 단서

4 논리의 체계

기출 엄선 모의고사

해커스PSAT 7급 PSAT 기본서 언어논리

STEP 1

선택지에 '원시 수메르어 문자 체계'가 반복되고 있으므로 지문의 중심 소재는 '원시 수메르어 문자 체계'임을 알 수 있다. 이때 ⑤의 핵심어는 원시 수메르어 문자 체계가 아닌 '고대 이집트 상형문자'이므로 지문에서 '고대 이집트 상형문자' 내용을 유의하여 파악한다.

STEP 2

'원시 수메르어 문자 체계'와 '고대 이집트 상형문자'를 중심으로 내용을 파악하여 선택지와 비교하면, 두 번째 단락에서 고대 이집트 상형문자는 완전한 문자 체계라고 했으므로 고대 이집트 상형문자가 구어의 범위를 포괄하지 못했다는 것은 글의 내용과 부합하지 않는다. 따라서 정답은 ⑤이다.

오답 체크

① 원시 수메르어 문자 체계는 구어로는 하지 못할 일을 하기 위해 쓰였으므로 구어를 보완하는 도구였다.

② 수메르어 기록은 사물과 숫자에 한정되었으므로 감정을 표현하는 일에 적합하지 않았다.

③ 원시 수메르어 문자 기호를 읽고 쓸 줄 아는 사람은 얼마 되지 않았으므로 당시 모든 구성원이 사용할 줄 아는 것은 아니었다.

④ 원시 수메르어 문자 체계는 두 종류의 기호를 사용했는데, 한 종류는 숫자, 다른 종류의 기호는 사람, 동물, 사유물, 토지 등을 나타냈으므로 원시 수메르어 문자는 사물과 숫자를 나타내는 데 상이한 종류의 기호를 사용하였다.

유형공략문제

실력 UP 포인트
문제 풀이 후 확인하기

1. 지문의 중심 소재는 무엇인가?

2. 각 선택지의 핵심어는 무엇인가?

---

01. 다음 글에서 알 수 없는 것은?

22 7급공채

'계획적 진부화'는 의도적으로 수명이 짧은 제품이나 서비스를 생산함으로써 소비자들이 새로운 제품을 구매하도록 유도하는 마케팅 전략 중 하나이다. 여기에는 단순히 부품만 교체하는 것이 가능함에도 불구하고 새로운 제품을 구매하도록 유도하는 것도 포함된다.

계획적 진부화의 이유는 무엇일까? 첫째, 기업이 기존 제품의 가격을 인상하기 곤란한 경우, 신제품을 출시한 뒤 여기에 인상된 가격을 매길 수 있기 때문이다. 특히 제품의 기능은 거의 변함없이 디자인만 약간 개선한 신제품을 내놓고 가격을 인상하는 경우도 쉽게 볼 수 있다. 둘째, 중고품 시장에서 거래되는 기존 제품과의 경쟁을 피할 수 있기 때문이다. 자동차처럼 사용 기간이 긴 제품의 경우, 기업은 동일 유형의 제품을 팔고 있는 중고품 판매 업체와 경쟁해야만 한다. 그러나 기업이 새로운 제품을 출시하면, 중고품 시장에서 판매되는 기존 제품은 진부화되고 그 경쟁력도 하락한다. 셋째, 소비자들의 취향이 급속히 변화하는 상황에서 계획적 진부화로 소비자들의 만족도를 높일 수 있기 때문이다. 전통적으로 제품의 사용 기간을 결정짓는 요인은 기능적 특성이나 노후화·손상 등 물리적 특성이 주를 이루었지만, 최근에는 심리적 특성에도 많은 영향을 받고 있다. 이처럼 소비자들의 요구가 다양해지고 그 변화 속도도 빨라지고 있어, 기업들은 이에 대응하기 위해 계획적 진부화를 수행하기도 한다.

기업들은 계획적 진부화를 통해 매출을 확대하고 이익을 늘릴 수 있다. 기존 제품이 사용 가능한 상황에서도 신제품에 대한 소비자들의 수요를 자극하면 구매 의사가 커지기 때문이다. 반면, 기존 제품을 사용하는 소비자 입장에서는 크게 다를 것 없는 신제품 구입으로 불필요한 지출과 실질적인 손실이 발생할 수 있다는 점에서 계획적 진부화는 부정적으로 인식된다. 또한 환경이나 생태를 고려하는 거시적 관점에서도, 계획적 진부화는 소비자들에게 제공하는 가치에 비해 에너지나 자원의 낭비가 심하다는 비판을 받고 있다.

① 계획적 진부화로 소비자들은 불필요한 지출을 할 수 있다.
② 계획적 진부화는 기존 제품과 동일한 중고품의 경쟁력을 높인다.
③ 계획적 진부화는 소비자들의 요구에 대응하기 위하여 수행되기도 한다.
④ 계획적 진부화를 통해 기업은 기존 제품보다 비싼 신제품을 출시할 수 있다.
⑤ 계획적 진부화로 인하여 제품의 실제 사용 기간은 물리적으로 사용 가능한 수명보다 짧아질 수 있다.

[정답]
1. 계획적 진부화의 이유와 결과
2. ① 계획적 진부화, 소비자
　② 계획적 진부화, 중고품의 경쟁력
　③ 계획적 진부화, 소비자들의 요구
　④ 계획적 진부화, 기업
　⑤ 계획적 진부화, 제품의 사용 기간

02. 다음 글에서 알 수 있는 것은?

고려 정부는 범죄를 예방하고 사회질서를 유지하기 위하여 여러 가지 방책을 마련하였다. 특히, 수도인 개경은 국왕을 위시하여 정부 관료 등 주요 인사들이 거주하고 있을 뿐 아니라 중요 기관이 밀집된 가장 핵심적인 곳이었다. 그래서 고려 정부는 개경의 중요한 기관과 거점을 지키기 위한 군사 조직을 두었다. 도성 안의 관청과 창고를 지키는 간수군, 도성의 여러 성문을 방어하는 위숙군, 시장이나 시가의 주요 장소에 배치되는 검점군이 그것이다. 간수군을 포함한 이들 세 군사 조직은 본연의 업무뿐 아니라 순찰을 비롯한 도성 안의 치안 활동까지 담당하였다.

하지만 개경의 도시화가 진전됨에 따라 전문적인 치안 기구의 필요성이 증대되었다. 이에 성종은 개경 시내를 순찰하고 검문을 실시하는 전문적인 치안 조직인 순검군을 조직하였다. 순검군의 설치는 도성을 방위하고 국왕을 지키는 군대의 기능과 도성의 치안 유지를 위한 경찰의 기능이 분리되고 전문화된 것을 의미한다. 기존 군사 조직은 본연의 업무만을 담당하게 되었으며, 순검군은 치안과 질서 유지를 위하여 도성 안에서 순찰 활동, 도적 체포, 비행이나 불법을 저지르는 사람에 대한 단속 등의 활동을 담당하게 되었다.

그런데 범죄 행위나 정치적 음모, 범죄자의 도피 등은 주로 야간에 많이 일어났다. 이에 정부는 야간 통행을 금지하고 날이 저물면 성문을 닫게 하였으며, 급한 공무나 질병, 출생 등 부득이한 경우에만 사전 신고를 받고 야간에 통행하도록 하였다. 야간 통행이 금지되는 매일 저녁부터 새벽까지 도성 내를 순찰하는 활동, 즉 야경은 순검군의 중요한 업무가 되었다. 순검군은 도성 내의 군사 조직인 간수군, 위숙군, 검점군과 함께 개경의 안전을 책임지는 핵심적인 역할을 수행하였던 것이다.

① 개경은 고려의 다른 어떤 지역보다 범죄 행위가 많이 발생한 곳이었다.

② 순검군이 설치된 이후에도 도성의 성문을 지키는 임무는 위숙군에게 있었다.

③ 야간에 급한 용무로 시내를 통행하려는 사람은 먼저 시가지를 담당하는 검점군에 신고를 하였다.

④ 순검군은 야간 통행이 금지되는 저녁부터 새벽 시간까지 순찰 활동을 하며 성문 방어에도 투입되었다.

⑤ 순검군의 설치 이후에 간수군을 비롯한 개경의 세 군사 조직은 군대의 기능과 경찰의 기능을 모두 수행하였다.

실력 UP 포인트

1. 지문의 중심 소재는 무엇인가?

2. 각 선택지의 핵심어는 무엇인가?

[정답]

1. 개경의 치안 조직인 순검군

2. ① 개경, 범죄 행위
   ② 순검군, 위숙군
   ③ 야간, 검점군
   ④ 순검군, 성문 방어
   ⑤ 순검군, 간수군, 군대의 기능, 경찰의 기능

1. 지문의 중심 소재는 무엇인가?

2. 각 선택지의 핵심어는 무엇인가?

03. 다음 글에서 알 수 있는 것은?

24 7급공채

사고(史庫)는 실록을 비롯한 국가의 귀중한 문헌을 보관하는 곳이었으므로 아무나 열 수 없었고, 반드시 중앙 정부에서 파견된 사관이 여는 것이 원칙이었다. 하지만 사관은 그 수가 얼마 되지 않아 사관만으로는 실록 편찬이나 사고의 도서 관리에 관한 모든 일을 담당하기에 벅찼다. 이에 중종 때에 사관을 보좌하기 위해 중앙과 지방에 겸직사관을 여러 명 두었다.

사고에 보관된 도서는 해충이나 곰팡이 피해를 입을 수 있었으므로 관리가 필요했다. 당시 도서를 보존, 관리하는 가장 효과적인 방법은 포쇄였다. 포쇄란 책을 서가에서 꺼내 바람과 햇볕에 일정 시간 노출시켜 책에 생길 수 있는 해충이나 곰팡이 등을 방지하거나 제거하는 것을 말한다. 사고 도서의 포쇄는 3년마다 정기적으로 실시되었다.

사고 도서의 포쇄를 위해서는 사고를 열어 책을 꺼내야 했고, 이 과정에서 귀중한 도서가 분실되거나 훼손될 수 있었다. 따라서 책임 있는 관리가 이 일을 맡아야 했고, 그래서 중앙 정부에서 사관을 파견토록 되어 있었다. 그런데 중종 14년 중종은 사관을 보내는 것은 비용이 많이 드는 등의 폐단이 있다고 하며, 지방 사고의 경우 지방 거주 겸직사관에게 포쇄를 맡기는 것이 효율적이라고 주장했다. 이에 대해 사고 관리의 책임관청이었던 춘추관이 반대했다. 춘추관은 정식 사관이 아닌 겸직사관에게 포쇄를 맡기는 것은 문헌 보관의 일을 가벼이 볼 수 있는 계기가 될 거라고 주장했다. 그러나 중종은 이 의견을 따르지 않고 사고 도서의 포쇄를 겸직사관에게 맡겼다. 하지만 중종 23년에는 춘추관의 주장에 따라 사관을 파견하는 것으로 결정되었다.

포쇄 때는 반드시 포쇄 상황을 기록한 포쇄형지안이 작성되었다. 포쇄형지안에는 사고를 여닫을 때 이를 책임진 사람의 이름, 사고에서 꺼낸 도서의 목록, 포쇄에 사용한 약품 등을 자세하게 기록했다. 포쇄 때마다 포쇄형지안을 철저하게 작성하여, 사고에 보관된 문헌의 분실이나 훼손을 방지하고 책임 소재를 명확하게 함으로써 귀중한 문헌이 후세에 제대로 전달되도록 했다.

① 겸직사관은 포쇄의 전문가 중에서 선발되어 포쇄의 효율성이 높았다.

② 중종은 포쇄를 위해 사관을 파견하면 문헌이 훼손되는 폐단이 생긴다고 주장했다.

③ 춘추관은 겸직사관이 사고의 관리 책임을 맡으면 문헌 보관의 일을 경시할 수 있게 된다고 하며 겸직사관의 폐지를 주장했다.

④ 사고 도서의 포쇄 상황을 기록한 포쇄형지안은 3년마다 정기적으로 작성되었다.

⑤ 도서에 피해를 입히는 해충을 막기 위해 사고 안에 약품을 살포했다.

[정답]

1. 사고 도서의 포쇄와 겸직사관의 역할

2. ① 겸직사관, 포쇄의 전문가

② 중종, 문헌이 훼손

③ 춘추관, 겸직사관의 폐지

④ 포쇄형지안, 3년마다 정기적으로

⑤ 해충, 약품을 살포

갑: 사전연명의료의향서를 제출하여 연명의료 거부 의사를 표명한 사람에 대해서 병원이 연명의료를 실행하지 않는다는 제도가 2018년 2월부터 도입되었습니다. 이 제도 도입 후에 실제로 사전연명의료의향서를 내는 사람이 날로 늘어나고, 민원을 제기하는 사람도 많아지는 것 같습니다. 어떤 민원들이 들어오고 있습니까?

을: 자신이 사는 곳에 사전연명의료의향서를 접수하는 곳이 없어 불편하다는 민원이 많았습니다. 연명의료 전문 상담사의 수가 적어 접수 현장에서 너무 오래 기다렸다고 불만을 표시하는 사람도 많습니다. 이러한 민원에 대응해 2020년 1월 1일부터 전화로 상담을 예약할 수 있는 시스템을 도입해 지금까지 원활하게 운영하고 있으며, 2020년 4월 1일부터 전국 모든 보건소에서 사전연명의료의향서를 받도록 조치했습니다. 더 말씀드리자면, 어떤 사람은 연명의료 전문 상담사로부터 상담을 받지 않아도 사전연명의료의향서를 낼 수 있게 해달라고 요청했습니다.

갑: 연명의료를 거부하는 것은 중대한 사안이니 신중히 사전연명의료의향서를 작성하게 해야 합니다. 지금까지 한 것처럼 연명의료 전문 상담사의 상담을 받게 하는 조치를 유지해 주시기 바랍니다. 한 가지 더 확인하고자 합니다. 전국 모든 보건소에서 사전연명의료의향서를 받기로 했지만, 연명의료 전문 상담사를 모든 보건소에 배치할 수 있는 것은 아니라고 합니다. 혹시 그에 대한 대책을 마련했습니까?

을: 연명의료 전문 상담사 배치가 어려운 보건소의 직원들을 대상으로 연명의료 관련 기본 필수교육을 실시하고, 그 교육을 이수한 직원이 민원인에게 연명의료에 대해 간단히 설명하게 할 방침입니다. 민원인들이 보건소 직원으로부터 설명을 들은 후 그 자리에서 전화로 연명의료 전문 상담사로부터 구체적인 내용을 상담받을 수 있도록 하겠습니다.

① 2018년 2월부터 전국 모든 보건소에서 연명의료 전문 상담사가 사전연명의료의향서를 접수하기 시작했다.

② 2020년 4월부터 연명의료를 실행하지 않고자 하는 병원은 보건소에 사전연명의료의향서를 제출해야 한다.

③ 연명의료를 받고자 하는 사람은 주소지 관할 보건소가 지정한 연명의료 전문 상담사로부터 기본 필수교육을 받아야 한다.

④ 사전연명의료의향서 접수기관이 있는 곳의 거주자 중 연명의료 전문 상담사의 상담을 받으려는 사람은 전화예약 시스템을 이용해야 한다.

⑤ 연명의료 거부 의사가 있는 사람이 연명의료 전문 상담사의 상담을 받지 않은 상태에서 작성한 사전연명의료의향서는 받아들여지지 않는다.

문제 풀이 후 확인하기

실력 UP 포인트

1. 지문의 중심 소재는 무엇인가?

2. 각 선택지의 핵심어는 무엇인가?

1 독해의 원리

2 논증의 방향

3 문맥과 단서

4 논리의 체계

기출 엄선 모의고사

해커스PSAT 7급 PSAT 기본서 언어논리

[정답]

1. 사전연명의료의향서 제출

2. ① 2018년 2월부터, 전국 모든 보건소, 사전연명의료의향서를 접수

② 2020년 4월부터, 연명의료를 실행하지 않고자 하는 병원

③ 연명의료를 받고자 하는 사람, 기본 필수교육

④ 사전연명의료의향서 접수기관이 있는 곳의 거주자, 전화예약 시스템

⑤ 연명의료 거부 의사가 있는 사람, 연명의료 전문 상담사의 상담

1. 지문의 중심 소재는 무엇인가?

2. 각 선택지의 핵심어는 무엇인가?

05. 다음 글의 내용과 부합하지 않는 것은?

12 5급공채

글쓰기 양식은 글 내용을 담는 그릇으로 내용을 강제한다. 이런 측면에서 다산 정약용이 '원체(原體)'라는 문체를 통해 정치라는 내용을 담고자 했던 '양식 선택의 정치학'은 특별한 의미를 갖는다.

원체는 작가가 당대(當代)의 정치적 쟁점이 되는 핵심 개념을 액자화하여 새롭게 의미를 환기하려는 의도를, 과학적 방식에 의거하여 설득하려는 정치·과학적 글쓰기라고 할 수 있다. 당나라 한유(韓愈)가 다섯 개의 원체 양식의 문장을 지은 이후 후대의 학자들은 이를 모범으로 삼았다. 원체는 고문체는 아니지만 새롭게 부상한 문체로서, 당대 사상의 핵심 개념에 대해 정체성을 추구하는 분석적이고 학술적인 글쓰기이자 정치적 글쓰기로 정립되었다. 다산은 원체가 가진 이러한 정치·과학적 힘을 인식하고 『원정(原政)』이라는 글을 남겼다.

그런데 다산은 단순히 개인적인 차원에서 원체를 선택한 것이 아니었다. 그것은 새로운 시각의 정식화라는 당대의 문화적 추세를 반영한 것이었다. 다산의 원체와 유비될 수 있는 것으로 당시 새롭게 등장한 미술 사조인 정선(鄭歚)의 진경(眞景) 화법을 들 수 있다. 진경 화법에서 다산의 글쓰기와 구조적으로 유사한 점들을 찾을 수 있다. 진경 화법의 특징은 경관(景觀)을 모사하는 사경(寫景)에 있는 것이 아니라 회화적 재구성을 통하여 경관에서 받은 미적 감흥을 창조적으로 구현하는 데 있다. 이와 같은 진경 화법은 각 지방의 무수한 사경에서 터득한 시각의 정식화를 통해 만들어졌다. 실경을 새로운 기법을 통하여 정식화한 진경 화법은 다산이 전통적인 시무책(時務策) 형식을 탈피하고 새로운 관점으로 정치를 포착하고 표현하기 위해 채택한 원체의 글쓰기와 다를 바 없다. 다산이 쓴 『원정』은 기존 정치 개념의 답습 또는 모방이 아니라 정치의 정체성에 대한 질문을 통하여 그가 생각하는 정치에 관한 새로운 관점을 정식화하여 제시한 것이다.

① 원체는 분석적이고 과학적인 글쓰기 양식이다.

② 다산의 원체는 당대의 문화적 추세를 반영한다.

③ 진경 화법은 경관에서 받은 미적 감흥을 창조적으로 구현하였다.

④ 실물을 있는 그대로 모사하는 진경 화법은 『원정』과 구조적으로 유사하다.

⑤ 다산은 『원정』에서 기존의 정치 개념을 그대로 모방하기보다는 정치에 관한 새로운 관점을 제시하였다.

[정답]
1. 원체와 다산의 『원정』의 특징
2. ① 원체, 분석적, 과학적
   ② 다산의 원체, 당대의 문화적 추세
   ③ 진경 화법, 미적 감흥
   ④ 진경 화법, 『원정』과 유사
   ⑤ 『원정』, 정치에 관한 새로운 관점

정답·해설 p.260

유형 소개

'구조 판단' 유형은 지문의 내용뿐만 아니라 지문의 구조를 파악하고, 이를 바탕으로 선택지의 내용이 적절한지를 판단하는 유형이다.

유형 특징

이 유형은 3~5단락 정도의 다소 긴 지문이 특정한 구조를 가지고 정보를 제시하는 형태로 제시된다. 지문에서 두 가지 이상의 핵심어가 비교·대조되는 경우가 많으므로 단순한 내용 이해보다는 지문의 구조에 따라 정보를 처리하는 것이 중요하다. 또한 선택지는 기본적으로 지문의 세부적인 정보를 바탕으로 구성되지만, 지문의 구조에 따라 핵심어의 계열을 잡을 수 있는지가 주요 쟁점이 된다. 대표적인 발문 형태는 다음과 같다.

· 다음 글의 내용에 부합하는/부합하지 않는 것은?

· 다음 글에서 알(추론할) 수 있는/알(추론할) 수 없는 것은?

· 다음 글에 대한 판단으로 가장 적절한/적절하지 않은 것은?

· 다음 글에 대한 설명으로 적절한/적절하지 않은 것은?

출제 경향

· 2020년 모의평가부터 2024년 7급 공채 기출까지 '구조 판단' 유형의 문항 비중은 다음과 같다.

2020년 모의평가	2021년 7급 공채	2022년 7급 공채	2023년 7급 공채	2024년 7급 공채
1문항	2문항	2문항	3문항	5문항

이 유형은 5급 공채 PSAT에서도 40문제 중 4~6문제 정도 출제되고 있어, 독해 문제 중 비중 있게 출제되고 있다.

· 소재는 인문, 사회, 과학 분야를 포함하여 공무원으로서의 역사의식을 평가할 수 있는 한국사 소재도 자주 출제되고 있다. 2024년 7급 공채 PSAT에서는 법, 독서, 의학, 과학 등 다양한 소재가 출제되었고, 작년 대비 비중도 높아졌다. 2023년 7급 공채 PSAT에서는 과학 소재와 갈등영향분석 등 실무적인 내용을 다루는 소재가 출제되었다.

· '구조 판단' 유형은 두 가지 이상의 개념을 대비시키거나 단락별 소재가 분명히 구분되는 구조로 지문을 제시한다. 단순한 내용 일치 여부를 묻는 형태가 아니므로 어려운 소재로 난도 높게 출제될 가능성이 있다.

1 독해의 원리

2 논증의 방향

3 문맥과 단서

4 논리의 체계

기출 엄선 모의고사

해커스PSAT 7급 PSAT 기본서 언어논리

문제풀이 핵심 전략

STEP 1 | 지문을 읽기 전에 선택지를 먼저 읽어 선택지에 반복되는 단어나 비교 표현이 있는지 확인한다.

√ 선택지에 반복되고 있는 단어나 대조되는 단어, '~에 비해', '~보다' 등 비교를 나타내는 표현이 있는지 확인한다.

√ 선택지에 대조되는 단어나 비교 표현이 나타나면 지문에 대조되는 개념이 제시될 가능성이 높다.

▼

STEP 2 | 구조에 따라 지문을 읽으면서 선택지의 핵심어와 관련된 내용을 파악한 후, 선택지와 비교한다.

√ 대조되는 단어나 표현이 제시된 경우, 대조되는 단어와 그 특징을 동그라미, 세모 등의 기호로 구별되게 체크한다.

√ 지문에서 찾은 내용을 선택지와 비교하여 정답을 찾는다.

 조은정쌤의 응급처방

대조되는 개념이 제시되는 구조를 가지는 지문 접근 방법

· 지문을 읽으면서 대조를 이루는 단어의 특징을 각각 구별하여 체크하고, 각 대조 개념의 특징을 하나의 '계열'로 정리한다.

· 선택지의 내용이 같은 계열의 단어끼리 매칭되었는지, 반대 계열의 단어끼리 매칭되었는지 여부로 선택지를 판별한다.

문제풀이 핵심 전략 적용

다음 글에서 알 수 없는 것은?　　　　　　　　　　　　　　　　　　19 민경채

> A효과란 기업이 시장에 최초로 진입하여 무형 및 유형의 이익을 얻는 것을 의미한다. 반면 뒤늦게 뛰어든 기업이 앞서 진출한 기업의 투자를 징검다리로 이용하여 성공적으로 시장에 안착하는 것을 B효과라고 한다. 물론 B효과는 후발진입기업이 최초진입기업과 동등한 수준의 기술 및 제품을 보다 낮은 비용으로 개발할 수 있을 때만 가능하다.
>
> 생산량이 증가할수록 평균생산비용이 감소하는 규모의 경제 효과 측면에서, 후발진입기업에 비해 최초진입기업이 유리하다. 즉, 대량 생산, 인프라 구축 등에서 우위를 조기에 확보하여 효율성 증대와 생산성 향상을 꾀할 수 있다. 반면 후발진입기업 역시 연구개발 투자 측면에서 최초진입기업에 비해 상대적으로 유리한 면이 있다. 후발진입기업의 모방 비용은 최초진입기업이 신제품 개발에 투자한 비용 대비 65% 수준이기 때문이다. 최초진입기업의 경우, 규모의 경제 효과를 얼마나 단기간에 이룰 수 있는가가 성공의 필수 요건이 된다. 후발진입기업의 경우, 절감된 비용을 마케팅 등에 효과적으로 투자하여 최초진입기업의 시장 점유율을 단기간에 빼앗아 오는 것이 성공의 핵심 조건이다.
>
> 규모의 경제 달성으로 인한 비용상의 이점 이외에도 최초진입기업이 누릴 수 있는 강점은 강력한 진입 장벽을 구축할 수 있다는 것이다. 시장에 최초로 진입했기에 소비자에게 우선적으로 인식된다. 그로 인해 후발진입기업에 비해 적어도 인지도 측면에서는 월등한 우위를 확보한다. 또한 기술적 우위를 확보하여 라이센스, 특허 전략 등을 통해 후발진입기업의 시장 진입을 방해하기도 한다. 뿐만 아니라 소비자들이 후발진입기업의 브랜드로 전환하려고 할 때 발생하는 노력, 비용, 심리적 위험 등을 마케팅에 활용하여 후발진입기업이 시장에 진입하기 어렵게 할 수도 있다. 결국 A효과를 극대화할 수 있는지는 규모의 경제 달성 이외에도 얼마나 오랫동안 후발주자가 진입하지 못하도록 할 수 있는가에 달려 있다.

① 최초진입기업은 후발진입기업에 비해 매년 더 많은 마케팅 비용을 사용한다.

② 후발진입기업의 모방 비용은 최초진입기업이 신제품 개발에 투자한 비용보다 적다.

③ 최초진입기업이 후발진입기업에 비해 인지도 측면에서 우위에 있다는 것은 A효과에 해당한다.

④ 후발진입기업이 성공하려면 절감된 비용을 효과적으로 투자하여 최초진입기업의 시장 점유율을 단기간에 빼앗아 와야 한다.

⑤ 후발진입기업이 최초진입기업과 동등한 수준의 기술 및 제품을 보다 낮은 비용으로 개발할 수 없다면 B효과를 얻을 수 없다.

STEP 1

지문을 읽기 전에 선택지를 먼저 읽으면, '최초진입기업'과 '후발진입기업'이라는 대조되는 단어가 반복되고 있고, '~에 비해', '~보다'와 같은 비교 표현이 나타나므로 '최초진입기업'과 '후발진입기업'을 비교·대조하는 글임을 알 수 있다.

STEP 2

대조되는 단어의 특징을 구분하여 체크하고 선택지와 비교하면, 최초진입기업과 후발진입기업 중 더 많은 마케팅 비용을 사용하는 기업이 무엇인지는 지문에서 알 수 없다. 따라서 정답은 ①이다.

오답 체크

② 후발진입기업의 모방 비용은 최초진입기업이 신제품 개발에 투자한 비용 대비 65% 수준임을 알 수 있다.

③ 최초진입기업이 시장에 최초로 진입했기에 소비자에게 우선적으로 인식되고 그로 인해 후발진입기업에 비해 적어도 인지도 측면에서는 월등한 우위를 확보한다. 따라서 최초진입기업이 후발진입기업에 비해 인지도 측면에서 우위에 있다는 것은 A효과에 해당함을 알 수 있다.

④ 후발진입기업의 경우, 절감된 비용을 마케팅 등에 효과적으로 투자하여 최초진입기업의 시장 점유율을 단기간에 빼앗아 오는 것이 성공의 핵심 조건임을 알 수 있다.

⑤ B효과는 후발진입기업이 최초진입기업과 동등한 수준의 기술 및 제품을 보다 낮은 비용으로 개발할 수 있을 때만 가능하므로 후발진입기업이 최초진입기업과 동등한 수준의 기술 및 제품을 보다 낮은 비용으로 개발할 수 없다면 B효과를 얻을 수 없음을 알 수 있다.

유형공략문제

문제 풀이 후 확인하기

📊 **실력 UP 포인트**

1. 지문의 중심 소재는 무엇인가?

2. 다음 특징은 '단기기억'과 '장기기억' 중 무엇과 관련된 특징인가?

   1) 이미 형성된 신경세포 간 연결

   2) 새로운 연결로 교체

   3) 장기 상승 작용

   4) 글루탐산

01. 다음 글에서 알 수 있는 것은?

14 민경채

우리에게 입력된 감각 정보는 모두 저장되는 것이 아니라 극히 일부분만 특정한 메커니즘을 통해 단기간 또는 장기간 저장된다. 신경과학자들은 장기 또는 단기기억의 저장 장소가 뇌의 어디에 존재하는지 연구해 왔고, 그 결과 두 기억은 모두 대뇌피질에 저장된다는 것을 알아냈다.

여러 감각 기관을 통해 입력된 감각 정보는 대부분 대뇌피질에서 인식된다. 인식된 일부 정보는 해마와 대뇌피질 간에 이미 형성되어 있는 신경세포 간 연결이 일시적으로 변화하는 과정에서 단기기억으로 저장된다. 해마와 대뇌피질 간 연결의 일시적인 변화가 대뇌피질 내에서 새로운 연결로 교체되어 영구히 지속되면 그 단기기억은 장기기억으로 저장된다. 해마는 입력된 정보를 단기기억으로 유지하고 또 새로운 장기기억을 획득하는 데 필수적이지만, 기존의 장기기억을 유지하거나 변형하는 부위는 아니다.

걷기, 자전거 타기와 같은 운동 기술은 반복을 통해서 학습되고, 일단 학습되면 잊혀지기 어렵다. 자전거 타기와 같은 기술에 관한 기억은 뇌의 성장과 발달에서 보이는 신경세포들 간에 새로운 연결이 이루어지는 메커니즘을 통해서 장기기억이 된다. 반면에 전화번호, 사건, 장소를 단기 기억할 때는 새로운 연결이 생기는 대신 대뇌피질과 해마 간에 이미 존재하는 신경세포의 연결을 통한 신호 강도가 높아지고 그 상태가 수분에서 수개월까지 유지됨으로써 가능하다. 이처럼 신경세포 간 연결 신호의 강도가 상당 기간 동안 증가된 상태로 유지되는 '장기 상승 작용' 현상은 해마 조직에서 처음 밝혀졌으며, 이 현상에는 흥분성 신경 전달 물질인 글루탐산의 역할이 중요하다는 것이 추가로 밝혀졌다.

① 방금 들은 전화번호를 받아 적기 위한 기억에는 신경세포 간 연결의 장기 상승 작용이 중요하다.

② 해마가 손상되면 이미 습득한 자전거 타기와 같은 운동 기술을 실행할 수 없게 된다.

③ 장기기억은 대뇌피질에 저장되지만 단기기억은 해마에 저장된다.

④ 새로운 단기기억은 이전에 저장되었던 장기기억에 영향을 준다.

⑤ 글루탐산은 신경세포 간의 새로운 연결의 형성을 유도한다.

[정답]

1. 단기기억과 장기기억

2. 1) 단기기억
   2) 장기기억
   3) 단기기억
   4) 단기기억

02. 다음 글에서 알 수 없는 것은?

의학적 원리만을 놓고 볼 때 '인두법'과 '우두법'은 전혀 차이가 없다. 둘 다 두창을 이미 앓은 개체에서 미량의 딱지나 고름을 취해서 앓지 않은 개체에게 접종하는 방식이다. 그렇지만 인두법 저작인 정약용의『종두요지』와 우두법 저작인 지석영의『우두신설』을 비교하면 접종대상자의 선정, 사후 관리, 접종 방식 등 세부적인 측면에서 적지 않은 차이가 발견된다.

먼저, 접종대상자의 선정 과정을 보면 인두법이 훨씬 까다롭다. 접종대상자는 반드시 생후 12개월이 지난 건강한 아이여야 했다. 중병을 앓고 얼마 되지 않은 아이, 몸이 허약한 아이, 위급한 증세가 있는 아이는 제외되었다. 이렇게 접종대상자의 몸 상태에 세심하게 신경을 쓰는 까닭은 비록 소량이라고 하더라도 사람에게서 취한 두(痘)의 독이 강력했기 때문이다. 한편,『우두신설』에서는 생후 70~100일 정도의 아이를 접종대상자로 하며, 아이의 몸 상태에 특별히 신경을 쓰지 않는다. 이는 우두의 독력이 인두보다 약한 데서 기인한다. 우두법은 접종 시기를 크게 앞당김으로써 두창 감염에 따른 위험을 줄였고, 아이의 몸 상태에 크게 좌우되지 않는다는 장점이 있었다.

인두와 우두의 독력 차이로 사후 관리 또한 달랐음을 위 저작들에서 발견할 수 있다. 정약용은 접종 후에 나타나는 각종 후유증을 치료하기 위한 처방을 상세히 기재하고 있는 데 반해, 지석영은 그런 처방을 매우 간략하게 제시하거나 전혀 언급하지 않는다.

접종 방식의 차이도 두드러진다.『종두요지』의 대표적인 접종 방식으로 두의 딱지를 말려 코 안으로 불어넣는 한묘법, 두의 딱지를 적셔 코 안에 접종하는 수묘법이 있다. 한묘법은 위험성이 높아서 급하게 효과를 보려고 할 때만 쓴 반면, 수묘법은 일반적으로 통용되었고 안전성 면에서도 보다 좋은 방법이었다. 이에 반해 우두 접종은 의료용 칼을 사용해서 팔뚝 부위에 일부러 흠집을 내어 접종했다. 종래의 인두법에서 코의 점막에 불어넣거나 묻혀서 접종하는 방식은 기도를 통한 발병 위험이 매우 높았기 때문이다.

① 우두법은 접종을 시작할 수 있는 나이가 인두법보다 더 어리다.
② 인두 접종 방식 가운데 수묘법이 한묘법보다 일반적으로 통용되는 접종 방식이었다.
③『종두요지』에는 접종 후에 나타나는 후유증을 치료하기 위한 처방이 제시되어 있었다.
④ 인두법은 의료용 칼을 사용하여 팔뚝 부위에 흠집을 낸 후 접종하는 방식이었다.
⑤『우두신설』에 따르면 몸이 허약한 아이에게도 접종할 수 있었다.

1 독해의 원리
2 논증의 방향
3 문맥과 단서
4 논리의 체계
기출 엄선 모의고사
해커스PSAT 7급 PSAT 기본서 언어논리

실력 UP 포인트

1. 지문의 중심 소재는 무엇인가?

2. 다음 내용은 '인두법'과 '우두법' 중 어느 것의 특징에 해당하는가?
   1) 반드시 생후 12개월이 지난 아이를 접종대상자로 함
   2) 휴유증을 치료하기 위한 처방을 상세히 기재함
   3) 팔뚝 부위에 일부러 흠집을 내어 접종함

[정답]
1. 정약용의 인두법과 지석영의 우두법의 특징
2. 1) 인두법
   2) 인두법
   3) 우두법

1. 지문의 중심 소재는 무엇인가?

2. 다음 특징은 '경험'과 '체험' 중 무엇을 설명하는 특징인가?

　　1) 가상현실

　　2) 현실을 변화

　　3) 현실에 순응

　　4) 타자와의 만남

03. 다음 글에서 알 수 있는 것은?

18 민경채

　　체험사업을 운영하는 이들은 아이들에게 다양한 직업의 현장과 삶의 실상, 즉 현실을 체험하게 해준다고 홍보한다. 직접 겪지 못하는 현실을 잠시나마 체험함으로써 미래에 더 좋은 선택을 할 수 있게 한다는 것이다. 체험은 생산자에게는 홍보와 돈벌이 수단이 되고, 소비자에게는 교육의 연장이자 주말 나들이 거리가 된다. 이런 필요와 전략이 맞물려 체험사업이 번성한다. 그러나 이때의 현실은 체험하는 사람의 필요와 여건에 맞추어 미리 짜놓은 현실, 치밀하게 계산된 현실이다. 다른 말로 하면 가상현실이다. 아이들의 상황을 고려해서 눈앞에 보일 만한 것, 손에 닿을 만한 것, 짧은 시간에 마칠 수 있는 것을 잘 계산해서 마련해 놓은 맞춤형 가상현실인 것이다. 눈에 보이지 않는 구조, 손에 닿지 않는 제도, 장기간 반복되는 일상은 체험행사에서는 제공될 수 없다.

　　여기서 주목해야 할 것은 경험과 체험의 차이이다. 경험은 타자와의 만남이다. 반면 체험 속에서 인간은 언제나 자기 자신만을 볼 뿐이다. 타자들로 가득한 현실을 경험함으로써 인간은 스스로 변화하는 동시에 현실을 변화시킬 동력을 얻는다. 이와 달리 가상현실에서는 그것을 체험하고 있는 자신을 재확인하는 것으로 귀결되기 마련이다. 경험 대신 체험을 제공하는 가상현실은 실제와 가상의 경계를 모호하게 할 뿐만 아니라 우리를 현실에 순응하도록 이끈다. 요즘 미래 기술로 각광받는 디지털 가상현실 기술은 경험을 체험으로 대체하려는 오랜 시도의 결정판이다. 버튼 하나만 누르면 3차원으로 재현된 세계가 바로 앞에 펼쳐진다. 한층 빠르고 정교한 계산으로 구현한 가상현실은 우리에게 필요한 모든 것을 눈앞에서 체험할 수 있는 본격 체험사회를 예고하는 것만 같다.

① 체험사업은 장기간의 반복적 일상을 가상현실을 통해 경험하도록 해준다.

② 현실을 변화시킬 수 있는 동력은 체험이 아닌 현실을 경험함으로써 얻게 된다.

③ 가상현실은 실제와 가상 세계의 경계를 구분하여 자기 자신을 체험할 수 없도록 한다.

④ 체험사업은 아이들에게 타자와의 만남을 경험하게 해줌으로써 경제적 이윤을 얻고 있다.

⑤ 디지털 가상현실 기술은 아이들에게 현실을 경험하게 함으로써 미래에 더 좋은 선택을 하도록 돕는다.

[정답]

1. 경험과 체험의 차이

2. 1) 체험

　　2) 경험

　　3) 체험

　　4) 경험

식물의 잎에 있는 기공은 대기로부터 광합성에 필요한 이산화탄소를 흡수하는 통로이다. 기공은 잎에 있는 세포 중 하나인 공변세포의 부피가 커지면 열리고 부피가 작아지면 닫힌다.

그렇다면 무엇이 공변세포의 부피에 변화를 일으킬까? 햇빛이 있는 낮에, 햇빛 속에 있는 청색광이 공변세포에 있는 양성자 펌프를 작동시킨다. 양성자 펌프의 작동은 공변세포 밖에 있는 칼륨이온과 염소이온이 공변세포 안으로 들어오게 한다. 공변세포 안에 이 이온들의 양이 많아짐에 따라 물이 공변세포 안으로 들어오고, 그 결과로 공변세포의 부피가 커져서 기공이 열린다. 햇빛이 없는 밤이 되면, 공변세포에 있는 양성자 펌프가 작동하지 않고 공변세포 안에 있던 칼륨이온과 염소이온은 밖으로 빠져나간다. 이에 따라 공변세포 안에 있던 물이 밖으로 나가면서 세포의 부피가 작아져서 기공이 닫힌다.

공변세포의 부피는 식물이 겪는 수분스트레스 반응에 의해 조절될 수도 있다. 식물 안의 수분량이 줄어듦으로써 식물이 수분스트레스를 받는다. 수분스트레스를 받은 식물은 호르몬 A를 분비한다. 호르몬 A는 공변세포에 있는 수용체에 결합하여 공변세포 안에 있던 칼륨이온과 염소이온이 밖으로 빠져나가게 한다. 이에 따라 공변세포 안에 있던 물이 밖으로 나가면서 세포의 부피가 작아진다. 결국 식물이 수분스트레스를 받으면 햇빛이 있더라도 기공이 열리지 않는다.

또한 기공의 여닫힘은 미생물에 의해 조절되기도 한다. 예를 들면, 식물을 감염시킨 병원균 α는 공변세포의 양성자 펌프를 작동시키는 독소 B를 만든다. 이 독소 B는 공변세포의 부피를 늘려 기공이 닫혀 있어야 하는 때에도 열리게 하고, 결국 식물은 물을 잃어 시들게 된다.

〈보 기〉

ㄱ. 한 식물의 동일한 공변세포 안에 있는 칼륨이온의 양은, 햇빛이 있는 낮에 햇빛의 청색광만 차단하는 필름으로 식물을 덮은 경우가 덮지 않은 경우보다 적다.
ㄴ. 수분스트레스를 받은 식물에 양성자 펌프의 작동을 못하게 하면 햇빛이 있는 낮에 기공이 열린다.
ㄷ. 호르몬 A를 분비하는 식물이 햇빛이 있는 낮에 보이는 기공 개폐 상태와 병원균 α에 감염된 식물이 햇빛이 없는 밤에 보이는 기공 개폐 상태는 다르다.

① ㄱ
② ㄴ
③ ㄱ, ㄷ
④ ㄴ, ㄷ
⑤ ㄱ, ㄴ, ㄷ

문제 풀이 후 확인하기

📊 실력 UP 포인트

1. 지문의 중심 소재는 무엇인가?

2. 다음 내용은 공변세포의 '기공이 열리는 요인'과 '기공이 닫히는 요인' 중 어느 것에 해당하는가?

   1) 청색광이 양성자 펌프를 작동시킴

   2) 수분스트레스를 받음

   3) 호르몬 A가 분비됨

   4) 식물이 병원균 α에 감염됨

[정답]

1. 공변세포의 부피에 변화를 일으키는 요인

2. 1) 기공이 열리는 요인
   2) 기공이 닫히는 요인
   3) 기공이 닫히는 요인
   4) 기공이 열리는 요인

1 독해의 원리

2 논증의 방향

3 문맥과 단서

4 논리의 체계

기출 엄선 모의고사

해커스PSAT 7급 PSAT 기본서 언어논리

05. 다음 글에서 알 수 있는 것은?

21 7급공채

우리나라 국기인 태극기에는 태극 문양과 4괘가 그려져 있는데, 중앙에 있는 태극 문양은 만물이 음양 조화로 생장한다는 것을 상징한다. 또 태극 문양의 좌측 하단에 있는 이괘는 불, 우측 상단에 있는 감괘는 물, 좌측 상단에 있는 건괘는 하늘, 우측 하단에 있는 곤괘는 땅을 각각 상징한다. 4괘가 상징하는 바는 그것이 처음 만들어질 때부터 오늘날까지 변함이 없다.

태극 문양을 그린 기는 개항 이전에도 조선 수군이 사용한 깃발 등 여러 개가 있는데, 태극 문양과 4괘만 사용한 기는 개항 후에 처음 나타났다. 1882년 5월 조미수호조규 체결을 위한 전권대신으로 임명된 이응준은 회담 장소에 내걸 국기가 없어 곤란해 하다가 회담 직전 태극 문양을 활용해 기를 만들고 그것을 회담장에 걸어두었다. 그 기에 어떤 문양이 담겼는지는 오랫동안 알려지지 않았다. 그런데 2004년 1월 미국 어느 고서점에서 미국 해군부가 조미수호조규 체결 한 달 후에 만든 『해상 국가들의 깃발들』이라는 책이 발견되었다. 이 책에는 이응준이 그린 것으로 짐작되는 '조선의 기'라는 이름의 기가 실려 있다. 그 기의 중앙에는 태극 문양이 있으며 네 모서리에 괘가 하나씩 있는데, 좌측 상단에 감괘, 우측 상단에 건괘, 좌측 하단에 곤괘, 우측 하단에 이괘가 있다.

조선이 국기를 공식적으로 처음 정한 것은 1883년의 일이다. 1882년 9월에 고종은 박영효를 수신사로 삼아 일본에 보내면서, 그에게 조선을 상징하는 기를 만들어 사용해본 다음 귀국하는 즉시 제출하게 했다. 이에 박영효는 태극 문양이 가운데 있고 4개의 모서리에 각각 하나씩 괘가 있는 기를 만들어 사용한 후 그것을 고종에게 바쳤다. 고종은 이를 조선 국기로 채택하고 통리교섭사무아문으로 하여금 각국 공사관에 배포하게 했다. 이 기는 일본에 의해 강제 병합되기까지 국기로 사용되었는데, 언뜻 보기에 『해상 국가들의 깃발들』에 실린 '조선의 기'와 비슷하다. 하지만 자세히 보면 두 기는 서로 다르다. 조선 국기 좌측 상단에 있는 괘가 '조선의 기'에는 우측 상단에 있고, '조선의 기'의 좌측 상단에 있는 괘는 조선 국기의 우측 상단에 있다. 또 조선 국기의 좌측 하단에 있는 괘는 '조선의 기'의 우측 하단에 있고, '조선의 기'의 좌측 하단에 있는 괘는 조선 국기의 우측 하단에 있다.

① 미국 해군부는 통리교섭사무아문이 각국 공사관에 배포한 국기를 『해상 국가들의 깃발들』에 수록하였다.

② 조미수호조규 체결을 위한 회담 장소에서 사용하고자 이응준이 만든 기는 태극 문양이 담긴 최초의 기다.

③ 통리교섭사무아문이 배포한 기의 우측 상단에 있는 괘와 '조선의 기'의 좌측 하단에 있는 괘가 상징하는 것은 같다.

④ 오늘날 태극기의 우측 하단에 있는 괘와 고종이 조선 국기로 채택한 기의 우측 하단에 있는 괘는 모두 땅을 상징한다.

⑤ 박영효가 그린 기의 좌측 상단에 있는 괘는 물을 상징하고 이응준이 그린 기의 좌측 상단에 있는 괘는 불을 상징한다.

정답·해설 p.262

유형 소개

'원칙 적용' 유형은 지문에 제시된 원리나 원칙을 선택지나 <보기>에 적용하여 지문에 제시되지 않은 내용을 적절하게 추론하거나 판단하는 유형이다.

유형 특징

이 유형은 3~5단락 정도의 긴 길이의 지문이 제시되고, 선택지나 <보기>는 지문에 직접적으로 제시되지 않은 내용을 추론하거나 판단하는 내용으로 구성된다. 지문에는 주로 하나 이상의 원리나 원칙이 제시되는데, 두 개 이상의 원리가 제시되는 경우에는 구조가 명확하게 잡힌 지문이 제시된다. 주로 생소한 내용의 원리나 원칙을 구체적인 사례에 적용하여 결과를 추론하는 형태로 출제된다. 대표적인 발문 형태는 다음과 같다.

· 다음 글에서 추론할 수 있는/없는 것은?
· 다음 글에 대한 판단으로 가장 적절한/적절하지 않은 것은?
· 다음 글의 내용을 적용한 것으로 가장 적절한 것은?

출제 경향

· 2020년 모의평가부터 2024년 7급 공채 기출까지 '원칙 적용' 유형의 문항 비중은 다음과 같다.

2020년 모의평가	2021년 7급 공채	2022년 7급 공채	2023년 7급 공채	2024년 7급 공채
5문항	4문항	2문항	3문항	3문항

이 유형은 5급 공채 PSAT에서도 40문제 중 2~4문제 정도 출제되고 있다. 최근 출제 빈도가 높아지고 있으므로 중요도가 높은 유형이다.

· 소재는 원리나 원칙으로 제시되기 좋은 과학, 논리학, 윤리학 분야에서 다양하게 출제된다. 특히 7급 공채 PSAT에서는 실무와 관련된 법령이나 규칙 소재가 출제될 확률이 높다. 2024년 7급 공채 PSAT에서는 절연체의 운동, 광검출기 등 과학 및 실험 소재와 주류 판매 규정과 관련된 소재가 출제되었다. 2023년 7급 공채 PSAT에서는 치유 확률과 관련된 소재와, 전력수급위기단계, 적극행정 국민신청안 등의 실무 소재가 출제되었다.

· '원칙 적용' 유형은 지문에 제시되지 않은 내용을 판단하게 하는 '추론' 발문으로 출제되는 경우가 많으므로 독해 문제 중 가장 난도가 높게 출제될 가능성이 있다. 또한 최근 실험 추리 문제가 꾸준히 출제되고 있는 것에 대비해야 한다.

문제풀이 핵심 전략

STEP 1 | 지문을 읽기 전에 선택지나 <보기>를 먼저 보고 원칙을 적용해야 하는 문제인지 확인한다.

√ '추론'이나 '판단' 발문은 일반적인 독해 문제에서도 자주 사용되는 발문이므로 발문이 아니라 선택지나 <보기>를 통해 어떤 유형의 문제인지 확인한다.

√ 선택지나 <보기>에 조건이나 구체적인 사례가 제시되면 원리·원칙을 적용하는 문제이다.

▼

STEP 2 | 지문을 읽으면서 선택지나 <보기>의 원리·원칙의 내용을 파악한 후, 선택지나 <보기>와 비교한다.

√ 지문에 원리·원칙이 하나만 제시되어 있다면, 원리·원칙의 구체적인 내용을 파악한 후 선택지나 <보기>의 사례와 비교한다.

√ 지문에 원리·원칙이 두 개 이상 제시되어 있다면, 원리·원칙 간의 차이점에 초점을 두고 지문의 정보를 파악한 후, 선택지나 <보기>의 사례에 적용한다.

1 독해의 원리

2 논증의 방향

3 문맥과 단서

4 논리의 체계

기출 엄선 모의고사

해커스PSAT 7급 PSAT 기본서 언어논리

문제풀이 핵심 전략 적용

다음 글에서 추론할 수 있는 것만을 <보기>에서 모두 고르면? 15 민경채

> 의학이나 공학, 혹은 과학에서는 다양한 검사법을 사용한다. 가령, 의학에서 사용되는 HIV 감염 여부에 대한 진단은 HIV 항체 검사법에 크게 의존한다. 흔히 항체 검사법의 결과는 양성 반응과 음성 반응으로 나뉜다. HIV 양성 반응이라는 것은 HIV에 감염되었다는 검사 결과가 나왔다는 것을 말하며, HIV 음성 반응이라는 것은 HIV에 감염되지 않았다는 검사 결과가 나왔다는 것을 말한다.
>
> 이런 검사법의 품질은 어떻게 평가되는가? 가장 좋은 검사법은 HIV에 감염되었을 때는 언제나 양성 반응이 나오고, HIV에 감염되지 않았을 때는 언제나 음성 반응이 나오는 것이라고 할 수 있다. 하지만 여러 기술적 한계 때문에 그런 검사법을 만들기는 쉽지 않다. 많은 검사법은 HIV에 감염되었다고 하더라도 음성 반응이 나올 가능성, HIV에 감염되지 않아도 양성 반응이 나올 가능성을 가지고 있다. 이 두 가지 가능성이 높은 검사법은 좋은 검사법이라고 말할 수 없을 것이다.
>
> 반면 HIV에 감염되었을 때 양성 반응이 나올 확률과 HIV에 감염되지 않았을 때 음성 반응이 나올 확률이 매우 높은 검사법은 비교적 좋은 품질을 가지고 있다고 말할 수 있다. 통계학자들은 전자에 해당하는 확률을 '민감도'라고 부르며, 후자에 해당하는 확률을 '특이도'라고 부른다. 민감도는 '참 양성 비율'이라고 불리기도 하며, 이는 실제로 감염된 사람들 중 양성 반응을 보인 사람들의 비율이다. 마찬가지로 특이도는 '참 음성 비율'이라고 불리기도 하며, 이는 실제로는 감염되지 않은 사람들 중 음성 반응을 보인 사람들의 비율로 정의된다. 물론 '거짓 양성 비율'은 실제로 병에 걸리지 않은 사람들 중 양성 반응을 보인 사람들의 비율을 뜻하며, '거짓 음성 비율'은 실제로 병에 걸린 사람들 중 음성 반응을 보인 사람들의 비율을 가리킨다.

<보 기>
ㄱ. 어떤 검사법의 민감도가 높을수록 그 검사법의 특이도도 높다.
ㄴ. 어떤 검사법의 특이도가 100%라면 그 검사법의 거짓 양성 비율은 0%이다.
ㄷ. 민감도가 100%인 HIV 항체 검사법을 이용해 어떤 사람을 검사한 결과 양성 반응이 나왔다면 그 사람이 HIV에 감염되었을 확률은 100%이다.

① ㄱ
② ㄴ
③ ㄷ
④ ㄱ, ㄴ
⑤ ㄴ, ㄷ

1 독해의 원리

2 논증의 방향

3 문맥과 단서

4 논리의 체계

기출 엄선 모의고사

해커스PSAT 7급 PSAT 기본서 언어논리

STEP 1

<보기>에 '어떤 검사법의 민감도', '특이도', '거짓 양성 비율' 등 생소한 단어가 나타나고, 이 단어들이 조건문 형태로 제시되어 있으므로 원리·원칙을 적용하는 추론 문제임을 알 수 있다.

STEP 2

<보기>를 판단하기 위한 원리·원칙이 될 수 있는 것이 '민감도(참 양성 비율), 특이도(참 음성 비율), 거짓 양성 비율, 거짓 음성 비율'이므로 지문에서 이에 대한 구체적인 정보를 정리한다.

· 민감도(참 양성 비율) $= \dfrac{양성}{실제\ 감염자}$

· 특이도(참 음성 비율) $= \dfrac{음성}{실제\ 감염되지\ 않은\ 자}$

· 거짓 양성 비율 $= \dfrac{양성}{실제\ 감염되지\ 않은\ 자}$

· 거짓 음성 비율 $= \dfrac{음성}{실제\ 감염자}$

ㄴ. 특이도와 거짓 양성 비율은 합쳐서 100%가 되어야 하므로 추론할 수 있는 내용이다.

따라서 정답은 ②이다.

오답 체크

ㄱ. 민감도와 특이도는 기준이 다르므로 상관관계를 판단할 수 없다.

ㄷ. 민감도는 실제 감염자가 양성이 나올 확률이므로 민감도가 100%라고 해서 양성 반응이 나온 사람이 HIV에 감염되었을 확률이 100%라 볼 수 없다.

문제 풀이 후 확인하기

실력 UP 포인트

1. 지문의 중심 소재는 무엇인가?

2. 다음 중 고시 개정 이전에 가능한 주류 판매 유형과 고시 개정 이후에 가능한 주류 판매 유형을 구분하면?

   1) 예약 주문

   2) 스마트 오더

   3) 완전 비대면

01. 다음 글에서 추론할 수 있는 것은?

24 7급공채

> 현재 갑국의 소매업자가 상품을 판매할 수 있는 방식을 정리하면 〈표〉와 같다.
>
> 〈표〉 판매 유형 및 방법에 따른 구분
>
> | 유형＼방법 | 주문 방법 | 결제 방법 | 수령 방법 |
> |---|---|---|---|
> | 대면 | 영업장 방문 | 영업장 방문 | 영업장 방문 |
> | 예약 주문 | 온라인 | 영업장 방문 | 영업장 방문 |
> | 스마트 오더 | 온라인 | 온라인 | 영업장 방문 |
> | 완전 비대면 | 온라인 | 온라인 | 배송 |
>
> 갑국은 주류에 대하여 국민 건강 증진 및 청소년 보호를 이유로 스마트 오더 및 완전 비대면 방식으로 판매하는 것을 금지해 왔다. 단, 전통주 제조자가 관할 세무서장의 사전 승인을 받은 경우, 그리고 음식점을 운영하는 음식업자가 주문 받은 배달 음식과 함께 소량의 주류를 배달하는 경우에 예외적으로 주류의 완전 비대면 판매가 가능했다.
>
> 그러나 IT 기술 발전으로 인터넷 상점이나 휴대전화 앱 등을 이용한 재화 및 서비스의 구매 비중이 커져 주류 판매 관련 규제도 변해야 한다는 각계의 요청이 있었다. 이에 갑국 국세청은 관련 고시를 최근 개정하여 주류 소매업자가 이전과 다른 방식으로 주류를 판매하는 것도 허용했다.
>
> 이전에는 슈퍼마켓, 편의점 등을 운영하는 주류 소매업자는 대면 및 예약 주문 방식으로만 주류를 판매할 수 있었다. 그러나 개정안에 따르면 주류 소매업자가 스마트 오더 방식으로도 소비자에게 주류를 판매할 수 있게 되었다. 다만 완전 비대면 판매는 이전처럼 예외적인 경우에만 허용된다.

① 고시 개정과 무관하게 음식업자는 주류만 완전 비대면으로 판매할 수 있다.

② 고시 개정 이전에는 슈퍼마켓을 운영하는 주류 소매업자는 온라인으로 주류 주문을 받을 수 없었다.

③ 고시 개정 이전에는 주류를 구매하는 소비자는 반드시 영업장을 방문하여 상품을 대면으로 수령해야 했다.

④ 고시 개정 이전에는 편의점을 운영하는 주류 소매업자는 주류 판매 대금을 온라인으로 결제 받을 수 없었다.

⑤ 고시 개정 이후에는 전통주를 구매하는 소비자는 전통주 제조자의 영업장에 방문하여 주류를 구입할 수 없다.

[정답]

1. 고시 개정 이전과 이후의 주류 판매 유형에 따른 주문 방법 및 결제 방법, 수령 방법

2. 1) 고시 개정 이전
   2) 고시 개정 이후
   3) 고시 개정 이전, 이후 모두 예외적인 경우에만

감염병 우려로 인해 △△시험 관리본부가 마련한 대책은 다음과 같다. 먼저 모든 수험생을 확진, 자가격리, 일반 수험생의 세 유형으로 구분한다. 그리고 수험생 유형별로 시험 장소를 안내하고 마스크 착용 규정을 준수하도록 한다.

〈표〉 수험생 유형과 증상에 따른 시험장의 구분

수험생	시험장	증상	세부 시험장
확진 수험생	생활치료센터	유·무 모두	센터장이 지정한 센터 내 장소
자가격리 수험생	특별 방역 시험장	유	외부 차단 1인용 부스
		무	회의실
일반 수험생	최초 공지한 시험장	유	소형 강의실
		무	중대형 강의실

모든 시험장에 공통적으로 적용되는 마스크 착용 규정은 다음과 같다. 첫째, 모든 수험생은 입실부터 퇴실 시점까지 의무적으로 마스크를 착용해야 한다. 둘째, 마스크는 KF99, KF94, KF80의 3개 등급만 허용한다. 마스크 등급을 표시하는 숫자가 클수록 방역 효과가 크다. 셋째, 마스크 착용 규정에서 특정 등급의 마스크 의무 착용을 명시한 경우, 해당 등급보다 높은 등급의 마스크 착용은 가능하지만 낮은 등급의 마스크 착용은 허용되지 않는다.

시험장에 따라 달리 적용되는 마스크 착용 규정은 다음과 같다. 첫째, 생활치료센터에서는 각 센터장이 내린 지침을 의무적으로 따라야 한다. 둘째, 특별 방역 시험장에서는 KF99 마스크를 의무적으로 착용해야 한다. 셋째, 소형 강의실과 중대형 강의실에서는 각각 KF99와 KF94 마스크 착용을 권장하지만 의무 사항은 아니다.

① 일반 수험생 중 유증상자는 KF80 마스크를 착용하고 시험을 치를 수 없다.

② 일반 수험생 중 무증상자는 KF80 마스크를 착용하고 시험을 치를 수 있다.

③ 자가격리 수험생 중 유증상자는 KF99 마스크를 착용하고 시험을 치를 수 있다.

④ 자가격리 수험생 중 무증상자는 KF94 마스크를 착용하고 시험을 치를 수 없다.

⑤ 확진 수험생은 생활치료센터장이 허용하는 경우 KF80 마스크를 착용하고 시험을 치를 수 있다.

문제 풀이 후 확인하기

📊 실력 UP 포인트

1. 지문의 중심 소재는 무엇인가?

2. 다음 중 KF80 마스크를 착용하고 시험을 치를 수 있는 사람은 누구인가?

　1) 일반 수험생 중 유증상자

　2) 일반 수험생 중 무증상자

　3) 자가격리 수험생 중 유증상자

　4) 확진 수험생

[정답]

1. 수험생 유형과 증상에 따른 마스크 착용 규정

2. 1) KF80 마스크를 착용하고 시험을 치를 수 없음

　2) KF80 마스크를 착용하고 시험을 치를 수 있음

　3) KF80 마스크를 착용하고 시험을 치를 수 없음

　4) 생활치료센터장이 허용하는 경우 KF80 마스크를 착용하고 시험을 치를 수 있음

1. 지문의 중심 소재는 무엇인가?

2. 다음의 경우 적용되는 방식은 무엇인가?

　　1) 두 입자가 구별 가능하고, 하나의 양자 상태에 여러 개의 입자가 있을 수 있는 경우

　　2) 두 입자가 구별되지 않고, 하나의 양자 상태에 하나의 입자만 있을 수 있는 경우

　　3) 두 입자가 구별되지 않고, 하나의 양자 상태에 여러 개의 입자가 있을 수 있는 경우

03. 다음 글에서 추론할 수 있는 것만을 <보기>에서 모두 고르면?　　21 7급공채

　　두 입자만으로 이루어지고 이들이 세 가지의 양자 상태 1, 2, 3 중 하나에만 있을 수 있는 계(system)가 있다고 하자. 여기서 양자 상태란 입자가 있을 수 있는 구별 가능한 어떤 상태를 지시하며, 입자는 세 가지 양자 상태 중 하나에 반드시 있어야 한다. 이때 그 계에서 입자들이 어떻게 분포할 수 있는지 경우의 수를 세는 문제는, 각 양자 상태에 대응하는 세 개의 상자 ⌈1⌉2⌈3⌋ 에 두 입자가 있는 경우의 수를 세는 것과 같다. 경우의 수는 입자들끼리 서로 구별 가능한지와 여러 개의 입자가 하나의 양자 상태에 동시에 있을 수 있는지에 따라 달라진다.

　　두 입자가 구별 가능하고, 하나의 양자 상태에 여러 개의 입자가 있을 수 있다고 가정하자. 이것을 'MB 방식'이라고 부르며, 두 입자는 각각 a, b로 표시할 수 있다. a가 1의 양자 상태에 있는 경우는 [ab| |], [a|b|], [a| |b]의 세 가지이고, a가 2의 양자 상태에 있는 경우와 a가 3의 양자 상태에 있는 경우도 각각 세 가지이다. 그러므로 MB 방식에서 경우의 수는 9이다.

　　두 입자가 구별되지 않고, 하나의 양자 상태에 여러 개의 입자가 있을 수 있다고 가정하자. 이것을 'BE 방식'이라고 부른다. 이때에는 두 입자 모두 a로 표시하게 되므로 [aa| |], [|aa|], [| |aa], [a|a|], [a| |a], [|a|a]가 가능하다. 그러므로 BE 방식에서 경우의 수는 6이다.

　　두 입자가 구별되지 않고, 하나의 양자 상태에 하나의 입자만 있을 수 있다고 가정하자. 이것을 'FD 방식'이라고 부른다. 여기에서는 BE 방식과 달리 하나의 양자 상태에 두 개의 입자가 동시에 있는 경우는 허용되지 않으므로 [a|a|], [a| |a], [|a|a]만 가능하다. 그러므로 FD 방식에서 경우의 수는 3이다.

　　양자 상태의 가짓수가 다를 때에도 MB, BE, FD 방식 모두 위에서 설명한 대로 입자들이 놓이게 되고, 이때 경우의 수는 달라질 수 있다.

――〈보 기〉――
ㄱ. 두 개의 입자에 대해, 양자 상태가 두 가지이면 BE 방식에서 경우의 수는 2이다.
ㄴ. 두 개의 입자에 대해, 양자 상태의 가짓수가 많아지면 FD 방식에서 두 입자가 서로 다른 양자 상태에 각각 있는 경우의 수는 커진다.
ㄷ. 두 개의 입자에 대해, 양자 상태가 두 가지 이상이면 경우의 수는 BE 방식에서보다 MB 방식에서 언제나 크다.

① ㄱ

② ㄷ

③ ㄱ, ㄴ

④ ㄴ, ㄷ

⑤ ㄱ, ㄴ, ㄷ

04. 다음 글로부터 추론할 수 있는 것은?

20 7급모의

사람의 혈액은 적혈구, 백혈구, 혈소판처럼 혈액 내에 존재하는 세포인 혈구 성분과 이러한 혈구 성분을 제외한 나머지 액상 성분인 혈장으로 나뉜다. 사람의 혈액을 구별하는 대표적인 방법은 혈액의 성분을 기준으로 삼는 ABO형 방법이다. 이에 따르면, 혈액은 적혈구의 표면에 붙어 있는 응집원과 혈장에 들어 있는 응집소의 유무 또는 종류를 기준으로 다음 표와 같이 구분할 수 있다.

혈액형	응집원	응집소
A	A형 응집원	응집소 β
B	B형 응집원	응집소 α
AB	A형 응집원 및 B형 응집원	없음
O	없음	응집소 α 및 응집소 β

이때, A형 응집원이 응집소 α와 결합하거나 B형 응집원이 응집소 β와 결합하면, 응집 반응이 일어난다. 이 반응은 혈액의 응고를 일으키는데, 혈액이 응고되면 혈액의 정상적인 흐름이 방해되어 심각한 문제가 발생할 수 있다. 혈액의 이러한 특성을 활용하면 수혈도를 작성할 수 있다.

① A형 응집원만을 선택적으로 제거한 A형 적혈구를 B형인 사람에게 수혈해도 응집 반응이 일어나지 않는다.
② B형 응집원만을 선택적으로 제거한 AB형 적혈구를 A형인 사람에게 수혈하면 응집 반응이 일어난다.
③ 응집소 β를 선택적으로 제거한 O형 혈장을 A형인 사람에게 수혈해도 응집 반응이 일어나지 않는다.
④ AB형인 사람은 어떤 혈액을 수혈 받아도 응집 반응이 일어나지 않는다.
⑤ O형인 사람은 어떤 적혈구를 수혈 받아도 응집 반응이 일어나지 않는다.

실력 UP 포인트

1. 지문의 중심 소재는 무엇인가?

2. 다음의 경우 응집 반응이 나타나는가?
   1) A형 응집원만을 선택적으로 제거한 A형 적혈구를 B형인 사람에게 수혈하는 경우
   2) B형 응집원만을 선택적으로 제거한 AB형 적혈구를 A형인 사람에게 수혈하는 경우
   3) 응집소 β를 선택적으로 제거한 O형 혈장을 A형인 사람에게 수혈하는 경우

[정답]
1. 혈액형에 따른 응집원과 응집소
2. 1) 응집 반응 나타나지 않음
   2) 응집 반응 나타나지 않음
   3) 응집 반응 나타남

유형 3 원칙 적용 **49**

1. 지문의 중심 소재는 무엇인가?

2. (가)~(다) 중 다음 기준에 해당되는 조례안은 무엇인가?

　　1) 입법 예고 완료

　　2) 유사 사례 있음

　　3) 입법 예고 미완료 & 유사 사례 없음

05. 다음 글의 <표>에 대한 판단으로 적절한 것만을 <보기>에서 모두 고르면? 　21 7급공채

　　법제처 주무관 갑은 지방자치단체를 대상으로 조례 입안을 지원하고 있다. 갑은 지방자치단체가 조례 입안 지원 신청을 하는 경우, 두 가지 기준에 따라 나누어 신청 안들을 정리하고 있다. 해당 조례안의 입법 예고를 완료하였는지 여부를 기준으로 '완료'와 '미완료'로 나누고, 과거에 입안을 지원하였던 조례안 중에 최근에 접수된 조례안과 내용이 유사한 사례가 있는지를 판단하여 유사 사례 '있음'과 '없음'으로 나눈다. 유사 사례가 존재하지 않는 경우에만 갑은 팀장인 을에게 그 접수된 조례안의 주요 내용을 보고해야 한다.

　　최근 접수된 조례안 (가)는 지난 분기에 지원하였던 조례안과 많은 부분 유사한 내용을 담고 있다. 입법 예고는 현재 진행 중이다. 조례안 (나)의 경우는 입법 예고가 완료된 후에 접수되었고, 그 주요 내용이 지난해에 지원한 조례안의 주요 내용과 유사하다. 조례안 (다)는 주요 내용이 기존에 지원하였던 조례안과 유사성이 전혀 없는 새로운 내용을 규정하고 있으며, 입법 예고가 진행되지 않았다.

　　이상의 내용을 다음과 같은 형식으로 나타낼 수 있다.

<표> 입안 지원 신청 조례안별 분류

기준 ＼ 조례안	(가)	(나)	(다)
A	㉠	㉡	㉢
B	㉣	㉤	㉥

── <보 기> ──

ㄱ. A에 유사 사례의 유무를 따지는 기준이 들어가면, ㉣과 ㉥이 같다.

ㄴ. B에 따라 을에 대한 갑의 보고 여부가 결정된다면, ㉠과 ㉢은 같다.

ㄷ. ㉣과 ㉤이 같으면, ㉠과 ㉡이 같다.

① ㄱ

② ㄷ

③ ㄱ, ㄴ

④ ㄴ, ㄷ

⑤ ㄱ, ㄴ, ㄷ

[정답]

1. 조례 입안 지원 신청의 분류 기준

2. 1) (나)

　2) (가), (나)

　3) (다)

정답 · 해설 p.264

PSAT 교육 1위, 해커스PSAT

psat.Hackers.com

· 권장 제한시간에 따라 시작과 종료 시각을 정한 후, 실제 시험처럼 문제를 풀어보세요.
　시　분　~　시　분 (총 23문항 / 46분)

01. 다음 글에서 알 수 있는 것은?　　　　　　　　　　　16 민경채

우리가 조선의 왕을 부를 때 흔히 이야기하는 태종, 세조 등의 호칭은 묘호(廟號)라고 한다. 왕은 묘호뿐 아니라 시호(諡號), 존호(尊號) 등도 받았으므로 정식 칭호는 매우 길었다. 예를 들어 선조의 정식 칭호는 '선조소경정륜입극성덕홍렬지성대의격천희운현문의무성예달효대왕(宣祖昭敬正倫立極盛德洪烈至誠大義格天熙運顯文毅武聖睿達孝大王)'이다. 이 중 '선조'는 묘호, '소경'은 명에서 내려준 시호, '정륜입극성덕홍렬'은 1590년에 올린 존호, '지성대의격천희운'은 1604년에 올린 존호, '현문의무성예달효대왕'은 신하들이 올린 시호다.

묘호는 왕이 사망하여 삼년상을 마친 뒤 그 신주를 종묘에 모실 때 사용하는 칭호이다. 묘호에는 왕의 재위 당시의 행적에 대한 평가가 담겨 있다. 시호는 왕의 사후 생전의 업적을 평가하여 붙여졌는데, 중국 천자가 내린 시호와 조선의 신하들이 올리는 시호 두 가지가 있었다. 존호는 왕의 공덕을 찬양하기 위해 올리는 칭호이다. 기본적으로 왕의 생전에 올렸지만 경우에 따라서는 '추상존호(追上尊號)'라 하여 왕의 승하 후 생전의 공덕을 새롭게 평가하여 존호를 올리는 경우도 있었다.

왕실의 일원들을 부르는 호칭도 경우에 따라 달랐다. 왕비의 아들은 '대군'이라 부르고, 후궁의 아들은 '군'이라 불렀다. 또한 왕비의 딸은 '공주'라 하고, 후궁의 딸은 '옹주'라 했으며, 세자의 딸도 적실 소생은 '군주', 부실 소생은 '현주'라 불렀다. 왕실에 관련된 다른 호칭으로 '대원군'과 '부원군'도 있었다. 비슷한 듯 보이지만 크게 차이가 있었다. 대원군은 왕을 낳아준 아버지, 즉 생부를 가리키고, 부원군은 왕비의 아버지를 가리키는 말이었다. 조선시대에 선조, 인조, 철종, 고종은 모두 방계에서 왕위를 계승했기 때문에 그들의 생부가 모두 대원군의 칭호를 얻게 되었다. 그런데 이들 중 살아 있을 때 대원군의 칭호를 받은 이는 고종의 아버지 흥선대원군 한 사람뿐이었다. 왕비의 아버지를 부르는 호칭인 부원군은 경우에 따라 책봉된 공신(功臣)에게도 붙여졌다.

① 세자가 왕이 되면 적실의 딸은 옹주로 호칭이 바뀔 것이다.

② 조선시대 왕의 묘호에는 명나라 천자로부터 부여받은 것이 있다.

③ 왕비의 아버지가 아님에도 부원군이라는 칭호를 받은 신하가 있다.

④ 우리가 조선시대 왕을 지칭할 때 사용하는 일반적인 칭호는 존호이다.

⑤ 흥선대원군은 왕의 생부이지만 고종이 왕이 되었을 때 생존하지 않았더라면 대원군이라는 칭호를 부여받지 못했을 것이다.

979년 송 태종은 거란을 공격하러 가는 길에 고려에 원병을 요청했다. 거란은 고려가 참전할 수도 있다는 염려에서 크게 동요했다. 하지만 고려는 송 태종의 요청에 응하지 않았다. 이후 거란은 송에 보복할 기회를 엿보는 한편, 송과 다시 싸우기 전에 고려를 압박해 앞으로도 송을 군사적으로 돕지 않겠다는 약속을 받아내고자 했다.

당시 거란과 고려 사이에는 압록강이 있었는데, 그 하류 유역에는 여진족이 살고 있었다. 이 여진족은 발해의 지배를 받았지만, 발해가 거란에 의해 멸망한 후에는 어느 나라에도 속하지 않은 채 독자적 세력을 이루고 있었다. 거란은 이 여진족이 사는 땅을 여러 차례 침범해 대군을 고려로 보내는 데 적합한 길을 확보했다. 이후 993년에 거란 장수 소손녕은 군사를 이끌고 고려에 들어와 몇 개의 성을 공격했다. 이때 소손녕은 "고구려 옛 땅은 거란의 것인데 고려가 감히 그 영역을 차지하고 있으니 군사를 일으켜 그 땅을 찾아가고자 한다."라는 내용의 서신을 보냈다. 이 서신이 오자 고려 국왕 성종과 대다수 대신은 "옛 고구려의 영토에 해당하는 땅을 모두 내놓아야 군대를 거두겠다는 뜻이 아니냐?"라며 놀랐다. 하지만 서희는 소손녕이 보낸 서신의 내용은 핑계일 뿐이라고 주장했다. 그는 고려가 병력을 동원해 거란을 치는 일이 없도록 하겠다는 언질을 주면 소손녕이 철군할 것이라고 말했다. 이렇게 논의가 이어지고 있을 때 안융진에 있는 고려군이 소손녕과 싸워 이겼다는 보고가 들어왔다.

패배한 소손녕은 진군을 멈추고 협상을 원한다는 서신을 보내왔다. 이 서신을 받은 성종은 서희를 보내 협상하게 했다. 소손녕은 서희가 오자 "실은 고려가 송과 친하고 우리와는 소원하게 지내고 있어 침입하게 되었다."라고 했다. 이에 서희는 압록강 하류의 여진족 땅을 고려가 지배할 수 있게 묵인해 준다면, 거란과 국교를 맺을 뿐 아니라 거란과 송이 싸울 때 송을 군사적으로 돕지 않겠다는 뜻을 내비쳤다. 이 말을 들은 소손녕은 서희의 요구를 수용하기로 하고 퇴각했다. 이후 고려는 북쪽 국경 너머로 병력을 보내 압록강 하류의 여진족 땅까지 밀고 들어가 영토를 넓혔으며, 그 지역에 강동 6주를 두었다.

① 거란은 압록강 유역에 살던 여진족이 고려의 백성이라고 주장하였다.

② 여진족은 발해의 지배에서 벗어나기 위해 거란과 함께 고려를 공격하였다.

③ 소손녕은 압록강 유역의 여진족 땅을 **빼앗아** 강동 6주를 둔 후 그곳을 고려에 넘겼다.

④ 고려는 압록강 하류 유역에 있는 여진족의 땅으로 세력을 확대한 거란을 공격하고자 송 태종과 군사동맹을 맺었다.

⑤ 서희는 고려가 거란에 군사적 적대 행위를 하지 않겠다고 약속하면 소손녕이 군대를 이끌고 돌아갈 것이라고 보았다.

사람은 사진이나 영상만 보고도 어떤 사물의 이미지인지 아주 쉽게 분별하지만 컴퓨터는 매우 복잡한 과정을 거쳐야만 분별할 수 있다. 이를 해결하기 위해 컴퓨터가 스스로 학습하면서 패턴을 찾아내 분류하는 기술적 방식인 '기계학습'이 고안됐다. 기계학습을 통해 컴퓨터가 입력되는 수많은 데이터 중에서 비슷한 것들끼리 분류할 수 있도록 학습시킨다. 데이터 분류 방식을 컴퓨터에게 학습시키기 위해 많은 기계학습 알고리즘이 개발되었다.

기계학습 알고리즘은 컴퓨터에서 사용되는 사물 분별 방식에 기반하고 있는데, 이러한 사물 분별 방식은 크게 '지도 학습'과 '자율 학습' 두 가지로 나뉜다. 초기의 기계학습 알고리즘들은 대부분 지도 학습에 기초하고 있다. 지도 학습 방식에서는 컴퓨터에 먼저 '이런 이미지가 고양이야'라고 학습시키면, 컴퓨터는 학습된 결과를 바탕으로 고양이 사진을 분별하게 된다. 따라서 사전 학습 데이터가 반드시 제공되어야 한다. 사전 학습 데이터가 적으면 오류가 커지므로 데이터의 양도 충분해야만 한다. 반면 지도 학습 방식보다 진일보한 방식인 자율 학습에서는 이 과정이 생략된다. '이런 이미지가 고양이야'라고 학습시키지 않아도 컴퓨터는 자율적으로 '이런 이미지가 고양이군'이라고 학습하게 된다. 이러한 자율 학습 방식을 응용하여 '심화신경망' 알고리즘을 활용한 기계학습 분야를 '딥러닝'이라고 일컫는다.

그러나 딥러닝 작업은 고도의 연산 능력이 요구되기 때문에, 웬만한 컴퓨팅 능력으로는 이를 시도하기 쉽지 않았다. A 교수가 1989년에 필기체 인식을 위해 심화신경망 알고리즘을 도입했을 때 연산에만 3일이 걸렸다는 사실은 잘 알려져 있다. 하지만 고성능 CPU가 등장하면서 연산을 위한 시간의 문제는 자연스럽게 해소되었다. 딥러닝 기술의 활용 범위는 RBM과 드롭아웃이라는 새로운 알고리즘이 개발된 후에야 비로소 넓어졌다.

〈보 기〉

ㄱ. 지도 학습 방식을 사용하여 컴퓨터가 사물을 분별하기 위해서는 사전 학습 데이터가 주어져야 한다.

ㄴ. 자율 학습은 지도 학습보다 학습의 단계가 단축되었기에 낮은 연산 능력으로도 수행 가능하다.

ㄷ. 딥러닝 기술의 활용 범위는 새로운 알고리즘 개발보다는 고성능 CPU 등장 때문에 넓어졌다.

① ㄱ

② ㄷ

③ ㄱ, ㄴ

④ ㄴ, ㄷ

⑤ ㄱ, ㄴ, ㄷ

조선이 임진왜란 중 필사적으로 보존하고자 한 서적은 바로 조선왕조실록이다. 실록은 원래 서울의 춘추관과 성주·충주·전주 4곳의 사고(史庫)에 보관되었으나, 임진왜란 이후 전주 사고의 실록만 온전한 상태였다. 전란이 끝난 후 단 1벌 남은 실록을 다시 여러 벌 등서하자는 주장이 제기되었다. 우여곡절 끝에 실록 인쇄가 끝난 것은 1606년이었다. 재인쇄 작업의 결과 원본을 포함해 모두 5벌의 실록을 갖추게 되었다. 원본은 강화도 마니산에 봉안하고 나머지 4벌은 서울의 춘추관과 평안도 묘향산, 강원도의 태백산과 오대산에 봉안했다.

이 5벌 중에서 서울 춘추관의 것은 1624년 이괄의 난 때 불에 타 없어졌고, 묘향산의 것은 1633년 후금과의 관계가 악화되자 전라도 무주의 적상산에 사고를 새로 지어 옮겼다. 강화도 마니산의 것은 1636년 병자호란 때 청군에 의해 일부 훼손되었던 것을 현종 때 보수하여 숙종 때 강화도 정족산에 다시 봉안했다. 결국 내란과 외적 침입으로 인해 5곳 가운데 1곳의 실록은 소실되었고, 1곳의 실록은 장소를 옮겼으며, 1곳의 실록은 손상을 입었던 것이다.

정족산, 태백산, 적상산, 오대산 4곳의 실록은 그 후 안전하게 지켜졌다. 그러나 일본이 다시 여기에 손을 대었다. 1910년 조선 강점 이후 일제는 정족산과 태백산에 있던 실록을 조선총독부로 이관하고 적상산의 실록은 구황궁 장서각으로 옮겼으며 오대산의 실록은 일본 동경제국대학으로 반출했다. 일본으로 반출한 것은 1923년 관동대지진 때 거의 소실되었다. 정족산과 태백산의 실록은 1930년에 경성제국대학으로 옮겨져 지금까지 서울대학교에 보존되어 있다. 한편 장서각의 실록은 6·25전쟁 때 북으로 옮겨져 현재 김일성종합대학에 소장되어 있다.

① 재인쇄하였던 실록은 모두 5벌이다.

② 태백산에 보관하였던 실록은 현재 일본에 있다.

③ 현재 한반도에 남아 있는 실록은 모두 4벌이다.

④ 적상산에 보관하였던 실록은 일부가 훼손되었다.

⑤ 현존하는 가장 오래된 실록은 서울대학교에 있다.

1 독해의 원리

2 논증의 방향

3 문맥과 단서

4 논리의 체계

기출 엄선 모의고사

해커스PSAT 7급 PSAT 기본서 언어논리

우리 몸에는 세 종류의 중요한 근육이 있는데 이것들은 서로 다른 두 기준에 따라 각각 두 종류로 분류될 수 있다. 두 기준은 근육을 구성하는 근섬유에 줄무늬가 있는지의 여부와 근육의 움직임을 우리가 의식적으로 통제할 수 있는지의 여부이다.

세 종류의 중요한 근육 중 **뼈대근육**은 우리가 의식적으로 통제하여 사용할 수 있기 때문에 수의근이라고 하며 뼈에 부착되어 있다. 이 근육에 있는 근섬유에는 줄무늬가 있어서 줄무늬근으로 분류된다. 뼈대근육은 달리기, 들어 올리기와 같은 신체적 동작을 일으킨다. 우리가 신체적 운동을 통해 발달시키고자 하는 근육이 바로 뼈대근육이다.

뼈대근육과 다른 종류로서 내장근육이 있는데, 이 근육은 소화기관, 혈관, 기도에 있는 근육으로서 의식적인 통제하에 있는 것이 아니다. 내장근육에 있는 근섬유에는 줄무늬가 없어서 민무늬근으로 분류된다. 위나 다른 소화기관에 있는 근육은 꿈틀운동을 일으킨다. 혈관에 있는 근육은 혈관의 직경을 변화시켜서 피의 흐름을 촉진시킨다. 기도에 있는 근육은 기도의 직경을 변화시켜서 공기의 움직임을 촉진시킨다.

심장근육은 심장에서만 발견되는데 심장근육에 있는 근섬유에는 줄무늬가 있다. 심장근육은 심장벽을 구성하고 있고 심장을 수축시키는 역할을 하는데, 이 근육은 우리가 의식적으로 통제할 수 있는 것이 아니기 때문에 불수의근으로 분류된다.

지금까지 기술한 내용을 정리하면 다음과 같다.

〈표〉 근육의 종류와 특징

기준 \ 종류	뼈대근육	내장근육	심장근육
A	㉠	㉡	㉢
B	㉣	㉤	㉥

〈보 기〉

ㄱ. ㉡과 ㉢이 같은 특징이라면, A에는 근섬유에 줄무늬가 있는지를 따지는 기준이 들어간다.

ㄴ. ㉣과 ㉥이 다른 특징이라면, B에는 근육의 움직임을 의식적으로 통제할 수 있는지를 따지는 기준이 들어간다.

ㄷ. ㉠에 '수의근'이 들어간다면, ㉤에는 '민무늬근'이 들어가야 한다.

① ㄱ

② ㄷ

③ ㄱ, ㄴ

④ ㄴ, ㄷ

⑤ ㄱ, ㄴ, ㄷ

동물의 행동을 선하다거나 악하다고 평가할 수 없는 이유는 동물이 단지 본능적 욕구에 따라 행동할 뿐이기 때문이다. 오직 인간만이 욕구와 감정에 맞서서 행동할 수 있다. 인간만이 이성을 가지고 있다. 그러나 인간이 전적으로 이성적인 존재는 아니다. 다른 동물과 마찬가지로 인간 또한 감정과 욕구를 가진 존재다. 그래서 인간은 이성과 감정의 갈등을 겪게 된다.

그러한 갈등에도 불구하고 인간이 도덕적 행위를 할 수 있는 까닭은 이성이 우리에게 도덕적인 명령을 내리기 때문이다. 도덕적 명령에 따를 때에야 비로소 우리는 의무에서 비롯된 행위를 한 것이다. 만약 어떤 행위가 이성의 명령에 따른 것이 아닐 경우 그것이 결과적으로 의무와 부합할지라도 의무에서 나온 행위는 아니다. 의무에서 나온 행위가 아니라면 심리적 성향에서 비롯된 행위가 되는데, 심리적 성향에서 비롯된 행위는 도덕성과 무관하다. 불쌍한 사람을 보고 마음이 아파서 도움을 주었다면 이는 결국 심리적 성향에 따라 행동한 것이다. 그것은 감정과 욕구에 따른 것이기 때문에 도덕적 행위일 수가 없다.

감정이나 욕구와 같은 심리적 성향에 따른 행위가 도덕적일 수 없는 또 다른 이유는, 그것이 상대적이기 때문이다. 감정이나 욕구는 주관적이어서 사람마다 다르며, 같은 사람이라도 상황에 따라 변하기 마련이다. 때문에 이는 시공간을 넘어 모든 인간에게 적용될 수 있는 보편적인 도덕의 원리가 될 수 없다. 감정이나 욕구가 어떠하든지 간에 이성의 명령에 따르는 것이 도덕이다. 이러한 입장이 사랑이나 연민과 같은 감정에서 나온 행위를 인정하지 않는다거나 가치가 없다고 평가하는 것은 아니다. 단지 사랑이나 연민은 도덕적 차원의 문제가 아닐 뿐이다.

① 동물의 행위는 도덕적 평가의 대상이 아니다.

② 감정이나 욕구는 보편적인 도덕의 원리가 될 수 없다.

③ 심리적 성향에서 비롯된 행위는 도덕적 행위일 수 없다.

④ 이성의 명령에 따른 행위가 심리적 성향에 따른 행위와 일치하는 경우는 없다.

⑤ 인간의 행위 중에는 심리적 성향에서 비롯된 것도 있고 의무에서 나온 것도 있다.

'독재형' 어머니는 아이가 실제로 어떠한 욕망을 지니고 있는지에 무관심하며, 자신의 욕망을 아이에게 공격적으로 강요한다. 독재형 어머니는 자신의 규칙과 지시에 아이가 순응하기를 기대하며, 그것을 따르지 않을 경우 폭력을 행사하는 경우가 많다. 독재형 어머니 밑에서 자란 아이들은 공격적 성향과 파괴적 성향을 많이 보이는 것이 특징이다. 또한, 어린 시절 받은 학대로 인해 상상이나 판타지 속에 머무르는 시간이 많고, 이것은 심각한 망상으로 나타나기도 한다.

'허용형' 어머니는 오로지 아이의 욕망에만 관심을 지니면서, '아이의 욕망을 내가 채워 주고 싶다'는 식으로 자기 욕망을 형성한다. 허용형 어머니는 자녀가 요구하는 것은 무엇이든 해주기 때문에 이런 어머니 밑에서 양육된 아이들은 자아통제가 부족하기 쉽다. 따라서 이 아이들은 충동적이고 즉흥적인 성향이 강하며, 도덕적 책임 의식이 결여된 경우가 많다.

한편, '방임형' 어머니의 경우 아이와 정서적으로 차단되어 있기 때문에 아이의 욕망에 무관심할 뿐만 아니라, 아이 입장에서도 어머니의 욕망을 전혀 파악할 수 없다. 방치된 아이들은 자신의 욕망도 모르고 어머니의 욕망도 파악하지 못하기 때문에, 어떤 방식으로든 오직 어머니의 관심을 끄는 것만이 아이의 유일한 욕망이 된다. 이 아이들은 "엄마, 제발 나를 봐주세요.", "엄마, 내가 나쁜 짓을 해야 나를 볼 것인가요?", "엄마, 내가 정말 잔인한 짓을 할지도 몰라요."라면서 어머니의 관심을 끊임없이 요구한다.

〈보 기〉

ㄱ. 허용형 어머니는 방임형 어머니에 비해 아이의 욕망에 높은 관심을 갖는다.
ㄴ. 허용형 어머니의 아이는 독재형 어머니의 아이보다 도덕적 의식이 높은 경우가 많다.
ㄷ. 방임형 어머니의 아이는 독재형 어머니의 아이보다 어머니의 욕망을 더 잘 파악한다.

① ㄱ
② ㄴ
③ ㄱ, ㄷ
④ ㄴ, ㄷ
⑤ ㄱ, ㄴ, ㄷ

　　조선 왕조가 개창될 당시에는 승려에게 군역을 부과하지 않는 것이 상례였는데, 이를 노리고 승려가 되어 군역을 피하는 자가 많았다. 태조 이성계는 이를 막기 위해 국왕이 되자마자 앞으로 승려가 되려는 자는 빠짐없이 일종의 승려 신분증인 도첩을 발급 받으라고 명했다. 그는 도첩을 받은 자만 승려가 될 수 있으며 도첩을 신청할 때는 반드시 면포 150필을 내야 한다는 규정을 공포했다. 그런데 평범한 사람이 면포 150필을 마련하기란 쉽지 않았다. 이 때문에 도첩을 위조해 승려 행세하는 자들이 생겨났다.

　　태종은 이 문제를 해결하고자 즉위한 지 16년째 되는 해에 담당 관청으로 하여금 도첩을 위조해 승려 행세하는 자를 색출하게 했다. 이처럼 엄한 대응책 탓에 도첩을 위조해 승려 행세하는 사람은 크게 줄어들었다. 하지만 정식으로 도첩을 받은 후 승려 명부에 이름만 올려놓고 실제로는 승려 생활을 하지 않는 부자가 많은 것이 드러났다. 이런 자들은 불교 지식도 갖추지 않은 것으로 나타났다. 태종과 태종의 뒤를 이은 세종은 태조가 세운 방침을 준수할 뿐 이 문제에 대해 특별한 대책을 내놓지 않았다.

　　세조는 이 문제를 해결하기 위해 즉위하자마자 담당 관청에 대책을 세우라고 명했다. 그는 수 년 후 담당 관청이 작성한 방안을 바탕으로 새 규정을 시행하였다. 이 방침에는 도첩을 신청한 자가 내야 할 면포 수량을 30필로 낮추되 불교 경전인 심경, 금강경, 살달타를 암송하는 자에게만 도첩을 준다는 내용이 있었다. 세조의 뒤를 이은 예종은 규정을 고쳐 도첩 신청자가 납부해야 할 면포 수량을 20필 더 늘리고, 암송할 불경에 법화경을 추가하였다. 이처럼 기준이 강화되자 도첩 신청자 수가 줄어들었다. 이에 성종 때에는 세조가 정한 규정으로 돌아가자는 주장이 나왔다. 하지만 성종은 이를 거부하고, 예종 때 만들어진 규정을 그대로 유지했다.

① 태종은 도첩을 위조해 승려가 된 자를 색출한 후 면포 30필을 내게 했다.

② 태조는 자신이 국왕이 되기 전부터 승려였던 자들에게 면포 150필을 일괄적으로 거두어들였다.

③ 세조가 즉위한 해부터 심경, 금강경, 살달타를 암송한 자에게만 도첩을 발급한다는 규정이 시행되었다.

④ 성종은 법화경을 암송할 수 있다는 사실을 인정받은 자가 면포 20필을 납부할 때에만 도첩을 내주게 했다.

⑤ 세종 때 도첩 신청자가 내도록 규정된 면포 수량은 예종 때 도첩 신청자가 내도록 규정된 면포 수량보다 많았다.

아래 표는 각각의 물체가 1g 당 가지고 있는 에너지를 표시한 것이다.

구분	1g당 에너지 (단위: kcal)	TNT에 대한 에너지 상댓값
컴퓨터 충전기	0.1	0.15
TNT	0.65	1
초코칩 과자	5	8
우라늄-235	2천만	3천만

TNT(trinitrotoluene)와 초코칩 과자 모두는 원자들로 구성된다. 이들 원자 사이에는 힘이 작용하며 이 힘에는 에너지가 저장되어 있다. 이런 에너지를 화학적 에너지라고 부른다. 화학적 에너지는 우리에게 놀라운 사건을 보여줄 수 있다. TNT의 폭발이란, 원자들 사이의 힘이 원자들을 '아주 빠른 속도로 밀어내는 것이다. 마치 용수철을 압축했다 놓으면 용수철이 갑자기 팽창하는 것과 같다.

위의 표에서 가장 놀라운 사실은 초코칩 과자에 저장된 에너지가 같은 질량의 TNT보다 8배나 많다는 것이다. 어떻게 이것이 가능한가? 왜 우리는 TNT 대신에 초코칩 과자로 건물을 날려 버릴 수 없는 것인가?

파괴하는 용도로 TNT가 유용한 이유는 TNT가 아주 빠르게 에너지를 방출하기 때문이다. 이 과정에서 발생하는 열은 매우 고온이므로, TNT는 순식간에 기체 상태로 팽창하여 주변에 있는 물체들을 밀면서 부수어 버린다. 1g의 TNT가 가지고 있는 에너지를 방출하는 데 걸리는 시간은 1백만 분의 1초이다. 이런 갑작스런 에너지 방출은 매우 단단한 물질도 파괴할 수 있다. 에너지가 방출되는 빠르기를 '일률'이라 한다.

초코칩 과자가 같은 질량의 TNT보다 더 많은 에너지를 갖고 있지만, 물질 대사라는 화학 과정을 거쳐서 훨씬 더 느리게 에너지를 방출한다. 위에서 음식물을 산으로 섞거나 장에서 효소로 섞는 소화 과정은 화학적 변화들을 필요로 한다. 마지막으로 소화된 산물인 포도당은 세포 내에서, 폐에서 얻어지고 혈액 세포에 의해 운반된 산소와 반응하여 에너지를 생산하는 데 쓰인다.

① 우라늄-235는 같은 질량의 초코칩 과자나 TNT보다 훨씬 많은 에너지를 갖고 있다.

② 동일한 양의 에너지를 저장하는 데 필요한 질량은 컴퓨터 충전기가 TNT보다 더 크다.

③ 어떤 물체에 화학적 에너지가 많이 저장되어 있다고 해서 빠르게 방출되는 것은 아니다.

④ 초코칩 과자를 에너지로 전환하더라도 일률이 낮아서 그 에너지는 같은 질량의 TNT가 가진 에너지보다 적다.

⑤ 초코칩 과자가 물질 대사를 통해 에너지를 방출하는 데 걸리는 시간은 TNT가 에너지를 방출하는 데 걸리는 시간보다 길다.

　　두뇌 연구는 지금까지 뉴런을 중심으로 진행되어 왔다. 뉴런 연구로 노벨상을 받은 카얄은 뉴런이 '생각의 전화선'이라는 이론을 확립하여 사고와 기억 등 두뇌에서 일어나는 모든 현상을 뉴런의 연결망과 뉴런 간의 전기 신호로 설명했다. 그러나 두뇌에는 뉴런 외에도 신경교 세포가 존재한다. 신경교 세포는 뉴런처럼 그 수가 많지만 전기 신호를 전달하지 못한다. 이 때문에 과학자들은 신경교 세포가 단지 두뇌 유지에 필요한 영양 공급과 두뇌 보호를 위한 전기 절연의 역할만을 가진다고 여겼다.

　　최근 과학자들은 신경교 세포에서 그 이상의 기능을 발견했다. 신경교 세포 중에도 '성상세포'라 불리는 별 모양의 세포는 자신만의 화학적 신호를 가진다는 것이 밝혀졌다. 성상세포는 뉴런처럼 전기를 이용하지는 않지만, '뉴런송신기'라고 불리는 화학물질을 방출하고 감지한다. 과학자들은 이러한 화학적 신호의 연쇄반응을 통해 신경교 세포가 전체 뉴런을 조정한다고 추론했다.

　　A 연구팀은 신경교 세포가 전체 뉴런을 조정하면서 기억력과 사고력을 향상시킨다고 예상하고서, 이를 확인하기 위해 인간의 신경교 세포를 갓 태어난 생쥐의 두뇌에 주입했다. 쥐가 자라면서 주입된 인간의 신경교 세포도 성장했다. 이 세포들은 쥐의 뉴런들과 완벽하게 결합되어 쥐의 두뇌 전체에 걸쳐 퍼지게 되었다. 심지어 어느 두뇌 영역에서는 쥐의 뉴런의 숫자를 능가하기도 했다. 뉴런과 달리 쥐와 인간의 신경교 세포는 비교적 쉽게 구별된다. 인간의 신경교 세포는 매우 길고 무성한 섬유질을 가지기 때문이다. 쥐에 주입된 인간의 신경교 세포는 그 기능을 그대로 간직한다. 그렇게 성장한 쥐들은 다른 쥐들과 잘 어울렸고, 다른 쥐들의 관심을 끄는 것에 흥미를 보였다. 이 쥐들은 미로를 통과해 치즈를 찾는 테스트에서 더 뛰어났다. 보통의 쥐들은 네다섯 번의 시도 끝에 올바른 길을 배웠지만, 인간의 신경교 세포를 주입받은 쥐들은 두 번 만에 학습했다.

① 인간의 신경교 세포를 쥐에게 주입하면, 쥐의 뉴런은 전기 신호를 전달하지 못할 것이다.

② 인간의 뉴런 세포를 쥐에게 주입하면, 쥐의 두뇌에는 화학적 신호의 연쇄 반응이 더 활발해질 것이다.

③ 인간의 뉴런 세포를 쥐에게 주입하면, 그 뉴런 세포는 쥐의 두뇌 유지에 필요한 영양을 공급할 것이다.

④ 인간의 신경교 세포를 쥐에게 주입하면, 그 신경교 세포는 쥐의 뉴런을 보다 효과적으로 조정할 것이다.

⑤ 인간의 신경교 세포를 쥐에게 주입하면, 그 신경교 세포는 쥐의 신경교 세포의 기능을 갖도록 변화할 것이다.

11. 다음 글에서 알 수 없는 것은?

광장의 기원은 고대 그리스의 아고라에서 찾을 수 있다. '아고라'는 사람들이 모이는 곳이란 뜻을 담고 있다. 호메로스의 작품에 처음 나오는 이 표현은 물리적 장소만이 아니라 사람들이 모여서 하는 각종 활동과 모임도 의미한다. 아고라는 사람들이 모이는 도심의 한복판에 자리 잡되 그 주변으로 사원, 가게, 공공시설, 사교장 등이 자연스럽게 둘러싸고 있는 형태를 갖는다. 물론 그 안에 분수도 있고 나무도 있어 휴식 공간이 되기는 하지만 그것은 부수적 기능일 뿐이다. 아고라 곧 광장의 주요 기능은 시민들이 모여 행하는 다양한 활동 그 자체에 있다.

르네상스 이후 광장은 유럽의 여러 제후들이 도시를 조성할 때 일차적으로 고려하는 사항이 된다. 광장은 제후들이 권력 의지를 실현하는 데 중요한 역할을 할 수 있었기 때문이다. 이 시기 유럽의 도시에서는 고대 그리스 이후 자연스럽게 발전해 온 광장이 의식적으로 조성되기 시작한다. 도시를 설계할 때 광장의 위치와 넓이, 기능이 제후들의 목적에 따라 결정된다.

『광장』을 쓴 프랑코 만쿠조는 유럽의 역사가 곧 광장의 역사라고 말한다. 그에 따르면, 유럽인들에게 광장은 일상생활의 통행과 회합, 교환의 장소이자 동시에 권력과 그 의지를 실현하는 장이고 프랑스 혁명 이후 근대 유럽에서는 저항하는 대중의 연대와 소통의 장이라는 의미도 갖게 된다. 우리나라의 역사적 경험에서도 광장은 그와 같은 공간이었다. 우리의 마당이나 장터는 유럽과 형태는 다를지라도 만쿠조가 말한 광장의 기능과 의미를 담당해왔기 때문이다.

이처럼 광장은 인류의 모든 활동이 수렴되고 확산되는 공간이며 문화 마당이고 예술이 구현되는 장이며 더 많은 자유를 향한 열정이 집결하는 곳이다. 특히 근대 이후 광장을 이런 용도로 사용하는 것은 시민의 정당한 권리가 된다. 광장은 권력의 의지가 발현되는 공간이면서 동시에 시민에게는 그것을 넘어서고자 하는 자유의 열망이 빚어지는 장이다.

① 근대 이후 광장은 시민의 자유에 대한 열망이 모이는 장이었다.

② 고대 그리스의 아고라는 사람들이 모이는 장소 이상의 의미를 갖는다.

③ 유럽의 여러 제후들이 광장을 중요시한 것은 거주민의 의견을 반영하기 위해서였다.

④ 프랑스 혁명 이후 유럽에서 광장은 저항하는 이들의 소통 공간이라는 의미도 갖는다.

⑤ 우리나라의 역사적 경험에서도 광장은 권력과 그 의지를 실현하는 장이자 저항하는 대중의 연대와 소통의 장이었다.

많은 재화나 서비스는 경합성과 배제성을 지닌 '사유재'이다. 여기서 경합성이란 한 사람이 어떤 재화나 서비스를 소비하면 다른 사람의 소비를 제한하는 특성을 의미하며, 배제성이란 공급자에게 대가를 지불하지 않으면 그 재화를 소비하지 못하는 특성을 의미한다. 반면 '공공재'란 사유재와는 반대로 비경합적이면서도 비배제적인 특성을 가진 재화나 서비스를 말한다.

그러나 우리 주위에서는 이렇듯 순수한 사유재나 공공재와는 또 다른 특성을 지닌 재화나 서비스도 많이 찾아볼 수 있다. 예를 들어 영화 관람이라는 소비 행위는 비경합적이지만 배제가 가능하다. 왜냐하면 영화는 사람들과 동시에 즐길 수 있으나 대가를 지불하지 않고서는 영화관에 입장할 수 없기 때문이다. 마찬가지로 케이블 TV를 즐기기 위해서는 시청료를 지불해야 한다.

비배제적이지만 경합적인 재화들도 찾아낼 수 있다. 예를 들어 출퇴근 시간대의 무료 도로를 생각해보자. 자가용으로 집을 출발해서 직장에 도달하는 동안 도로에 진입하는 데에 요금을 지불하지 않으므로 도로의 소비는 비배제적이다. 하지만 출퇴근 시간대의 체증이 심한 도로는 내가 그 도로에 존재함으로 인해서 다른 사람의 소비를 제한하게 된다. 따라서 출퇴근 시간대의 도로 사용은 경합적인 성격을 갖는다.

이상의 내용을 아래의 표에 분류해 보면 다음과 같다.

경합성 ＼ 배제성	배제적	비배제적
경합적	a	b
비경합적	c	d

① 체증이 심한 유료 도로 이용은 a에 해당한다.

② 케이블 TV 시청은 b에 해당한다.

③ 사먹는 아이스크림과 같은 사유재는 b에 해당한다.

④ 국방 서비스와 같은 공공재는 c에 해당한다.

⑤ 영화 관람이라는 소비 행위는 d에 해당한다.

　　금군이란 왕과 왕실 및 궁궐을 호위하는 임무를 띤 특수 부대였다. 금군의 임무는 크게 국왕의 신변을 보호하는 시위 임무와 왕실 및 궁궐을 지키는 입직 임무로 나누어지는데, 시위의 경우 시립, 배종, 의장의 임무로 세분된다. 시립은 궁내의 행사 때 국왕의 곁에 서서 국왕의 신변을 보호하는 것이고, 배종은 어가가 움직일 때 호위하는 것이며, 의장은 왕이 참석하는 중요한 의식에서 병장기와 의복을 갖추고 격식대로 행동하는 것을 말한다.

　　조선 전기에 금군은 내금위, 겸사복, 우림위의 세 부대로 구성되었다. 이들 세 부대를 합하여 금군삼청이라 하였으며 왕의 친병으로 가장 좋은 대우를 받았다. 내금위는 1407년에 조직되었다. 190명의 인원으로 편성하였는데 왕의 가장 가까이에서 임무를 수행하였으므로 무예는 물론 왕의 신임이 중요한 선발 기준이었다. 이들은 주로 양반 자제들로 편성되었으며, 금군 중에서 가장 우대를 받았다. 1409년에는 50인으로 구성된 겸사복이 만들어졌는데, 금군 중 최고 정예 부대였다. 서얼과 양민에 이르기까지 두루 선발되었고 특별히 함경도, 평안도 지역 출신이 우대되었다. 겸사복은 기병이 중심이며 시립과 배종을 주로 담당하였다. 우림위는 1492년에 궁성 수비를 목적으로 서얼 출신 50인으로 편성되었다. 내금위와 겸사복의 다수가 변방으로 파견되자 이를 보충하기 위한 목적과 함께 서얼 출신의 관직 진출을 열어 주기 위한 목적도 가지고 있었다. 이들은 겸사복이나 내금위보다는 낮은 대우를 받았다. 하지만 중앙군 소속의 갑사보다는 높은 대우를 받았다.

① 양민은 원칙상 금군이 될 수 없었다.

② 갑사는 금군보다 높은 대우를 받았다.

③ 우림위가 겸사복보다 먼저 만들어졌다.

④ 내금위 병사들의 무예가 가장 뛰어났다.

⑤ 어가 호위는 겸사복의 주요 임무 중 하나였다.

14. 다음 글에서 추론할 수 있는 것만을 <보기>에서 모두 고르면?

13 민경채

하나의 세포가 표적세포로 신호를 전달하는 방법에는 여러 종류가 있다. 이 중 직접 결합 방법은 세포가 표적세포와 직접 결합하여 신호를 전달하는 방법이다. 또한 측분비 방법은 세포가 신호 전달 물질을 분비하여 근접한 거리에 있는 표적세포에 신호를 전달하는 방법이다. 그리고 내분비 방법은 세포가 신호 전달 물질의 일종인 호르몬을 분비하여 이 물질이 순환계를 통해 비교적 먼 거리를 이동한 후 표적세포에 신호를 전달하는 방법이다.

동물의 면역세포에서 분비되는 신호 전달 물질은 세포 사이에 존재하는 공간을 통해 확산되어 근거리에 위치한 표적세포에 작용한다. 특정 면역세포가 히스타민을 분비하여 알레르기 반응을 일으키는 것이 대표적인 예이다. 신경세포 사이의 신호 전달은 신경세포에서 분비되는 신경전달물질에 의해 일어난다. 신경전달물질은 세포 사이에 존재하는 공간을 통해 확산되어 근거리에 있는 표적세포에 작용한다.

내분비샘 세포에서 분비된 호르몬은 모세혈관으로 확산되어 혈액을 따라 이동하고 표적세포의 근처에 도달했을 때 혈관으로부터 빠져나와 표적세포에 작용한다. 따라서 표적 세포에서 반응을 일으키는 데 걸리는 시간은 호르몬이 신경전달물질보다 더 오래 걸린다.

〈보 기〉

ㄱ. 신경전달물질에 의한 신호 전달은 측분비 방법을 통해 이루어진다.
ㄴ. 내분비 방법이 측분비 방법보다 표적세포에서 더 빠른 반응을 일으킨다.
ㄷ. 하나의 세포가 표적세포로 신호를 전달하기 위해서는 신호 전달 물질의 분비가 필수적이다.

① ㄱ
② ㄷ
③ ㄱ, ㄴ
④ ㄴ, ㄷ
⑤ ㄱ, ㄴ, ㄷ

정상적인 애기장대의 꽃은 바깥쪽에서부터 안쪽으로 꽃받침, 꽃잎, 수술 그리고 암술을 가지는 구조로 되어 있다. 이 꽃의 발생에 미치는 유전자의 영향에 대한 연구를 통해 유전자 A는 단독으로 꽃받침의 발생에 영향을 주고, 유전자 A와 B는 함께 작용하여 꽃잎의 발생에 영향을 준다는 것을 알아냈다. 그리고 유전자 B와 C는 함께 작용하여 수술의 발생에 영향을 미치며, 유전자 C는 단독으로 암술의 발생에 영향을 미치는 것을 알아냈다. 또한, 돌연변이로 유전자 A가 결여된다면 유전자 A가 정상적으로 발현하게 될 꽃의 위치에 유전자 C가 발현하고, 유전자 C가 결여된다면 유전자 C가 정상적으로 발현하게 될 꽃의 위치에 유전자 A가 발현한다는 것을 알아냈다.

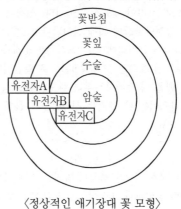

〈정상적인 애기장대 꽃 모형〉

〈보 기〉

ㄱ. 유전자 A가 결여된 돌연변이 애기장대는 가장 바깥쪽으로부터 암술, 수술, 수술 그리고 암술의 구조를 가질 것이다.

ㄴ. 유전자 B가 결여된 돌연변이 애기장대는 가장 바깥쪽으로부터 꽃받침, 암술, 암술 그리고 꽃받침의 구조를 가질 것이다.

ㄷ. 유전자 C가 결여된 돌연변이 애기장대는 가장 바깥쪽으로부터 꽃받침, 꽃잎, 꽃잎 그리고 꽃받침의 구조를 가질 것이다.

ㄹ. 유전자 A와 B가 결여된 돌연변이 애기장대는 수술과 암술만 존재하는 구조를 가질 것이다.

① ㄱ, ㄴ

② ㄱ, ㄷ

③ ㄴ, ㄷ

④ ㄴ, ㄹ

⑤ ㄷ, ㄹ

3·1운동 직후 상하이에 모여든 독립운동가들은 임시정부를 만들기 위한 첫걸음으로 조소앙이 기초한 대한민국임시헌장을 채택했다. 대한민국임시헌장을 기초할 때 조소앙은 국호를 '대한민국'으로 하고 정부 명칭도 '대한민국 임시정부'로 하자고 했다. 그 제안이 받아들여졌기 때문에 대한민국임시헌장 제1조에 "대한민국은 민주공화제로 함." 이라는 문구가 담기게 된 것이다.

'대한민국'이란 한국인들이 만든 '민국'이라는 뜻이다. 여기서 '민국'이란 국민이 주인인 나라라는 의미가 담긴 용어다. 조소앙은 3·1운동이 일어나기 전, 대한제국 황제가 국민의 동의 없이 마음대로 국권을 일제에 넘겼다고 말하면서 국민은 국권을 포기한 적이 없다고 밝힌 대동단결선언을 발표한 적이 있다. 이 선언에는 "구한국 마지막 날은 신한국 최초의 날"이라는 문구가 담겨 있다. '신한국'이란 말 그대로 '새로운 한국'을 의미한다. 조소앙은 대한제국을 대신할 '새로운 한국'이란 다름 아닌 한국 국민이 주인인 나라라고 말했다.

조소앙의 주장은 대한민국 임시정부에 참여한 독립운동가들로부터 열렬한 지지를 받았다. 독립운동가들은 황제나 일본 제국주의자들이 지배하는 나라가 아니라 국민이 주권을 가진 나라를 만들어야 한다는 데 뜻을 모았다. 1941년에 대한민국 임시정부는 이러한 의지를 보다 선명하게 드러낸 건국강령을 발표하기도 했다. 1948년에 소집된 제헌국회도 대한민국임시헌장에 담긴 정신을 계승했다. 잘 알려진 것처럼 제헌국회는 제헌헌법을 만들었는데, 이 헌법에 우리나라의 명칭을 '대한민국'이라고 한 내용이 있다.

① 대한민국 임시정부는 건국강령을 통해 대한민국임시헌장을 공포했다.

② 조소앙은 대한민국 임시정부의 요청을 받아들여 대동단결선언을 만들었다.

③ 대한민국임시헌장이 공포되기 전에는 '한국'이라는 명칭을 사용한 독립운동가가 없었다.

④ 제헌국회는 대한제국의 정치 제도를 계승하기 위해 '대한민국'이라는 국호를 사용했다.

⑤ 대한민국 임시정부를 만드는 데 참여한 독립운동가들은 민주공화제를 받아들이는 데 합의했다.

정부는 공공사업 수립·추진 과정에서 사회적 갈등이 예상되는 경우 갈등영향분석을 통해 해결책을 마련하여야 한다. 갈등은 다양한 요인 및 양태 그리고 복잡한 이해관계를 갖고 있다. 따라서 갈등영향분석의 실시 여부는 공공사업의 규모, 유형, 사업 관련 이해집단의 분포 등 다양한 지표들을 고려하여 판단하여야 한다.

갈등영향분석 실시 여부의 대표적인 판단 지표 중 하나는 실시 대상 사업의 경제적 규모이다. 해당 사업을 수행하는 기관장은 예비타당성 조사 실시 기준인 총사업비를 판단 지표로 활용하여 갈등영향분석의 실시 여부를 판단하되, 그 경제적 규모가 실시 기준 이상이라도 갈등 발생 여지가 없거나 미미한 경우에는 갈등관리심의위원회 심의를 거쳐 갈등영향분석을 실시하지 않을 수 있다.

실시 대상 사업의 유형도 갈등영향분석 실시 여부의 판단 지표가 된다. 쓰레기 매립지, 핵폐기물처리장 등 기피 시설의 입지 선정은 지역사회 갈등을 유발하는 대표적 유형이다. 이러한 사업 유형은 경제적 규모와 관계없이 반드시 갈등영향분석이 이루어져야 한다. 해당 사업을 수행하는 기관장은 대상 시설이 기피 시설인지 여부를 판단할 때, 단독으로 판단하지 말고 지역 주민 관점에서 검토할 수 있도록 민간 갈등관리전문가 등의 자문을 거쳐야 한다.

갈등영향분석을 시행하기로 결정했다면, 해당 사업을 수행하는 기관장 주관으로, 갈등관리심의위원회의 자문을 거쳐 해당 사업과 관련된 주요 이해당사자들이 중립적이라고 인정하는 전문가가 갈등영향분석서를 작성하여야 한다. 이렇게 작성된 갈등영향분석서는 반드시 모든 이해당사자들의 회람 후에 해당 기관장에게 보고되고 갈등관리심의위원회에서 심의되어야 한다.

① 정부가 갈등영향분석 실시 여부를 판단할 때 예비타당성 조사 실시 기준인 총사업비를 판단 지표로 활용한다.

② 기피 시설 여부를 판단할 때 해당 사업을 수행하는 기관장이 별도 절차 없이 단독으로 판단해서는 안 된다.

③ 갈등영향분석서는 정부가 주관하여 중립적 전문가의 자문하에 해당 기관장이 작성하여야 한다.

④ 갈등영향분석서를 작성한 후에는 이해당사자가 회람하는 절차가 있어야 한다.

⑤ 갈등관리심의위원회는 갈등영향분석 실시 여부의 판단에 관여할 수 있다.

18. 다음 글에서 추론할 수 있는 것만을 <보기>에서 모두 고르면?

23 7급공채

○○부는 올여름 폭염으로 국가적 전력 부족 사태가 예상됨에 따라 '공공기관 에너지 절약 세부 실천대책'을 발표하였다. 이에 따르면 공공기관은 냉방설비를 가동할 때 냉방 온도를 25℃ 이상으로 설정하여야 한다. 또한 14~17시에는 불필요한 전기 사용을 자제하여야 한다.

○○부는 추가적으로, 예비전력을 기준으로 전력수급 위기단계를 준비단계(500만 kW 미만 400만 kW 이상), 관심단계(400만 kW 미만 300만 kW 이상), 주의단계(300만 kW 미만 200만 kW 이상), 경계단계(200만 kW 미만 100만 kW 이상), 심각단계(100만 kW 미만) 순의 5단계로 설정하였다. 전력수급 상황에 따라 위기단계가 통보되면 공공기관은 아래 〈표〉에 따라 각 위기단계의 조치 사항을 이행하여야 한다. 이때의 조치 사항에는 그 전 위기단계까지의 조치 사항이 포함되어야 한다.

〈표〉 전력수급 위기단계별 조치 사항

위기단계	조치 사항
준비단계	실내조명과 승강기 사용 자제
관심단계	냉방 온도 28℃ 이상으로 조정
주의단계	냉방기 사용 중지, 실내조명 50% 이상 소등
경계단계	필수 기기를 제외한 모든 사무기기 전원 차단
심각단계	실내조명 완전 소등, 승강기 가동 중지

다만 장애인 승강기는 전력수급 위기단계와 관계없이 상시 가동하여야 한다. 또한 의료기관, 아동 및 노인 등 취약계층 보호시설은 냉방 온도 제한 예외 시설로서 자체적으로 냉방 온도를 설정하여 운영할 수 있다.

〈보 기〉

ㄱ. 예비전력이 50만 kW일 때 모든 공공기관은 실내조명을 완전 소등하여야 하며, 예비전력이 180만 kW일 때는 50% 이상 소등하여야 한다.

ㄴ. 취약계층 보호시설에 해당하지 않는 공공기관은 예비전력이 280만 kW일 때 냉방 온도를 24℃로 설정할 수 없으나, 예비전력이 750만 kW일 때는 설정할 수 있다.

ㄷ. 전력수급 위기단계가 심각단계일 때 취약계층 보호시설에 해당하는 공공기관은 장애인 승강기를 가동할 수 있으나 취약계층 보호시설에 해당하지 않는 공공기관은 장애인 승강기 가동을 중지하여야 한다.

① ㄱ

② ㄷ

③ ㄱ, ㄴ

④ ㄴ, ㄷ

⑤ ㄱ, ㄴ, ㄷ

정책 네트워크는 다원주의 사회에서 정책 영역에 따라 실질적인 정책 결정권을 공유하고 있는 집합체이다. 정책 네트워크는 구성원 간의 상호 의존성, 외부로부터 다른 사회 구성원들의 참여 가능성, 의사결정의 합의 효율성, 지속성의 특징을 고려할 때 다음 세 가지 모형으로 분류될 수 있다.

특징 모형	상호 의존성	외부 참여 가능성	합의 효율성	지속성
A	높음	낮음	높음	높음
B	보통	보통	보통	보통
C	낮음	높음	낮음	낮음

A는 의회의 상임위원회, 행정 부처, 이익집단이 형성하는 정책 네트워크로서 안정성이 높아 마치 소정부와 같다. 행정부 수반의 영향력이 작은 정책 분야에서 집중적으로 나타나는 형태이다. A에서는 참여자 간의 결속과 폐쇄적 경계를 강조하며, 배타성이 매우 강해 다른 이익집단의 참여를 철저하게 배제하는 것이 특징이다.

B는 특정 정책과 관련해 이해관계를 같이하는 참여자들로 구성된다. B가 특정 이슈에 대해 유기적인 연계 속에서 기능하면, 전통적인 관료제나 A의 방식보다 더 효과적으로 정책 목표를 달성할 수 있다. B의 주요 참여자는 정치인, 관료, 조직화된 이익집단, 전문가 집단이며, 정책 결정은 주요 참여자 간의 합의와 협력에 의해 일어난다.

C는 특정 이슈를 중심으로 이해관계나 전문성을 가진 이익집단, 개인, 조직으로 구성되고, 참여자는 매우 자율적이고 주도적인 행위자이며 수시로 변경된다. 배타성이 강한 A만으로 정책을 모색하면 정책 결정에 영향을 미칠 수 있는 C와 같은 개방적 참여자들의 네트워크를 놓치기 쉽다. C는 관료제의 영향력이 작고 통제가 약한 분야에서 주로 작동하는데, 참여자가 많아 합의가 어려워 결국 정부가 위원회나 청문회를 활용하여 의견을 조정하려는 경우가 종종 발생한다.

① 외부 참여 가능성이 높은 모형은 관료제의 영향력이 작고 통제가 약한 분야에서 나타나기 쉽다.

② 상호 의존성이 보통인 모형에서는 배타성이 강해 다른 이익집단의 참여를 철저하게 배제한다.

③ 합의 효율성이 높은 모형이 가장 효과적으로 정책 목표를 달성할 수 있다.

④ A에 참여하는 이익집단의 정책 결정 영향력이 B에 참여하는 이익집단의 정책 결정 영향력보다 크다.

⑤ C에서는 참여자의 수가 많아질수록 네트워크의 지속성이 높아진다.

물속에서 눈을 뜨면 물체를 뚜렷하게 볼 수 없다. 이는 공기에 대한 각막의 상대 굴절률이 물에 대한 각막의 상대 굴절률과 달라서 물속에서는 상이 망막에 선명하게 맺히기 힘들기 때문이다. 그런데 수경을 쓰면 빛이 공기에서 각막으로 굴절되어 망막에 들어오므로 상이 망막에 선명하게 맺혀서 물체를 뚜렷하게 볼 수 있다.

초기 형태의 수경은 덮개 형태의 두 부분으로 구성되어 있고 두 부분은 각각 오른쪽 눈과 왼쪽 눈을 덮고 있다. 한쪽 부분 안의 공기량이 약 7.5mL인 이 수경을 쓸 경우 3m 이상 잠수하면 결막 출혈이 생길 수 있다. 이런 현상은 다음과 같은 이유로 나타난다. 잠수를 하면 몸은 물의 압력인 수압을 받게 되는데, 수압은 잠수 깊이가 깊어질수록 커진다. 잠수 시 수압에 의해 신체가 압박되어 신체의 부피가 줄어들면서 체내 압력이 커져 수압과 같아지게 되는 반면, 수경 내부 공기의 부피는 변하지 않으므로 수경 내의 공기압인 수경 내압은 변하지 않는다. 이때 체내 압력이 수경 내압보다 일정 수준 이상 커지면 안구 안팎에 큰 압력 차이가 나타나 눈의 혈관이 압력차를 견디지 못하고 파열되어 결막 출혈이 일어난다. 초기 형태의 수경을 사용하던 해녀들은 깊이 잠수해 들어갈 때 흔히 이러한 결막 출혈을 경험하였다.

이러한 문제를 극복할 수 있도록 만들어진 수경 '부글래기'는 기존 수경에 공기가 담긴 고무주머니를 추가한 것인데 이 고무주머니는 수경 내부와 연결되어 있다. 이 수경은 잠수 시 수압에 의해 고무주머니가 압축되면, 고무주머니 내의 공기가 수압과 수경 내압이 같아질 때까지 수경 내로 이동하여 안구 안팎에 압력 차이가 나타나는 것을 막아 잠수 시 나타날 수 있는 결막 출혈을 방지한다. 우리나라에서는 모슬포 지역의 해녀들이 부글래기를 사용한 적이 있다.

오늘날 해녀들은 '큰눈' 또는 '왕눈'으로 불리는, 눈뿐만 아니라 코까지 덮는 수경을 사용한다. 이런 수경을 쓰면 잠수 시 수압에 의하여 폐가 압축되어 수압과 수경 내압이 같아질 때까지 폐의 공기가 기도와 비강을 거쳐 수경 내로 들어온다. 따라서 잠수 시 결막 출혈이 일어나지 않는다.

① 부글래기를 쓰고 잠수하면 빛이 공기에서 각막으로 굴절되어 망막에 들어와 물체를 뚜렷하게 볼 수 있다.

② 수경 내압은 큰눈을 쓰고 잠수했을 때보다 초기 형태의 수경을 쓰고 잠수했을 때가 더 크다.

③ 잠수 시 결막 출혈을 방지할 수 있는 수경이 모슬포 지역에서 사용된 적이 있다.

④ 왕눈을 쓰고 잠수하면 수경 내압과 체내 압력이 같아진다.

⑤ 체내 압력은 잠수하기 전보다 잠수했을 때가 더 크다.

1 독해의 원리
2 논증의 방향
3 문맥과 단서
4 논리의 체계
기출 엄선 모의고사
해커스PSAT 7급 PSAT 기본서 언어논리

21. 다음 글에서 추론할 수 있는 것만을 <보기>에서 모두 고르면?

진수는 병원에서 급성 중이염을 진단 받고, 항생제 투여 결과 이틀 만에 크게 호전되었다. 진수의 중이염 증상이 빠르게 호전된 것을 '항생제 투여 때문'이라고 답하는 것은 자연스러운 설명이다. 그런데 이것이 좋은 설명이 되려면, 그러한 증상의 치유에 항생제의 투여가 관련되어 있음을 보여 줄 필요가 있다.

확률의 차이는 이러한 관련성을 보여 주는 한 가지 방식이다. 예컨대 급성 중이염 증상에 대해 항생제 투여 없이 그대로 자연 치유에 맡기는 경우, 그 증상이 치유될 확률이 20%라고 하자. 이를 기준으로 삼아서 항생제 투여가 급성 중이염의 치유에 대해 갖는 긍정적 효과와 부정적 효과를 구분할 수 있다. 가령 항생제 투여를 할 경우에 그 확률이 80%라면, 이는 항생제 투여가 급성 중이염의 치유에 긍정적 효과가 있음을 보여 주는 것이다. 거꾸로, 급성 중이염의 치유를 위해 개발 과정에 있는 신약을 투여했더니 그 확률이 10%라는 조사 결과가 있다면, 이는 신약 투여가 급성 중이염의 치유에 부정적 효과가 있음을 보여 주는 것이다. 물론 두 경우 모두, 급성 중이염의 치유에 투여된 약 이외의 다른 요인이 개입하지 않았다는 점이 보장되어야 한다.

〈보 기〉

ㄱ. 투여된 약이 증상의 치유에 어떠한 효과도 없다는 것을 보이기 위해서는, 약을 투여하더라도 증상이 치유될 확률에 변화가 없을 뿐 아니라 약의 투여 이외의 다른 요인이 개입되지 않았다는 것이 밝혀져야 한다.

ㄴ. 투여된 약이 증상의 치유에 긍정적인 효과가 있다는 것을 보이기 위해서는 증상이 치유될 확률이 약의 투여 이전보다 이후에 더 높아지는 것을 보이는 것으로 충분하다.

ㄷ. 약 투여 이외의 다른 요인이 개입되지 않았다고 전제할 경우에, 투여된 약이 증상의 치유에 긍정적인 효과가 없다는 것을 보이기 위해서는 증상이 치유될 확률이 약의 투여 이전보다 이후에 더 낮아지는 것을 보이는 것이 필요하다.

① ㄱ
② ㄴ
③ ㄱ, ㄷ
④ ㄴ, ㄷ
⑤ ㄱ, ㄴ, ㄷ

과학자가 고안한 새로운 이론이 과학적 진보에 기여하는지를 평가할 때, 다음의 세 가지 조건이 고려된다.

첫째는 통합적 설명 조건이다. 새로운 이론은 여러 현상들을 통합하여 설명할 수 있는 단순한 개념 틀을 제공해야 한다. 예컨대 뉴턴의 새로운 이론은 오랫동안 서로 다르다고 여겨졌던 지상계의 운동과 천상계의 운동을 단지 몇 가지 개념을 통해 설명할 방법을 제시하였다. 하지만 통합적 설명 조건만을 만족한다고 해서 과학적 진보에 기여한다고 보기는 어렵다.

둘째는 새로운 현상의 예측 조건이다. 새로운 이론은 기존의 이론이 예측할 수 없는 새로운 현상을 예측해야 한다. 새로운 현상을 예측하면, 과학자들은 그 예측이 맞는지 확인하기 위해 다양한 반증 시도를 하게 된다. 그 과정에서 과학자들은 기존에 관심을 두지 않았던 영역을 탐구하게 되고 새로운 관측 방법을 개발한다. 통합적 설명 조건을 만족하면서 동시에 새로운 현상을 예측하여 반증 시도를 허용하는 이론이 과학적 진보에 기여하게 되는 것이다.

셋째는 통과 조건이다. 이 조건은 위 두 조건을 모두 만족하는 이론이 제시한 새로운 예측이 실제 관측이나 실험 결과에 들어맞아야 한다는 것을 뜻한다. 혹자는 통과 조건을 만족하지 못하고 반증된 이론은 실패한 이론이고 과학적 진보에 기여하지 못한다고 생각하지만, 그렇지 않다. 그런 이론도 새로운 이론을 고안하도록 과학자를 추동하는 역할을 하기 때문이다. 따라서 통과 조건을 만족하지 못하더라도 통합적 설명 조건과 새로운 현상의 예측 조건을 모두 만족하는 이론은 과학적 진보에 기여하는 것으로 평가할 수 있다.

① 단순하면서 통합적인 개념 틀을 제공하는 이론은 통과 조건을 만족한다.

② 통과 조건을 만족하지 못하더라도 과학적 진보에 기여하는 이론이 있을 수 있다.

③ 반증된 이론은 과학자들이 새로운 이론을 고안하도록 추동하는 역할을 하지 못한다.

④ 새로운 현상의 예측 조건을 만족하지 못하는 이론은 통합적 설명 조건을 만족하지 못한다.

⑤ 통합적 설명 조건과 새로운 현상의 예측 조건 중 하나만 만족하는 이론도 과학적 진보에 기여한다.

23. 다음 글에서 추론할 수 있는 것만을 <보기>에서 모두 고르면?

갑 부처는 민감정보 및 대규모 개인정보를 처리하는 공공기관에 대해 매년 「공공기관 개인정보 보호수준 평가」(이하 '보호수준 평가')를 실시한다. 갑 부처는 공공기관의 개인정보 보호 업무에 대한 관심도와 관리 수준을 평가하여 우수기관은 표창하고 취약기관에는 과태료를 부과할 수 있다.

보호수준 평가는 접근권한 관리, 암호화 조치, 접속기록 점검의 총 세 항목에 대해서 이루어진다. 각 항목에 대해 '상', '중', '하' 중 하나의 등급을 부여하며, 평가 대상 기관이 세 항목 모두 하 등급을 받으면 취약기관으로 지정된다. 평가 대상 기관이 두 항목에서 하 등급을 받는다면, 그것만으로는 취약기관으로 지정되지 않는다. 그러나 하 등급을 받은 항목의 수가 2년 연속 둘이라면, 그 기관은 취약기관으로 지정된다.

우수기관으로 지정되기 위해서는 당해 연도와 전년도에 각각 둘 이상의 항목에서 상 등급을 받고 당해 연도에는 하 등급을 받은 항목이 없어야 한다.

A기관과 B기관은 2023년과 2024년에 보호수준 평가를 받았으며, 각 항목에 대한 평가 결과는 <표>와 같다.

<표> 2023년과 2024년 보호수준 평가 결과

기관	연도 \ 항목	접근권한 관리	암호화 조치	접속기록 점검
A	2023	㉠	중	㉡
	2024	㉢	하	상
B	2023	㉣	상	하
	2024	중	㉤	㉥

─〈보 기〉─

ㄱ. ㉠과 ㉢이 다르면 A기관은 2024년에 우수기관으로도 취약기관으로도 지정되지 않는다.

ㄴ. ㉤과 ㉥이 모두 '하'라면 B기관은 2024년에 취약기관으로 지정된다.

ㄷ. 2024년에 A기관은 취약기관으로 지정되었고 B기관은 우수기관으로 지정되었다면, ㉡과 ㉣은 같지 않다.

① ㄱ

② ㄴ

③ ㄱ, ㄷ

④ ㄴ, ㄷ

⑤ ㄱ, ㄴ, ㄷ

정답 · 해설 p.266

2 논증의 방향

출제경향분석

1 논증의 방향이란?

논증의 방향은 1~3단락 정도 길이의 논증이 지문으로 제시되고, 논증의 주장이나 중심 내용을 올바르게 이해했는지, 나아가 논증의 주장을 지지하거나 비판하는 등의 평가를 적절하게 할 수 있는지를 평가하기 위한 유형이다. 논증은 전제와 결론으로 구성되어 글쓴이의 주장하는 바가 명확한 글이므로 글을 읽을 때 그 주장이 어떤 방향으로 향하는지를 빠르게 파악해야 선택지나 <보기>를 쉽게 판단할 수 있다.

2 세부 출제 유형

논증의 방향은 문제에서 평가하고자 하는 영역에 따라 ① **논지와 중심 내용**, ② **견해 분석**, ③ **논증의 비판과 반박**, ④ **논증 평가** 총 4가지 세부 유형으로 출제된다.

논지와 중심 내용	글에서 필자가 최종적으로 말하고자 하는 바를 찾아내는 유형
견해 분석	글에서 제시된 한 명 이상의 견해를 찾아 차이점과 공통점을 비교하는 유형
논증의 비판과 반박	글에 제시된 결론을 반박하는 방법으로 적절한 것을 찾는 유형
논증 평가	선택지나 <보기>에 제시된 사례가 글의 전제와 결론을 지지하거나(강화) 반박하는지(약화) 여부를 판단하는 유형

3 출제 경향

1. 2020년 모의평가부터 2024년 7급 공채 기출까지 '논증의 방향' 출제 문항 수는 다음과 같다.

2020년 모의평가	2021년 7급 공채	2022년 7급 공채	2023년 7급 공채	2024년 7급 공채
6문항	3문항	7문항	7문항	4문항

논증의 방향은 5급 공채 PSAT에서는 40문제 중 8~10문제 정도 출제되고 있다. 최근 논리와 통합되어 비중이 줄어도 난도 높게 출제되는 추세이므로 7급 공채 PSAT에서도 변별력 높은 유형으로 출제될 가능성이 높다.

2. 소재는 다양하게 출제되지만 주장이나 결론이 포함되어 있는 논증이 제시되어야 하므로 주장이나 결론이 제시되기 쉬운 과학이나 철학 등의 소재가 자주 출제된다. 2024년 7급 공채 PSAT에서는 과학 실험과 철학 소재 및 조례나 형법 관련 실무 소재가 출제되었다. 2023년과 2022년 7급 공채 PSAT에서도 과학과 실험 관련 소재 및 철학 소재가 출제되었고, 2021년 7급 공채 PSAT에서도 과학철학과 실험 관련된 소재가 출제되었다. 앞으로도 기존 시험에서 다루고 있는 인문, 과학, 역사 소재와 더불어 실험이나 실무적인 내용의 텍스트가 주요 소재로 난이도 있게 출제될 가능성이 높다.

4 대비 전략

줄글 형태의 지문으로 구성되어 있으므로 기본적인 독해력이 필수적이다. 그러나 지문을 읽는 방법은 독해 문제와는 달리 논증에 맞는 전략적인 독해 방법을 익혀야 한다.

1. 글의 핵심 주장을 파악하는 것이 기본이므로 글을 읽으면서 단락별로 주요 문장을 찾고, 찾은 문장들 중 가장 중요하거나 전체를 포괄할 수 있는 문장을 파악하는 연습을 한다.
2. 글을 읽으면서 논증의 구조에 집중하여 전제와 결론을 구별하는 연습을 한다.
3. 글에 여러 주장이 등장하는 경우 주장 간 공통점과 차이점을 파악하는 연습을 한다.
4. 글에 제시된 세부 정보를 모두 정리하는 독해보다는 글의 전체적인 흐름, 즉 방향을 잡는 것이 중요하므로 글의 방향을 파악하는 연습을 한다.
5. 주어진 시간이 촉박한 시험이므로 핵심 키워드를 중심으로 빠르게 읽는 연습을 한다.

유형 소개

'논지와 중심 내용' 유형은 제시된 지문에서 필자가 말하고자 하는 가장 중요한 주장·논지·결론을 찾거나 일반적인 지문에서 다루는 내용 중 가장 중요한 내용을 찾는 유형이다.

유형 특징

이 유형은 2~3단락 정도의 지문이 논조가 뚜렷한 논설문이나 구체적인 내용을 설명하는 설명문 형태로 제시된다. 또한 선택지는 지문에서 말하고자 하는 중요 내용이나 핵심 주장으로 구성된다. 대표적인 발문 형태는 다음과 같다.

· 다음 글의 핵심 주장으로 가장 적절한 것은?
· 다음 글의 중심 내용으로 가장 적절한 것은?
· 다음 글의 결론으로 가장 적절한 것은?
· 다음 글의 핵심 주제로 가장 적절한 것은?

출제 경향

· 2020년 모의평가부터 2024년 7급 공채 기출까지 '논지와 중심 내용' 유형의 문항 비중은 다음과 같다.

2020년 모의평가	2021년 7급 공채	2022년 7급 공채	2023년 7급 공채	2024년 7급 공채
1문항	0문항	1문항	2문항	0문항

이 유형은 매년 출제되는 빈출 유형은 아니지만, 2023년 7급 공채 PSAT에서 2문제가 출제되었다. 논증 문제의 가장 기본적인 유형이다.

· 소재는 인문, 사회, 과학 등 여러 분야에서 다양하게 출제되고 있다. 2023년 7급 공채 PSAT에서는 먹거리의 윤리성과 지역문화콘텐츠, 2022년 7급 공채 PSAT에서는 정치학 소재가 출제되었다. 앞으로 실무적인 내용을 다루는 지문이 출제될 가능성도 높다.

· '논지와 중심 내용' 유형은 접근 방법에 따라 문제 해결에 걸리는 시간이 달라질 수 있는 유형이므로 체감 난이도가 다를 수 있다.

1 독해의 원리

2 논증의 방향

3 문맥과 단서

4 논리의 체계

기출 엄선 모의고사

해커스PSAT 7급 PSAT 기본서 언어논리

문제풀이 핵심 전략

STEP 1 | 단락별로 가장 중요한 하나의 문장을 찾는다.

√ 각 단락의 내용을 요약하듯이 빠르게 읽고, 단락의 내용을 정리하는 문장을 체크한다.

▼

STEP 2 | 체크한 문장 중 가장 중요한 문장을 고르고, 그 문장과 가장 비슷한
내용을 담고 있는 선택지를 고른다.

√ 단락별 중요 문장 중 가장 중요하거나 포괄적인 내용을 담고 있는 문장이 무엇인지 확인한다.
√ 지문에서 체크한 문장을 선택지와 비교하여 가장 유사한 내용을 가진 선택지를 찾는다.

 조은정쌤의 응급처방

지문에서 가장 중요한 문장을 찾는 방법

· 결과를 나타내는 접속사로 시작하는 문장에 주목한다. 해당 접속사 뒤에는 필자가 얘기하고자
하는 중요 내용이 정리되어 있을 가능성이 높다.
  ex) 그러므로, 따라서, 요컨대
· 역접의 접속사로 시작하는 문장에 주목한다. 해당 접속사 뒤에는 앞의 내용과는 다른 중요한
내용이 등장할 가능성이 높다.
  ex) 그러나, 하지만

문제풀이 핵심 전략 적용

다음 글의 논지로 가장 적절한 것은? 14 민경채

최근 다도해 지역을 해양사의 관점에서 새롭게 주목하는 논의가 많아졌다. 그들은 주로 다도해 지역의 해로를 통한 국제 교역과 사신의 왕래 등을 거론하면서 해로와 포구의 기능과 해양 문화의 개방성을 강조하고 있다. 한편 다도해는 오래전부터 유배지로 이용되었다는 사실이 자주 언급됨으로써 그동안 우리에게 고립과 단절의 이미지로 강하게 남아 있다. 이처럼 다도해는 개방성의 측면과 고립성의 측면에서 모두 조명될 수 있다. 이는 섬이 바다에 의해 격리되는 한편 그 바다를 통해 외부 세계와 연결되기 때문이다.

다도해의 문화적 특징을 말할 때 흔히 육지에 비해 옛 모습의 문화가 많이 남아 있다는 점이 거론된다. 섬이 단절된 곳이므로 육지에서는 이미 사라진 문화가 섬에는 아직 많이 남아 있다고 여기는 것이다. 또한 섬이라는 특수성 때문에 무속이 성하고 마을굿도 풍성하다고 생각하는 이들도 있다. 이런 견해는 다도해를 고립되고 정체된 곳이라고 생각하는 관점과 통한다. 실제로는 육지에도 무당과 굿당이 많은데도 관념적으로 섬을 특별하게 여기는 것이다.

이런 관점에서 '진도 다시래기'와 같은 축제식 장례 풍속을 다도해 토속 문화의 대표적인 사례로 드는 경우도 있다. 지금도 진도나 신안 등지에 가면 상가(喪家)에서 노래하고 춤을 추며 굿을 하는 것을 볼 수 있는데, 이런 모습은 고대 역사서의 기록과 흡사하므로 그 풍속이 고풍스러운 것은 분명하다. 하지만 기존 연구에서 밝혀졌듯이 진도 다시래기가 지금의 모습을 갖추게 된 데에는 육지의 남사당패와 같은 유희 유랑 집단에서 유입된 요소들의 영향도 적지 않다. 이런 연구 결과도 다도해의 문화적 특징을 일방적인 관점에서 접근해서는 안 된다는 점을 시사해 준다.

① 유배지로서의 다도해 역사를 제대로 이해해야 한다.

② 옛 모습이 많이 남아 있는 다도해의 문화를 잘 보존해야 한다.

③ 다도해의 문화적 특징을 논의할 때 개방성의 측면을 간과해서는 안 된다.

④ 다도해의 관념적 측면을 소홀히 해서는 그 풍속을 제대로 이해하기 어렵다.

⑤ 다도해의 토속 문화를 제대로 이해하기 위해서는 고전의 기록을 잘 살펴봐야 한다.

1 독해의 원리

2 논증의 방향

3 문맥과 단서

4 논리의 체계

기출 엄선 모의고사

해커스PSAT 7급 PSAT 기본서 언어논리

STEP 1

단락별 가장 중요한 문장을 찾는다.

· 첫 번째 단락: 다도해는 개방성의 측면과 고립성의 측면에서 모두 조명될 수 있다.

· 두 번째 단락: 이런 견해는 다도해를 고립되고 정체된 곳이라고 생각하는 관점과 통한다.

· 세 번째 단락: 다도해의 문화적 특징을 일방적인 관점에서 접근해서는 안 된다는 점을 시사해 준다.

STEP 2

단락별 중요 문장 중 가장 중요한 문장은 '다도해의 문화적 특징을 일방적인 관점에서 접근해서는 안 된다.'이므로 '개방성의 측면을 간과해서는 안 된다'는 내용을 담고 있는 ③이 정답이다.

오답 체크

①, ② 유배지로서의 다도해 역사나 옛 모습이 많이 남아 있는 다도해의 문화는 고립성 부분만 강조된 것이므로 글의 논지로 적절하지 않다.

④, ⑤ 다도해의 관념적 측면으로 그 풍속을 제대로 이해하는 것이나 토속 문화를 제대로 이해하는 것은 다도해의 문화적 특징을 일방적인 관점에서 접근해서는 안 된다는 내용과 관련성이 없으므로 글의 논지로 적절하지 않다.

문제 풀이 후 확인하기
실력 UP 포인트

1. 논지는 몇 단락에 제시되어 있는가?

2. 지문에서 가장 중요하다고 생각되는 문장은 무엇인가?

01. 다음 글의 핵심 논지로 가장 적절한 것은?

22 7급공채

독일 통일을 지칭하는 '흡수 통일'이라는 용어는 동독이 일방적으로 서독에 흡수되었다는 인상을 준다. 그러나 통일 과정에서 동독 주민들이 보여준 행동을 고려하면 흡수 통일은 오해의 여지를 주는 용어일 수 있다.

1989년에 동독에서는 지방선거 부정 의혹을 둘러싼 내부 혼란이 발생했다. 그 과정에서 체제에 환멸을 느낀 많은 동독 주민들이 서독으로 탈출했고, 동독 곳곳에서 개혁과 개방을 주장하는 시위의 물결이 일어나기 시작했다. 초기 시위에서 동독 주민들은 여행·신앙·언론의 자유를 중심에 둔 내부 개혁을 주장했지만 이후 "우리는 하나의 민족이다!"라는 구호와 함께 동독과 서독의 통일을 요구하기 시작했다. 그렇게 변화하는 사회적 분위기 속에서 1990년 3월 18일에 동독 최초이자 최후의 자유총선거가 실시되었다.

동독 자유총선거를 위한 선거운동 과정에서 서독과 협력하는 동독 정당들이 생겨났고, 이들 정당의 선거운동에 서독 정당과 정치인들이 적극적으로 유세 지원을 하기도 했다. 초반에는 서독 사민당의 지원을 받으며 점진적 통일을 주장하던 동독 사민당이 우세했지만, 실제 선거에서는 서독 기민당의 지원을 받으며 급속한 통일을 주장하던 독일동맹이 승리하게 되었다. 동독 주민들이 자유총선거에서 독일동맹을 선택한 것은 그들 스스로 급속한 통일을 지지한 것이라고 할 수 있다. 이후 동독은 서독과 1990년 5월 18일에 「통화·경제·사회보장동맹의 창설에 관한 조약」을, 1990년 8월 31일에 「통일조약」을 체결했고, 마침내 1990년 10월 3일에 동서독 통일을 이루게 되었다.

이처럼 독일 통일의 과정에서 동독 주민들의 주체적인 참여를 확인할 수 있다. 독일 통일을 단순히 흡수 통일이라고 부른다면, 통일 과정에서 중요한 역할을 담당했던 동독 주민들을 배제한다는 오해를 불러일으킬 수 있다. 독일 통일의 과정을 온전히 이해하기 위해서는 동독 주민들의 활동에도 주목할 필요가 있다.

① 자유총선거에서 동독 주민들은 점진적 통일보다 급속한 통일을 지지하는 모습을 보여주었다.

② 독일 통일은 동독이 일방적으로 서독에 흡수되었다는 점에서 흔히 흡수 통일이라고 부른다.

③ 독일 통일은 분단국가가 합의된 절차를 거쳐 통일을 이루었다는 점에서 의의가 있다.

④ 독일 통일 전부터 서독의 정당은 물론 개인도 동독의 선거에 개입할 수 있었다.

⑤ 독일 통일의 과정에서 동독 주민들의 주체적 참여가 큰 역할을 하였다.

[정답]

1. 지문의 내용을 정리하고 필자의 주장이 드러나는 마지막 단락

2. 독일 통일의 과정에서 동독 주민들의 주체적인 참여를 확인할 수 있다.

지방분권화 시대를 맞아 지역의 균형 발전과 경제 활성화를 함께 도모할 수 있는 방안으로 지역문화콘텐츠의 역할이 강조되고 있다. 이와 관련하여 생태환경, 문화재, 유적지 등의 지역 자원을 이용해 지역에 생명을 불어넣고 지역의 특화된 가치를 창출하는 사례가 늘고 있다. 지역문화콘텐츠의 성공은 지역 산업의 동력이 될 뿐 아니라 지역민의 문화향유권 확장에 이바지한다는 점에서도 주목할 만하다.

그러나 지역문화콘텐츠의 전망이 밝기만 한 것은 아니다. 지역 내부의 문제로 우수한 문화자원이 빛을 보지 못하거나 특정 축제를 서로 자기 지역에 유치하기 위한 과잉 경쟁으로 지방자치단체가 몸살을 앓기도 한다. 또한, 불필요한 시설과 인프라 구축, 유사한 콘텐츠의 양산 및 미흡한 활용 등의 문제로 지역 예산을 헛되이 낭비한 사례도 적지 않다.

이러한 문제들이 많아지자, ○○부는 유사·중복 축제 행사를 통폐합하는 지방재정법 시행령과 심사 규칙 개정안을 내놓았다. 이 개정안은 특색 없는 콘텐츠를 정리하고 경쟁력 있는 콘텐츠 개발을 장려하는 것이 주목적이다. 하지만 이러한 방식만으로는 지역문화콘텐츠의 성공을 기대하기 어렵다.

그동안 지역문화 정책과 사업이 새로운 콘텐츠를 발굴·제작하는 데만 주력해 온 탓에 향유의 지속성 측면을 고려하지 못했다. 이로 인해, 관련 사업은 일부 향유자만을 대상으로 하거나 단발적인 제작 지원에 그쳐 지역민의 문화자원 향유가 지속되는 데 어려움이 있었다. 향유자에 초점을 둔 실효성 있는 정책을 실현하려면, 향유의 지속성까지 염두에 두어야 한다. 콘텐츠와 향유자를 잇고, 향유자의 향유 경험을 지속시킬 때 콘텐츠는 영속할 수 있다. 향유자에 의한 콘텐츠의 공유와 확산이 활발하게 이루어지는 향유, 아울러 향유자가 콘텐츠의 소비·매개·재생산의 주체가 되는 향유를 위한 방안이 개발되어야 한다. 이러한 방안을 통해 이미 만들어진 우수한 지역문화콘텐츠의 생명력을 연장하고 콘텐츠 향유의 활성화를 꾀할 수 있다.

① 중앙정부와 지방자치단체의 협력을 통해 지역문화콘텐츠의 경쟁력을 강화해야 한다.

② 새로운 콘텐츠의 발굴과 제작을 통해 지역문화콘텐츠의 생명력을 연장하고 활성화해야 한다.

③ 지역문화콘텐츠를 향유자와 연결하고 향유자의 향유 경험을 지속하게 할 방안을 마련해야 한다.

④ 지역문화콘텐츠 향유자 스스로 자신이 콘텐츠의 소비·매개·재생산의 주체임을 인식해야 한다.

⑤ 지역문화콘텐츠가 지역 산업의 발전과 지역민의 문화 향유 기회 확대에 기여할 수 있도록 중앙정부의 경제적 지원이 증대되어야 한다.

실력 UP 포인트

1. 논지는 몇 단락에 제시되어 있는가?

2. 지문에서 가장 중요하다고 생각되는 문장은 무엇인가?

[정답]

1. 지문의 내용을 정리하고 필자의 주장이 드러나는 마지막 단락

2. 콘텐츠와 향유자를 잇고, 향유자의 향유 경험을 지속시킬 때 콘텐츠는 영속할 수 있다.

📊 실력 UP 포인트

1. 중심 내용은 몇 단락에 제시되어 있는가?

2. 지문에서 가장 중요한 문장은 무엇인가?

03. 다음 글의 중심 내용으로 가장 적절한 것은?

17 민경채

2015년 한국직업능력개발원 보고서에 따르면 전체 대졸 취업자의 전공 불일치 비율이 6년 간 3.6%p 상승했다. 이는 우리 대학교육이 취업 환경의 급속한 변화를 따라가지 못하고 있음을 보여준다. 기존의 교육 패러다임으로는 오늘 같은 직업생태계의 빠른 변화에 대응하기 어려워 보인다. 중고등학교 때부터 직업을 염두에 둔 맞춤 교육을 하는 것이 어떨까? 그것은 두 가지 점에서 어리석은 방안이다. 한 사람의 타고난 재능과 역량이 가시화되는 데 훨씬 더 오랜 시간과 경험이 필요하다는 것이 첫 번째 이유이고, 사회가 필요로 하는 직업 자체가 빠르게 변하고 있다는 것이 두 번째 이유이다.

그렇다면 학교는 우리 아이들에게 무엇을 가르쳐야 할까? 교육이 아이들의 삶뿐만 아니라 한 나라의 미래를 결정한다는 사실을 고려하면 이것은 우리 모두의 운명을 좌우할 물음이다. 문제는 세계의 환경이 급속히 변하고 있다는 것이다. 2030년이면 현존하는 직종 가운데 80%가 사라질 것이고, 2011년에 초등학교에 입학한 어린이 중 65%는 아직 존재하지도 않는 직업에 종사하게 되리라는 예측이 있다. 이런 상황에서 교육이 가장 먼저 고려해야 할 것은 변화하는 직업 환경에 성공적으로 대응하는 능력에 초점을 맞추는 일이다.

이미 세계 여러 나라가 이런 관점에서 교육을 개혁하고 있다. 핀란드는 2020년까지 학교 수업을 소통, 창의성, 비판적 사고, 협동을 강조하는 내용으로 개편한다는 계획을 발표했다. 이와 같은 능력들은 빠르게 현실화되고 있는 '초연결 사회'에서의 삶에 필수적이기 때문이다. 말레이시아의 학교들은 문제해결 능력, 네트워크형 팀워크 등을 교과 과정에 포함시키고 있고, 아르헨티나는 초등학교와 중학교에서 코딩을 가르치고 있다. 우리 교육도 개혁을 생각하지 않으면 안 된다.

① 한 국가의 교육은 당대의 직업구조의 영향을 받는다.

② 미래에는 현존하는 직업 중 대부분이 사라지는 큰 변화가 있을 것이다.

③ 세계 여러 국가는 변화하는 세상에 대응하여 전통적인 교육을 개편하고 있다.

④ 빠르게 변하는 불확실성의 세계에서는 미래의 유망 직업을 예측하는 일이 중요하다.

⑤ 교육은 다음 세대가 사회 환경의 변화에 대응하는 데 필요한 역량을 함양하는 방향으로 변해야 한다.

[정답]

1. 지문의 내용을 정리하고 필자의 주장이 드러나는 두 번째 단락

2. 이런 상황에서 교육이 가장 먼저 고려해야 할 것은 변화하는 직업 환경에 성공적으로 대응하는 능력에 초점을 맞추는 일이다.

정답·해설 p.274

유형 소개

'견해 분석' 유형은 여러 명의 견해가 제시된 지문에서 각각의 견해를 비교하고 선택지나 <보기>에서 올바르게 분석한 내용을 고르는 유형이다.

유형 특징

이 유형은 여러 등장인물의 견해로 구성된 2~3단락 정도의 지문이 제시되고, 선택지나 <보기>는 지문에 제시된 등장인물의 견해를 찾아 그들의 견해를 비교·분석하는 내용으로 구성된다. 이때 지문은 주로 '(가), (나), (다)' 혹은 '갑, 을, 병' 형태로 각각의 견해가 제시된다. 대표적인 발문 형태는 다음과 같다.

· 다음 (가)~(다)의 주장간의 관계를 바르게 파악한 것을 <보기>에서 모두 고르면?
· 다음 논쟁에 대한 분석으로 적절한 것을 <보기>에서 모두 고르면?
· 다음 주장에 대한 분석으로 적절한 것을 <보기>에서 모두 고르면?
· 다음 견해들 간의 관계에 대한 진술로 가장 적절한 것은?

출제 경향

· 2020년 모의평가부터 2024년 7급 공채 기출까지 '견해 분석' 유형의 문항 비중은 다음과 같다.

2020년 모의평가	2021년 7급 공채	2022년 7급 공채	2023년 7급 공채	2024년 7급 공채
3문항	2문항	2문항	2문항	2문항

이 유형은 5급 공채 PSAT에서도 40문제 중 2~4문제 정도 출제되고 있다. 최근 들어 매년 출제되고 있는 중요 유형이다.

· 소재는 인문, 사회, 과학 등 여러 분야에서 다양하게 출제되고 있다. 2024년 7급 공채 PSAT에서는 출산장려금 및 이중처벌 금지 원칙과 관련된 실무 소재가 출제되었고, 2023년 7급 공채 PSAT에서는 인공지능 로봇 관련 소재가 출제되었다. 특히 2022년과 2021년처럼 논쟁의 소재로 실무와 관련된 법률 소재가 활용될 가능성이 높다.

· '견해 분석' 유형은 최근 논리 이론과 접목되어 출제되는 경향이 있고, 선택지에 제시되는 양립, 모순 등의 내용을 정확히 알고 있어야 문제 해결이 가능하므로 논리 이론에 대한 준비가 필요하다.

1 독해의 원리

2 논증의 방향

3 문맥과 단서

4 논리의 체계

기출 앞서 모의고사

해커스PSAT 7급 PSAT 기본서 언어논리

문제풀이 핵심 전략

STEP 1 | 지문에 제시된 등장인물 각자의 주장을 찾아 내용을 구분한다.

√ 인물별로 가장 중요하거나 가장 포괄적인 내용을 담은 문장을 찾아 주장을 찾고, 각 등장인물이 같은 주장을 하고 있는지, 다른 주장을 하고 있는지 구분한다.

▼

STEP 2 | 각 선택지나 <보기>에서 어떤 주장을 비교하는지 확인하고, 표현에 유의하여 각 주장 간의 관계를 파악한다.

√ 선택지나 <보기>에 '양립 가능성', '모순 관계'와 같은 표현이 있는 경우, 두 주장이 동시에 참이 될 수 있는지, 없는지에 대한 여부를 중심으로 주장 간의 관계를 파악한다.

 조은정쌤의 응급처방

양립 가능성에 대한 판단

· 두 주장이 양립 가능하다. = 두 주장이 동시에 참이 될 수 있다.

· 두 주장이 양립 가능하지 않다. = 두 주장이 동시에 참이 될 수 없다.

모순 관계에 대한 판단

· 두 주장이 모순 관계이다. = 두 주장이 동시에 참이 될 수 없고, 동시에 거짓이 될 수도 없다.

문제풀이 핵심 전략 적용

다음 (가)~(라)의 주장간의 관계를 바르게 파악한 사람을 <보기>에서 모두 고르면?

12 민경채

> (가) 도덕성의 기초는 이성이지 동정심이 아니다. 동정심은 타인의 고통을 공유하려는 선한 마음이지만, 그것은 일관적이지 않으며 때로는 변덕스럽고 편협하다.
>
> (나) 인간의 동정심은 신뢰할 만하지 않다. 예컨대, 같은 종류의 불행을 당했다고 해도 내 가족에 대해서는 동정심이 일어나지만 모르는 사람에 대해서는 동정심이 생기지 않기도 한다.
>
> (다) 도덕성의 기초는 이성이 아니라 오히려 동정심이다. 즉 동정심은 타인의 곤경을 자신의 곤경처럼 느끼며 타인의 고난을 위로해 주고 싶은 욕구이다. 타인의 고통을 나의 고통처럼 느끼고, 그로부터 타인의 고통을 막으려는 행동이 나오게 된다. 이렇게 동정심은 도덕성의 원천이 된다.
>
> (라) 동정심과 도덕성의 관계에서 중요한 문제는 어떻게 동정심을 함양할 것인가의 문제이지, 그 자체로 도덕성의 기초가 될 수 있는지 없는지의 문제가 아니다. 동정심은 전적으로 신뢰할 만한 것은 아니며 때로는 왜곡될 수도 있다. 그렇다고 그 때문에 도덕성의 기반에서 동정심을 완전히 제거하는 것은 도덕의 풍부한 원천을 모두 내다 버리는 것과 같다. 오히려 동정심이나 공감의 능력은 성숙하게 함양해야 하는 도덕적 소질에 가까운 것이다.

─────〈보 기〉─────

갑: (가)와 (다)는 양립할 수 없는 주장이다.
을: (나)는 (가)를 지지하는 관계이다.
병: (가)와 (라)는 동정심의 도덕적 역할을 전적으로 부정하고 있다.
정: (나)와 (라)는 모순관계이다.

① 갑, 을
② 을, 정
③ 갑, 을, 병
④ 갑, 병, 정
⑤ 을, 병, 정

STEP 1

(가)~(라) 각각의 주장을 찾는다.

(가) 도덕성의 기초는 이성이지 동정심이 아니다.

(나) 인간의 동정심은 신뢰할 만하지 않다.

(다) 도덕성의 기초는 이성이 아니라 오히려 동정심이다.

(라) 동정심과 도덕성의 관계에서 중요한 문제는 어떻게 동정심을 함양할 것인가의 문제이지, 그 자체로 도덕성의 기초가 될 수 있는지 없는지의 문제가 아니다.

STEP 2

<보기>에 제시된 주장 간의 관계를 파악한다.

갑: (가)와 (다)는 동시에 참이 될 수 없는 주장이므로 양립할 수 없는 주장이다.

을: (나)는 (가)를 뒷받침하므로 지지하는 관계이다.

병: (라)는 동정심의 도덕적 역할을 전적으로 부정하고 있다고 볼 수 없다.

정: (나)와 (라)는 동시에 참이 될 수 없고, 동시에 거짓이 될 수도 없는 관계가 아니므로 모순 관계라 볼 수 없다.

따라서 정답은 ①이다.

유형공략문제

실력 UP 포인트
문제 풀이 후 확인하기

1. 지문의 논점은 무엇인가?

2. 등장인물들의 견해가 드러나는 중요 문장은 무엇인가?

01. 다음 갑~정의 논쟁에 대한 분석으로 적절한 것만을 <보기>에서 모두 고르면?

23 7급공채

갑: 우리는 보통 인간이나 동물이 어떤 특성을 지니고 있어서 그에 부합하는 도덕적 지위를 갖는다고 생각한다. 의식이 바로 그런 특성이다. 나는 인공지능 로봇도 같은 방식으로 그 도덕적 지위를 결정해야 한다고 생각한다. 그래서 우리는 그런 로봇에게 의식이 있는지를 따져 봐야 할 것이다. 나는 인공지능 로봇이 의식을 갖는다고 생각한다.

을: 도덕적 지위를 결정하는 기준에 대해서는 나도 갑과 생각이 같다. 하지만 나는 바로 그런 이유에서 인공지능 로봇에게 도덕적 지위를 부여할 수 없다고 생각한다. 로봇은 기계이므로 의식을 갖는 것이 가능하지 않기 때문이다.

병: 나는 인공지능 로봇에게 의식이 있는지 없는지가 그것에게 도덕적 지위를 부여하느냐 마느냐를 결정하는 근거가 될 수 없다고 생각한다. 인공지능 로봇에게 의식이 있을 수도 있겠지만, 인간의 필요에 의해서 만든 도구적 존재에게 도덕적 지위를 부여하는 것은 말이 안 된다.

정: 어떤 존재의 도덕적 지위는 우리가 그 존재와 어떤 관계를 맺고 있는지에 따라 결정된다. 우리가 로봇과 가족이나 친구와 같은 유의미한 관계를 맺고 있다면, 인공지능 로봇이 의식을 갖지 않는 경우라 해도, 로봇에게 도덕적 지위를 부여해야 한다.

〈보 기〉

ㄱ. 을과 정은 인공지능 로봇에게는 의식이 없다고 생각한다.

ㄴ. 인공지능 로봇에게 의식이 있어도 도덕적 지위를 부여할 수 없다고 생각하는 사람이 있다.

ㄷ. 인공지능 로봇에게 실제로 의식이 있다고 밝혀진다면, 네 명 중 한 명은 인공지능 로봇에게 도덕적 지위를 부여해야 하는가에 대한 입장을 바꿔야 한다.

① ㄱ
② ㄴ
③ ㄱ, ㄷ
④ ㄴ, ㄷ
⑤ ㄱ, ㄴ, ㄷ

[정답]

1. 인공지능 로봇에게 도덕적 지위를 부여할 수 있는가?

2. 갑: 나는 인공지능 로봇이 의식을 갖는다고 생각한다.

   을: 로봇은 기계이므로 의식을 갖는 것이 가능하지 않기 때문이다.

   병: 인간의 필요에 의해서 만든 도구적 존재에게 도덕적 지위를 부여하는 것은 말이 안 된다.

   정: 우리가 로봇과 유의미한 관계를 맺고 있다면, 인공지능 로봇이 의식을 갖지 않는 경우라 해도, 로봇에게 도덕적 지위를 부여해야 한다.

A: 종 차별주의란 인간 종이 다른 생물 종과 생김새가 다르다는 이유만으로 특별한 대우를 받아야 한다는 주장이다. 이런 종 차별주의가 옳지 않다는 주장은 모든 종을 동등하게 대우해야 한다는 종 평등주의가 옳다는 말과 같다. 하지만 종 평등주의는 너무나 비상식적인 견해이다.

B: 종 차별주의를 거부하는 것과 종 평등주의를 받아들이는 것은 별개다. 모든 생명체를 동등하게 대우해야 한다는 종 평등주의는 이웃 사람을 죽이는 것이 그른 만큼 양배추를 뽑아 버리는 것도 그르다는 것을 암시한다. 그러나 양배추는 신경계와 뇌가 없으므로 어떠한 경험을 할 수도 어떠한 의식을 가질 수도 없다. 그런 양배추를 뽑아 버리는 것이, 의식을 가지고 높은 수준의 경험을 누리는 이웃 사람을 죽이는 행위와 같을 수 없다. 종 차별주의에 대한 거부는 생김새가 아닌 의식에 의한 차별적 대우를 부정하지 않는다.

C: 의식에 의한 차별이 정당하다는 주장이 옳다면, 각 인간이 가진 가치도 달라야 한다. 왜냐하면 인간마다 의식적 경험의 정도가 다르기 때문이다. 그러나 모든 인간이 동일한 존엄성과 무한한 생명 가치를 가진다는 것은 거부할 수 없는 윤리의 대전제이다. 따라서 의식을 이용하여 종 사이의 차별을 정당화한다면 이런 윤리의 대전제를 부정할 수밖에 없다.

〈보 기〉

ㄱ. A는 종 차별주의와 종 평등주의가 서로 모순된다고 보지만 B는 그렇지 않다.
ㄴ. B와 C는 모든 인간이 동일한 존엄성과 무한한 생명 가치를 가진다는 견해에 동의한다.
ㄷ. C는 인간과 인간이 아닌 것 사이의 차별적 대우를 정당화하는 근거가 있다는 것에 동의하지만, A는 그렇지 않다.

① ㄱ
② ㄴ
③ ㄱ, ㄷ
④ ㄴ, ㄷ
⑤ ㄱ, ㄴ, ㄷ

1 독해의 원리

2 논증의 방향

3 문맥과 단서

4 논리의 체계

기출 엄선 모의고사

해커스PSAT 7급 PSAT 기본서 20논리

📈 **실력 UP 포인트** 〜문제 풀이 후 확인하기

1. 지문의 논점은 무엇인가?

2. 등장인물들의 견해가 드러나는 중요 문장은 무엇인가?

[정답]

1. 종 차별주의가 옳은가, 종 평등주의가 옳은가?

2. A: 종 평등주의는 너무나 비상식적인 견해이다.
   B: 종 차별주의를 거부하는 것과 종 평등주의를 받아들이는 것은 별개다.
   C: 의식을 이용하여 종 사이의 차별을 정당화한다면 이런 윤리의 대전제를 부정할 수밖에 없다.

03. 다음 논쟁을 분석한 것으로 적절한 것만을 <보기>에서 모두 고르면?

22 7급공채

갑: 입증은 증거와 가설 사이의 관계에 대한 것이다. 내가 받아들이는 입증에 대한 입장은 다음과 같다. 증거 발견 후 가설의 확률 증가분이 있다면, 증거가 가설을 입증한다. 즉 증거 발견 후 가설이 참일 확률에서 증거 발견 전 가설이 참일 확률을 뺀 값이 0보다 크다면, 증거가 가설을 입증한다. 예를 들어보자. 사건 현장에서 용의자 X의 것과 유사한 발자국이 발견되었다. 그럼 발자국이 발견되기 전보다 X가 해당 사건의 범인일 확률은 높아질 것이다. 그렇다면 발자국 증거는 X가 범인이라는 가설을 입증한다. 그리고 증거 발견 후 가설의 확률 증가분이 클수록, 증거가 가설을 입증하는 정도가 더 커진다.

을: 증거가 가설이 참일 확률을 높인다고 하더라도, 그 증거가 해당 가설을 입증하지 못할 수 있다. 가령, X에게 강력한 알리바이가 있다고 해보자. 사건이 일어난 시간에 사건 현장과 멀리 떨어져 있는 X의 모습이 CCTV에 포착된 것이다. 그러면 발자국 증거가 X가 범인일 확률을 높인다고 하더라도, 그가 범인일 확률은 여전히 높지 않을 것이다. 그럼에도 불구하고 갑의 입장은 이러한 상황에서 발자국 증거가 X가 범인이라는 가설을 입증한다고 보게 만드는 문제가 있다. 이 문제는 내가 받아들이는 입증에 대한 다음 입장을 통해 해결될 수 있다. 증거 발견 후 가설의 확률 증가분이 있고 증거 발견 후 가설이 참일 확률이 1/2보다 크다면, 그리고 그런 경우에만 증거가 가설을 입증한다. 가령, 발자국 증거가 X가 범인일 확률을 높이더라도 증거 획득 후 확률이 1/2보다 작다면 발자국 증거는 X가 범인이라는 가설을 입증하지 못한다.

───────⟨보 기⟩───────

ㄱ. 갑의 입장에서, 증거 발견 후 가설의 확률 증가분이 없다면 그 증거가 해당 가설을 입증하지 못한다.

ㄴ. 을의 입장에서, 어떤 증거가 주어진 가설을 입증할 경우 그 증거 획득 이전 해당 가설이 참일 확률은 1/2보다 크다.

ㄷ. 갑의 입장에서 어떤 증거가 주어진 가설을 입증하는 정도가 작더라도, 을의 입장에서 그 증거가 해당 가설을 입증할 수 있다.

① ㄴ

② ㄷ

③ ㄱ, ㄴ

④ ㄱ, ㄷ

⑤ ㄱ, ㄴ, ㄷ

[정답]

1. 증거가 가설을 입증하는 경우는 어떤 것인가?

2. 갑: 증거 발견 후 가설의 확률 증가분이 있다면, 증거가 가설을 입증한다.

을: 증거 발견 후 가설의 확률 증가분이 있고 증거 발견 후 가설이 참일 확률이 1/2보다 크다면, 그리고 그런 경우에만 증거가 가설을 입증한다.

04. 다음 글의 <논쟁>에 대한 분석으로 적절한 것만을 <보기>에서 모두 고르면?

21 7급공채

갑과 을은 「위원회의 운영에 관한 규정」 제8조에 대한 해석을 놓고 논쟁하고 있다. 그 조문은 다음과 같다.

> 제8조(위원장 및 위원) ① 위원장은 위촉된 위원들 중에서 투표로 선출한다.
> ② 위원장과 위원은 한 차례만 연임할 수 있다.
> ③ 위원장의 사임 등으로 보선된 위원장의 임기는 전임 위원장 임기의 남은 기간으로 한다.

〈논 쟁〉

쟁점 1: A는 위원을 한 차례 연임하던 중 그 임기의 마지막 해에 위원장으로 선출되어, 2년에 걸쳐 위원장으로 활동하고 있다. 이에 대해, 갑은 A가 규정을 어기고 있다고 주장하지만, 을은 그렇지 않다고 주장한다.

쟁점 2: B가 위원장을 한 차례 연임하여 활동하던 중에 연임될 때의 투표 절차가 적법하지 않다는 이유로 위원장의 직위가 해제되었는데, 이후의 보선에 B가 출마하였다. 이에 대해, 갑은 B가 선출되면 규정을 어기게 된다고 주장하지만, 을은 그렇지 않다고 주장한다.

쟁점 3: C는 위원장을 한 차례 연임하였고, 다음 위원장으로 선출된 D는 임기 만료 직전에 사퇴하였는데, 이후의 보선에 C가 출마하였다. 이에 대해, 갑은 C가 선출되면 규정을 어기게 된다고 주장하지만, 을은 그렇지 않다고 주장한다.

〈보 기〉

ㄱ. 쟁점 1과 관련하여, 갑은 위원으로서의 임기가 종료되면 위원장으로서의 자격도 없는 것으로 생각하지만, 을은 위원장이 되는 경우에는 그 임기나 연임 제한이 새롭게 산정된다고 생각하기 때문이라고 하면, 갑과 을 사이의 주장 불일치를 설명할 수 있다.

ㄴ. 쟁점 2와 관련하여, 갑은 위원장이 부적법한 절차로 당선되었더라도 그것이 연임 횟수에 포함된다고 생각하지만, 을은 그렇지 않다고 생각하기 때문이라고 하면, 갑과 을 사이의 주장 불일치를 설명할 수 있다.

ㄷ. 쟁점 3과 관련하여, 위원장 연임 제한의 의미가 '단절되는 일 없이 세 차례 연속하여 위원장이 되는 것만을 막는다'는 것으로 확정된다면, 갑의 주장은 옳고, 을의 주장은 그르다.

① ㄱ

② ㄷ

③ ㄱ, ㄴ

④ ㄴ, ㄷ

⑤ ㄱ, ㄴ, ㄷ

📊 실력 UP 포인트

1. 지문의 논점은 무엇인가?

2. A, B, C의 규정 준수 여부에 대한 갑과 을의 견해는 무엇인가?

[정답]

1. 위원회의 위원장 및 위원의 위촉 방식에 관한 규정을 어떻게 해석해야 하는가?

2. A: 갑 - 규정 위반
   을 - 규정 위반 아님
   B: 갑 - 선출되면 규정 위반
   을 - 규정 위반 아님
   C: 갑 - 선출되면 규정 위반
   을 - 규정 위반 아님

실력 UP 포인트

1. 지문의 논점은 무엇인가?

2. 갑, 을, 병, 정의 견해가 드러나는 중요 문장은 무엇인가?

05. 다음 갑~정의 주장에 대한 분석으로 적절한 것을 <보기>에서 모두 고르면? 14 민경채

북미 지역의 많은 불임 여성들이 체외수정을 시도하고 있다. 그런데 젊은 여성들의 난자를 사용한 체외수정의 성공률이 높기 때문에 젊은 여성의 난자에 대한 선호도가 높다. 처음에는 젊은 여성들이 자발적으로 난자를 기증하였지만, 이러한 자발적인 기증만으로는 수요를 감당할 수가 없게 되었다. 이 시점에 난자 제공에 대한 금전적 대가 지불에 대해 논란이 제기되었다.

갑: 난자 기증은 상업적이 아닌 이타주의적인 이유에서만 이루어져야 한다. 난자만이 아니라 정자를 매매하거나 거래하는 것도 불법화해야 한다는 데 동의한다. 물론 상업적인 대리모도 금지해야 한다.

을: 인간은 각자 본연의 가치가 있으므로 시장에서 값을 매길 수 없다. 또한 인간관계를 상업화하거나 난자 등과 같은 신체의 일부를 금전적인 대가 지불의 대상으로 만들어선 안 된다.

병: 불임 부부가 아기를 가질 기회를 박탈해선 안 된다. 그런데 젊은 여성들이 자발적으로 난자를 기증하는 것을 기대하기가 어렵다. 난자 기증은 여러 가지 부담을 감수해야 하기에 보상 없이 이루어지기에는 한계가 있다. 결과적으로 난자 제공에 대한 금전적 대가 지불을 허용하지 않을 경우에 난자를 얻을 수 없을 것이고, 불임 여성들은 원하는 아기를 가질 수 없게 될 것이다.

정: 난자 기증은 정자 기증과 근본적으로 다르다. 난자를 채취하는 것은 정자를 얻는 것보다 훨씬 복잡하고 어려운 일이며 위험을 감수해야 할 경우도 있다. 예컨대, 과배란을 유도하기 위해 여성들은 한 달 이상 매일 약을 먹어야 한다. 그 다음에는 가늘고 긴 바늘을 난소에 찔러 난자를 뽑아 내는 과정을 거쳐야 한다. 한 여성 경험자는 난소에서 난자를 뽑아 낼 때마다 '누가 그 부위를 발로 차는 것 같은' 느낌을 받았다고 보고하였다. 이처럼 난자 제공은 고통과 위험을 감수해야 하는 일이다.

―〈보 기〉―

ㄱ. 을은 갑의 주장을 지지한다.
ㄴ. 정의 주장은 병의 주장을 지지하는 근거로 사용될 수 있다.
ㄷ. 난자 제공에 대한 금전적 대가 지불에 대해서 을의 입장과 병의 입장은 양립불가능하다.

① ㄱ

② ㄷ

③ ㄱ, ㄴ

④ ㄴ, ㄷ

⑤ ㄱ, ㄴ, ㄷ

[정답]

1. 난자 제공에 대한 금전적 대가가 필요한가?

2. 갑: 난자 기증은 상업적이 아닌 이타주의적인 이유에서만 이루어져야 한다.

을: 난자 등과 같은 신체의 일부를 금전적인 대가 지불의 대상으로 만들어선 안 된다.

병: 난자 제공에 대한 금전적 대가 지불을 허용하지 않을 경우에 난자를 얻을 수 없을 것이다.

정: 난자 제공은 고통과 위험을 감수해야 하는 일이다.

정답 · 해설 p.275

논증의 비판과 반박

유형 소개

'논증의 비판과 반박' 유형은 지문으로 제시된 논증의 결론을 비판·반박하는 선택지나 <보기>를 제시하여 논증의 결론을 적절하게 반박하는 내용을 찾는 유형이다.

유형 특징

이 유형은 2~3단락 정도의 '논증'이 지문으로 제시된다. 여기서 논증이란 주장을 나타내는 '결론'과 그 결론을 지지하는 '전제'로 이루어진 글이고, 논증은 전제가 참일 때 결론이 반드시 참이 되어야 타당하므로 논증을 비판하거나 반박하기 위해서는 논증의 전제가 결론을 지지하지 못한다고 반박하거나 전제가 참이어도 결론이 참이 되지 않는다고 반박해야 한다. 따라서 이 유형의 선택지는 논증의 전제나 결론을 반박 또는 지지하거나, 혹은 논증과 직접적인 관련성이 없는 내용으로 다양하게 구성된다. 대표적인 발문 형태는 다음과 같다.

· 다음 논지를 비판하는 진술로 가장 적절한 것은?

· 다음 논증에 대한 반박으로 가장 적절한 것은?

· 다음 글에 대한 비판으로 가장 적절한 것은?

· 다음 글에 대한 반례로 가장 적절한 것은?

출제 경향

· 2020년 모의평가부터 2024년 7급 공채 기출까지 '논증의 비판과 반박' 유형의 문항 비중은 다음과 같다.

2020년 모의평가	2021년 7급 공채	2022년 7급 공채	2023년 7급 공채	2024년 7급 공채
0문항	1문항	0문항	0문항	0문항

이 유형은 5급 공채 PSAT에서도 최근 출제 비중이 낮아지고 있지만, 논리 이론과 연계되어 출제될 가능성이 높은 유형이므로 대비해 두어야 한다.

· 소재는 인문, 사회, 과학 등 여러 분야에서 다양하게 출제되고 있으며, 2021년 7급 공채 PSAT에서는 과학철학 소재가 출제되었다.

· '논증의 비판과 반박' 유형은 논리 이론과 연계되어 출제될 경우 난도 높게 출제되는 경향이 있으므로 정확한 접근 방법을 익혀두지 않으면 체감 난도가 높아질 가능성이 있다.

문제풀이 핵심 전략

STEP 1 | 발문에서 비판이나 반박의 대상이 무엇인지 찾고, 지문에서 그 내용을 확인한다.

✓ 비판이나 반박의 대상이 논지인 경우, 지문에서 논증의 전제와 결론(논지)을 확인한다.

✓ 비판이나 반박의 대상이 논지가 아닌 경우, 그 대상을 지문에서 찾고 내용을 확인한다.

STEP 2 | 선택지나 <보기>의 내용이 비판이나 반박의 대상과 비교하여 어떤 '방향성'을 갖는지 파악한다.

✓ 논증 또는 논지를 반박하는 문제인 경우, 논증의 전제 또는 결론을 반박하는 선택지나 <보기>를 찾는다.

✓ 비판이나 반박의 대상이 논증 또는 논지가 아닌 문제인 경우, 그 대상의 내용과 방향성이 반대인 선택지나 <보기>를 찾는다.

 조은정쌤의 응급처방

특정 선택지가 논증을 비판하고 반박하는지 판단하는 방법

· 논증의 결론과 반대 방향으로 가는 내용은 논증을 비판하고 반박하는 것이다.

· 논증의 전제와 반대 방향으로 가는 내용은 논증을 비판하고 반박하는 것이다.

1 독해의 원리

2 논증의 방향

3 문맥과 단서

4 논리의 체계

기출 엄선 모의고사

해커스PSAT 7급 PSAT 기본서 90일논리

문제풀이 핵심 전략 적용

다음 글의 논지를 비판하는 진술로 가장 적절한 것은?   16 민경채

> 자신의 스마트폰 없이는 도무지 일과를 진행하지 못하는 K의 경우를 생각해 보자. 그의 일과표는 전부 그의 스마트폰에 저장되어 있어서 그의 스마트폰은 적절한 때가 되면 그가 해야 할 일을 알려줄 뿐만 아니라 약속 장소로 가기 위해 무엇을 타고 어떻게 움직여야 할지까지 알려준다. K는 어릴 때 보통 사람보다 기억력이 매우 나쁘다는 진단을 받았지만 스마트폰 덕분에 어느 동료에게도 뒤지지 않는 업무 능력을 발휘하고 있다. 이와 같은 경우, K는 스마트폰 덕분에 인지 능력이 보강된 것으로 볼 수 있는데, 그 보강된 인지 능력을 K 자신의 것으로 볼 수 있는가? 이 물음에 대한 답은 긍정이다. 즉 우리는 K의 스마트폰이 그 자체로 K의 인지 능력 일부를 실현하고 있다고 보아야 한다. 그런 판단의 기준은 명료하다. 스마트폰의 메커니즘이 K의 손바닥 위나 책상 위가 아니라 그의 두뇌 속에서 작동하고 있다고 가정해 보면 된다. 물론 사실과 다른 가정이지만 만일 그렇게 가정한다면 우리는 필경 K 자신이 모든 일과를 정확하게 기억하고 있고 또 약속 장소를 잘 찾아간다고 평가할 것이다. 이처럼 '만일 K의 두뇌 속에서 일어난다면'이라는 상황을 가정했을 때 그것을 K 자신의 기억이나 판단이라고 인정할 수 있다면, 그런 과정은 K 자신의 인지 능력이라고 평가해야 한다.

① K가 자신이 미리 적어 놓은 메모를 참조해서 기억력 시험 문제에 답한다면 누구도 K가 그 문제의 답을 기억한다고 인정하지 않는다.

② K가 종이 위에 연필로 써가며 253×87 같은 곱셈을 할 경우 종이와 연필의 도움을 받은 연산 능력 역시 K 자신의 인지 능력으로 인정해야 한다.

③ K가 집에 두고 나온 스마트폰에 원격으로 접속하여 거기 담긴 모든 정보를 알아낼 수 있다면 그는 그 스마트폰을 손에 가지고 있는 것과 다름없다.

④ 스마트폰의 모든 기능을 두뇌 속에서 작동하게 하는 것이 두뇌 밖에서 작동하게 하는 경우보다 우리의 기억력과 인지 능력을 향상시키지 않는다.

⑤ 전화번호를 찾으려는 사람의 이름조차 기억이 나지 않을 때에도 스마트폰에 저장된 전화번호 목록을 보면서 그 사람의 이름을 상기하고 전화번호를 알아낼 수 있다.

STEP 1

발문에서 비판의 대상은 '글의 논지'임을 알 수 있으므로 지문에서 논증의 전제와 결론을 먼저 확인한다.

· 전제: 우리는 K의 스마트폰이 그 자체로 K의 인지 능력 일부를 실현하고 있다고 보아야 한다.
· 결론: '만일 K의 두뇌 속에서 일어난다면'이라는 상황을 가정했을 때 그것을 K 자신의 기억이나 판단이라고 인정할 수 있다면, 그런 과정은 K 자신의 인지 능력이라고 평가해야 한다.

STEP 2

논증의 전제 또는 결론을 반박하는 선택지를 찾는다.

K가 자신이 미리 적어 놓은 메모를 참조해서 기억력 시험 문제에 답하는 것은 K의 스마트폰이 그 자체로 K의 인지 능력 일부를 실현한다는 의미이므로 글의 논지에 따르면 K가 문제의 답을 기억한다고 인정해야 한다. 그러나 '누구도 K가 그 문제의 답을 기억한다고 인정하지 않는다'고 했으므로 논지와 방향성이 반대이다. 따라서 정답은 ①이다.

오답 체크

③ K가 집에 두고 나온 스마트폰에 원격으로 접속하여 거기 담긴 모든 정보를 알아낼 수 있다면 그 스마트폰을 손에 가지고 있는 것과 다름없는지 여부는 글의 논지와 직접적인 관련이 없다.

문제 풀이 후 확인하기

📊 실력 UP 포인트

1. 지문에서 가장 먼저 확인해야 할 부분은 어디인가?

2. 다음 문장이 지문의 답변을 반박하는 문장으로 적절한지 판단해 보자.

   '착한 행위인데도 불구하고 신의 명령이 없는 행위도 있다.'

01. 다음 글에 나오는 답변에 대한 반박으로 적절한 것을 <보기>에서 모두 고르면?

11 민경채

> 물음: 신이 어떤 행위를 하라고 명령했기 때문에 그 행위가 착한 것인가, 아니면 오히려 그런 행위가 착한 행위이기 때문에 신이 그 행위를 하라고 명령한 것인가?
>
> 답변: 여러 경전에서 신은 우리에게 정직할 것을 명령한다. 우리가 정직해야 하는 이유는 단지 신이 정직하라고 명령했기 때문이다. 따라서 한 행위가 착한 행위가 되기 위해서는 신이 그 행위를 하라고 명령해야 한다. 다시 말해 만일 신이 어떤 행위를 하라고 명령하지 않는다면, 그 행위는 착한 것이 아니다.

〈보 기〉

ㄱ. 만일 신이 우리에게 정직하라고 명령하지 않았다면, 정직한 것은 착한 행위도 못된 행위도 아니다. 정직함을 착한 행위로 만드는 것은 바로 신의 명령이다.

ㄴ. 만일 신이 이산화탄소 배출량을 줄이기 위해 재생에너지를 쓰라고 명령하지 않았다면 그 행위는 착한 행위가 될 수 없을 것이다. 하지만 신이 그렇게 명령한 적이 없더라도 그 행위는 착한 행위이다.

ㄷ. 장기 기증은 착한 행위이다. 하지만 신이 장기 기증을 하라고 명령했다는 그 어떤 증거나 문서도 존재하지 않으며 신이 그것을 명령했다고 주장하는 사람도 없다.

ㄹ. 어떤 사람은 원수를 죽이는 것이 신의 명령이라고 말하고 다른 사람은 원수를 죽이는 것이 신의 명령이 아니라고 말한다. 사람들이 신의 명령이라고 말한다고 해서 그것이 정말로 신의 명령인 것은 아니다.

① ㄷ

② ㄹ

③ ㄴ, ㄷ

④ ㄱ, ㄴ, ㄹ

⑤ ㄱ, ㄴ, ㄷ, ㄹ

[정답]

1. 답변의 결론 부분
   발문에서 답변에 대한 반박을 요구하고 있으므로 반박의 대상이 되는 답변의 내용을 먼저 확인한다.

2. 적절하다.
   지문의 답변에서 착한 행위가 되기 위해서는 신의 명령이 있어야 한다고 했기 때문이다.

다음 글의 논증에 대한 비판으로 적절하지 않은 것은?

진화론자들은 지구상에서 생명의 탄생이 30억 년 전에 시작됐다고 추정한다. 5억 년 전 캄브리아기 생명폭발 이후 다양한 생물종이 출현했다. 인간 종이 지구상에 출현한 것은 길게는 100만 년 전이고 짧게는 10만 년 전이다. 현재 약 180만 종의 생물종이 보고되어 있다. 멸종된 것을 포함해서 5억 년 전 이후 지구상에 출현한 생물종은 1억 종에 이른다. 5억 년을 100년 단위로 자르면 500만 개의 단위로 나눌 수 있다. 이것은 새로운 생물종이 평균적으로 100년 단위마다 약 20종이 출현한다는 것을 의미한다. 하지만 지난 100년간 생물학자들은 지구상에서 새롭게 출현한 종을 찾아내지 못했다. 이는 한 종에서 분화를 통해 다른 종이 발생한다는 진화론이 거짓이라는 것을 함축한다.

① 100년마다 20종이 출현한다는 것은 다만 평균일 뿐이다. 현재의 신생 종 출현 빈도는 그보다 훨씬 적을 수 있지만 언젠가 신생 종이 훨씬 많이 발생하는 시기가 올 수 있다.

② 5억 년 전 이후부터 지구상에 출현한 생물종이 1,000만 종 이하일 수 있다. 그러면 100년 내에 새로 출현하는 종의 수는 2종 정도이므로 신생 종을 발견하기 어려울 수 있다.

③ 생물학자는 새로 발견한 종이 신생 종인지 아니면 오래 전부터 존재했던 종인지 판단하기 어렵다. 따라서 신생 종의 출현이나 부재로 진화론을 검증하려는 시도는 성공할 수 없다.

④ 30억 년 전에 생물이 출현한 이후 5차례의 대멸종이 일어났으나 대멸종은 매번 규모가 달랐다. 21세기 현재, 알려진 종 중 사라지는 수가 크게 늘고 있어 우리는 인간에 의해 유발된 대멸종의 시대를 맞이하는 것으로 볼 수 있다.

⑤ 생물학자들이 발견한 몇몇 종은 지난 100년 내에 출현한 종이라고 판단할 이유가 있다. DNA의 구성에 따라 계통수를 그렸을 때 본줄기보다는 곁가지 쪽에 배치될수록 늦게 출현한 종임을 알 수 있기 때문이다.

문제 풀이 후 확인하기

실력 UP 포인트

1. 지문에서 가장 먼저 확인해야 할 부분은 어디인가?

2. 다음 문장이 지문의 논증을 비판하는 문장으로 적절한지 판단해 보자.

   '지난 100년간 생물학자들이 지구상에서 발견한 몇몇 종은 새롭게 출현한 종이라고 볼만한 이유가 있다.'

1 독해의 원리

2 논증의 방향

3 문맥과 단서

4 논리의 체계

기출 엄선 모의고사

해커스PSAT 7급 PSAT 기본서 언어논리

[정답]

1. 논증의 전제와 결론 부분

   발문에서 논증에 대한 비판을 요구하고 있으므로 비판의 대상이 되는 논증의 내용을 먼저 확인한다.

2. 적절하다.

   지문에서 지난 100년간 생물학자들은 지구상에서 새롭게 출현한 종을 찾아내지 못했다고 했기 때문이다.

📊 실력 UP 포인트

1. 지문에서 가장 먼저 확인해야 할 부분은 어디인가?

2. 다음 문장이 흄의 주장을 비판하는 문장으로 적절한지 판단해보자.

   '집수리에 대한 합의가 없었다면 필요한 집수리를 했더라도 집수리 비용을 지불할 의무가 없다.'

03. 다음 글을 토대로 할 때, 흄이 반대하는 주장은?

> 의무와 합의의 관계에 대한 데이빗 흄의 생각이 시험대에 오르는 일이 발생했다. 흄은 집을 한 채 갖고 있었는데, 이 집을 자신의 친구에게 임대해 주었고, 그 친구는 이 집을 다시 다른 사람에게 임대했다. 이렇게 임대받은 사람은 집을 수리해야겠다고 생각했고, 흄과 상의도 없이 사람을 불러 일을 시켰다. 집을 수리한 사람은 일을 끝낸 뒤 흄에게 청구서를 보냈다. 흄은 집수리에 합의한 적이 없다는 이유로 지불을 거절했다. 그는 집을 수리할 사람을 부른 적이 없었다. 사건은 법정 공방으로 이어졌다. 집을 수리한 사람은 흄이 합의한 적이 없다는 사실을 인정했다. 그러나 집은 수리해야 하는 상태였기에 수리를 마쳤다고 그는 말했다. 집을 수리한 사람은 단순히 '그 일은 꼭 필요했다'고 주장했다. 흄은 "그런 논리라면, 에든버러에 있는 집을 전부 돌아 다니면서 수리할 곳이 있으면 집주인과 합의도 하지 않은 채 수리를 해놓고 지금처럼 자기는 꼭 필요한 일을 했으니 집수리 비용을 달라고 하지 않겠는가"라고 주장했다.

① 공정한 절차를 거쳐 집수리에 대한 합의에 이르지 못했다면 집수리 비용을 지불할 의무는 없다.

② 집수리에 대한 합의가 없었다면 필요한 집수리를 했더라도 집수리 비용을 지불할 의무는 없다.

③ 집수리에 대한 합의가 있었더라도 필요한 집수리를 하지 않았다면, 집수리 비용을 지불할 의무는 없다.

④ 집수리에 대한 합의가 있었고 필요한 집수리를 했다면, 집수리 비용을 지불할 의무가 생겨난다.

⑤ 집수리에 대한 합의가 없었더라도 필요한 집수리를 했다면, 집수리 비용을 지불할 의무가 생겨난다.

[정답]

1. 흄과 집을 수리한 사람 각각의 주장

   발문에서 흄이 반대하고 있는 주장을 묻고 있고, 지문에는 흄의 주장과 집을 수리한 사람의 주장이 대비되고 있으므로 각각의 주장을 먼저 확인한다.

2. 적절하지 않다.

   집수리에 대한 합의가 없었다면 필요한 집수리를 했더라도 비용을 지불할 의무가 없다는 것은 흄의 주장에 해당하기 때문이다.

"프랑스 수도가 어디지?"라는 가영의 물음에 나정이 "프랑스 수도는 로마지."라고 대답했다고 하자. 나정이 가영에게 제공한 것을 정보라고 할 수 있을까? 정보의 일반적 정의는 '올바른 문법 형식을 갖추어 의미를 갖는 자료'다. 이 정의에 따르면 나정의 대답은 정보를 담고 있다. 다음 진술은 이런 관점을 대변하는 진리 중립성 논제를 표현한다. "정보를 준다는 것이 반드시 그 내용이 참이라는 것을 의미하지는 않는다." 이 논제의 관점에서 보자면, 올바른 문법 형식을 갖추어 의미를 해석할 수 있는 자료는 모두 정보의 자격을 갖는다. 그 내용이 어떤 사태를 표상하든, 참을 말하든, 거짓을 말하든 상관없다.

그러나 이 조건만으로는 불충분하다는 지적이 있다. 철학자 플로리디는 전달된 자료를 정보라고 하려면 그 내용이 참이어야 한다고 주장한다. 즉, 정보란 올바른 문법 형식을 갖춘, 의미 있고 참인 자료라는 것이다. 이를 ㉠진리성 논제라고 한다. 그라이스는 이렇게 말한다. "거짓 '정보'는 저급한 종류의 정보가 아니다. 그것은 아예 정보가 아니기 때문이다." 이 점에서 그 역시 이 논제를 받아들이고 있다.

이런 논쟁은 용어법에 관한 시시한 언쟁처럼 보일 수도 있지만, 두 진영 간에는 정보 개념이 어떤 역할을 해야 하는가에 대한 근본적인 견해 차이가 있다. 진리성 논제를 비판하는 사람들은 틀린 '정보'도 정보로 인정되어야 한다고 말한다. 자료의 내용이 그것을 이해하는 주체의 인지 행위에서 분명한 역할을 수행한다는 이유에서다. '프랑스 수도가 로마'라는 말을 토대로 가영은 이런저런 행동을 할 수 있다. 가령, 프랑스어를 배우기 위해 로마로 떠날 수도 있고, 프랑스 수도를 묻는 퀴즈에서 오답을 낼 수도 있다. 거짓인 자료는 정보가 아니라고 볼 경우, '정보'라는 말이 적절하게 사용되는 사례들의 범위를 부당하게 제한하는 꼴이 된다.

① '정보'라는 표현이 일상적으로 사용되는 사례가 모두 적절한 것은 아니다.

② 올바른 문법 형식을 갖추지 못한 자료는 정보라는 지위에 도달할 수 없다.

③ 사실과 다른 내용의 자료를 숙지하고 있는 사람은 정보를 안다고 볼 수 없다.

④ 내용이 거짓인 자료를 토대로 행동을 하는 사람은 자신이 의도한 결과에 도달할 수 없다.

⑤ 거짓으로 밝혀질 자료도 그것을 믿는 사람의 인지 행위에서 분명한 역할을 한다면 정보라고 볼 수 있다.

정답·해설 p.276

📊 실력 UP 포인트   *문제 풀이 후 확인하기*

1. 지문에서 가장 먼저 확인해야 할 부분은 어디인가?

2. 다음 문장이 ㉠을 비판하는 문장으로 적절한지 판단해보자.

'의미가 없거나 거짓인 자료도 정보가 될 수 있다.'

[정답]

1. ㉠의 내용
발문에서 ㉠에 대한 비판을 요구하고 있으므로 비판의 대상으로 제시된 ㉠의 내용을 먼저 확인한다.

2. 적절하다.
정보란 올바른 문법 형식을 갖춘, 의미 있고 참인 자료라고 했기 때문이다.

유형 소개

'논증 평가' 유형은 지문으로 제시된 논증의 내용을 파악하고, 선택지나 <보기>에 제시되는 사례가 논증의 결론이 참이 될 가능성을 높이는 진술(강화하는 진술)인지, 반대로 논증의 결론이 참이 될 가능성을 낮추는 진술(약화하는 진술)인지를 판단하는 유형이다.

유형 특징

이 유형은 전제와 결론으로 구성된 2~3단락 정도의 논증이나 '갑, 을, 병' 등의 형태로 구분된 논증이 지문으로 제시된다. 이때 제시되는 논증은 전제가 참이라 할지라도 결론이 반드시 참임을 보장할 수 없는 논증이며, 전제를 추가함으로써 논증의 결론이 참이 될 확률을 높이거나 반대로 거짓이 될 확률을 높일 수 있다. 따라서 선택지나 <보기>는 제시된 전제가 추가되었을 때 논증을 지지 또는 반박하거나 논증과 직접적인 관련성이 없는 내용으로 다양하게 구성된다. 대표적인 발문 형태는 다음과 같다.

· 다음 글의 논지를 강화/지지/약화하는 진술로 가장 적절한 것은?

· 다음 ⊙을 약화하는 진술로 적절한 것만을 <보기>에서 모두 고르면?

· 다음 글/논증/(가)~(다)에 대한 평가로 가장 적절한 것은?

· 다음 논증에 대한 평가로 적절한 것만을 <보기>에서 모두 고르면?

출제 경향

· 2020년 모의평가부터 2024년 7급 공채 기출까지 '논증 평가' 유형의 문항 비중은 다음과 같다.

2020년 모의평가	2021년 7급 공채	2022년 7급 공채	2023년 7급 공채	2024년 7급 공채
2문항	3문항	3문항	2문항	2문항

이 유형은 5급 공채 PSAT에서도 40문제 중 4~5문제 정도 출제되고 있다. 출제 빈도가 높고, '언어'와 '논리'를 아우르는 유형으로서 중요도가 높다.

· 소재는 인문, 사회, 과학 등 여러 분야에서 다양하게 출제되고 있고, 특히 논지가 제시되기 쉬운 과학 실험이나 철학적 쟁점과 관련된 지문이 출제될 가능성이 높다. 2024년 7급 공채 PSAT에서는 과학 실험과 의무론 관련 소재가 출제되었다. 2023년, 2022년, 2021년 모두 과학과 철학 소재가 출제되었다.

· '논증 평가' 유형은 논증의 내용과 방향을 모두 판별해야 하고, 최근 논리와 논증이 통합된 형태로 출제되는 경향이 있으므로 전반적인 난도가 높게 출제될 가능성이 있다.

1 독해의 원리

2 논증의 방향

3 문맥과 단서

4 논리의 체계

기출 엄선 모의고사

해커스PSAT 7급 PSAT 기본서 언어논리

문제풀이 핵심 전략

STEP 1 | 발문에서 강화·약화나 평가의 대상이 무엇인지 찾고, 지문에서 그 내용을 확인한다.

√ 강화·약화나 평가의 대상이 논증이나 논지일 경우, 지문에서 논증의 전제와 결론(논지)을 찾고 그 내용을 확인한다.

√ 강화·약화나 평가의 대상이 그 외의 것일 경우, 그 대상을 지문에서 찾고 내용을 확인한다.

▼

STEP 2 | 선택지나 <보기>의 내용이 강화·약화나 평가의 대상이 되는 내용과 비교하여 어떤 '방향성'을 갖는지 파악한다.

√ '강화하는 진술'이나 '지지하는 진술'을 찾아야 하는 경우, 논증의 전제나 결론과 방향성이 같은지를 확인한다.

√ '약화하는 진술'을 찾아야 하는 경우, 논증의 전제나 결론과 방향성이 반대인지를 확인한다.

 조은정쌤의 응급처방

논증의 방향성에 대한 판단 방법

· 논증의 전제나 결론과 같은 방향성: 논증을 강화하거나 지지하는 진술
· 논증의 전제나 결론과 반대 방향성: 논증을 약화하는 진술
· 논증의 전제나 결론과 관련이 없음: 논증을 강화하지도 않고 약화하지도 않는 진술

문제풀이 핵심 전략 적용

다음 글의 입장을 강화하는 내용으로 가장 적절한 것은?　　　　　　　　14 민경채

> 고대사회를 정의하는 기준 중의 하나로 '생계경제'가 사용되곤 한다. 생계경제 사회란 구성원들이 겨우 먹고 살 수 있는 정도의 식량만을 확보하고 있어서 식량 자원이 줄어들게 되면 자동적으로 구성원 전부를 먹여 살릴 수 없게 되고, 심하지 않은 가뭄이나 홍수 등의 자연재해에 의해서도 유지가 어렵게 될 수 있는 사회를 의미한다. 그러므로 고대사회에서의 삶은 근근이 버텨가는 것이고, 그 생활은 기아와의 끊임없는 투쟁이다. 왜냐하면 그 사회에서는 기술적인 결함과 그 이상의 문화적인 결함으로 인해 잉여 식량을 생산할 수 없기 때문이다.
>
> 고대사회에 대한 이러한 견해보다 더 뿌리 깊은 오해도 없다. 소위 생계경제의 성격을 지닌 것으로 간주되는 많은 고대사회들, 예를 들어 남아메리카에서는 종종 공동체의 연간 필요 소비량에 맞먹는 잉여 식량을 생산했다는 점에 주의를 기울일 필요가 있다. 기아와의 끊임없는 투쟁을 의미하는 생계경제가 고대사회를 특징짓는 개념이라면 오히려 프롤레타리아가 기아에 허덕이던 19세기 유럽 사회야말로 고대사회라고 할 수 있을 것이다. 사실상 생계경제라는 개념은 서구의 근대적인 이데올로기의 영역에 속하는 것으로 결코 과학적 개념도구가 아니다. 민족학을 위시한 근대 과학이 이토록 터무니없는 기만에 희생되어 왔다는 것은 역설적이며, 더군다나 산업 국가들이 이른바 저발전 세계에 대한 전략의 방향을 잡는 데 기여했다는 사실은 두렵기까지 하다.

① 고대사회가 경제적으로 풍요로웠던 것은 생계경제 체제 때문이었다.

② 산업사회로 이행하면서 경제적 잉여가 발생하였고 계급이 형성되었다.

③ 자연재해나 전쟁으로 인해 고대사회는 항상 불안정한 상황에 처해 있었다.

④ 고대사회에서 존재하였던 축제는 경제적인 잉여를 해소하는 기제로 작용했다.

⑤ 유럽의 산업 국가들에 의한 문명화 과정을 통해 저발전된 아프리카의 생활 여건이 개선되었다.

1 독해의 원리

2 논증의 방향

3 문맥과 단서

4 논리의 체계

기출 엄선 모의고사

해커스PSAT 7급 PSAT 기본서 언어논리

STEP 1

발문에서 강화의 대상은 '글의 입장'임을 알 수 있으므로 지문의 논지나 결론이 무엇인지 확인한다. 두 번째 단락에서 '고대사회에 대한 이러한 견해보다 더 뿌리 깊은 오해도 없다', '종종 공동체의 연간 필요 소비량에 맞먹는 잉여 식량을 생산했다'고 했으므로 글의 입장은 고대 경제가 생계경제에 따랐다는 것은 옳지 않다는 것이다.

STEP 2

글의 입장을 강화하는 내용을 찾는 문제이므로 선택지 중 글의 입장과 '방향성이 같은 내용'을 찾는다. 고대사회의 축제가 경제적인 잉여를 해소했다는 것은 고대사회에 경제적 잉여가 존재했다는 것을 의미하므로 고대사회가 생계경제에 따랐다는 것이 옳지 않다는 글의 입장과 같은 방향의 내용이다. 따라서 정답은 ④이다.

오답 체크

① 생계경제 체제는 잉여 식량이 없다고 했으므로 생계경제 체제 때문에 경제적으로 풍요로웠다는 것은 글의 입장과 반대 방향이다.

② 고대사회에서도 종종 잉여 식량을 생산했다고 했으므로 산업사회로 이행하면서 경제적 잉여가 발생했다는 것은 글의 입장과 반대 방향이다.

③ 자연재해나 전쟁으로 인해 고대사회는 항상 불안정한 상황에 처해 있었다는 것은 오해라고 했으므로 글의 입장과 반대 방향이다.

⑤ 생계경제가 저발전 세계에 대한 전략의 방향을 잡는 데 기여했다는 사실은 두렵기까지 하다고 했으므로 유럽의 산업 국가들에 의한 문명화 과정을 통해 저발전된 아프리카의 생활 여건이 개선되었다는 것은 글의 입장과 반대 방향이다.

문제 풀이 후 확인하기

📊 실력 UP 포인트

1. 지문에서 가장 먼저 확인해야 할 내용은 무엇인가?

2. <보기>의 각 선택지에서 핵심 부분은 무엇인가?

01. 다음 글의 ㉠을 강화하는 것만을 <보기>에서 모두 고르면?

20 7급모의

1977년 캐나다의 실험에서 연구진은 인공 조미료 사카린이 인간에게 암을 일으킬 수 있는지를 밝히려고 약 200마리의 쥐를 사용해 실험했다. 실험 결과가 발표되자 그 활용의 타당성에 관해 비판이 제기되었다. 투여된 사카린의 양이 쥐가 먹는 음식의 5%로 너무 많다는 것이었다. 인간에게 그 양은 음료수 800병에 함유된 사카린 양인데, 누가 하루에 음료수를 800병이나 마시겠느냐는 비판이었다.

일리가 없는 말은 아니지만 ㉠이것은 합당한 비판이 아니다. 물론 인간에게 적용할 실험 결과를 얻으려면 인간이 사카린에 노출되는 상황을 그대로 재현하여 실험하는 것이 바람직하다. 그러나 일상적인 환경에서 대개의 발암물질은 유효성이 아주 낮아서 수천 명 중 한 명 정도의 비율로만 그 효과를 확인할 수 있다. 발암물질의 유효성은 몸에 해당 물질을 받아들인 개체들 가운데 암에 걸리는 개체의 비율에 의존하는데, 이 비율이 낮을수록 발암물질의 유효성이 낮아진다. 물론 발암물질의 유효성이 낮아도 그 피해는 클 수 있다. 예를 들어 유효성이 매우 낮은 경우라도, 관련 모집단이 수천만 명이라면 그로 인해 암에 걸리는 사람은 수만 명에 이를 수 있다. 이런 상황에서 발암물질의 효과를 확인하려는 동물 실험은 최소한 수만 마리의 쥐를 이용한 실험을 해야 유의미한 결과를 얻을 수 있다. 하지만 그렇게 많은 쥐를 이용해서 실험하는 것은 불가능하다.

이럴 때 택하는 전형적인 전략은 실험 대상의 수를 줄이고 발암물질의 투여량을 늘리는 것이다. 예를 들어 어떤 발암물질을 통상적인 수준에서 투여한다면 200마리의 쥐 가운데 암이 발생한 것은 거의 없을 것이다. 하지만 그 발암물질을 전체 음식의 5%로 늘리게 되면 200마리의 쥐 가운데에서도 암이 발생한 쥐의 수는 제법 늘어나게 될 것이다. 이렇게 발암물질의 투여량을 늘리면 실험 대상의 수를 줄이더라도 유의미한 실험 결과를 확보할 수 있는 것이다. 결국 사카린과 암 사이의 인과관계를 밝히려 한 1977년 실험과 그 활용의 타당성에 근본적인 잘못이 있다고 할 수 없다.

〈보 기〉

ㄱ. 인간이든 쥐든 암이 발생하는 사례의 수는 발암물질의 섭취량에 비례한다.

ㄴ. 쥐에게 다량 투입하였을 때 암을 일으킨 물질 중에는 인간에게 발암물질이 아닌 것이 있다.

ㄷ. 발암물질의 유효성이 클수록 더 많은 수의 실험 대상을 확보해야 유의미한 실험 결과를 얻을 수 있다.

① ㄱ

② ㄷ

③ ㄱ, ㄴ

④ ㄴ, ㄷ

⑤ ㄱ, ㄴ, ㄷ

[정답]

1. ㉠의 내용
   발문에서 ㉠을 강화하는 내용을 찾도록 요구하고 있으므로 강화의 대상인 ㉠의 내용을 먼저 확인한다.

2. ㄱ. 암이 발생하는 사례의 수는 발암물질의 섭취량에 비례
   ㄴ. 인간에게 발암물질이 아닌 것
   ㄷ. 발암물질의 유효성이 클수록 더 많은 수의 실험 대상을 확보

02. 다음 글의 A의 가설을 약화하는 것만을 <보기>에서 모두 고르면?   17 민경채

> 얼룩말의 얼룩무늬가 어떻게 생겨났는지는 과학계의 오랜 논쟁거리다. 월러스는 "얼룩말이 물을 마시러 가는 해질녘에 보면 얼룩무늬가 위장 효과를 낸다."라고 주장했지만, 다윈은 "눈에 잘 띌 뿐"이라며 그 주장을 일축했다. 검은 무늬는 쉽게 더워져 공기를 상승시키고 상승한 공기가 흰 무늬 부위로 이동하면서 작은 소용돌이가 일어나 체온조절을 돕는다는 가설도 있다. 위험한 체체파리나 사자의 눈에 얼룩무늬가 잘 보이지 않는다거나, 고유의 무늬 덕에 얼룩말들이 자기 무리를 쉽게 찾는다는 견해도 있다.
>
> 최근 A는 실험을 토대로 새로운 가설을 제시했다. 그는 얼룩말과 같은 속(屬)에 속하는 검은 말, 갈색 말, 흰 말을 대상으로 몸통에서 반사되는 빛의 특성을 살펴보았다. 검정이나 갈색처럼 짙은 색 몸통에서 반사되는 빛은 수평 편광으로 나타났다. 수평 편광은 물 표면에서 반사되는 빛의 특성이기도 한데, 물에서 짝짓기를 하고 알을 낳는 말파리가 아주 좋아하는 빛이다. 편광이 없는 빛을 반사하는 흰색 몸통에는 말파리가 훨씬 덜 꼬였다. A는 몸통 색과 말파리의 행태 간에 상관관계가 있다고 생각하고, 말처럼 생긴 일정 크기의 모형에 검은색, 흰색, 갈색, 얼룩무늬를 입힌 뒤 끈끈이를 발라 각각에 말파리가 얼마나 꼬이는지를 조사했다. 이틀간의 실험 결과 검은색 말 모형에는 562마리, 갈색에는 334마리, 흰색에 22마리의 말파리가 붙은 데 비해 얼룩무늬를 가진 모형에는 8마리가 붙었을 뿐이었다. 이것은 실제 얼룩말의 무늬와 유사한 얼룩무늬가 말파리를 가장 덜 유인한다는 결과였다. A는 이를 바탕으로 얼룩말의 얼룩무늬가 말의 피를 빠는 말파리를 피하는 방향으로 진행된 진화의 결과라는 가설을 제시했다.

─────────────〈보 기〉─────────────

ㄱ. 실제 말에 대한 말파리의 행동반응이 말 모형에 대한 말파리의 행동반응과 다르다는 연구결과

ㄴ. 말파리가 실제로 흡혈한 피의 99% 이상이 검은색이나 진한 갈색 몸통을 가진 말의 것이라는 연구결과

ㄷ. 얼룩말 고유의 무늬 때문에 초원 위의 얼룩말이 사자 같은 포식자 눈에 잘 띈다는 연구결과

① ㄱ

② ㄷ

③ ㄱ, ㄴ

④ ㄴ, ㄷ

⑤ ㄱ, ㄴ, ㄷ

1. 지문에서 가장 먼저 확인해야 할 내용은 무엇인가?

2. 각 <보기>에서 핵심 부분은 무엇인가?

1 독해의 원리

2 논증의 방향

3 문맥과 단서

4 논리의 체계

기출 엄선 모의고사

해커스PSAT 7급 PSAT 기본서 언어논리

[정답]

1. A의 가설

   발문에서 A의 가설을 약화하는 진술을 요구하고 있으므로 약화의 대상인 A의 가설 내용을 먼저 확인한다.

2. ㄱ. 실제 말, 말 모형, 다르다

   ㄴ. 실제로 흡혈, 검은색이나 진한 갈색 몸통

   ㄷ. 얼룩말 고유의 무늬, 포식자 눈에 잘 띈다

1. 지문에서 가장 먼저 확인해야 할 내용은 무엇인가?

2. 각 선택지에서 핵심 부분은 무엇인가?

03. 다음 글의 ⊙과 ⓒ에 대한 평가로 적절한 것만을 <보기>에서 모두 고르면? 22 7급공채

18세기에는 빛의 본성에 관한 두 이론이 경쟁하고 있었다. ⊙입자이론은 빛이 빠르게 운동하고 있는 아주 작은 입자들의 흐름으로 구성되어 있다고 설명한다. 이에 따르면, 물속에서 빛이 굴절하는 것은 물이 빛을 끌어당기기 때문이며, 공기 중에서는 이런 현상이 발생하지 않기 때문에 결과적으로 물속에서의 빛의 속도가 공기 중에서보다 더 빠르다. 한편 ⓒ파동이론은 빛이 매질을 통하여 파동처럼 퍼져 나간다는 가설에 기초한다. 이에 따르면, 물속에서 빛이 굴절하는 것은 파동이 전파되는 매질의 밀도가 달라지기 때문이며, 밀도가 높아질수록 파동의 속도는 느려지므로 결과적으로 물속에서의 빛의 속도가 공기 중에서보다 더 느리다.

또한 파동이론에 따르면 빛의 색깔은 파장에 따라 달라진다. 공기 중에서는 파장에 따라 파동의 속도가 달라지지 않지만, 물속에서는 파장에 따라 파동의 속도가 달라진다. 반면 입자이론에 따르면 공기 중에서건 물속에서건 빛의 속도는 색깔에 따라 달라지지 않는다.

두 이론을 검증하기 위해 다음과 같은 실험이 고안되었다. 두 빛이 같은 시점에 발진하여 경로 1 또는 경로 2를 통과한 뒤 빠른 속도로 회전하는 평면거울에 도달한다. 두 개의 경로에서 빛이 진행하는 거리는 같으나, 경로 1에서는 물속을 통과하고, 경로 2에서는 공기만을 통과한다. 평면거울에서 반사된 빛은 반사된 빛이 향하는 방향에 설치된 스크린에 맺힌다. 평면거울에 도달한 빛 중 속도가 빠른 빛은 먼저 도달하고 속도가 느린 빛은 나중에 도달하게 되는데, 평면거울이 빠르게 회전하고 있으므로 먼저 도달한 빛과 늦게 도달한 빛은 반사 각도에 차이가 생기게 된다. 따라서 두 빛이 서로 다른 속도를 가진다면 반사된 두 빛이 도착하는 지점이 서로 달라지며, 더 빨리 평면거울에 도달한 빛일수록 스크린의 오른쪽에, 더 늦게 도달한 빛일수록 스크린의 왼쪽에 맺히게 된다.

〈보 기〉

ㄱ. 색깔이 같은 두 빛이 각각 경로 1과 2를 통과했을 때, 경로 1을 통과한 빛이 경로 2를 통과한 빛보다 스크린의 오른쪽에 맺힌다면 ⊙은 강화되고 ⓒ은 약화된다.

ㄴ. 색깔이 다른 두 빛 중 하나는 경로 1을, 다른 하나는 경로 2를 통과했을 때, 경로 1을 통과한 빛이 경로 2를 통과한 빛보다 스크린의 왼쪽에 맺힌다면 ⊙은 약화되고 ⓒ은 강화된다.

ㄷ. 색깔이 다른 두 빛이 모두 경로 1을 통과했을 때, 두 빛이 스크린에 맺힌 위치가 다르다면 ⊙은 약화되고 ⓒ은 강화된다.

① ㄱ

② ㄴ

③ ㄱ, ㄷ

④ ㄴ, ㄷ

⑤ ㄱ, ㄴ, ㄷ

[정답]

1. ⊙과 ⓒ의 내용
   발문에서 ⊙과 ⓒ을 적절하게 평가한 것을 찾도록 요구하고 있으므로 평가의 대상인 ⊙과 ⓒ의 내용을 먼저 확인한다.

2. ㄱ. 색깔이 같은 두 빛, 경로 1을 통과한 빛이 경로 2를 통과한 빛보다 스크린의 오른쪽에 맺힌다.
   ㄴ. 색깔이 다른 두 빛, 경로 1을 통과한 빛이 경로 2를 통과한 빛보다 스크린의 왼쪽에 맺힌다.
   ㄷ. 색깔이 다른 두 빛, 두 빛이 스크린에 맺힌 위치가 다르다.

사람의 특징 중 하나는 옷을 입는다는 것이다. 그렇다면 사람은 언제부터 옷을 입기 시작했을까? 사람이 옷을 입기 시작한 시점을 추정하기 위해 몇몇 생물학자들은 사람에 기생하는 이에 주목하였다. 사람을 숙주로 삼아 기생하는 이에는 두 종이 있는데, 하나는 옷에서 살아가며 사람 몸에서 피를 빨아 먹는 '사람 몸니'이고 다른 하나는 사람 두피에서 피를 빨아 먹으며 사는 '사람 머릿니'이다.

사람 몸니가 의복류에 적응한 것을 볼 때, 그것들은 아마 사람이 옷을 입기 시작했던 무렵에 사람 머릿니에서 진화적으로 분기되었을 것이다. 생물의 DNA 염기서열은 시간이 지나면서 조금씩 무작위적으로 변하는데 특정한 서식 환경에서 특정한 염기서열이 선택되면서 해당 서식 환경에 적응한 새로운 종이 생겨난다. 그러므로 현재 사람 몸니와 사람 머릿니의 염기서열의 차이를 이용하여 두 종의 이가 공통 조상에서 분기된 시점을 추정할 수 있다. 이를 위해 우선 두 종의 염기서열을 분석하여 두 종 간의 염기서열에 차이가 나는 비율을 산출한다. 그러나 이것만으로 두 종이 언제 분기되었는지 결정할 수는 없다.

사람 몸니와 사람 머릿니의 분기 시점을 추정하기 위해 침팬지의 털에서 사는 침팬지 이와 사람 머릿니를 이용할 수 있다. 우선 침팬지 이와 사람 머릿니의 염기서열을 비교하여 두 종 간의 염기서열에 차이가 나는 비율을 산출한다. 침팬지와 사람이 공통 조상에서 분기되면서 침팬지 이와 사람 머릿니도 공통 조상에서 분기되었다고 볼 수 있고, 화석학적 증거에 따르면 침팬지와 사람의 분기 시점이 약 550만 년 전이므로, 침팬지 이와 사람 머릿니 사이의 염기서열 차이는 550만 년 동안 누적된 변화로 볼 수 있다. 이로부터 1만 년당 이의 염기서열이 얼마나 변화하는지 계산할 수 있다. 이렇게 계산된 이의 염기서열의 변화율을 사람 머릿니와 사람 몸니의 염기서열의 차이에 적용하면, 사람이 옷을 입기 시작한 시점을 설득력 있게 추정할 수 있다. 연구 결과, 사람이 옷을 입기 시작한 시점은 약 12만 년 전 이후인 것으로 추정된다.

〈보 기〉

ㄱ. 염기서열의 변화가 일정한 속도로 축적되는 것이 사실이라면 이 논증은 강화된다.
ㄴ. 침팬지 이와 사람 머릿니의 염기서열의 차이가 사람 몸니와 사람 머릿니의 염기서열의 차이보다 작다면 이 논증은 약화된다.
ㄷ. 염기서열 비교를 통해 침팬지와 사람의 분기 시점이 침팬지 이와 사람 머릿니의 분기 시점보다 50만 년 뒤였음이 밝혀진다면, 이 논증은 약화된다.

① ㄴ
② ㄷ
③ ㄱ, ㄴ
④ ㄱ, ㄷ
⑤ ㄱ, ㄴ, ㄷ

1. 지문에서 가장 먼저 확인해야 할 내용은 무엇인가?

2. 각 선택지에서 핵심 부분은 무엇인가?

1 독해의 원리
2 논증의 방향
3 문맥과 단서
4 논리의 체계
기출 엄선 모의고사
해커스PSAT 7급 PSAT 기본서 언어논리

[정답]

1. 논증의 결론과 전제
   발문과 <보기>에서 논증이 강화, 약화의 대상으로 제시되어 있으므로 평가의 대상인 논증의 결론과 전제를 먼저 확인한다.

2. ㄱ. 염기서열의 변화가 일정한 속도로 축적
   ㄴ. 침팬지 이와 사람 머릿니의 염기서열의 차이, 사람 몸니와 사람 머릿니의 염기서열의 차이
   ㄷ. 침팬지와 사람의 분기 시점, 침팬지 이와 사람 머릿니의 분기 시점

1. 지문에서 가장 먼저 확인해야 할 내용은 무엇인가?

2. 각 선택지에서 핵심 부분은 무엇인가?

05. 다음 글에 대한 평가로 적절하지 않은 것은?

19 민경채

당신은 '행복 기계'에 들어갈 것인지 망설이고 있다. 만일 들어간다면 그 순간 당신은 기계에 들어왔다는 것을 완전히 잊게 되고, 이 기계를 만나기 전에는 맛보기 힘든 멋진 시간을 가상현실 기술을 통해 경험하게 된다. 단, 누구든 한 번 그 기계에 들어가면 삶을 마칠 때까지 거기서 나올 수 없다. 이 기계에는 고장도 오작동도 없다. 당신은 이 기계에 들어가겠는가? 우리의 삶은 고난과 좌절로 가득 차 있지만, 우리는 그것들이 실제로 사라지기를 원하지 그저 사라졌다고 믿기를 원하지 않는다. 이러한 사실은, 참인 믿음이 우리에게 아무런 이익이 되지 않거나 심지어 손해를 가져오는 경우에도 우리가 거짓인 믿음보다 참인 믿음을 가지기를 선호한다는 견해를 뒷받침한다.

돈의 가치는 숫자가 적힌 종이 자체에 있지 않다. 돈이 가치를 지니는 것은 그것이 좋은 것들을 얻는 도구로 기능하기 때문이다. 참인 믿음을 가지는 것이 유용한 경우가 많은 것은 사실이지만, 다른 것들을 얻기 위한 수단인 돈과 달리 참인 믿음은 그 자체로 가치가 있다. 그리고 행복 기계에 관한 우리의 태도는 이를 분명하게 보여준다.

다른 것에 대한 선호로는 설명될 수 없는 원초적인 선호를 '기초 선호'라고 부른다. 가령 신체의 고통을 피하려는 것은 기초 선호로 보인다. 참인 믿음은 어떤가? 만약 참인 믿음이 기초 선호의 대상이 아니라면, 참인 믿음과 거짓인 믿음이 실용적 손익에서 동등할 경우 전자를 후자보다 더 선호해야 할 이유는 없다. 여기서 확인하게 되는 결론은, 참인 믿음이 기초 선호의 대상이라는 것이다. 그렇지 않다면, 사람들이 행복 기계에 들어가 행복한 거짓 믿음 속에 사는 편을 택하지 않을 이유가 없을 것이다.

① 대부분의 사람이 행복 기계에 들어가는 편을 택할 경우, 논지는 강화된다.

② 행복 기계가 현실에 존재하지 않는다는 사실이 논지를 약화하지는 않는다.

③ 치료를 위해 신체의 고통을 기꺼이 견디는 사람들이 있다고 해도 논지는 약화되지 않는다.

④ 행복 기계에 들어가지 않는 유일한 이유가 참과 무관한 실용적 이익임이 확인될 경우 논지는 약화된다.

⑤ 실용적 이익이 없음에도 불구하고 우리가 수학적 참인 정리를 믿는 것을 선호한다는 사실은 논지를 강화한다.

[정답]

1. 지문의 논지

   선택지에서 논지를 강화하는지 약화하는지를 묻고 있으므로 강화와 약화의 대상인 논지의 내용을 먼저 확인한다.

2. ① 대부분의 사람이 행복 기계에 들어가는 편을 택할 경우

   ② 행복 기계, 현실에 존재하지 않음

   ③ 신체의 고통을 기꺼이 견디는 사람들

   ④ 행복 기계에 들어가지 않는 유일한 이유, 참과 무관한 실용적 이익

   ⑤ 실용적 이익, 수학적 참인 정리를 믿는 것을 선호함

정답·해설 p.278

· 권장 제한시간에 따라 시작과 종료 시각을 정한 후, 실제 시험처럼 문제를 풀어보세요.
    시   분 ~   시   분 (총 20문항 / 40분)

01. 다음 글의 중심 주제로 가장 적절한 것은?

16 민경채

맹자는 다음과 같은 이야기를 전한다. 송나라의 한 농부가 밭에 나갔다 돌아오면서 처자에게 말한다. "오늘 일을 너무 많이 했다. 밭의 싹들이 빨리 자라도록 하나하나 잡아당겨 줬더니 피곤하구나." 아내와 아이가 밭에 나가보았더니 싹들이 모두 말라 죽어 있었다. 이렇게 자라는 것을 억지로 돕는 일, 즉 조장(助長)을 하지 말라고 맹자는 말한다. 싹이 빨리 자라기를 바란다고 싹을 억지로 잡아 올려서는 안 된다. 목적을 이루기 위해 가장 빠른 효과를 얻고 싶겠지만 이는 도리어 효과를 놓치는 길이다. 억지로 효과를 내려고 했기 때문이다. 싹이 자라기를 바라 싹을 잡아당기는 것은 이미 시작된 과정을 거스르는 일이다. 효과가 자연스럽게 나타날 가능성을 방해하고 막는 일이기 때문이다. 당연히 싹의 성장 가능성은 땅 속의 씨앗에 들어있는 것이다. 개입하고 힘을 쏟고자 하는 대신에 이 잠재력을 발휘할 수 있도록 하는 것이 중요하다.

피해야 할 두 개의 암초가 있다. 첫째는 싹을 잡아당겨서 직접적으로 성장을 이루려는 것이다. 이는 목적성이 있는 적극적 행동주의로서 성장의 자연스러운 과정을 존중하지 않는 것이다. 달리 말하면 효과가 숙성되도록 놔두지 않는 것이다. 둘째는 밭의 가장자리에 서서 자라는 것을 지켜보는 것이다. 싹을 잡아당겨서도 안 되고 그렇다고 단지 싹이 자라는 것을 지켜만 봐서도 안 된다. 그렇다면 무엇을 해야 하는가? 싹 밑의 잡초를 뽑고 김을 매주는 일을 해야 하는 것이다. 경작이 용이한 땅을 조성하고 공기를 통하게 함으로써 성장을 보조해야 한다. 기다리지 못함도 삼가고 아무것도 안함도 삼가야 한다. 작동 중에 있는 자연스런 성향이 발휘되도록 기다리면서도 전력을 다할 수 있도록 돕는 노력도 멈추지 말아야 한다.

① 인류사회는 자연의 한계를 극복하려는 인위적 노력에 의해 발전해 왔다.
② 싹이 스스로 성장하도록 그대로 두는 것이 수확량을 극대화하는 방법이다.
③ 어떤 일을 진행할 때 가장 중요한 것은 명확한 목적성을 설정하는 것이다.
④ 자연의 순조로운 운행을 방해하는 인간의 개입은 예기치 못한 화를 초래할 것이다.
⑤ 잠재력을 발휘하도록 하려면 의도적 개입과 방관적 태도 모두를 경계해야 한다.

소크라테스: 그림에다 적합한 색과 형태들을 모두 배정할 수도 있고, 어떤 것들은 빼고 어떤 것들은 덧붙일 수도 있는 것이네. 그런데 적합한 색이나 형태들을 모두 배정하는 사람은 좋은 그림과 상(像)을 만들어내지만, 덧붙이거나 빼는 사람은 그림과 상을 만들어내기는 하나 나쁜 것을 만들어내는 것이겠지?

크라튈로스: 그렇습니다.

소크라테스: 같은 이치에 따라서 적합한 음절이나 자모를 모두 배정한다면 이름이 훌륭하겠지만, 조금이라도 빼거나 덧붙인다면 훌륭하지는 않겠지?

크라튈로스: 하지만 음절과 자모를 이름에 배정할 때 우리가 어떤 자모를 빼거나 덧붙인다면, 우리는 이름을 쓰기는 했지만 틀리게 쓴 것이 아니고 아예 쓰지 못한 것입니다.

소크라테스: 그런 식으로 보아서는 우리가 제대로 살펴보지 못한 것이네.

크라튈로스: 왜 그렇죠?

소크라테스: 수(數)의 경우에는 자네 말이 적용되는 것 같네. 모든 수는 자신과 같거나 자신과 다른 수일 수밖에 없으니까. 이를테면 10에서 어떤 수를 빼거나 더하면 곧바로 다른 수가 되어 버리지. 그러나 이것은 상 일반에 적용되는 이치는 아니네. 오히려 정반대로 상은, 그것이 상이려면, 상이 묘사하는 대상의 성질 모두를 상에 배정해서는 결코 안 되네. 예컨대 어떤 신이 자네가 가진 모든 것의 복제를 자네 곁에 놓는다고 해보세. 이때 크라튈로스와 크라튈로스의 상이 있는 것일까, 아니면 두 크라튈로스가 있는 것일까?

크라튈로스: 제가 보기에는 두 크라튈로스가 있을 것 같습니다.

소크라테스: 그렇다면 상이나 이름에 대해서는 다른 종류의 이치를 찾아야 하며, 무엇이 빠지거나 더해지면 더 이상 상이 아니라고 해서는 안 된다는 것을 알겠지? 상은 상이 묘사하는 대상과 똑같은 성질을 갖지 못한다는 것을 깨닫지 않았나?

① 어떤 사물과 완전히 일치하는 복제물은 상이 아니다.

② 훌륭한 이름에 자모 한 둘을 더하거나 빼더라도 그것은 여전히 이름이다.

③ 훌륭한 상에 색이나 형태를 조금 더하거나 빼더라도 그것은 여전히 상이다.

④ 이름에 자모를 더하거나 빼는 것과 수에 수를 더하거나 빼는 것은 같은 이치를 따른다.

⑤ 이름에 자모를 더하거나 빼는 것과 상에 색이나 형태를 더하거나 빼는 것은 같은 이치를 따른다.

　　뉴턴의 역학 이론은 아인슈타인의 상대성 이론으로부터 도출되는가? 상대성 이론의 핵심 법칙들을 나타내고 있는 진술들 E_1, E_2, ...E_i, ...E_n의 집합을 생각해보자. 이 진술들은 공간적 위치, 시간, 질량 등을 나타내는 변수들을 포함하고 있다. 그리고 이 집합으로부터 관찰에 의해서 확인할 수 있는 것들을 포함하여 상대성 이론의 다양한 진술들을 도출할 수 있다. 그리고 변수들의 범위를 제약하는 진술들을 이용하면 상대성 이론이 어떤 특수한 경우에 적용될 때 성립하는 법칙들도 도출할 수 있다. 가령, 물체의 속도가 광속에 비하여 현저하게 느린 경우에는 계산을 통하여 뉴턴의 운동 법칙, 만유인력 법칙 등과 형태가 같은 진술들 N_1, N_2, ...N_i, ...N_m을 도출할 수 있다.

　　이런 점에서 몇몇 제약 조건을 붙임으로써 뉴턴의 역학은 아인슈타인의 상대성 이론으로부터 도출되는 것으로 보인다. 그렇지만 N_i는 상대성 이론의 특수 경우에 해당하는 법칙일 뿐이지 뉴턴 역학의 법칙들이 아니다. E_i에서 공간적 위치, 시간, 질량 등을 나타냈던 변수들이 N_i에서도 나타난다. 여기서 우리는 N_i에 있는 변수들이 가리키는 것은 뉴턴 이론의 공간적 위치, 시간, 질량 등이 아니라 아인슈타인 이론의 공간적 위치, 시간, 질량 등이라는 것을 주의해야 한다. 같은 이름을 가지고 있지만, 아인슈타인의 이론 속에서 변수들이 가리키는 물리적 대상이 뉴턴 이론 속에서 변수들이 가리키는 물리적 대상과 같은 것은 아니다. 따라서 N_i에 등장하는 변수들에 대한 정의를 바꾸지 않는다면, N_i는 뉴턴의 법칙에 속할 수 없다. 그것은 단지 아인슈타인 상대성 이론의 특수 사례일 뿐이다.

① 뉴턴 역학보다 상대성 이론에 의해 태양계 행성들의 공전 궤도를 더 정확히 계산할 수 있다.

② 어떤 물체의 속도가 광속보다 훨씬 느릴 때 그 물체의 운동의 기술에서 뉴턴 역학과 상대성 이론은 서로 양립 가능하다.

③ 일상적으로 만나는 물체들의 운동을 상대성 이론을 써서 기술하면 뉴턴 역학이 내놓는 것과 동일한 결론에 도달한다.

④ 뉴턴 역학에 등장하는 질량은 속도와 무관하지만 상대성 이론에 등장하는 질량은 에너지의 일종이므로 속도에 의존하여 변할 수 있다.

⑤ 매우 빠르게 운동하는 우주선(cosmic ray)의 구성 입자의 반감기가 길어지는 현상은 상대성 이론으로는 설명되지만 뉴턴 역학으로는 설명되지 않는다.

다음 글의 주장에 대한 반박으로 가장 적절한 것은?

1880년 조지 풀맨은 미국 일리노이 주에 풀맨 마을을 건설했다. 이 마을은 그가 경영하는 풀맨 공장 노동자들을 위해 기획한 공동체이다. 이 마을의 소유자이자 경영자인 풀맨은 마을의 교회 수 및 주류 판매 여부 등을 결정했다. 1898년 일리노이 최고법원은 이런 방식의 마을 경영이 민주주의 정신과 제도에 맞지 않는다고 판결하고, 풀맨에게 공장 경영과 직접 관련되지 않은 정치적 권한을 포기할 것을 명령했다. 이 판결이 보여주는 것은 민주주의 사회에서 소유권을 인정하는 것이 자동적으로 정치적 권력에 대한 인정을 함축하지 않는다는 점이다. 즉 풀맨이 자신의 마을에서 모든 집과 가게를 소유하는 것은 적법하지만, 그가 노동자들의 삶을 통제하며 그 마을에서 민주적 자치의 방법을 배제했기 때문에 결과적으로 민주주의 정신을 위배했다는 것이다.

이 결정은 분명히 미국 민주주의 정신에 부합한다. 하지만 문제는 미국이 이와 비슷한 다른 사안에는 동일한 민주주의 정신을 적용하지 않았다는 것이다. 미국은 누군가의 소유물인 마을에서 노동자들이 민주적 결정을 하지 못하게 하는 소유자의 권력을 제지한 반면, 누군가의 소유물인 공장에서 노동자들이 민주적 의사결정을 도입하고자 하는 것에는 반대했다. 만약 미국의 민주주의 정신에 따라 마을에서 재산 소유권과 정치적 권력을 분리하라고 명령할 수 있다면, 공장 내에서도 재산 소유권과 정치적 권력은 분리되어야 한다고 명령할 수 있어야 한다. 공장 소유주의 명령이 공장 내에서 절대적 정치 권력이 되어서는 안 된다는 것이다. 하지만 미국은 공장 내에서 소유주의 명령이 공장 운영에 대한 노동자의 민주적 결정을 압도하는 것을 묵인한다. 공장에서도 민주적 원리가 적용되어야만 미국의 민주주의가 일관성을 가진다.

① 미국의 경우 마을 운영과 달리 공장 운영에 관한 법적 판단은 주 법원이 아닌 연방 법원에서 다루어야 한다.

② 대부분의 미국 자본가들은 풀맨 마을과 같은 마을을 경영하지 않으므로 미국의 민주적 가치를 훼손하지 않는다.

③ 미국이 내세우는 민주적 가치는 모든 시민이 자신의 거주지 안에서 자유롭게 살 수 있는 권리를 가장 우선시한다.

④ 마을 운영이 정치적 문제에 속하는 것과 달리 공장 운영은 경제적 문제에 속하므로 전적으로 소유주의 권한에 속한다.

⑤ 공장에서 이루어지고 있는 소유와 경영의 분리는 공장뿐 아니라 마을 공동체 등 사회의 다른 영역에도 적용되어야 한다.

폴란은 동물의 가축화를 '노예화 또는 착취'로 바라보는 시각은 잘못이라고 주장한다. 그에 따르면, 가축화는 '종들 사이의 상호주의'의 일환이며 정치적이 아니라 진화론적 현상이다. 그는 "소수의, 특히 운이 좋았던 종들이 다윈식의 시행착오와 적응과정을 거쳐, 인간과의 동맹을 통해 생존과 번성의 길을 발견한 것이 축산의 기원"이라고 말한다. 예컨대 이러한 동맹에 참여한 소, 돼지, 닭은 번성했지만 그 조상뻘 되는 동물들 중에서 계속 야생의 길을 걸었던 것들은 쇠퇴했다는 것이다. 지금 북미 지역에 살아남은 늑대는 1만 마리 남짓인데 개들은 5천만 마리나 된다는 것을 통해 이 점을 다시 확인할 수 있다. 이로부터 폴란은 '그 동물들의 관점에서 인간과의 거래는 엄청난 성공'이었다고 주장한다. 그래서 스티븐 울프는 "인도주의에 근거한 채식주의 옹호론만큼 설득력 없는 논변도 없다. 베이컨을 원하는 인간이 많아지는 것은 돼지에게 좋은 일이다."라고 주장하기도 한다.

그런데 어떤 생명체가 태어나도록 하는 것이 항상 좋은 일인가? 어떤 돼지가 깨끗한 농장에서 태어나 쾌적하게 살다가 이른 죽음을 맞게 된다면, 그 돼지가 태어나도록 하는 것이 좋은 일인가? 좋은 일이라고 한다면 돼지를 잘 기르는 농장에서 나온 돼지고기를 먹는 것은 그 돼지에게 나쁜 일이 아니라는 말이 된다. 아무도 고기를 먹지 않는다면 그 돼지는 태어날 수 없기 때문이다. 하지만 그 돼지를 먹기 위해서는 먼저 그 돼지를 죽여야 한다. 그렇다면 그 살해는 정당해야 한다. 폴란은 자신의 주장이 갖는 이런 함축에 불편함을 느껴야 한다. 이러한 불편함을 폴란은 해결하지 못할 것이다.

① 종 다양성을 보존하기 위한 목적으로 생명체를 죽이는 일은 지양해야 한다.

② 생명체를 죽이기 위해서 그 생명체를 태어나게 하는 일은 정당화되기 어렵다.

③ 어떤 생명체가 태어나서 쾌적하게 산다면 그 생명체를 태어나게 하는 것은 좋은 일이다.

④ 가축화에 대한 폴란의 진화론적 설명이 기초하는 '종들 사이의 상호주의'는 틀린 정보에 근거한다.

⑤ 어떤 생명체를 태어나게 해서 그 생명체가 속한 종의 생존과 번성에 도움을 준다면 이는 좋은 일이다.

06. 다음 글의 실험 결과가 강화하는 것만을 <보기>에서 모두 고르면?　　　20 7급모의

　　한 연구진은 자극 X가 뇌에 미치는 영향을 밝히기 위한 실험을 수행하였다. 그들은 자극 X가 있는 환경에서 성장한 동물과 자극 X가 없는 환경에서 성장한 동물을 비교했을 때 뇌에 차이가 있을 것이라고 추측했다.

　　실험을 위해 동일한 조건의 연구용 쥐 100마리를 절반씩 나누어 각각 A와 B 그룹으로 배정하였다. A 그룹의 쥐는 자극 X에 노출된 반면, B 그룹의 쥐는 자극 X에 노출되지 않았다. 자극 X를 제외한 다른 조건은 두 그룹에서 동일하였다. 일정 기간이 지나고 두 그룹 쥐의 뇌에 대해서 부위별로 무게 측정과 화학 분석이 이루어졌다. 그 결과 A 그룹의 쥐는 B 그룹의 쥐와 다른 점을 보여주었다.

　　두 그룹에서 나타난 가장 두드러진 차이점은 전체 뇌 무게에 대한 대뇌피질의 무게 비율이었다. 대뇌피질은 경험에 반응하고 운동, 기억, 학습, 감각적 입력을 관장하는 뇌의 한 부위이다. A 그룹 쥐의 대뇌피질은 B 그룹 쥐의 대뇌피질보다 더 무겁고 더 치밀했지만, 뇌의 나머지 부위의 무게에는 차이가 없었다.

　　또한 B 그룹의 쥐의 뇌보다 A 그룹의 쥐의 뇌에서는 크기가 큰 신경세포뿐만 아니라 신경교세포도 더 많이 발견되었다. 신경교세포는 뇌의 신경세포를 성장시켜 크기를 키우는 역할을 하는 세포이다. 세포의 DNA에 대한 RNA의 비율은 세포가 성장하지 않을 때보다 세포가 성장하여 크기가 커질 때 높아진다. 두 그룹의 쥐의 뇌를 분석한 결과, DNA에 대한 RNA의 비율이 높아진 뇌 신경세포가 B 그룹보다 A 그룹에 더 많이 있다는 사실이 확인되었다. A 그룹의 쥐의 뇌에서는 신경전달물질 α가 더 많이 분비되었는데, 신경전달물질 α의 양은 A 그룹 쥐의 뇌보다 B 그룹 쥐의 뇌에서 약 30% 이상 더 적은 것으로 확인되었다.

─────〈보 기〉─────

ㄱ. 자극 X가 있으면 없을 때보다 신경교세포의 수와 신경전달물질 α의 분비량이 많아진다.

ㄴ. 자극 X가 있으면 없을 때보다 전체 뇌 무게에 대한 대뇌피질의 무게 비율이 높아지고 대뇌피질이 촘촘해진다.

ㄷ. 자극 X가 없으면 있을 때보다 뇌 신경세포의 크기와 수가 늘어난다.

① ㄱ
② ㄷ
③ ㄱ, ㄴ
④ ㄴ, ㄷ
⑤ ㄱ, ㄴ, ㄷ

바람직한 목적을 지닌 정책을 달성하기 위해 옳지 않은 수단을 사용하는 것이 정당화될 수 있는가? 공동선의 증진을 위해 일반적인 도덕률을 벗어난 행동을 할 수밖에 없을 때, 공직자들은 이러한 문제에 직면한다. 이에 대해서 다음과 같은 세 가지 주장이 제기되었다.

(가) 공직자가 공동선을 증진하기 위해 전문적 역할을 수행할 때는 일반적인 도덕률이 적용되어서는 안 된다. 공직자의 비난받을 만한 행동은 그 행동의 결과에 의해서 정당화될 수 있다. 즉 공동선을 증진하는 결과를 가져온다면 일반적인 도덕률을 벗어난 공직자의 행위도 정당화될 수 있다.

(나) 공직자의 행위를 평가함에 있어 결과의 중요성을 과장해서는 안 된다. 일반적인 도덕률을 어긴 공직자의 행위가 특정 상황에서 최선의 것이었다고 하더라도, 그가 잘못된 행위를 했다는 것은 부정할 수 없다. 공직자 역시 일반적인 도덕률을 공유하는 일반 시민 중 한 사람이며, 이에 따라 일반 시민이 가지는 도덕률에서 자유로울 수 없다.

(다) 민주사회에서 권력은 선거를 통해 일반 시민들로부터 위임 받은 것이고, 이에 의해 공직자들이 시민들을 대리한다. 따라서 공직자들의 공적 업무 방식은 일반 시민들의 의지를 반영한 것일 뿐만 아니라 동의를 얻은 것이다. 그러므로 민주사회에서 공직자의 모든 공적 행위는 정당화될 수 있다.

〈보 기〉

ㄱ. (가)와 (나) 모두 공직자가 공동선의 증진을 위해 일반적인 도덕률을 벗어난 행위를 하는 경우는 사실상 일어날 수 없다는 것을 전제하고 있다.

ㄴ. 어떤 공직자가 일반적인 도덕률을 어기면서 공적 업무를 수행하여 공동선을 증진했을 경우, (가)와 (다) 모두 그 행위는 정당화될 수 있다고 주장할 것이다.

ㄷ. (나)와 (다) 모두 공직자도 일반 시민이라는 것을 주요 근거로 삼고 있다.

① ㄱ

② ㄴ

③ ㄱ, ㄷ

④ ㄴ, ㄷ

⑤ ㄱ, ㄴ, ㄷ

　　카나리아의 수컷과 암컷은 해부학적으로 동일한 구조의 발성기관을 가지고 있다. 또 새끼 때 모든 카나리아는 종 특유의 지저귀는 소리를 들으며 자란다. 그러나 성체가 되면 수컷만이 종 특유의 소리로 지저귄다. 수컷 카나리아는 다른 수컷들과 경쟁하거나 세력권을 주장할 때 이 소리를 낸다. 수컷은 암컷을 유혹할 때도 이 소리를 내는데, 이는 암컷이 종 특유의 소리를 내지는 못해도 그것을 알고 있음을 시사한다.

　　아비의 울음소리를 들으며 자라던 어린 카나리아는 둥지를 떠나 서식지를 이동하면서 다른 종의 새들과도 만나게 된다. 둥지를 떠난 후에도 어린 카나리아는 한동안 그들 종 특유의 울음소리를 내지 못할 뿐만 아니라 지저귀지도 않는다. 그러나 이듬해 봄이 가까워 오고 낮이 차츰 길어지면서 어린 수컷 카나리아의 몸에서는 수컷에만 있는 기관 A가 발달해 커지기 시작하고, 기관 A에서 분비되는 물질 B의 분비량도 증가한다. 이로 인해 수컷의 몸에서 물질 B의 혈중 농도가 높아지고, 그에 따라 수컷은 지저귀는 소리를 내려고 하기 시작한다. 수컷 카나리아가 처음 내는 소리는 종 특유의 울음소리가 아니다. 그러나 다른 수컷들에게서 그 소리를 배울 수 없는 상황에서도 수컷 카나리아가 내는 소리는 종 특유의 소리에 점점 가까워지고 결국 종 특유의 소리가 된다.

　　과학자들은 왜 카나리아의 수컷만 종 특유의 소리로 지저귀는지를 연구하였다. 그리고 ㉠그 이유가 수컷의 몸에서만 분비되는 물질 B가 종 특유의 소리를 내는 데 필요한 뇌의 특정 부분을 발달시키기 때문이라는 것을 알아냈다.

───〈보 기〉───

ㄱ. 봄이 시작될 무렵부터 조금씩 양을 늘려가면서 어린 암컷 카나리아에게 물질 B를 주사하였더니 결국 종 특유의 소리로 지저귀게 되었다.

ㄴ. 어린 수컷 카나리아의 뇌에 물질 B의 효과를 억제하는 성분의 약물을 꾸준히 투여하였더니 성체가 되어도 종 특유의 울음소리를 내지 못하였다.

ㄷ. 둥지를 떠나기 직전에 어린 수컷 카나리아의 기관 A를 제거하였지만 다음 봄에는 종 특유의 소리로 지저귈 수 있었다.

① ㄱ

② ㄷ

③ ㄱ, ㄴ

④ ㄴ, ㄷ

⑤ ㄱ, ㄴ, ㄷ

지구와 태양 사이의 거리와 지구가 태양 주위를 도는 방식은 인간의 생존에 유리한 여러 특징을 지니고 있다. 인간을 비롯한 생명이 생존하려면 행성은 액체 상태의 물을 포함하면서 너무 뜨겁거나 차갑지 않아야 한다. 이를 위해 행성은 태양과 같은 별에서 적당히 떨어져 있어야 한다. 이 적당한 영역을 '골디락스 영역'이라고 한다. 또한 지구가 태양의 중력장 주위를 도는 타원 궤도는 충분히 원에 가깝다. 따라서 연중 태양에서 오는 열에너지가 비교적 일정하게 유지될 수 있다. 만약 태양과의 거리가 일정하지 않았다면 지구는 여름에는 바다가 모두 끓어 넘치고 겨울에는 거대한 얼음 덩어리가 되는 불모의 행성이었을 것이다.

우리 우주에 작용하는 근본적인 힘의 세기나 물리법칙도 인간을 비롯한 생명의 탄생에 유리하도록 미세하게 조정되어 있다. 예를 들어 근본적인 힘인 강한 핵력이나 전기력의 크기가 현재 값에서 조금만 달랐다면, 별의 내부에서 탄소처럼 무거운 원소는 만들어질 수 없었고 행성도 만들어질 수 없었을 것이다. 최근 들어 물리학자들은 이들 힘을 지배하는 법칙이 현재와 다르다면 우주는 구체적으로 어떤 모습이 될지 컴퓨터 모형으로 계산했다. 그 결과를 보면 강한 핵력의 강도가 겨우 0.5% 다르거나 전기력의 강도가 겨우 4% 다를 경우에도 탄소나 산소는 우주에서 합성되지 않는다. 따라서 생명 탄생의 가능성도 사라진다. 결국 강한 핵력이나 전기력을 지배하는 법칙들을 조금이라도 건드리면 우리가 존재할 가능성은 사라지는 것이다.

결론적으로 지구 주위 환경뿐만 아니라 보편적 자연법칙까지도 인류와 같은 생명이 진화해 살아가기에 알맞은 범위 안에 제한되어 있다고 할 수 있다. 만일 그러한 제한이 없었다면 태양계나 지구가 탄생할 수 없었을 뿐만 아니라 생명 또한 진화할 수 없었을 것이다. 우리가 아는 행성이나 생명이 탄생할 가능성을 열어두면서 물리법칙을 변경할 수 있는 폭은 매우 좁다.

① 탄소가 없는 상황에서도 생명은 자연적으로 진화할 수 있다.

② 중력법칙이 현재와 조금만 달라도 지구는 태양으로 빨려 들어간다.

③ 원자핵의 질량이 현재보다 조금 더 크다면 우리 몸을 이루는 원소는 합성되지 않는다.

④ 별 주위의 '골디락스 영역'에 행성이 위치할 확률은 매우 낮지만 지구는 그 영역에 위치한다.

⑤ 핵력의 강도가 현재와 약간만 달라도 별의 내부에서 무거운 원소가 거의 전부 사라진다.

10. 다음 글의 <논쟁>에 대한 분석으로 적절한 것만을 <보기>에서 모두 고르면?

20 7급모의

갑과 을은 M국의 손해사정을 업으로 하는 법인 A, B의 「보험업법」 위반 여부에 대해 논쟁하고 있다. 이 논쟁은 「보험업법」의 일부 규정 속 손해사정사가 상근인지 여부, 그리고 각 법인의 손해사정사가 상근인지 여부가 불분명함에서 비롯되었다. 해당 법의 일부 조항은 다음과 같다.

> **「보험업법」**
> 제00조(손해사정업의 영업기준) ① 손해사정을 업으로 하려는 법인은 2명 이상의 상근 손해사정사를 두어야 한다. 이 경우 총리령으로 정하는 손해사정사의 구분에 따라 수행할 업무의 종류별로 1명 이상의 상근 손해사정사를 두어야 한다.
> ② 제1항에 따른 법인이 지점 또는 사무소를 설치하려는 경우에는 각 지점 또는 사무소별로 총리령으로 정하는 손해사정사의 구분에 따라 수행할 업무의 종류별로 1명 이상의 손해사정사를 두어야 한다.

<논 쟁>

쟁점 1: 법인 A는 총리령으로 정하는 손해사정사의 구분에 따른 업무의 종류가 4개이고 각 종류마다 2명의 손해사정사를 두고 있는데, 갑은 법인 A가 「보험업법」 제00조제1항을 어기고 있다고 주장하지만 을은 그렇지 않다고 주장한다.

쟁점 2: 법인 B의 지점 및 사무소 각각은 총리령으로 정하는 손해사정사의 구분에 따른 업무의 종류가 2개씩이고 각 종류마다 1명의 손해사정사를 두고 있는데, 갑은 법인 B가 「보험업법」 제00조제2항을 어기고 있다고 주장하지만 을은 그렇지 않다고 주장한다.

<보 기>

ㄱ. 쟁점 1과 관련하여, 법인 A에는 비상근 손해사정사가 2명 근무하고 있지만 이들이 수행하는 업무의 종류가 다르다는 사실이 밝혀진다면 갑의 주장은 옳지만 을의 주장은 옳지 않다.

ㄴ. 쟁점 2와 관련하여, 법인 B의 지점에 근무하는 손해사정사가 비상근일 경우에, 갑은 제00조제2항의 '손해사정사'가 반드시 상근이어야 한다고 생각하지만 을은 비상근이어도 무방하다고 생각한다는 사실은 법인 B에 대한 갑과 을 사이의 주장 불일치를 설명할 수 있다.

ㄷ. 법인 A 및 그 지점 또는 사무소에 근무하는 손해사정사와 법인 B 및 그 지점 또는 사무소에 근무하는 손해사정사가 모두 상근이라면, 을의 주장은 쟁점 1과 쟁점 2 모두에서 옳지 않다.

① ㄱ

② ㄴ

③ ㄱ, ㄷ

④ ㄴ, ㄷ

⑤ ㄱ, ㄴ, ㄷ

'사람 한 명 당 쥐 한 마리', 즉 지구상에 사람 수 만큼의 쥐가 있다는 통계에 대한 믿음은 1백년쯤 된 것이지만 잘못된 믿음이다. 이 가설은 1909년 뵐터가 쓴 『문제』라는 책에서 비롯되었다. 영국의 지방을 순회하던 뵐터에게 문득 이런 생각이 떠올랐다. "1에이커(약 4천 제곱미터)에 쥐 한 마리쯤 있다고 봐도 별 무리가 없지 않을까?" 이것은 근거가 박약한 단순한 추측에 불과했지만, 그는 무심코 떠오른 이런 추측에서 추론을 시작했다. 뵐터는 이 추측을 ⊙첫 번째 전제로 삼고 영국의 국토 면적이 4천만 에이커 정도라는 사실을 추가 전제로 고려하여 영국에 쥐가 4천만 마리쯤 있으리라는 ⓒ중간 결론에 도달했다. 그런데 마침 당시 영국의 인구가 약 4천만 명이었고, 이런 우연한 사실을 발판 삼아 그는 세상 어디에나 인구 한 명 당 쥐도 한 마리쯤 있을 것이라는 ⓒ최종 결론을 내렸다. 이것은 논리적 관점에서 타당성이 의심스러운 추론이었지만, 사람들은 이 결론을 이상하리만큼 좋아했다. 쥐의 개체수를 실제로 조사하는 노고도 없이 '한 사람 당 쥐 한 마리'라는 어림값은 어느새 사람들의 믿음으로 굳어졌다. 이 믿음은 국경마저 뛰어넘어, 미국의 방역업체나 보건을 담당하는 정부 기관이 이를 참고하기도 했다. 지금도 인구 약 900만인 뉴욕시에 가면 뉴욕시에 900만 마리쯤의 쥐가 있다고 믿는 사람을 어렵잖게 만날 수 있다.

─〈정 보〉─

(가) 최근 조사에 의하면 뉴욕시에는 약 30만 마리의 쥐가 있는 것으로 추정된다.

(나) 20세기 초의 한 통계조사에 의하면 런던의 주거 밀집 지역에는 가구 당 평균 세 마리의 쥐가 있었다.

(다) 사람들이 자기 집에 있다고 생각하는 쥐의 수는 실제 조사를 통해 추정된 쥐의 수보다 20% 정도 더 많다.

(라) 쥐의 개체수 조사에는 특정 건물을 표본으로 취해 쥐구멍을 세고 쥐 배설물 같은 통행 흔적을 살피는 방법과 일정 면적마다 설치한 쥐덫을 활용하는 방법 등이 있는데, 다양한 방법으로 조사한 결과가 서로 높은 수준의 일치를 보인다.

① (가)는 ⓒ을 약화한다.

② (나)는 ⊙을 강화한다.

③ (다)는 ⓒ을 강화한다.

④ (라)는 ⓒ을 약화한다.

⑤ (나)와 (다)가 참인 경우, ⓒ은 참일 수 없다.

(가) 어린 시절 과학 선생님에게 가을에 단풍이 드는 까닭을 물어본 적이 있다면, 단풍은 "나무가 겨울을 나려고 잎을 떨어뜨리다 보니 생기는 부수적인 현상"이라는 답을 들었을 것이다. 보통 때는 초록빛을 내는 색소인 엽록소가 카로틴, 크산토필 같은 색소를 가리므로 우리는 잎에서 다른 빛깔을 보지 못한다. 가을이 오면, 잎을 떨어뜨리고자 잎자루 끝에 떨켜가 생기면서 가지와 잎 사이의 물질 이동이 중단된다. 이에 따라 엽록소가 파괴되면서 감춰졌던 다른 색소들이 자연스럽게 드러나서 잎이 노랗거나 주홍빛을 띠게 된다. 요컨대 단풍은 나무가 월동 준비 과정에서 우연히 생기는 부산물이다.

(나) 생물의 내부를 들여다보면 화려한 색은 거의 눈에 띄지 않는다. 물론 척추동물의 몸 속에 흐르는 피는 예외이다. 상처가 난 당사자에게 피의 강렬한 색이 사태의 시급성을 알려 준다면, 피의 붉은 색깔은 특정한 목적을 가지고 진화적으로 출현했다고 볼 수 있다. 마찬가지로 타는 듯한 가을 단풍은 나무가 해충에 보내는 경계 신호라고 볼 수 있다. 진딧물처럼 겨울을 나기 위해 가을에 적당한 나무를 골라서 알을 낳는 곤충들을 향해 나무가 자신의 경계 태세가 얼마나 철저한지 알려 주는 신호가 가을 단풍이라는 것이다. 단풍의 색소를 만드는 데는 적지 않은 비용이 따르므로, 오직 건강한 나무만이 진하고 뚜렷한 가을 빛깔을 낼 수 있다. 진딧물은 이러한 신호들에 반응해서 가장 형편없이 단풍이 든 나무에 내려앉는다. 휘황찬란한 단풍은 나무와 곤충이 진화하면서 만들어 낸 적응의 결과물이다.

〈보 기〉

ㄱ. 단풍이 드는 나무 중에서 떨켜를 만들지 않는 종이 있다는 연구 결과는 (가)의 주장을 강화한다.

ㄴ. 식물의 잎에서 주홍빛을 내는 색소가 가을에 새롭게 만들어진다는 연구 결과는 (가)의 주장을 강화한다.

ㄷ. 가을에 인위적으로 어떤 나무의 단풍색을 더 진하게 만들었더니 그 나무에 알을 낳는 진딧물의 수가 줄었다는 연구 결과는 (나)의 주장을 강화한다.

① ㄱ

② ㄷ

③ ㄱ, ㄴ

④ ㄴ, ㄷ

⑤ ㄱ, ㄴ, ㄷ

아! 이 책은 붕당의 분쟁에 관한 논설을 실었다. 어째서 '황극(皇極)'으로 이름을 삼았는가? 오직 황극만이 붕당에 대한 옛설을 혁파할 수 있기에 이로써 이름 붙인 것이다.

내가 생각하기에 옛날에는 붕당을 혁파하는 것이 불가능했다. 왜 그러한가? 그때는 군자는 군자와 더불어 진붕(眞朋)을 이루고 소인은 소인끼리 무리지어 위붕(僞朋)을 이루었다. 만약 현부(賢否), 충사(忠邪)를 살피지 않고 오직 붕당을 제거하기에 힘쓴다면 교활한 소인의 당이 뜻을 펴기 쉽고 정도(正道)로 처신하는 군자의 당은 오히려 해를 입기 마련이었다. 이에 구양수는 『붕당론』을 지어 신하들이 붕당을 이루는 것을 싫어하는 임금의 마음을 경계하였고, 주자는 사류(士類)를 고르게 보합하자는 범순인의 주장을 비판하였다. 이들은 붕당이란 것은 어느 시대에나 있는 것이니, 붕당이 있는 것을 염려할 것이 아니라 임금이 군자당과 소인당을 가려내는 안목을 지니는 것이 관건이라고 하였다. 군자당의 성세를 유지시킨다면 정치는 저절로 바르게 되기 때문이다. 이것이 옛날에는 붕당을 없앨 수 없었던 이유이다.

그러나 지금 붕당을 만드는 것은 군자나 소인이 아니다. 의논이 갈리고 의견을 달리하여 저편이 저쪽의 시비를 드러내면 이편 또한 이쪽의 시비로 대응한다. 저편에 군자와 소인이 있으면 이편에도 군자와 소인이 있다. 따라서 붕당을 그대로 둔다면 군자를 모을 수 없고 소인을 교화시킬 수 없다. 이제는 붕당이 아닌 재능에 따라 인재를 등용하는 정책을 널리 펴야 한다. 그런 까닭에 영조대왕은 황극을 세워 탕평정책을 편 것을 50년 재위 기간의 가장 큰 치적으로 삼았다.

① 군자들만으로 이루어진 붕당을 만들어야 한다.

② 붕당을 혁파하고 유능한 인재를 등용하여야 한다.

③ 옛날의 붕당과 현재의 붕당 사이의 조화를 도모해야 한다.

④ 강력한 왕권을 확립하여 붕당 간의 대립을 조정해야 한다.

⑤ 붕당마다 군자와 소인이 존재하므로 한쪽 붕당만을 등용하거나 배격하는 것은 옳지 않다.

14. A와 B의 견해 차이를 가장 잘 기술한 것은?

13 5급공채

A: 진화론이 인간에 대해 설명할 때 동원하는 두 개의 핵심 개념은 '생존'과 '번식'이다. 그러나 그것만으로는 인간의 행동, 가치, 목표를 다 설명할 수 없다. 현대 생물학이 인간 존재와 그의 행동에 대한 모든 답을 가진 것처럼 발언하는 순간, 인문학은 생물학에 의심의 눈초리를 보내게 된다. 물론 인간도 동물이고 생물인 이상 생물학의 차원을 떠날 수는 없다. 인간은 다른 모든 생명체와 생물학의 차원을 공유한다. 인간의 심리, 행동방식, 취향과 습관도 생물학의 차원에 뿌리내리고 있다. 그러나 인문학의 관심 대상은 이런 차원 위에 만들어진 독특한 세계이다. '인간을 인간이게 하는 것은 무엇인가'라는 질문은 인문학의 핵심 관심사이다. 말하자면 인문학은 인간의 고유성을 말해주는 층위와 지점들을 찾아내는 작업이다. 여기에는 사회·정치·윤리의 차원을 고려해야 한다. 가령 평등이나 인간 존엄과 같은 사회 원칙과 이상을 생각해 보자. 인간 사회에 이러한 가치와 규범이 유효해야 한다는 요구는 진화의 결과라기보다 선택의 결과이다. 그런 점에서 분명 인간에게는 생물학만으로는 설명할 수 없는 생물학 너머의 차원이 있다.

B: A의 생각은 '생물학'이라는 말에서 유전자 결정론을 연상하기 때문에 나왔다. 한 인간은 유전과 환경 사이의 관계 속에서 탄생하고 성장한다. 유전자에 의해서 발현되는 형질들과 환경 사이의 상호작용과 관련된 것이라면 무엇이든지 생물학에 포함된다. 그래서 생물학에는 생리학, 생화학, 분자생물학, 신경생물학, 생태학, 환경 생물학, 우주생물학 등이 포함된다. 결국 우리 삶 전체가 생물학의 차원 안으로 들어오게 된다. 생물학 너머의 차원이란 존재하지 않는다. 법학은 인간의 법률 행위를 연구하는 인간 생물학이고 경제학은 인간의 경제 행위를 연구하는 인간 생물학이다. 모든 학문은 인간 생물학의 일부이다.

① 한쪽은 유전자 결정론을 받아들이고 다른 쪽은 받아들이지 않는다.

② 한쪽은 생물학의 역할을 부정하고 다른 쪽은 생물학의 역할을 높게 평가한다.

③ 한쪽은 인간 삶에 대한 모든 탐구가 생물학의 영역 내에 있다고 생각하고 다른 쪽은 이에 반대한다.

④ 한쪽은 인문학이 생물학의 차원에 놓여 있다고 생각하고 다른 쪽은 사회과학의 차원에 놓여 있다고 생각한다.

⑤ 한쪽은 인문학이 사회·정치·윤리의 차원과 구별되지 않는다고 생각하고 다른 쪽은 인문학이 그런 차원과 구별된다고 생각한다.

15. 다음 (가)~(다)에 대한 평가로 적절한 것만을 <보기>에서 모두 고르면? 18 민경채

(가) 기술의 발전 덕분에 더 풍요로운 세계를 만들 수 있다. 원료, 자본, 노동 같은 생산 요소의 투입량을 줄이면서 산출량은 더 늘릴 수 있는 세계 말이다. 디지털 기술의 발전은 경외감을 불러일으키는 개선과 풍요의 엔진이 된다. 반면 그것은 시간이 흐를수록 부, 소득, 생활수준, 발전 기회 등에서 점점 더 큰 격차를 만드는 엔진이기도 하다. 즉 기술의 발전은 경제적 풍요와 격차를 모두 가져온다.

(나) 기술의 발전에 따른 풍요가 더 중요한 현상이며, 격차도 풍요라는 기반 위에 있기 때문에 모든 사람의 삶이 풍요로워지는 데 초점을 맞추어야 한다. 고도로 숙련된 노동자와 나머지 사람들과의 격차가 벌어지고 있다는 것을 인정하지만, 모든 사람들의 경제적 삶이 나아지고 있기에 누군가의 삶이 다른 사람보다 더 많이 나아지고 있다는 사실에 관심을 둘 필요가 없다.

(다) 중산층들이 과거에 비해 경제적으로 더 취약해졌기 때문에 기술의 발전에 따른 풍요보다 격차에 초점을 맞추어야 한다. 실제로 주택, 보건, 의료 등과 같이 그들의 삶에서 중요한 항목에 들어가는 비용의 증가율은 시간이 흐르면서 가계 소득의 증가율에 비해 훨씬 더 높아지고 있다. 설상가상으로 소득 분포의 밑바닥에 속한 가정에서 태어난 아이가 상층으로 이동할 기회는 점점 더 줄어들고 있다.

〈보 기〉

ㄱ. 현재의 정보기술은 덜 숙련된 노동자보다 숙련된 노동자를 선호하고, 노동자보다 자본가에게 돌아가는 수익을 늘린다는 사실은 (가)의 논지를 약화한다.

ㄴ. 기술의 발전이 전 세계의 가난한 사람들에게도 도움을 주며, 휴대전화와 같은 혁신사례들이 모든 사람들의 소득과 기타 행복의 수준을 개선한다는 연구결과는 (나)의 논지를 강화한다.

ㄷ. 기술의 발전이 가져온 경제적 풍요가 엄청나게 벌어진 격차를 보상할 만큼은 아니라는 것을 보여주는 자료는 (다)의 논지를 약화한다.

① ㄱ
② ㄴ
③ ㄱ, ㄷ
④ ㄴ, ㄷ
⑤ ㄱ, ㄴ, ㄷ

16. 다음 글의 A~C에 대한 평가로 적절한 것만을 <보기>에서 모두 고르면? 22 7급공채

인간 존엄성은 모든 인간이 단지 인간이기 때문에 갖는 것으로서, 인간의 숭고한 도덕적 지위나 인간에 대한 윤리적 대우의 근거로 여겨진다. 다음은 인간 존엄성 개념에 대한 A~C의 비판이다.

A: 인간 존엄성은 그 의미가 무엇인지에 대해 사람마다 생각이 달라서 불명료할 뿐 아니라 무용한 개념이다. 가령 존엄성은 존엄사를 옹호하거나 반대하는 논증 모두에서 각각의 주장을 정당화하는 데 사용된다. 어떤 이는 존엄성이란 말을 '자율성의 존중'이라는 뜻으로, 어떤 이는 '생명의 신성함'이라는 뜻으로 사용한다. 결국 쟁점은 존엄성이 아니라 자율성의 존중이나 생명의 가치에 관한 문제이며, 존엄성이란 개념 자체는 그 논의에서 실질적으로 중요한 기여를 하지 않는다.

B: 인간의 권리에 대한 문서에서 존엄성이 광범위하게 사용되는 것은 기독교 신학과 같이 인간 존엄성을 언급하는 많은 종교적 문헌의 영향으로 보인다. 이러한 종교적 뿌리는 어떤 이에게는 가치 있는 것이지만, 다른 이에겐 그런 존엄성 개념을 의심할 근거가 되기도 한다. 특히 존엄성을 신이 인간에게 부여한 독특한 지위로 생각함으로써 인간이 스스로를 지나치게 높게 보도록 했다는 점은 비판을 받아 마땅하다. 이는 인간으로 하여금 인간이 아닌 종과 환경에 대해 인간 자신들이 원하는 것을 마음대로 해도 된다는 오만을 낳았다.

C: 인간 존엄성은 인간이 이성적 존재임을 들어 동물이나 세계에 대해 인간 중심적인 견해를 옹호해 온 근대 휴머니즘의 유산이다. 존엄성은 인간종이 그 자체로 다른 종이나 심지어 환경 자체보다 더 큰 가치가 있다고 생각하는 종족주의의 한 표현에 불과하다. 인간 존엄성은 우리가 서로를 가치 있게 여기도록 만들기도 하지만, 인간 외의 다른 존재에 대해서는 그 대상이 인간이라면 결코 용납하지 않았을 폭력적 처사를 정당화하는 근거로 활용된다.

〈보 기〉

ㄱ. 많은 논란에도 불구하고 존엄사를 인정한 연명의료결정법의 시행은 A의 주장을 약화시키는 사례이다.

ㄴ. C의 주장은 화장품의 안전성 검사를 위한 동물실험의 금지를 촉구하는 캠페인의 근거로 활용될 수 있다.

ㄷ. B와 C는 인간에게 특권적 지위를 부여하는 인간 중심적인 생각을 비판한다는 점에서 공통적이다.

① ㄱ

② ㄷ

③ ㄱ, ㄴ

④ ㄴ, ㄷ

⑤ ㄱ, ㄴ, ㄷ

> 갑: 2017년부터 우리 A시에 주민등록을 하여 거주해 오는 주민이 출산 직후인 2024년 4월 22일에 출산장려금과 산후관리비의 지원을 신청했습니다. 그런데 그 주민은 2023년 8월 30일부터 2023년 9월 8일까지 다른 지역으로 주민등록을 옮겨서 거주한 일이 있어서, 지원 대상이 될 수 없다고 통보하자 민원을 제기했습니다.
>
> 을: 안타까운 일이군요. 민원인은 요건상의 기간 중에 배우자의 직장 문제로 열흘 정도 다른 지역에 계셨을 뿐, 줄곧 우리 A시에 살고 계십니다.
>
> 갑: 「A시 산후관리비 및 출산장려금 지원에 관한 조례」(이하 'A시 조례') ㉠ 제3조의 산후관리비 지원 자격 요건은 "출산일 기준으로 12개월 전부터 신청일 현재까지 계속하여 A시에 주민등록을 둔 산모"라고 규정합니다. 어쩔 수 없습니다.
>
> 을: ㉡ 제7조의 출산장려금 지원 자격 요건은 제3조에서와 동일하게 규정되어 있는데 "계속하여"라는 문구는 없습니다. 그러니 출산장려금은 지급했어야 하는 것 아닙니까?
>
> 병: 그것도 또한 계속성을 요구한다고 해석해야 합니다. 우리와 인접한 B시의 「B시 출산장려금 지원 조례」(이하 'B시 조례') ㉢ 제2조의 출산장려금 지원 자격 요건은 A시 조례 제7조와 같은 취지와 형식의 문구로 되어 있으면서 계속성을 명시합니다. 다른 지방자치단체들의 조례도 마찬가지입니다.
>
> 정: 그러나 B시 조례를 잘 보면 출산 전 주민등록의 기간은 우리의 절반밖에 되지 않습니다. 이 점을 고려하면, 둘을 동일 선상에 놓고 보아서는 안 됩니다.
>
> 무: 판례를 고려하여 해석하는 것이 적절해 보입니다. 갱신되거나 반복된 근로계약에서는 그 사이 일부 공백 기간이 있더라도 근로관계의 계속성을 인정해야 한다는 판결이 있습니다. 근로자를 보호하는 취지인데요, 자녀를 두는 가정을 보호하려는 A시 조례의 두 지원 사업은 그와 일맥상통합니다. 계속성은 유연하게 해석합시다.

① 갑은 민원인이 ㉠을 갖추었는지 여부에 대한 판단에서 병과는 같고 무와는 다르다.

② 을은 ㉠에 관한 조항에 나오는 "계속하여"라는 문구의 의미를 갑, 병과 달리 이해한다.

③ 병은 ㉢에서처럼 주민등록의 계속성을 명시하는 것이 ㉡과 같은 경우보다 일반적이라고 이해한다.

④ 정은 조문의 해석에서 ㉢에서의 주민등록 기간이 ㉡에서와 다르다는 점을 고려할 수 있다고 본다.

⑤ 무는 ㉠과 관련하여 일시적인 단절이 있어도 계속성의 요건이 충족될 수 있다고 본다.

진공 상태에서 금속이나 반도체 물질에 높은 전압을 가하면 그 표면에서 전자가 방출된다. 방출된 전자가 형광체에 충돌하면 빛이 발생하는데, 이 빛을 이용하여 디스플레이를 만들 수 있다. 이런 디스플레이를 만들기 위해, 금속이나 반도체 물질로 만들어진 원기둥 형태의 나노 구조체가 기판에 고밀도로 존재하도록 제작하는 기술이 개발되고 있다.

고밀도의 나노 구조체가 있는 기판을 제작하려는 것은 나노 구조체의 밀도가 높을수록 단위 면적당 더 많은 양의 전자가 방출될 것이라는 가설 H1에 근거하고 있다. 그러나 기판의 단위 면적당 방출되는 전자의 양은 나노 구조체의 밀도가 일정 수준 이상으로 높아지면 오히려 줄어들게 될 것이라는 가설 H2를 주장하는 과학자들의 수가 많아지고 있다. 이는 나노 구조체가 너무 조밀하게 모여 있으면 나노 구조체 각각에 가해지는 실제 전압이 오히려 감소한다는 사실에 기반을 두고 있다.

과학자 L은 가설 H1과 가설 H2를 확인하기 위한 원기둥 형태의 금속 재질의 나노 구조체 X가 있는 기판을 제작하였다. 이 기판에 동일 거리에서 동일 전압을 가하여 다음의 실험을 수행하였다.

〈실 험〉

실험 1: X가 있는 기판 A와 A보다 면적이 두 배이고 X의 개수가 네 배인 기판 B를 제작하였다. 이때 단위 면적당 방출된 전자의 양은 기판 A와 기판 B가 같았다.

실험 2: 단위 면적당 방출된 전자의 양은, 기판 C에 10,000개의 X가 있을 때보다 20,000개의 X가 있을 때 더 많았고, 기판 C에 20,000개의 X가 있을 때보다 30,000개의 X가 있을 때 더 적었다.

두 실험 중 실험 1은 가설 H1을 ___(가)___, 실험 2는 가설 H2를 ___(나)___.

	(가)	(나)
①	강화하고	강화한다
②	강화하고	약화한다
③	약화하지 않고	약화한다
④	약화하고	약화한다
⑤	약화하고	강화한다

공리주의에 따르면, 행복은 쾌락의 총량에서 고통의 총량을 뺀 값으로 수치화하여 나타낼 수 있고, 어떤 행위에 대한 도덕적 판단은 그 행위가 산출하는 행복의 증감에 의존하고, 더 큰 행복을 낳는 선택을 하는 것이 옳은 행위이다.

공리주의자 A는 한 개체로 인한 행복의 증감을 다른 개체로 인한 행복의 증감으로 대체할 수 있다는 대체가능성 논제를 받아들여, 육식이 도덕적으로 옳은 행위가 될 수 있다고 주장한다. 예를 들어, 닭고기를 먹는 일은 닭에게 죽음을 발생시키지만, 더 많은 닭의 탄생에도 기여한다. 태어나는 닭의 수를 고려하면 육식을 위한 도축은 거기 연루된 고통까지 고려하더라도 닭 전체의 행복의 총량을 증진한다. 왜냐하면 한 동물이 일생 동안 누릴 쾌락의 총량은 고통의 총량보다 크기 때문이다.

공리주의자 B는 A의 주장이 틀렸다고 비판한다. A가 받아들이는 대체가능성 논제가 존재하지 않는 대상의 고통과 쾌락을 도덕적 판단의 근거로 삼기 때문이다.

이에 A는 두 여인의 임신에 관한 다음의 사고실험을 토대로 B의 주장을 반박한다. 갑은 임신 3개월 때 의사로부터 태아에게 심각하지만 쉽게 치유 가능한 건강 문제가 있다는 진단을 받았다. 갑이 부작용 없는 약 하나만 먹으면 아이의 건강 문제는 사라진다. 을은 의사로부터 만일 지금 임신하면 아이가 심각한 건강 문제를 갖게 되지만, 3개월 후에 임신하면 아무런 문제가 없을 것이라는 진단을 받았다. 이 상황에서 갑은 약을 먹지 않아서, 을은 기다리지 않고 임신해서 둘 다 심각한 건강 문제를 가진 아이를 낳았다고 하자. B의 주장에 따르면 둘 사이에는 중요한 차이가 있다. 갑의 경우에는 태어난 아이에게 해악을 끼쳤다고 할 수 있는 반면, 을의 경우는 그렇지 않다. 을이 태어난 아이에게 해악을 끼쳤다고 평가하려면 그 아이가 건강하게 태어날 수도 있었다는 전제가 필요한데, 만일 을이 3개월을 기다려 임신했다면 그 아이가 아닌 다른 아이가 잉태되었을 것이기 때문이다. 그러나 A에 따르면, 갑과 마찬가지로 을도 도덕적 잘못을 저질렀다는 것이 일반적인 직관이므로 이에 반하는 B의 주장은 수용하기 어렵다.

A는 B의 주장을 수용하기 어려운 이유를 미래세대에 대한 도덕적 책임 문제에서도 찾을 수 있다고 말한다. 만일 현세대가 지금과 같은 삶의 방식을 고수한다면, 온난화가 가속되어 지구 환경은 나빠질 것이다. 그 결과 미래세대의 고통이 증가되었다면 현세대는 이에 대한 도덕적 책임이 있다는 것이 일반적인 직관이다. 그러나 B의 주장에 따르면 그렇게 평가할 수 없다. 왜냐하면 현세대가 미래세대를 고려하여 기존과 다른 삶의 방식을 취하게 되면, 현세대가 기존 방식을 고수했을 때와는 다른 구성원으로 이루어진 미래세대가 생겨나기 때문이다. 그래서 을이 태어난 아이에게 잘못을 저질렀다고 말할 수 없는 것과 마찬가지로, 현세대도 미래세대가 겪는 고통에 대해 도덕적 책임이 없다고 말해야 한다. 그러나 A가 보기에 ㉠이는 수용하기 어렵다.

19. 위 글에 대한 분석으로 적절한 것만을 <보기>에서 모두 고르면?

─────〈보 기〉─────

ㄱ. A의 주장에 따르면, 을의 행위는 도덕적으로 옳은 행위가 아니다.

ㄴ. 갑의 행위에 대한 B의 도덕적 평가는 대체가능성 논제의 수용 여부에 따라 달라지지 않는다.

ㄷ. B의 주장에 따르면, 을의 행위에 대한 도덕적 평가를 할 때 잉태되지 않은 존재의 쾌락이나 고통을 고려해서는 안 된다.

① ㄱ

② ㄷ

③ ㄱ, ㄴ

④ ㄴ, ㄷ

⑤ ㄱ, ㄴ, ㄷ

20. 위 글의 ㉠에 대한 평가로 적절한 것만을 <보기>에서 모두 고르면?

─────〈보 기〉─────

ㄱ. 미래세대 구성원이 달라질 경우 미래세대가 누릴 행복의 총량이 변한다면, ㉠은 약화되지 않는다.

ㄴ. 아직 현실에 존재하지 않는다는 이유로 미래세대를 도덕적 고려에서 배제하는 것이 불합리하다면, ㉠은 약화된다.

ㄷ. 일반적인 직관에 반하는 결론이 도출된다고 해도 그러한 직관이 옳은지의 여부가 별도로 평가되어야 한다면, ㉠은 약화된다.

① ㄱ

② ㄴ

③ ㄱ, ㄷ

④ ㄴ, ㄷ

⑤ ㄱ, ㄴ, ㄷ

정답·해설 p.280

1 독해의 원리

2 논증의 방향

3 문맥과 단서

4 논리의 체계

기출 엄선 모의고사

해커스PSAT 7급 PSAT 기본서 언어논리

해커스PSAT **7급 PSAT 기본서** 언어논리

3 문맥과 단서

출제경향분석

1 문맥과 단서란?

문맥과 단서는 중간에 빈칸이 있거나 밑줄이 그어져 있는 1~3단락 정도 길이의 지문을 제시하고, 내용의 흐름을 파악하여 빈칸에 들어갈 내용을 적절하게 추론할 수 있는지, 밑줄 그어진 구절의 의미를 올바르게 판단할 수 있는지를 평가하기 위한 유형이다. 일반적인 독해 문제가 아니므로 단순한 내용 파악이 아니라 주요 단서를 찾아내는 독해 방법이 요구된다.

2 세부 출제 유형

문맥과 단서는 문제에서 평가하고자 하는 영역에 따라 ① 빈칸 추론, ② 밑줄 추론, ③ 글의 수정 총 3가지 세부 유형으로 출제된다.

빈칸 추론	문맥에 맞게 글의 중간에 포함된 빈칸에 들어갈 내용을 찾는 유형
밑줄 추론	문맥에 따라 밑줄이 그어진 구절이 의미하는 바나 그 의미가 적용된 사례를 찾는 유형
글의 수정	문맥에 맞게 밑줄이 그어진 부분을 수정하는 유형

3 출제 경향

1. 2020년 모의평가부터 2024년 7급 공채 기출까지 '문맥과 단서' 출제 문항 수는 다음과 같다.

2020년 모의평가	2021년 7급 공채	2022년 7급 공채	2023년 7급 공채	2024년 7급 공채
7문항	8문항	6문항	7문항	6문항

문맥과 단서는 5급 공채 PSAT에서는 40문제 중 4~8문제 정도 출제되고 있다. 도식적인 지문을 제시하여 전략적인 접근법을 평가하는 문제 비중이 높은 7급 공채 PSAT의 특성에 따를 때 문맥과 단서는 계속 비중 있게 출제될 가능성이 있다.

2. 지문의 소재는 매우 다양하지만, 문제의 특성상 소재에 중요성이 있지는 않다. 내용의 이해보다는 오히려 문장 간의 흐름, 문단 간의 흐름을 제대로 파악하고 있는지가 중요하므로 지문 내용은 추상적이고 어렵게 출제될 확률이 높다. 또한 2024년, 2023년, 2022년, 2021년 7급 공채 PSAT에서 모두 실무와 관련된 소재가 꾸준히 출제되었다. 앞으로도 실무와 관련된 소재는 일정 비중으로 출제될 것으로 예상된다.

4 대비 전략

기본적인 독해력이 필수적인 영역이므로 꾸준히 글을 읽는 연습을 해야 한다. 그러나 지문 내용을 파악하는 단순 독해보다는 빈칸을 채우고, 밑줄을 추론하는 데 적합한 전략적인 독해가 필요하다.

1. 문장의 흐름을 파악할 수 있도록 접속사, 즉 '따라서', '왜냐하면', '그러나' 등의 표현에 주의하며 글을 읽는 연습을 한다.

2. 글을 처음부터 읽지 않더라도 빈칸을 채우거나 밑줄의 의미를 파악하는 데 필요한 단서를 찾아낼 수 있도록 연습한다.

3. 글에 제시된 세부 정보를 모두 정리하는 독해보다는 세부적인 정보는 놓치더라도 지문의 전체적인 흐름은 놓치지 않는 독해 방법을 연습한다.

4. 주어진 시간이 촉박한 시험이므로 핵심 키워드를 중심으로 빠르게 읽는 연습을 한다.

유형 소개

'빈칸 추론' 유형은 일반적인 줄글 형태의 지문이나 대화체 지문의 중간에 빈칸이 한 개 이상 제시되고, 문맥에 따라 그 빈칸에 들어갈 가장 적절한 내용을 선택지나 <보기>에서 고르는 유형이다.

유형 특징

이 유형은 2~3단락 정도의 지문에 한 개 이상 빈칸이 제시된다. 빈칸은 지문의 하단부에 제시되는 경우가 가장 많다. '빈칸 추론' 유형은 지문에 제시되지 않은 내용을 추론해야 하는 유형이므로 다른 유형과는 달리 지문을 읽으면서 빈칸에 들어갈 내용을 주관식처럼 추론해야 하는 특징이 있다. 따라서 선택지나 <보기>는 구체적인 내용보다는 전반적인 글의 흐름을 파악할 수 있는 내용으로 구성된다. 대표적인 발문 형태는 다음과 같다.

· 다음 글의 빈칸에 들어갈 내용으로 가장 적절한 것은?
· 다음 ㉠에 들어갈 내용으로 가장 적절한 것은?
· 다음 (가)와 (나)에 들어갈 문장으로 가장 적절한 것을 <보기>에서 고르면?

출제 경향

· 2020년 모의평가부터 2024년 7급 공채 기출까지 '빈칸 추론' 유형의 문항 비중은 다음과 같다.

2020년 모의평가	2021년 7급 공채	2022년 7급 공채	2023년 7급 공채	2024년 7급 공채
4문항	4문항	3문항	3문항	4문항

이 유형은 5급 공채 PSAT에서도 40문제 중 4~6문제 정도 출제되고 있다. 이 유형은 문맥과 단서 중 출제 비중이 가장 높다.

· 소재는 인문, 사회, 과학 등 여러 분야에서 다양하게 출제되고 있다. 2024년 7급 공채 PSAT에서는 사회, 뇌과학, 확률 등의 소재와 실무 소재가 출제되었다. 실무 관련 소재는 2021년에 비해 2022년과 2023년, 2024년 7급 공채 PSAT에서는 비중이 줄었다.

· '빈칸 추론' 유형은 실무 소재가 활용된 형태로 출제되고 있으므로 이에 대비해야 한다. 또한 과학이나 실험 등 도식적인 접근을 요하는 빈칸 추론 문제는 변별력이 높게 출제될 가능성이 높다.

문제풀이 핵심 전략

STEP 1 | 선택지나 <보기>를 읽기 전에 빈칸 앞뒤의 문장을 먼저 읽는다.

√ 빈칸의 앞이나 뒤의 주변 문장을 먼저 확인하여 내용이 어떻게 연결되고 있는지 흐름을 파악한다.

▼

STEP 2 | 선택지나 <보기> 중 전반적인 지문의 흐름과 방향이 비슷하게 이어지는 내용을 찾는다.

√ 예측한 빈칸의 내용과 비슷한 방향을 가지는 내용이나 빈칸에 넣었을 때 가장 자연스러운 내용을 찾는다.

1 독해의 원리

2 논증의 방향

3 문맥과 단서

4 논리의 체계

기출 엄선 모의고사

해커스PSAT 7급 PSAT 기본서 언어논리

문제풀이 핵심 전략 적용

다음 글의 빈칸에 들어갈 내용으로 가장 적절한 것은?   16 민경채

현상의 원인을 찾는 방법들 가운데 최선의 설명을 이용하는 방법이 있다. 우리는 주어진 현상을 일으키는 원인을 찾아 이 원인이 그 현상을 일으켰다고 말함으로써 현상을 설명하곤 한다. 우리는 여러 가지 가능한 설명들 중에서 가장 좋은 설명에 나오는 원인이 현상의 진정한 원인이라고 결론 내릴 수 있다.

지구에 조수 현상이 있는데 이 현상의 원인은 무엇일까? 우리는 조수 현상을 일으킬 수 있는 원인들을 일종의 가설로서 설정할 수 있다. 만일 지구의 물과 달 사이에 중력이나 자기력 같은 인력이 작용한다면, 이런 인력은 지구에 조수 현상을 일으키는 원인일 수 있다. 지구와 달 사이에 유동 물질이 있고 그 물질이 지구를 누른다면, 이런 누름은 지구에 조수 현상을 일으키는 원인일 수 있다. 지구가 등속도로 자전하지 않아 지구 전체가 흔들거린다면, 이런 지구의 흔들거림은 지구에 조수 현상을 일으키는 원인일 수 있다.

우리는 이런 설명들을 견주어 어떤 것이 다른 것보다 낫다는 것을 언제든 주장할 수 있으며, 나은 순으로 줄을 세워 가장 좋은 설명을 찾을 수 있다. 우리는 조수 현상에 대한 설명들로, 지구의 물과 달 사이에 인력 때문에 조수가 생긴다는 설명, 지구와 달 사이의 물질이 지구를 누르기 때문에 조수가 생긴다는 설명, 지구 전체의 흔들거림 때문에 조수가 생긴다는 설명을 갖고 있다. 이 설명들 가운데 지구 전체의 흔들거림 때문에 조수가 생긴다는 설명보다 지구와 달 사이의 물질이 지구를 누르기 때문에 조수가 생긴다는 설명이 더 낫다. [＿＿＿＿＿＿]. 따라서 우리는 조수 현상의 원인이 지구의 물과 달 사이에 작용하는 인력이라고 결론 내릴 수 있다.

① 지구 전체의 흔들거림 때문에 조수가 생긴다는 설명보다 지구와 달 사이에 인력 때문에 조수가 생긴다는 설명이 더 낫다

② 지구의 물과 달 사이에 인력 때문에 조수가 생긴다는 설명보다 지구 전체의 흔들거림 때문에 조수가 생긴다는 설명이 더 낫다

③ 지구와 달 사이의 물질이 지구를 누르기 때문에 조수가 생긴다는 설명보다 지구 전체의 흔들거림 때문에 조수가 생긴다는 설명이 더 낫다

④ 지구의 물과 달 사이에 인력 때문에 조수가 생긴다는 설명보다 지구와 달 사이의 물질이 지구를 누르기 때문에 조수가 생긴다는 설명이 더 낫다

⑤ 지구와 달 사이의 물질이 지구를 누르기 때문에 조수가 생긴다는 설명보다 지구의 물과 달 사이에 인력 때문에 조수가 생긴다는 설명이 더 낫다

STEP 1

빈칸 주변의 문장을 먼저 읽고 글의 흐름을 파악한다. 빈칸 바로 뒤 문장이 '따라서'로 시작하는 글의 결론이므로 빈칸은 그 결론의 전제 역할을 할 것임을 알 수 있다. 또한 빈칸 앞에는 우리는 여러 설명 중 어떤 것이 다른 것보다 낫다는 것을 주장할 수 있으며, 나은 순으로 줄을 세워 가장 좋은 설명을 찾을 수 있다고 했으므로 빈칸에는 조수 현상의 원인 중 더 나은 것을 찾는 내용이 들어가야 함을 예측할 수 있다.

STEP 2

세 번째 단락에 따르면 조수 현상에 대한 설명에는 다음 3가지가 있다.
1) 물과 달 사이의 인력
2) 지구와 달 사이의 물질이 지구를 누른다.
3) 지구 전체의 흔들거림
3)보다 2)가 더 낮고, 결론은 1)이라고 했으므로 빈칸은 2)보다 1)이 더 낮다는 내용이 들어가야 함을 알 수 있다. 따라서 정답은 ⑤이다.

오답 체크

①, ②, ③, ④ 빈칸에 넣었을 때, '조수 현상의 원인이 지구의 물과 달 사이에 작용하는 인력'이라는 결론으로 이어지지 않는다.

유형공략문제

문제 풀이 후 확인하기

📊 **실력 UP 포인트**

1. 빈칸에서 추론해야 하는 내용은 무엇인가?

2. S의 최종적인 주장은 무엇인가?

---

01. 다음 글의 빈칸에 들어갈 내용으로 가장 적절한 것은?

19 민경채

알레르기는 도시화와 산업화가 진행되는 지역에서 매우 빠르게 증가하고 있는데, 알레르기의 발병 원인에 대한 20세기의 지배적 이론은 알레르기는 병원균의 침입에 의해 발생하는 감염성 질병이라는 것이다. 하지만 1989년 영국 의사 S는 이 전통적인 이론에 맞서 다음 가설을 제시했다. ☐☐☐☐☐

S는 1958년 3월 둘째 주에 태어난 17,000명 이상의 영국 어린이를 대상으로 그들이 23세가 될 때까지 수집한 개인 정보 데이터베이스를 분석하여, 이 가설을 뒷받침하는 증거를 찾았다. 이들의 가족 관계, 사회적 지위, 경제력, 거주 지역, 건강 등의 정보를 비교 분석한 결과, 두 개 항목이 꽃가루 알레르기와 상관관계를 가졌다. 첫째, 함께 자란 형제자매의 수이다. 외동으로 자란 아이의 경우 형제가 서넛인 아이에 비해 꽃가루 알레르기에 취약했다. 둘째, 가족 관계에서 차지하는 서열이다. 동생이 많은 아이보다 손위 형제가 많은 아이가 알레르기에 걸릴 확률이 낮았다.

S의 주장에 따르면 가족 구성원이 많은 집에 사는 아이들은 가족 구성원, 특히 손위 형제들이 집안으로 끌고 들어오는 온갖 병균에 의한 잦은 감염 덕분에 장기적으로는 알레르기 예방에 오히려 유리하다. S는 유년기에 겪은 이런 감염이 꽃가루 알레르기를 비롯한 알레르기성 질환으로부터 아이들을 보호해 왔다고 생각했다.

① 알레르기는 유년기에 병원균 노출의 기회가 적을수록 발생 확률이 높아진다.

② 알레르기는 가족 관계에서 서열이 높은 가족 구성원에게 더 많이 발생한다.

③ 알레르기는 성인보다 유년기의 아이들에게 더 많이 발생한다.

④ 알레르기는 도시화에 따른 전염병의 증가로 인해 유발된다.

⑤ 알레르기는 형제가 많을수록 발생 확률이 낮아진다.

[정답]

1. 알레르기와 관련된 전통적인 의견에 맞서는 영국 의사 S의 가설

2. 가족 구성원이 많은 집에 사는 아이들은 가족 구성원, 특히 손위 형제들이 집안으로 끌고 들어오는 온갖 병균에 의한 잦은 감염 덕분에 장기적으로는 알레르기 예방에 오히려 유리하다.

02. 다음 ㉠과 ㉡에 들어갈 말을 가장 적절하게 나열한 것은?

18 민경채

음향학에 관련된 다음의 두 가지 명제는 세 개의 원형 판을 가지고 실험함으로써 입증될 수 있다. 하나의 명제는 "지름과 모양이 같은 동일 재질의 원형 판이 진동할 때 발생하는 진동수는 두께에 비례한다."이고 다른 명제는 "모양과 두께가 같은 동일 재질의 원형 판이 진동할 때 발생하는 진동수는 판 지름의 제곱에 반비례한다."이다. 이를 입증하기 위해 모양이 같은 동일 재질의 원형 판 A, B 그리고 C를 준비하되 A와 B는 두께가 같고 C는 두께가 A의 두께의 두 배이며, A와 C는 지름이 같고 B의 지름은 A의 지름의 절반이 되도록 한다. 판을 때려서 발생하는 음을 듣고 B는 A보다 ㉠ 음을 내고, C는 A보다 ㉡ 음을 내는 것을 확인한다. 진동수가 두 배가 될 때 한 옥타브 높은 음이 나므로 두 명제는 입증이 된다.

	㉠	㉡
①	한 옥타브 낮은	두 옥타브 낮은
②	한 옥타브 높은	두 옥타브 높은
③	두 옥타브 낮은	한 옥타브 높은
④	두 옥타브 높은	한 옥타브 낮은
⑤	두 옥타브 높은	한 옥타브 높은

📊 **실력 UP 포인트** 〜 문제 풀이 후 확인하기

1. ㉠과 ㉡에서 추론해야 하는 내용은 무엇인가?

2. 진동수와 판 지름 간에는 어떤 관계가 있는가? 또한 진동수와 두께 간에는 어떤 관계가 있는가?

[정답]
1. ㉠: B가 A보다 몇 옥타브 낮은 음을 내는지 높은 음을 내는지 여부

   ㉡: C가 A보다 몇 옥타브 낮은 음을 내는지 높은 음을 내는지 여부

2. · 모양과 두께가 같은 동일 재질의 원형 판이 진동할 때 발생하는 진동수는 판 지름의 제곱에 반비례한다.

   · 지름과 모양이 같은 동일 재질의 원형 판이 진동할 때 발생하는 진동수는 두께에 비례한다.

1 독해의 원리
2 논증의 방향
3 문맥과 단서
4 논리의 체계
기출 엄선 모의고사
해커스PSAT 7급 PSAT 기본서 언어논리

1. (가)와 (나)에서 추론해야 하는 내용은 무엇인가?

2. (가)와 (나)에 들어갈 내용을 추론할 단서가 되는 중요 문장은 무엇인가?

03. 다음 글의 (가)와 (나)에 들어갈 말을 적절하게 나열한 것은?

22 7급공채

서양 사람들은 옛날부터 신이 자연 속에 진리를 감추어 놓았다고 믿고 그 진리를 찾기 위해 노력했다. 그들은 숨겨진 진리가 바로 수학이며 자연물 속에 비례의 형태로 숨어 있다고 생각했다. 또한 신이 자연물에 숨겨 놓은 수많은 진리 중에서도 인체 비례야말로 가장 아름다운 진리의 정수로 여겼다. 그래서 서양 사람들은 예로부터 이러한 신의 진리를 드러내기 위해서 완벽한 인체를 구현하는 데 몰두했다. 레오나르도 다빈치의 「인체 비례도」를 보면, 원과 정사각형을 배치하여 사람의 몸을 표현하고 있다. 가장 기본적인 기하 도형이 인체 비례와 관련 있다는 점에 착안하였던 것이다. 르네상스 시대 건축가들은 이러한 기본 기하 도형으로 건축물을 디자인하면 ⎡   (가)   ⎤ 위대한 건물을 지을 수 있다고 생각했다.

건축에서 미적 표준으로 인체 비례를 활용하는 조형적 안목은 서양뿐 아니라 동양에서도 찾을 수 있다. 고대부터 중국이나 우리나라에서도 인체 비례를 건축물 축조에 활용하였다. 불국사의 청운교와 백운교는 3:4:5 비례의 직각삼각형으로 이루어져 있다. 이와 같은 비례로 건축하는 것을 '구고현(勾股弦)법'이라 한다. 뒤꿈치를 바닥에 대고 무릎을 직각으로 구부린 채 누우면 바닥과 다리 사이에 삼각형이 이루어지는데, 이것이 구고현법의 삼각형이다. 짧은 변인 구(勾)는 넓적다리에, 긴 변인 고(股)는 장딴지에 대응하고, 빗변인 현(弦)은 바닥의 선에 대응한다. 이 삼각형은 고대 서양에서 신성불가침의 삼각형이라 불렀던 것과 동일한 비례를 가지고 있다. 동일한 비례를 아름다움의 기준으로 삼았다는 점에서 ⎡   (나)   ⎤는 것을 알 수 있다.

① (가): 인체 비례에 숨겨진 신의 진리를 구현한
   (나): 조형미에 대한 동서양의 안목이 유사하였다

② (가): 신의 진리를 넘어서는 인간의 진리를 구현한
   (나): 인체 실측에 대한 동서양의 계산법이 동일하였다

③ (가): 인체 비례에 숨겨진 신의 진리를 구현한
   (나): 건축물에 대한 동서양의 공간 활용법이 유사하였다

④ (가): 신의 진리를 넘어서는 인간의 진리를 구현한
   (나): 조형미에 대한 동서양의 안목이 유사하였다

⑤ (가): 인체 비례에 숨겨진 신의 진리를 구현한
   (나): 인체 실측에 대한 동서양의 계산법이 동일하였다

[정답]

1. (가): 기본 기하 도형으로 건축물을 디자인했을 때 '어떠한' 위대한 건축물을 지을 수 있는지
   (나): 동일한 비례를 아름다움의 기준으로 삼았다는 점이 동서양이 '어떤 측면에서' 동일하다고 볼 수 있는지

2. (가): 신이 자연물에 숨겨 놓은 수많은 진리 중에서도 인체 비례야말로 가장 아름다운 진리의 정수로 여겼다.
   (나): 건축에서 미적 표준으로 인체 비례를 활용하는 조형적 안목은 서양뿐 아니라 동양에서도 찾을 수 있다.

04. 다음 글의 빈칸에 들어갈 내용으로 가장 적절한 것은?

갑은 이번에 들어온 신입 사원 민철에 대해서 '그는 결혼하지 않았다.'라는 정보와 '그는 비혼이다.'라는 정보를 획득했다. 한편 을은 민철에 대해서 '그는 결혼하지 않았다.'라는 정보와 '그에게는 아이가 있다.'라는 정보를 획득했다. 갑이 획득한 정보 집합과 을이 획득한 정보 집합 중에서 무엇이 더 정합적인가? 다르게 말해 어떤 집합 내 정보들이 서로 더 잘 들어맞는가? 갑의 정보 집합이 더 정합적이라고 여기는 것이 상식적이다.

그렇다면 이런 정보 집합의 정합성은 어떻게 측정할 수 있을까? 그 방법 중 하나인 C는 확률을 이용해 그 정합성의 정도, 즉 정합도를 측정한다. 여러 정보로 이루어진 정보 집합 S가 있다고 해보자. 방법 C에 따르면, S의 정합도는 [   ]으로 정의된다.

그 정의에 따라 정합도를 측정하면, 위 갑과 을이 획득한 정보 집합의 정합성을 우리의 상식에 맞춰 비교할 수 있다. 갑이 획득한 정보에서 '그가 결혼하지 않았으며 비혼일 확률'과 '그가 결혼하지 않았거나 비혼일 확률'은 모두 '그가 비혼일 확률'과 같다. 왜냐하면 결혼하지 않았다는 것과 비혼이라는 것은 서로 같은 말이기 때문이다. 따라서 방법 C에 따르면 갑이 획득한 정보 집합의 정합도는 1이다.

한편, '그가 결혼하지 않았으며 아이가 있을 확률'은 '그가 결혼하지 않았거나 아이가 있을 확률'보다 낮다. 왜냐하면 그가 결혼하지 않았거나 아이가 있는 경우에 비해, 그가 결혼하지 않고 아이가 있는 경우는 드물기 때문이다. 따라서 방법 C에 따르면 을의 정보 집합의 정합도는 1보다 작다. 이런 식으로 방법 C는 갑의 정보 집합의 정합도가 을의 정보 집합의 정합도보다 크다고 말해 준다. 그리고 그 점에서 갑의 정보 집합이 을의 정보 집합보다 더 정합적이라고 판단한다. 이는 우리 상식에 부합하는 결과이다.

① S의 정보 중 적어도 하나가 참일 확률을 S의 모든 정보가 참일 확률로 나눈 값

② S의 모든 정보가 참일 확률을 S의 정보 중 적어도 하나가 참일 확률로 나눈 값

③ S의 정보 중 기껏해야 하나가 참일 확률을 S의 모든 정보가 참일 확률로 나눈 값

④ S의 모든 정보가 참일 확률을 S의 정보 중 기껏해야 하나가 참일 확률로 나눈 값

⑤ S의 정보 중 기껏해야 하나가 참일 확률을 S의 정보 중 적어도 하나가 참일 확률로 나눈 값

문제 풀이 후 확인하기

📊 실력 UP 포인트

1 독해의 원리
2 논증의 방향
3 문맥과 단서
4 논리의 체계
기출 엄선 모의고사

해커스PSAT 7급 PSAT 기본서 언어논리

1. 빈칸에서 추론해야 하는 내용은 무엇인가?

2. 들어갈 내용을 추론할 단서가 되는 중요 문장은 무엇인가?

[정답]

1. 방법 C에 따를 때 S의 정합도를 정의하는 방식

2. 방법 C에 따르면 을의 정보 집합의 정합도는 1보다 작다.

1. 빈칸에서 추론해야 하는 내용은 무엇인가?

2. 들어갈 내용을 추론할 단서가 되는 중요 문장은 무엇인가?

05. 다음 대화의 빈칸에 들어갈 말로 가장 적절한 것은?

23 7급공채

> 갑: 안녕하세요. 저는 A도의회 사무처에 근무하는 ○○○입니다. 「재난안전법」 제25조의2제5항에 따라, 재난 상황에 대비하여 기능연속성계획을 수립해야 한다는 말씀을 듣고 문의드립니다. A도의회도 기능연속성계획을 수립해야 하는지, 만일 수립해야 한다면 그 업무는 A도의회 의장의 업무인지 궁금합니다.
>
> 을: 「재난안전법」상 기능연속성계획을 수립하도록 규정된 기관에는 재난관리책임기관인 중앙행정기관·지방자치단체, 그리고 국회·법원·헌법재판소·중앙선거관리위원회가 있습니다. 재난관리책임기관에서는 해당 기관의 장인 장관이나 시·도지사가, 국회·법원·헌법재판소·중앙선거관리위원회에서는 해당 기관의 행정사무를 처리하는 조직의 장이 기능연속성계획을 수립해야 합니다.
>
> 갑: 그러면 도의회는 성격상 유사한 의결기관인 국회의 경우에 준하여 도의회 사무처장이 기능연속성계획을 수립하면 될까요?
>
> 을: 도의회가 국회와 같은 의결기관이기는 하지만 국회에 준하여 판단해서는 안 됩니다. 「재난안전법」은 재난관리책임기관을 제3조제5호의 각 목에서 규정하고 있습니다. 가목에서는 중앙행정기관 및 지방자치단체를, 그리고 나목에서는 지방행정기관·공공기관·공공단체 및 재난관리의 대상이 되는 중요 시설의 관리기관 등으로서 대통령령으로 정하는 기관을 규정하고 있습니다. 그리고 「지방자치법」 제37조에 따르면 "지방자치단체에 주민의 대의기관인 의회를 둔다."라고 규정하여 도의회는 지방자치단체의 기관이기 때문에 도의회는 그 자체로 「재난안전법」에 명시된 재난관리책임기관이 아닙니다.
>
> 갑: 그렇다면 도의회에 관한 기능연속성계획은 수립되지 않아도 되는 것인가요?
>
> 을: 재난 발생 상황에서도 도의회가 연속성 있게 수행할 필요가 있는 핵심 기능이 있다고 판단되는지가 관건이겠습니다. 「재난안전법」상 그것을 판단할 권한은 해당 지방자치단체의 장에게 있습니다.
>
> 갑: 예, 그러면 [ ].

① 재난 상황이 발생하면 A도의회의 핵심 기능 유지를 위해 A도지사의 판단을 거쳐 신속하게 기능연속성계획을 수립해야 하겠군요

② A도의회는 재난 발생 시에도 수행해야 할 핵심 기능이 있기에 자체적으로 기능연속성계획을 수립해야 하겠군요

③ A도의회는 재난관리책임기관이므로 A도의회 의장이 재난에 대비한 기능연속성계획을 수립해야 하겠군요

④ A도의회는 국회 같은 차원의 의결기능을 갖고 있지 않으므로 기능연속성계획을 수립할 일이 없겠군요

⑤ A도의회에 관한 기능연속성계획이 수립되어야 하는지 여부는 A도지사의 판단에 따라 결정되겠군요

[정답]

1. 도의회에 관한 기능연속성계획은 수립되지 않아도 되는 것인지에 대한 최종적인 답변

2. 재난 발생 상황에서도 도의회가 연속성 있게 수행할 필요가 있는 핵심 기능이 있다고 판단되는지 판단할 권한은 해당 지방자치단체의 장에게 있습니다.

정답·해설 p.288

PSAT 교육 1위, 해커스PSAT

psat.Hackers.com

유형 소개

'밑줄 추론' 유형은 지문의 특정 단어나 구절에 밑줄을 긋고, 밑줄 그어진 단어나 구절이 지문에서 나타내는 의미를 문맥에 따라 파악하여 선택지나 <보기>의 옳고 그름을 판단하는 유형이다.

유형 특징

이 유형은 1~3단락 정도의 지문이 제시되고, 지문의 특정 단어나 구절에 밑줄이 그어져 있다. 이에 따라 문제는 밑줄의 의미를 파악하거나 그에 해당하는 사례를 찾는 형태로 출제된다. 이때 밑줄은 대체로 생소하고 추상적인 내용의 단어나 구절에 적용된다. 또한 선택지나 <보기>는 지문에서 파악할 수 있는 밑줄의 의미나 그 의미를 적용한 사례로 구성된다. 선택지나 <보기>에 구성된 내용은 지문에 제시되지 않은 내용이므로 독해 문제보다 난도가 높다. 대표적인 발문 형태는 다음과 같다.

· 다음 ㉠의 의미로 가장 적절한 것은?

· 다음 글의 ㉠의 사례로 적절한 것만을 <보기>에서 모두 고르면?

· 다음 글의 밑줄 친 내용을 지지하는 진술로 적절한 것만을 <보기>에서 모두 고르면?

· 다음 글의 ㉠과 ㉡의 특성을 가장 적절하게 짝지은 것은?

출제 경향

· 2020년 모의평가부터 2024년 7급 공채 기출까지 '밑줄 추론' 유형의 문항 비중은 다음과 같다.

2020년 모의평가	2021년 7급 공채	2022년 7급 공채	2023년 7급 공채	2024년 7급 공채
3문항	2문항	0문항	2문항	1문항

이 유형은 5급 공채 PSAT에서도 40문제 중 2~3문제 정도 출제되고 있다. 최근 빈칸 추론 문제에 비해 비중이 줄어들기는 했지만, 이 유형은 문맥과 단서의 주요 유형이므로 '빈칸 추론' 유형과 더불어 꾸준히 출제될 가능성이 높다.

· 소재는 인문, 사회, 과학 등 여러 분야에서 다양하게 출제된다. 2024년과 2023년, 2021년 7급 공채 PSAT에서는 실무 관련 소재가 출제되었다. '밑줄 추론' 유형 역시 '빈칸 추론' 유형과 마찬가지로 실무적인 소재를 다루는 문제로 출제될 가능성이 높다.

· '밑줄 추론' 유형은 '빈칸 추론' 유형과 마찬가지로 문제에 접근하는 방법에 따라 풀이 시간이 달라진다. 따라서 이 유형에 익숙하지 않을 경우 체감 난도는 높아질 수 있다.

문제풀이 핵심 전략

1 독해의 원리

2 논증의 방향

3 문맥과 단서

4 논리의 체계

기출 엄선 모의고사

해커스PSAT 7급 PSAT 기본서 언어논리

STEP 1 | 지문에서 밑줄 앞뒤의 문장을 먼저 읽고, 밑줄의 내용을 나타내는 핵심어나 문장을 체크하여 단서를 파악한다.

√ 밑줄의 앞이나 뒤의 주변 문장을 먼저 확인하여 밑줄과 관련된 내용에 체크한다.

√ 체크한 핵심어나 문장은 밑줄의 의미를 추론할 수 있는 단서가 될 수 있다.

▼

STEP 2 | 지문에서 체크한 단서와 선택지나 <보기>의 내용을 비교한다.

√ 선택지나 <보기>의 내용이 지문에서 체크한 핵심어나 문장과 의미가 일치하는지 비교한다.

√ 특히 밑줄의 사례를 찾는 문제인 경우, 선택지나 <보기>에 구체적인 사례가 제시되므로 각 선택지나 <보기>의 핵심어를 체크하여 지문의 단서와 비교한다.

문제풀이 핵심 전략 적용

다음 대화의 ㉠으로 적절한 것만을 <보기>에서 모두 고르면?　　　　21 7급공채

> 갑: 우리 지역 장애인의 체육 활동을 지원하기 위한 '장애인 스포츠강좌 지원사업'의 집행 실적이 저조하다고 합니다. 지원 바우처를 제대로 사용하지 못하고 있다는 의미인데요. 비장애인을 대상으로 하는 '일반 스포츠강좌 지원사업'은 인기가 많아 예산이 금방 소진된다고 합니다. 과연 어디에 문제점이 있는 것일까요?
>
> 을: 바우처를 수월하게 사용하려면 사용 가능한 가맹 시설이 많이 있어야 합니다. 우리 지역의 '장애인 스포츠강좌 지원사업' 가맹 시설은 10개소이며 '일반 스포츠강좌 지원사업' 가맹 시설은 300개소입니다. 그런데 장애인들은 비장애인들에 비해 바우처를 사용하기 훨씬 어렵습니다. 혹시 장애인의 수에 비해 장애인 대상 가맹 시설의 수가 비장애인의 경우보다 턱없이 적어서 그런 것 아닐까요?
>
> 병: 글쎄요, 제 생각은 조금 다릅니다. 바우처 지원액이 너무 적은 것은 아닐까요? 장애인을 대상으로 하는 스포츠강좌는 보조인력 비용 등 추가 비용으로 인해, 비장애인 대상 강좌보다 수강료가 높을 수 있습니다. 바우처를 사용한다 해도 자기 부담금이 여전히 크다면 장애인들은 스포츠강좌를 이용하기 어려울 것입니다.
>
> 정: 하지만 제가 보기엔 장애인들의 주요 연령대가 사업에서 제외된 것 같습니다. 현재 본 사업의 대상 연령은 만 12세에서 만 49세까지인데, 장애인 인구의 고령자 인구 비율이 비장애인 인구에 비해 높다는 사실을 고려하면, 대상 연령의 상한을 적어도 만 64세까지 높여야 한다고 생각합니다.
>
> 갑: 모두들 좋은 의견 감사합니다. 오늘 회의에서 논의된 내용을 확인하기 위해 ㉠<u>필요한 자료</u>를 조사해 주세요.

〈보 기〉

ㄱ. 장애인 및 비장애인 각각의 인구 대비 '스포츠강좌 지원사업' 가맹 시설 수

ㄴ. 장애인과 비장애인 각각 '스포츠강좌 지원사업'에 참여하기 위해 본인이 부담해야 하는 금액

ㄷ. 만 50세에서 만 64세까지의 장애인 중 스포츠강좌 수강을 희망하는 인구와 만 50세에서 만 64세까지의 비장애인 중 스포츠강좌 수강을 희망하는 인구

① ㄴ

② ㄷ

③ ㄱ, ㄴ

④ ㄱ, ㄷ

⑤ ㄱ, ㄴ, ㄷ

1 독해의 원리

2 논증의 방향

3 문맥과 단서

4 논리의 체계

기출 엄선 모의고사

해커스PSAT 7급 PSAT 기본서 언어논리

STEP 1

밑줄의 앞뒤 문장을 읽고, 밑줄의 의미를 파악할 수 있는 핵심 문장을 체크하면 다음과 같다.
· 장애인의 수에 비해 장애인 대상 가맹 시설의 수가 비장애인의 경우보다 턱없이 적어서 그런 것
· 바우처 지원액이 너무 적은 것
· 바우처를 사용한다 해도 자기 부담금이 여전히 크다면
· 장애인 인구의 고령자 인구 비율이 비장애인 인구에 비해 높다

STEP 2

지문에서 체크한 핵심 문장과 <보기>의 내용을 비교한다.

ㄱ. 장애인 및 비장애인 각각의 인구 대비 '스포츠강좌 지원사업' 가맹 시설 수는 '장애인의 수에 비해 장애인 대상 가맹 시설의 수가 비장애인의 경우보다 턱없이 적음'을 확인하기 위해 필요한 자료이다.

ㄴ. 장애인과 비장애인 각각 '스포츠강좌 지원사업'에 참여하기 위해 본인이 부담해야 하는 금액은 '바우처 지원액이 너무 적어' 바우처를 사용한다 해도 자기 부담금이 여전히 크다는 것을 확인하기 위해 필요한 자료이다.

ㄷ. 만 50세에서 만 64세까지의 장애인 중 스포츠강좌 수강을 희망하는 인구와 만 50세에서 만 64세까지의 비장애인 중 스포츠강좌 수강을 희망하는 인구는 회의에서 논의된 내용과 직접적인 관련성이 없으므로 회의에서 논의된 내용을 확인하기 위해 필요한 자료라고 볼 수 없다.

따라서 정답은 ③이다.

문제 풀이 후 확인하기

📊 실력 UP 포인트

1. 밑줄에서 추론해야 하는 내용은 무엇인가?

2. ㉠의 내용을 추론할 단서가 되는 문장은 무엇인가?

01. 다음 글의 ㉠의 의미로 가장 적절한 것은?

17 민경채

> 이스라엘 공군 소속 장교들은 훈련생들이 유난히 비행을 잘했을 때에는 칭찬을 해봤자 비행 능력 향상에 도움이 안 된다고 믿는다. 실제로 훈련생들은 칭찬을 받고 나면 다음 번 비행이 이전 비행보다 못했다. 그렇지만 장교들은 비행을 아주 못한 훈련생을 꾸짖으면 비판에 자극 받은 훈련생이 거의 항상 다음 비행에서 향상된 모습을 보여준다고 생각한다. 그래서 장교들은 상급 장교에게 저조한 비행 성과는 비판하되 뛰어난 성과에 대해서는 칭찬하지 않는 게 바람직하다고 건의했다. 하지만 이런 추론의 이면에는 ㉠오류가 있다.
>
> 유난히 비행을 잘하거나 유난히 비행을 못하는 경우는 둘 다 흔치 않다. 따라서 칭찬과 비판 여부에 상관없이 어느 조종사가 유난히 비행을 잘하거나 못했다면 그 다음 번 비행에서는 평균적인 수준으로 돌아갈 확률이 높다. 평균적인 수준의 비행은 극도로 뛰어나거나 떨어지는 비행보다는 훨씬 빈번하게 나타난다. 그러므로 어쩌다 뛰어난 비행을 한 조종사는 아마 다음 번 비행에서는 그보다 못할 것이다. 어쩌다 실력을 발휘하지 못한 조종사는 아마 다음 번 비행에서 훨씬 나은 모습을 보여줄 것이다.
>
> 어떤 사건이 극단적일 때에 같은 종류의 다음 번 사건은 그만큼 극단적이지 않기 마련이다. 예를 들어, 지능 지수가 아주 높은 부모가 있다고 하자. 그 부모는 예외적으로 유전자들이 잘 조합되어 그렇게 태어났을 수도 있고 특별히 지능을 계발하기에 유리한 환경에서 자랐을 수도 있다. 이 부모는 극단적인 사례이기 때문에 이들은 자기보다 지능이 낮은 자녀를 둘 확률이 높다.

① 비행 이후보다는 비행 이전에 칭찬을 해야 한다는 점을 깨닫지 못하는 오류

② 비행을 잘한 훈련생에게는 칭찬보다는 비판이 유효하다는 점을 깨닫지 못하는 오류

③ 훈련에 충분한 시간을 투입하면 훈련생의 비행 실력은 향상된다는 점을 깨닫지 못하는 오류

④ 훈련생의 비행에 대한 과도한 칭찬과 비판이 역효과를 낼 수 있다는 점을 깨닫지 못하는 오류

⑤ 뛰어난 비행은 평균에서 크게 벗어난 사례라서 연속해서 발생하기 어렵다는 점을 깨닫지 못하는 오류

[정답]

1. 저조한 비행 성과는 비판하되 뛰어난 성과에 대해서는 칭찬하지 않는 게 바람직하다는 추론의 이면에 있는 오류

2. 칭찬과 비판 여부에 상관없이 어느 조종사가 유난히 비행을 잘하거나 못했다면 그 다음 번 비행에서는 평균적인 수준으로 돌아갈 확률이 높다.

골란드는 자신의 가설을 검증하기 위해서 20가구가 소유한 488곳의 밭에서 나온 연간 작물 수확량을 수십 년 동안 조사했다. 그는 수십 년 간 각 밭들의 1m²당 연간 수확량 자료를 축적했다. 이 방대한 자료를 토대로 그는 한 가구가 경작할 전체 면적은 매년 동일하지만, 경작할 밭들을 한 곳에 모아 놓았을 경우와 여러 곳으로 분산시켰을 경우에, 그 가구의 총 수확량이 어떻게 달라질지 계산해 보았다. 그 가구가 경작할 밭들이 여러 곳으로 따로 떨어져 있을수록 경작 및 추수 노동이 많이 들기 때문에, 단위면적당 연간 수확량의 수십 년 간 평균은 낮아졌다.

골란드가 Q라고 명명한 3인 가구를 예로 들어 보자. Q가 경작할 밭의 총면적을 감안하여, Q가 당해에 기아를 피하려면 1m²당 연간 334g 이상의 감자를 수확해야 했다. 그들이 한 구역에 몰려 있는 밭들에 감자를 심었다고 가정할 경우, 1m²당 연간 수확량의 수십 년 간 평균은 상당히 높게 나왔다. 하지만 이와 같은 방식으로 경작할 경우, 1m²당 연간 수확량이 334g 미만으로 떨어진 해들이 자료가 수집된 전체 기간 중 1/3이 넘는 것으로 계산되었다. 어떤 해는 풍작으로 많이 수확하지만 어떤 해는 흉작으로 1m²당 연간 수확량이 334g 미만으로 떨어진다는 말이다. 총면적은 동일하게 유지하면서 6군데로 분산된 밭들에서 경작했을 때도 기아의 위험에서 완전히 자유롭지 않았다. 하지만 7군데 이상으로 분산했을 때 수확량은 매년 1m²당 연간 371g 이상이었다. 골란드는 구성원이 Q와 다른 가구들의 경우에도 같은 방식으로 추산해 보았다. 경작할 밭들을 몇 군데로 분산시켜야 기아를 피할 최소 수확량이 보장되는지에 대해서는 가구마다 다른 값들이 나왔지만, 연간 수확량들의 패턴은 Q의 경우와 크게 다르지 않았다. 이로써 골란드는 ㉠자신의 가설이 통계 자료들에 의해 뒷받침된다는 것을 보일 수 있었다.

① 넓은 면적을 경작하는 것은 기아의 위험에서 벗어나는 데 도움이 되지 못한다.

② 경작하는 밭들을 일정 군데 이상으로 분산시킨다면 기아의 위험을 피할 수 있다.

③ 경작할 밭들을 몇 군데로 분산시켜야 단위면적당 연간 수확량이 최대가 되는지는 가구마다 다르다.

④ 경작하는 밭들을 여러 군데로 분산시킬수록 단위면적당 연간 수확량의 평균이 증가하여 기아의 위험이 감소한다.

⑤ 경작하는 밭들을 여러 군데로 분산시킬수록 단위면적당 연간 수확량의 최댓값은 증가하여 기아의 위험이 감소한다.

문제 풀이 후 확인하기

📈 실력 UP 포인트

1. ㉠에서 추론해야 하는 내용은 무엇인가?

2. 골란드의 가설에 따를 때 Q가 기아를 피하려면 어떻게 해야 하는가?

1 독해의 원리

2 논증의 방향

3 문맥과 단서

4 논리의 체계

기출 연산 모의고사

해커스PSAT 7급 PSAT 기본서 언어논리

[정답]

1. 통계 자료들에 의해 뒷받침되는 골란드의 가설

2. 기아를 피하려면 1m²당 연간 334g 이상의 감자를 수확해야 하므로 경작할 밭들을 수확량이 매년 1m²당 연간 371g 이상이 되는 7군데 이상으로 분산해야 한다.

1. ㉠에서 추론해야 하는 내용은 무엇인가?

2. ㉠의 내용을 추론할 단서가 되는 문장은 무엇인가?

03. 다음 글의 ㉠의 내용으로 적절한 것만을 <보기>에서 모두 고르면?　23 7급공채

A시에 주민등록을 두고 거주하는 갑은 B시 관내에 있는 고등학교에, B시에 주민등록을 두고 거주하는 을은 A시 관내에 있는 고등학교에 신입생으로 입학하게 되었다. 갑과 을이 입학할 예정인 고등학교는 모두 교복을 입는 학교이다. 갑과 을은 A시와 B시에서 교복 구입비 지원사업을 시행하는 것을 확인하고, 교복 구입비 지원을 받을 수 있을 것으로 기대하였다. 그러나 확인 결과, 둘 중 한 명은 A시와 B시 어느 곳에서도 교복 구입비 지원을 받을 수 없다는 문제가 드러났다. A시와 B시는 ㉠이 학생의 문제를 해결하기 위해 조례의 일부를 개정하려 한다.

「A시 교복 지원 조례」
제2조(정의) 이 조례에서 사용하는 용어의 뜻은 다음과 같다.
　1. "학교"란 「초·중등교육법」 제2조에 따른 학교 중 A시 관내 중·고등학교를 말한다.
제4조(지원대상) 교복 구입비 지원 대상은 다음 각 호의 어느 하나에 해당하는 사람으로 한다.
　1. 교복을 입는 학교에 신입생으로 입학하는 1학년 학생
　2. 다른 시·도 또는 국외에서 제1호의 학교로 전입학하거나 편입학한 학생

「B시 교복 지원 조례」
제2조(정의) 이 조례에서 사용하는 용어의 정의는 다음과 같다.
　1. "학교"란 「초·중등교육법」 제2조 규정에 해당하는 학교를 말한다.
제4조(지원대상) ①교복 구입비 지원 대상은 B시에 주민등록이 되어 있고, 중·고등학교에 입학하는 학생을 대상으로 한다.
② 제1항에 따른 입학생은 당해년도 신입생으로 한다.

〈보 기〉

ㄱ. 「A시 교복 지원 조례」 제2조제1호의 '학교 중 A시 관내 중·고등학교'를 '학교'로, 제4조제1호의 '교복을 입는 학교에 신입생으로 입학하는 1학년 학생'을 'A시에 주민등록이 되어 있고, 교복을 입는 A시 관내 학교에 입학하는 신입생'으로 개정한다.

ㄴ. 「A시 교복 지원 조례」 제4조제1호의 '교복을 입는 학교에 신입생으로 입학하는 1학년 학생'을 'A시에 주민등록이 되어 있고, 교복을 입는 학교에 신입생으로 입학하는 1학년 학생'으로 개정한다.

ㄷ. 「B시 교복 지원 조례」 제4조제1항의 'B시에 주민등록이 되어 있고, 중·고등학교에 입학하는 학생'을 'B시 관내 중·고등학교에 입학하는 학생'으로 개정한다.

① ㄱ
② ㄷ
③ ㄱ, ㄴ
④ ㄴ, ㄷ
⑤ ㄱ, ㄴ, ㄷ

[정답]

1. 갑과 을 중에서 어느 한 명은 기존 조례로는 A시와 B시 어느 곳에서도 교복 구입비 지원을 받을 수 없는 문제를 해결하기 위해 개정해야 하는 조례의 구체적인 내용

2. A시에 주민등록을 두고 거주하는 갑은 B시 관내에 있는 고등학교에, B시에 주민등록을 두고 거주하는 을은 A시 관내에 있는 고등학교에 신입생으로 입학하게 되었다.

04. 다음 글의 ㉠과 ㉡이 모방하는 군집 현상의 특성을 가장 적절하게 짝지은 것은?

16 민경채

다양한 생물체의 행동 원리를 관찰하여 모델링한 알고리즘을 생체모방 알고리즘이라 한다. 날아다니는 새 떼, 야생 동물 떼, 물고기 떼, 그리고 박테리아 떼 등과 같은 생물 집단에서 쉽게 관찰할 수 있는 군집 현상에 관한 연구가 최근 활발히 진행되고 있다. 군집 현상은 무질서한 개체들이 외부 작용 없이 스스로 질서화된 상태로 변해가는 현상을 총칭하며, 분리성, 정렬성, 확장성, 결합성의 네 가지 특성을 나타낸다. 첫째, 분리성은 각 개체가 서로 일정한 간격을 유지하여 독립적 공간을 확보하는 특성을 의미하고 둘째, 정렬성은 각 개체가 다수의 개체들이 선택하는 경로를 이용하여 자신의 이동 방향을 결정하는 특성을 의미하며 셋째, 확장성은 개체수가 증가해도 군집의 형태를 유지하는 특성을 의미한다. 마지막으로 결합성은 각 개체가 주변 개체들과 동일한 행동을 하는 특성을 의미한다.

㉠알고리즘A는 시력이 없는 개미 집단이 개미집으로부터 멀리 떨어져 있는 먹이를 가장 빠른 경로를 통해 운반하는 행위로부터 영감을 얻어 개발된 알고리즘이다. 개미가 먹이를 발견하면 길에 남아 있는 페로몬을 따라 개미집으로 먹이를 운반하게 된다. 이러한 방식으로 개미 떼가 여러 경로를 통해 먹이를 운반하다 보면 개미집과 먹이와의 거리가 가장 짧은 경로에 많은 페로몬이 쌓이게 된다. 개미는 페로몬이 많은 쪽의 경로를 선택하여 이동하는 특징이 있어 일정 시간이 지나면 개미 떼는 가장 짧은 경로를 통해서 먹이를 운반하게 된다. 이 알고리즘은 통신망 설계, 이동체 경로 탐색, 임무 할당 등의 다양한 최적화 문제에 적용되어 왔다.

㉡알고리즘B는 반딧불이들이 반짝거릴 때 초기에는 각자의 고유한 진동수에 따라 반짝거리다가 점차 시간이 지날수록 상대방의 반짝거림에 맞춰 결국엔 한 마리의 거대한 반딧불이처럼 반짝거리는 것을 지속하는 현상에서 영감을 얻어 개발된 알고리즘이다. 개체들이 초기 상태에서는 각자 고유의 진동수에 따라 진동하지만, 점차 상호 작용을 통해 그 고유 진동수에 변화가 생기고 결국에는 진동수가 같아지는 특성을 반영한 것이다. 이 알고리즘은 집단 동기화 현상을 효과적으로 모델링하는 데 적용되어 왔다.

	㉠	㉡
①	정렬성	결합성
②	확장성	정렬성
③	분리성	결합성
④	결합성	분리성
⑤	정렬성	확장성

정답·해설 p.289

1. ㉠과 ㉡의 내용은 무엇인가?

2. ㉠과 ㉡의 내용을 추론할 단서가 되는 내용은 무엇인가?

1 독해의 원리
2 논증의 방향
3 문맥과 단서
4 논리의 체계
기출 엄선 모의고사
해커스PSAT 7급 PSAT 기본서 언어논리

[정답]

1. ㉠: 시력이 없는 개미 집단이 개미집으로부터 멀리 떨어져 있는 먹이를 가장 빠른 경로를 통해 운반하는 행위로부터 영감을 얻어 개발된 알고리즘

㉡: 반딧불이들이 반짝거릴 때 초기에는 각자의 고유한 진동수에 따라 반짝거리다가 점차 시간이 지날수록 상대방의 반짝거림에 맞춰 결국엔 한 마리의 거대한 반딧불이처럼 반짝거리는 것을 지속하는 현상에서 영감을 얻어 개발된 알고리즘

2. ㉠: 개미는 페로몬이 많은 쪽의 경로를 선택하여 이동

㉡: 상대방의 반짝거림에 맞춰 결국엔 한 마리의 거대한 반딧불이처럼 반짝거리는 것을 지속

유형 소개

'글의 수정' 유형은 지문의 특정 구절이나 문장에 밑줄을 긋고, 전체 글의 흐름에 맞지 않는 부분을 찾아 수정하는 유형이다.

유형 특징

'글의 수정' 유형은 2~4단락 정도의 지문이 제시되고, 지문의 특정 구절이나 문장 등에 다섯 개의 밑줄이 그어져 있다. 이때 선택지는 각 밑줄에 대한 수정 내용으로 구성된다. 또한 지문에 수정의 기준이 제시되고 그 기준에 따라 지문의 내용이 바르게 수정되어 있는지를 확인하는 방식으로 출제되기도 한다. 이 유형은 밑줄 주변을 우선적으로 파악하는 '밑줄 추론' 유형과는 달리 지문을 읽으면서 밑줄 그어진 부분과 선택지를 하나씩 확인하며 문제를 풀이해야 한다. 결국 '글의 수정' 유형은 글의 문맥에 따라 전체적인 흐름을 파악하는 능력을 평가하는 유형이다. 대표적인 발문 형태는 다음과 같다.

· 다음 글의 전체 흐름과 맞지 않는 한 곳을 ㉠~㉤에서 찾아 수정하려고 할 때, 가장 적절한 것은?
· 다음 글의 ㉠에 따라 ~을 수정한 것으로 적절하지 않은 것은?

출제 경향

· 2020년 모의평가부터 2024년 7급 공채 기출까지 '글의 수정' 유형의 문항 비중은 다음과 같다.

2020년 모의평가	2021년 7급 공채	2022년 7급 공채	2023년 7급 공채	2024년 7급 공채
1문항	1문항	2문항	1문항	1문항

이 유형은 5급 공채 PSAT에서는 40문제 중 1~2문제 정도 출제되고 있다. 최근 PSAT에서 출제 빈도가 높으므로 7급 공채 PSAT에서도 계속 출제될 가능성이 높다.

· 소재는 인문, 사회, 과학 등 여러 분야에서 다양하게 출제되고 있으며, 역사 소재가 출제되는 경우가 많다. 2024년 7급 공채 PSAT에서는 논어의 해석과 관련한 동양철학 소재가 출제되었다. 2023년과 2021년 7급 공채 PSAT와 2020년 7급 PSAT 모의평가에서는 <안내>나 <계획안> 수정과 같은 실무 관련 소재가 출제되었고, 2022년 7급 공채 PSAT에서는 바이러스 검출 현황과 같은 실무 소재와 정치 소재가 출제되었다.

· 전체 PSAT 시험에서 '글의 수정' 유형의 난도는 높지 않으므로 향후 7급 공채 PSAT에서도 어렵지 않은 난이도로 출제될 가능성이 높다.

문제풀이 핵심 전략

STEP 1 | 지문을 읽으면서 밑줄 주변의 핵심어를 확인하거나 지문을 읽기 전 수정 기준을 확인한다.

√ 밑줄 그어진 문장을 수정하는 문제인 경우, 지문을 처음부터 순서대로 읽으면서 밑줄이 나오면 밑줄 앞뒤 문장의 핵심어를 확인하여 내용의 흐름을 파악한다.

√ 지문에 제시된 기준을 바탕으로 수정하는 문제인 경우, 기준을 먼저 확인한 후 지문의 내용을 확인한다.

▼

STEP 2 | 해당 밑줄 문장을 수정하는 선택지를 찾아 핵심어를 체크하고, 지문의 흐름과 비교한다.

√ 밑줄 그어진 문장을 수정하는 문제인 경우, 밑줄이 나올 때마다 바로 바로 해당 밑줄을 수정하는 선택지를 확인하여 선택지의 핵심어가 글의 흐름과 자연스럽게 연결되는지 판단한다.

√ 지문에 제시된 기준을 바탕으로 수정하는 문제인 경우, 지문에서 기준과 어긋나는 부분을 찾으면 그 부분과 관련된 선택지를 확인하여 기준에 따라 적절하게 수정되었는지 판단한다.

 조은정쌤의 응급처방

전체 맥락에 따라 문장을 빠르고 정확하게 수정하는 방법

· 글의 수정 문제의 선택지는 밑줄 친 문장을 순서대로 하나씩 수정해 놓은 형태로 구성된다. 따라서 지문을 처음부터 읽다가 밑줄 친 문장이 나오면 그 문장을 수정하는 선택지를 바로 확인하여 판단하고, 다시 이어서 지문을 읽는 방식으로 푼다.

1 독해의 원리

2 논증의 방향

3 문맥과 단서

4 논리의 체계

기출 엄선 모의고사

해커스PSAT 7급 PSAT 기본서 언어논리

문제풀이 핵심 전략 적용

다음 글의 전체 흐름과 맞지 않는 한 곳을 ㉠~㉤에서 찾아 수정하려고 할 때, 가장 적절한 것은?

15 민경채

소아시아 지역에 위치한 비잔틴 제국의 수도 콘스탄티노플이 이슬람교를 신봉하는 오스만인들에 의해 함락되었다는 소식이 인접해 있는 유럽 지역에까지 전해지자 그 곳 교회의 한 수도원 서기는 "㉠지금까지 이보다 더 끔찍했던 사건은 없었으며, 앞으로도 결코 없을 것이다."라고 기록했다. 1453년 5월 29일 화요일, 해가 뜨자마자 오스만 제국의 군대는 난공불락으로 유명한 케르코포르타 성벽의 작은 문을 뚫고 진군하기 시작했다. 해가 질 무렵, 약탈당한 도시에 남아있는 모든 것들은 그들의 차지가 되었다. 비잔틴 제국의 86번째 황제였던 콘스탄티노스 11세는 서쪽 성벽 아래에 있는 좁은 골목에서 전사하였다. 이것으로 ㉡1,100년 이상 존재했던 소아시아 지역의 기독교도 황제가 사라졌다.

잿빛 말을 타고 화요일 오후 늦게 콘스탄티노플에 입성한 술탄 메흐메드 2세는 우선 성소피아 대성당으로 갔다. 그는 이 성당을 파괴하는 대신 이슬람 사원으로 개조하라는 명령을 내렸고, 우선 그 성당을 철저하게 자신의 보호 하에 두었다. 또한 학식이 풍부한 그리스 정교회 수사에게 격식을 갖추어 공석중인 총대주교직을 수여하고자 했다. 그는 이슬람 세계를 위해 ㉢기독교의 제단뿐만 아니라 그 이상의 것들도 활용했다. 역대 비잔틴 황제들이 제정한 법을 그가 주도하고 있던 법제화의 모델로 이용하였던 것이다. 이러한 행위들은 ㉣단절을 추구하는 정복왕 메흐메드 2세의 의도에서 비롯된 것이라고 할 수 있다.

그는 자신이야말로 지중해를 '우리의 바다'라고 불렀던 로마 제국의 진정한 계승자임을 선언하고 싶었던 것이다. 일례로 그는 한때 유럽과 아시아를 포함한 지중해 전역을 지배했던 제국의 정통 상속자임을 선언하면서, 의미심장하게도 자신의 직함에 '룸 카이세리', 즉 로마의 황제라는 칭호를 추가했다. 또한 그는 패권 국가였던 로마의 옛 명성을 다시 찾기 위한 노력의 일환으로 로마 사람의 땅이라는 뜻을 지닌 루멜리아에 새로 수도를 정했다. 이렇게 함으로써 그는 ㉤오스만 제국이 유럽으로 확대될 것이라는 자신의 확신을 보여주었다.

① ㉠을 '지금까지 이보다 더 영광스러운 사건은 없었으며'로 고친다.

② ㉡을 '1,100년 이상 존재했던 소아시아 지역의 이슬람 황제가 사라졌다'로 고친다.

③ ㉢을 '기독교의 제단뿐만 아니라 그 이상의 것들도 파괴했다'로 고친다.

④ ㉣을 '연속성을 추구하는 정복왕 메흐메드 2세의 의도에서 비롯된 것'으로 고친다.

⑤ ㉤을 '오스만 제국이 아시아로 확대될 것이라는 자신의 확신을 보여주었다'로 고친다.

1 독해의 원리

2 논증의 방향

3 문맥과 단서

4 논리의 체계

기출 엄선 모의고사

해커스PSAT 7급 PSAT 기본서 언어논리

STEP 1

지문을 읽으면서 밑줄에서 핵심어를 확인하면 다음과 같다.

㉠ 끔찍했던 사건

㉡ 기독교도 황제

㉢ 활용

㉣ 단절을 추구

㉤ 유럽으로 확대

STEP 2

밑줄 친 각각의 문장을 수정하는 선택지를 찾아 핵심어를 체크하고 흐름과 비교한다.

① 영광스러운 사건

② 이슬람 황제

③ 파괴

④ 연속성을 추구

⑤ 아시아로 확대

㉣은 역대 비잔틴 황제들이 제정한 법을 이용했다는 내용과 이어지고 있으므로 지문의 흐름상 '연속성을 추구'한다는 핵심어가 적절하다. 따라서 정답은 ④이다.

오답 체크

① 오스만인들에 의해 함락되었다는 소식이 전해졌다는 내용과 이어지고 있으므로 '영광스러운 사건'은 적절하지 않다.

② 비잔틴 제국의 황제가 전사하였다는 내용과 이어지고 있으므로 '이슬람 황제'는 적절하지 않다.

③ 비잔틴 황제들이 제정한 법을 이용했다는 내용이 이어지고 있으므로 '파괴'는 적절하지 않다.

⑤ 로마 제국의 진정한 계승자임을 선언하고 싶었다는 내용과 이어지고 있으므로 '아시아로 확대'는 적절하지 않다.

문제 풀이 후 확인하기

실력 UP 포인트

1. ㉠~㉤에서 주목해야 할 표현은 무엇인가?

2. ㉠~㉤이 문맥에 맞는지 판단하는 단서가 될 수 있는 표현은 무엇인가?

01. 다음 글의 ㉠~㉤을 문맥에 맞게 수정한 것으로 가장 적절한 것은?   24 7급공채

『논어』「자한」편 첫 문장은 일반적으로 "공자께서는 이익, 천명, 인(仁)에 대해서 드물게 말씀하셨다."라고 해석된다. 그런데『논어』전체에서 인이 총 106회 언급되었다는 사실과 이 문장 안에 포함된 '드물게(罕)'라는 말은 상충하는 것처럼 보인다. 이러한 충돌을 해결하기 위한 시도는 크게 두 가지 방향에서 이루어졌다. 먼저 해당 한자의 의미를 ㉠기존과 다르게 해석하여 이 문장에 대한 일반적 해석을 변경하는 방식으로 이를 해결하려는 시도가 있다. 하지만 이와 다른 방식으로 충돌을 해결할 수 있다고 믿었던 이들도 있다. 그들은 이 문장의 일반적 해석을 바꾸지 않고 다음과 같은 방법들로 문제를 풀려고 시도했다.

첫째, 어떤 이들은 정도를 나타내는 표현이 상대성을 가질 수 있다는 점에 주목했다. 사실, '드물게'라는 것이 과연 어느 정도의 횟수를 의미하는지는 분명하지 않다. '드물다'는 표현은 동일 선상에 있는 다른 것과의 비교를 염두에 둔 것이다. 따라서 ㉡인이 106회 언급되었다고 해도 다른 것에 비해서는 드물다고 평가할 수 있다.

둘째, 다른 이들은 텍스트의 형성 과정에 주목했다.『논어』는 발화자와 기록자가 서로 다른데, 공자 사후 공자의 제자들은 각자가 기억하는 스승의 말이나 스승에 대한 그간의 기록을 모아서『논어』를 편찬하였다. 이를 염두에 둔다면 다음과 같은 상황을 상상할 수 있다. 공자는 인에 대해 실제로 드물게 말했다. 공자가 인을 중시하면서도 그에 대해 드물게 언급하다 보니 제자들이 자주 물을 수밖에 없었다. 그 대화의 결과들을 끌어모은 것이『논어』인 까닭에,『논어』에는 ㉢인에 대한 기록이 많아질 수밖에 없었다.

셋째, ㉣이 문장을 기록한 제자의 개별적 특성에 주목했던 이들도 있다. 즉, 다른 제자들은 인에 대해 여러 차례 들었지만, 이 문장의 기록자만 드물게 들었을 수 있다. 공자는 질문하는 제자가 어떤 사람인지에 따라 각 제자에게 주는 가르침을 달리했다. 그렇다면 '드물게'는 이 문장을 기록한 제자의 어떤 특성 때문에 나타난 결과일 수 있다.

넷째, 어떤 이들은 시간의 변수를 도입했다. 기록자가 공자의 가르침을 돌아보면서 ㉤이 문장을 기록한 시점 이후에 공자는 정말로 인에 대해 드물게 말했는지도 모른다. 그리고 그 뒤 어느 시점부터 공자가 빈번하게 인에 대해 설파하기 시작했으며,『논어』에 보이는 인에 대한 106회의 언급은 그 결과일 수 있다.

① ㉠을 "기존과 동일하게 해석하여 이 문장에 대한 일반적 해석을 준수하는 방식"으로 고친다.

② ㉡을 "인이 106회 언급되었다면 다른 어떤 것에 비해서도 드물다고 평가할 수 없다"로 고친다.

③ ㉢을 "인에 대한 기록이 적어질 수밖에 없었다"로 고친다.

④ ㉣을 "『논어』를 편찬한 공자 제자들의 공통적 특성"으로 고친다.

⑤ ㉤을 "이 문장을 기록했던 시점까지"로 고친다.

[정답]

1. ㉠ 일반적 해석을 변경
   ㉡ 다른 것에 비해서는 드물다
   ㉢ 많아질 수밖에 없었다
   ㉣ 개별적 특성
   ㉤ 기록한 시점 이후

2. ㉠ 이 문장의 일반적 해석을 바꾸지 않고
   ㉡ 동일 선상에 있는 다른 것과의 비교
   ㉢ 자주 물을 수밖에 없었다
   ㉣ 기록자만 드물게
   ㉤ 그 뒤 어느 시점부터

02. 다음 대화의 ⊙에 따라 <안내>를 수정한 것으로 적절하지 않은 것은?

갑: 지금부터 회의를 시작하겠습니다. 이 자리는 A시 시민안전보험의 안내문을 함께 검토하기 위한 자리입니다. A시 시민안전보험의 내용을 시민들에게 효과적으로 전달하기 위해서 수정 및 보완이 필요한 부분이 있다면 자유롭게 말씀해주시기 바랍니다.

을: 시민안전보험의 혜택을 누릴 수 있는 대상이 더 정확하게 표현되면 좋겠습니다. 단순히 A시에서 생활하는 사람이 아닌 A시에 주민으로 등록한 사람이라는 점이 명확하게 드러나야 한다고 생각합니다.

병: 2024년도부터는 시민안전보험의 보장 항목이 기존의 8종에서 10종으로 확대되었습니다. 보장 항목을 안내하면서 새롭게 추가된 두 가지 항목인 개 물림 사고와 사회재난 사망 사고를 포함하면 좋겠습니다.

정: 시민안전보험의 보험 기간뿐만 아니라 청구 기간에 대한 정보도 필요합니다. 보험 기간 내에 발생한 사고에 대해서 사고 발생 시점을 기준으로 할 때 보험금을 언제까지 청구할 수 있는지에 대한 안내가 추가되면 좋을 것 같습니다.

무: 보험금을 어디로 그리고 어떻게 청구할 수 있는지에 대한 구체적 정보도 부족합니다. 시민안전보험에 관심을 가진 시민이라면 연락처 정보만으로는 부족하다고 여길 것 같습니다. 안내문에 보험금 청구에 필요한 대표적인 서류들을 제시하면 어떨까요?

갑: 좋은 의견을 개진해주셔서 감사합니다. 참고로 최근 민간 기업과의 업무 협약을 통해 A시 누리집뿐만 아니라 코리아톡 앱을 통해서도 A시 시민안전보험에 관한 정보를 확인할 수 있게 되어 이 점 역시 이번에 안내할 계획입니다. 그럼 ⊙오늘 회의에서 논의된 내용을 반영하여 안내문을 수정하도록 하겠습니다. 감사합니다.

〈안 내〉

우리 모두의 안전은 2024년 A시 시민안전보험 가입으로!

○ 가입 대상: A시 구성원 누구나
○ 보험 기간: 2024. 1. 1.~2024. 12. 31.
○ 보장 항목: 대중교통 이용 중 상해·후유장애 등 총 8종의 사고 보장
○ 청구 방법: B보험사 통합상담센터로 문의
○ 참고 사항: 자세한 관련 내용은 A시 누리집을 통해서도 확인 가능

---

① 가입 대상을 'A시에 주민으로 등록한 사람 누구나'로 수정한다.

② 보험 기간을 '2024. 1. 1.~2024. 12. 31. (보험 기간 내 사고발생일로부터 3년 이내 보험금 청구 가능)'로 수정한다.

③ 보장 항목을 '대중교통 이용 중 상해·후유장애, 개 물림 사고, 사회재난 사망 사고 등 총 10종의 사고 보장'으로 수정한다.

④ 청구 방법을 '청구 절차 및 필요 서류는 B보험사 통합상담센터(Tel. 15xx－xxxx)로 문의'로 수정한다.

⑤ 참고 사항을 '자세한 관련 내용은 A시 누리집 및 코리아톡 앱을 통해서도 확인 가능'으로 수정한다.

문제 풀이 후 확인하기

📊 실력 UP 포인트

1. '가입 대상'을 수정하는 기준이 되는 문장은 무엇인가?

2. '보장 항목'을 수정하는 기준이 되는 문장은 무엇인가?

1 독해의 원리

2 논증의 방향

3 문맥과 단서

4 논리의 체계

기출 여섯 모의고사

해커스PSAT 7급 PSAT 기본서 언어논리

[정답]

1. 단순히 A시에서 생활하는 사람이 아닌 A시에 주민으로 등록한 사람이라는 점이 명확하게 드러나야 한다고 생각합니다.

2. 시민안전보험의 보장 항목이 기존의 8종에서 10종으로 확대되었습니다. 보장 항목을 안내하면서 새롭게 추가된 두 가지 항목인 개 물림 사고와 사회재난 사망 사고를 포함하면 좋겠습니다.

03. 다음 글의 <표>를 수정한 것으로 적절한 것만을 <보기>에서 모두 고르면?　22 7급공채

○○부는 철새로 인한 국내 야생 조류 및 가금류 조류인플루엔자(Avian Influenza, AI) 바이러스 감염 확산 여부를 추적 조사하고 있다. AI 바이러스는 병원성 정도에 따라 고병원성과 저병원성 AI 바이러스로 구분한다. 발표 자료에 따르면, 2020년 10월 25일 충남 천안시에서는 야생 조류 분변에서 고병원성 AI 바이러스가 검출되었으며 이는 2018년 2월 1일 충남 아산시에서 검출된 이래 2년 8개월 만의 검출 사례였다.

최근 야생 조류 고병원성 AI 바이러스 검출 사례는 2020년 10월 25일부터 11월 21일까지 경기도에서 3건, 충남에서 2건이 발표되었고, 가금류 고병원성 AI 바이러스 검출 사례는 전국에서 총 3건이 발표되었다. 같은 기간에 야생 조류 저병원성 AI 바이러스 검출 후 발표된 사례는 전국에 총 8건이다. 또한 채집된 의심 야생 조류의 분변 검사 결과, 고병원성·저병원성 AI 바이러스 모두에 해당하지 않아 바이러스 미분리로 분류된 사례는 총 7건이다. 야생 조류 AI 바이러스 검출 현황은 고병원성 AI, 저병원성 AI, 검사 중으로 분류하고 바이러스 미분리는 야생 조류 AI 바이러스 검출 현황에 포함하지 않는다. 야생 조류 AI 바이러스가 검출되고 나서 고병원성 여부를 확인하기 위해 정밀 검사를 하는 데 상당한 기간이 소요되므로, 아직 검사 중인 것이 9건이다. 그중 하나인 제주도 하도리의 경우 11월 22일 고병원성 AI 바이러스 검출 여부를 발표할 예정이다.

○○부 주무관 갑은 2020년 10월 25일부터 11월 21일까지 발표된 야생 조류 AI 바이러스 검출 현황을 아래와 같이 <표>로 작성하였으나 검출 현황을 적절히 반영하지 않아 수정이 필요하다.

〈표〉 야생 조류 AI 바이러스 검출 현황
(기간: 2020년 10월 25일~2020년 11월 21일)

고병원성 AI	저병원성 AI	검사 중	바이러스 미분리
8건	8건	9건	7건

─〈보 기〉─

ㄱ. 고병원성 AI 항목의 "8건"을 "5건"으로 수정한다.
ㄴ. 검사 중 항목의 "9건"을 "8건"으로 수정한다.
ㄷ. "바이러스 미분리" 항목을 삭제한다.

① ㄱ

② ㄴ

③ ㄱ, ㄷ

④ ㄴ, ㄷ

⑤ ㄱ, ㄴ, ㄷ

정답·해설 p.291

· 권장 제한시간에 따라 시작과 종료 시각을 정한 후, 실제 시험처럼 문제를 풀어보세요.
　　시　분　~　시　분 (총 18문항 / 36분)

01. 다음 (가)에 제시된 <작성 원칙>에 따라 (나)의 <A시 보도자료>를 수정하거나 보완하고자 할 때, 가장 적절한 것은?

19 7급예시

(가) 〈작성 원칙〉

· 보도자료의 제목 및 부제는 전체 내용을 압축적으로 제시하는 내용을 담아야 한다.
· 첫 단락인 '리드'에서 '누가, 언제, 무엇을, 어떻게, 왜'의 핵심 정보를 제시해야 한다.
· 제목과 부제에서 드러내고 있는 핵심 정보를 본문에서 빠짐없이 제시해야 한다.
· 불필요한 잉여 정보를 포함하거나 동일 정보를 필요 이상 반복해서는 안 된다.
· 정보 전개에 필요한 표, 그래프, 그림 등을 적절하게 제공해야 한다.

(나) 〈A시 보도자료〉

㉠봄철 불청객 '황사' 이렇게 대처하겠습니다!

–대응 체계 강화와 시민 행동 요령 안내 등 철저한 대비로 황사 피해 최소화–

　㉡A시는 매년 봄철(3~5월) 불청객으로 찾아오는 황사 피해를 최소화하기 위해 적극적인 대처 방안을 마련했다. 이에 따라 A시는 황사 대응 체계를 신속하게 가동하고, 시민 행동 요령을 적극적으로 안내할 예정이다. 또 관련부서 및 유관기관과 유기적으로 협조하기로 했다.

　매년 봄철이면 반갑지 않은 손님인 황사가 찾아온다. 황사는 우리 인체에 악영향을 주기 때문에, 시민들의 건강 피해 예방을 위해 철저한 대비가 필요하다. A시의 최근 10년간 연평균 황사 관측일수는 6.1일이며, 이 중 5.1일(83%)이 봄철(3~5월)에 집중 발생하는 것으로 나타났다.

㉢

　기상청의 기상 전망에 따르면 A시의 황사 발생 일수는 4월에는 평년(1.9일)과 비슷하겠으나, 5월에는 평년(2.5일)보다 많을 것으로 전망된다. 특히 ㉣최근 중국 북부지역의 가뭄으로 평년보다 더 강한 황사가 발생할 가능성이 있어 철저하게 대비해야 한다.

　A시에서는 황사 발생시 관련부서 및 유관기관과 유기적으로 협조하여 기후 상황 전파, 도로변과 대규모 공사장 물 뿌리기, 진공청소차를 활용한 청소 등 체계적인 대응을 신속하게 실시하여 황사 피해를 최소화할 계획이다.

㉤

① ㉠을 '불청객 황사, 봄철 국민 건강을 위협하는 주범입니다'로 수정한다.
② ㉡은 아래 부분에서 반복적으로 설명되는 내용이므로 삭제한다.
③ ㉢에 최근 30년간 한국의 황사 발생 관측일수를 도표로 제공한다.
④ ㉣에 이어 중국 북부지역 가뭄 원인과 중국 정부의 대처 방안을 추가한다.
⑤ ㉤에 시민들이 황사 피해를 최소화할 수 있는 행동 요령과 그 안내 계획을 추가한다.

칼로리 섭취를 줄이는 소식이 장수의 비결이라는 것을 입증하기 위해 A 연구팀은 붉은털원숭이를 대상으로 20년에 걸친 칼로리 섭취를 제한한 연구결과를 발표하였으며, 그 결과는 예상대로 칼로리 제한군이 대조군에 비해 수명이 긴 것으로 나타났다.

그런데 A 연구팀의 발표 이후, 곧이어 B 연구팀은 붉은털원숭이를 대상으로 25년 동안 비교 연구한 결과를 발표하였으며, 그들의 연구결과는 칼로리 제한군과 대조군의 수명에 별 차이가 없다는 것을 보여주었다. A 연구팀과 다른 결과가 도출된 것에 대해 B 연구팀은 A 연구팀의 실험 설계가 잘못되었기 때문이라고 주장했다. 즉 영양분을 정확하게 맞추기 위해 칼로리가 높은 사료를 먹인데다가 대조군은 식사 제한이 없어 사실상 칼로리 섭취량이 높아 건강한 상태가 아니기 때문에 칼로리 제한군이 건강하게 오래 사는 건 당연하다는 것이다.

B 연구팀의 연구결과 발표 이후, A 연구팀은 처음 발표한 연구결과에 대한 후속 연구의 결과를 발표하였다. 처음 연구결과를 발표한 지 5년이 경과하였기 때문에 25년에 걸친 연구결과를 정리한 것이다. 이번 연구결과도 5년 전과 마찬가지로 역시 칼로리 제한군이 더 오래 사는 것으로 나타났다.

이 연구결과를 바탕으로 A 연구팀은 자신들의 결론과 다른 B 연구팀의 연구결과는 B 연구팀이 실험설계를 잘못했기 때문이라고 주장하면서 역공을 펼쳤다. B 연구팀은 대조군에게 마음대로 먹게 하는 대신 정량을 줬는데, 그 양이 보통 원숭이가 섭취하는 칼로리보다 낮기 때문에 사실상 대조군도 칼로리 제한을 약하게라도 한 셈이라는 것이다. 즉 B 연구팀은 칼로리 제한을 심하게 한 집단과 약하게 한 집단을 비교한 셈이었고, 그 결과로 인해 유의미한 차이가 없는 것으로 나타났다는 것이다.

A 연구팀은 자신들의 주장을 입증하기 위해 각지의 연구소에 있는 붉은털원숭이 총 878마리의 체중 데이터를 입수해 자신들의 대조군 원숭이 체중과 B 연구팀의 대조군 원숭이 체중을 비교하였다. 그 결과 총 878마리 붉은털원숭이의 평균 체중은 A 연구팀의 대조군 원숭이의 평균 체중 _____㉠_____, B 연구팀의 대조군 원숭이의 평균 체중 _____㉡_____. 따라서 체중과 칼로리 섭취량이 비례한다는 사실에 입각했을 때, 서로의 대조군 설계에 대한 A 연구팀과 B 연구팀의 비판이 모두 설득력이 있는 것으로 밝혀진 셈이다.

	㉠	㉡
①	보다 더 나갔고	보다 덜 나갔다
②	보다 덜 나갔고	보다 더 나갔다
③	과 차이가 없었고	과 차이가 없었다
④	보다 더 나갔고	보다 더 나갔다
⑤	보다 덜 나갔고	보다 덜 나갔다

○○시에 주민등록을 두고 있으며 무직인 갑은 만 3세인 손녀의 돌봄을 위해 ○○시육아종합지원센터에서 운영하는 장난감 대여 서비스를 이용하려고 하였다. 하지만 ○○시육아종합지원센터는 다음의 「○○시육아종합지원센터 운영규정」 (이하 '운영규정'이라 한다)에 따라 갑이 장난감 대여 서비스를 이용할 수 없다고 안내하였다.

> 「○○시육아종합지원센터 운영규정」
> 제95조(회원) ① 본 센터의 각종 서비스를 이용하려는 자는 회원으로 등록되어 있어야 한다.
> ② 회원이 될 수 있는 자는 만 5세 이하 자녀를 둔 ○○시에 주민등록을 두고 있는 자와 ○○시 소재 직장 재직자이다.
> ③ 회원등록을 위해 제출해야 하는 구비서류는 별도로 정한다.

그러자 갑은 ○○시가 제정한 다음의 「○○시육아종합지원센터 설치 및 운영 조례」 (이하 '조례'라 한다)에 근거하여 장난감 대여 서비스를 이용하게 해달라는 민원을 제기하였다.

> 「○○시육아종합지원센터 설치 및 운영 조례」
> 제5조(회원) ① 회원은 본 센터에 개인정보를 제공하여 회원등록을 한 자로서 본 센터의 모든 서비스를 이용할 수 있는 자를 말한다.
> ② 회원이 되려는 자는 다음 각 호의 요건을 모두 갖추어야 한다.
>   1. ○○시에 주민등록을 두고 있는 자 또는 ○○시 소재 직장 재직자
>   2. 만 5세 이하 아동의 직계존속 또는 법정보호자

갑의 민원을 검토한 ○○시는 운영규정과 조례가 불일치함을 발견하고 ㉠갑과 같은 조건의 사람들도 장난감 대여 서비스를 이용할 수 있도록 운영규정 또는 조례의 일부를 개정하였다.

① 운영규정 제95조 제1항의 '회원으로 등록되어 있어야 한다'를 '본 센터에 개인정보를 제공하여 회원으로 등록되어 있어야 한다'로 개정한다.

② 운영규정 제95조 제2항의 '만 5세 이하 자녀를 둔'을 '만 5세 이하 아동의 직계존속 또는 법정보호자로서'로 개정한다.

③ 조례 제5조 제1항의 '서비스를 이용할 수 있는 자'를 '서비스를 이용할 수 있는 자의 직계존속 또는 법정보호자'로 개정한다.

④ 조례 제5조 제2항 제1호를 '○○시에 주민등록을 두고 있는 자'로 개정한다.

⑤ 조례 제5조 제2항 제2호를 '만 5세 이하 아동의 부모 또는 법정보호자'로 개정한다.

04. 다음 글의 (가)~(다)에 들어갈 진술을 <보기>에서 골라 짝지은 것으로 가장 적절한 것은? 17 민경채

비어즐리는 '제도론적 예술가'와 '낭만주의적 예술가'의 개념을 대비시킨다. 낭만주의적 예술가는 사회의 모든 행정과 교육의 제도로부터 독립하여 작업하는 사람이다. 그는 자기만의 상아탑에 칩거하며, 혼자 캔버스 위에서 일하고, 자신의 돌을 깎고, 자신의 소중한 서정시의 운율을 다듬는다.

그러나 사회와 동떨어져 혼자 작업하더라도 예술가는 작품을 만드는 동안 예술 제도로부터 단절될 수 없다. _____(가)_____ 즉 예술가는 특정 예술 제도 속에서 예술의 사례들을 경험하고, 예술적 기술의 훈련이나 교육을 받음으로써 예술에 대한 배경지식을 얻게 된다. 그리고 이와 같은 배경지식이 예술가의 작품 활동에 반영된다.

낭만주의적 예술가 개념은 예술 창조의 주도권이 완전히 개인에게 있으며 예술가가 문화의 진공 상태 안에서 작품을 창조할 수 있다고 가정한다. 하지만 그런 낭만주의적 예술가는 사실상 존재하기 어렵다. 심지어 어린 아이들의 그림이나 놀이조차도 문화의 진공 상태에서 이루어지지 않는다. _____(나)_____

어떤 사람이 예술작품을 전혀 본 적 없는 상태에서 진흙으로 어떤 형상을 만들어냈다고 가정해 보자. 이것이 지금까지 본 적이 없던 새로운 형상이라 하더라도, 그 사람은 예술작품을 창조한 것이라 볼 수 없다. _____(다)_____ 비어즐리의 주장과는 달리 예술가는 아무 맥락 없는 진공 상태에서 창작하지 않는다. 예술은 어떤 사람이 문화적 역할을 수행한 산물이며, 언제나 문화적 주형(鑄型) 안에 존재한다.

〈보 기〉

ㄱ. 왜냐하면 어떤 사람이 예술작품을 창조하였다고 하기 위해서는 그는 예술작품이 무엇인가에 대한 개념을 가지고 있어야 하기 때문이다.

ㄴ. 왜냐하면 사람은 두세 살만 되어도 인지구조가 형성되고, 이 과정에서 문화의 영향을 받을 수밖에 없기 때문이다.

ㄷ. 왜냐하면 예술가들은 예술작품을 만들 때 의식적이든 무의식적이든 예술교육을 받으면서 수용한 가치 등을 고려하는데, 그러한 교육은 예술 제도 안에서 이루어지기 때문이다.

(가)	(나)	(다)
① ㄱ	ㄴ	ㄷ
② ㄴ	ㄱ	ㄷ
③ ㄴ	ㄷ	ㄱ
④ ㄷ	ㄱ	ㄴ
⑤ ㄷ	ㄴ	ㄱ

갑: 2019년 7월 17일 학술연구자정보망에서 학술연구자 A의 기본 정보는 조회할 수 있는데, A의 연구 업적 정보는 조회가 되지 않는다는 민원이 있었습니다. 어떻게 답변해야 할까요?

을: 학술연구자가 학술연구자정보망에 기본 정보를 제공하는 데 동의하였으나, 연구 업적 정보 공개에 추가로 동의하지 않았을 경우, 민원인은 학술연구자의 연구 업적 정보를 조회할 수 없어요. 또한 동의했다고 하더라도 해당 학술연구자의 업적 정보의 집적이 완료되지 않았을 경우에도 그는 연구 업적 정보를 조회할 수 없습니다.

갑: 학술연구자가 연구 업적 정보 공개에 추가로 동의하지 않았다면 조회 화면에 무슨 문구가 표시되나요?

을: 조회 화면에 "해당 연구자가 상기 정보의 공개에 동의하지 않았습니다"라는 문구가 표시됩니다. 해당 연구자의 업적 정보의 집적이 완료되지 않은 경우에는 조회 화면에 "업적 정보 집적 중"이라는 문구가 표시되고요. 해당 민원인께서는 무슨 문구가 표시되었다고 말씀하시나요?

갑: 문구 표시에 대한 말씀은 듣지 못했어요. 아마 문구를 읽지 못한 것 같아요. 근데 학술연구자의 업적 정보 제공 동의율과 업적 정보 집적률은 현재 얼마만큼 되나요?

을: 2019년 7월 18일 오늘 기준으로 학술연구자의 연구 업적 정보 제공 동의율은 약 92%입니다. 동의자 대상 업적 정보 집적률은 약 88%고요. 동의한 학술연구자가 10여만 명에 이르러 자료를 집적하는 데 시간이 많이 걸려요. 하지만 2019년 8월 말까지는 정보 집적이 끝날 겁니다.

갑: 그렇군요. 그러면 제가 민원인에게 [   ]라고 답변 드리면 되겠네요. 고맙습니다.

① 지금은 조회할 수 없지만 2019년 8월 말이 되면 학술연구자 A의 연구 업적 정보가 조회될 것이다

② 학술연구자 A가 연구 업적 정보 공개에 동의하지 않았거나 그의 업적 정보가 현재 집적 중이기 때문에 그렇다

③ 현재 학술연구자 A는 연구 업적 정보 공개에 동의한 상태지만 그의 업적 정보가 현재 집적 중이기 때문에 그렇다

④ 지금은 조회할 수 없지만 만일 학술연구자 A가 연구 업적 정보 공개에 동의했다면 한 달 안에는 그의 연구 업적 정보를 조회할 수 있다

⑤ 오늘 다시 학술연구자 A의 연구 업적 정보를 조회한다면 "해당 연구자가 상기 정보의 공개에 동의하지 않았습니다"라는 문구가 나올 것이다

06. 다음 글에 비추어 ㉠이 적절하게 이루어진 사례만을 <보기>에서 모두 고르면?

17 민경채

국제·외교관계에서 조약은 국가 간, 국제기구 간, 국가와 국제기구 간 서면형식으로 체결되며 국제법에 의해 규율되는 합의이다. 반면, ㉠기관 간 약정은 국가를 제외한 정부기관이 동일 또는 유사 업무를 수행하는 외국의 정부기관과 체결하는 합의로 법적 구속력이 없다. 이 때 기관 간 약정의 서명은 해당 기관의 장이 하는 것이 원칙이다. 다만 해당 기관의 장이 사정상 직접 서명할 수 없는 경우에는 그의 위임을 받은 해당 기관의 고위직 인사가 서명을 할 수도 있다. 만일 기관 간 약정을 조속히 체결할 필요성이 있으나 양국 관계부처 간의 방문 계획이 없어서 체결이 지연되고 이로 인해 양국 관계부처 간 불편이 야기될 가능성이 있는 등의 경우에는, 우편으로 서명문서를 교환하거나 외교통상부 재외공관을 통하여 서명문서를 교환하는 방법으로 그 체결을 행할 수 있다.

해당 기관의 장이 사정상 직접 서명할 수 없어서 그의 위임을 받은 고위직 인사가 서명을 대신할 때, 정부기관장 명의의 전권위임장을 만들어 제출하는 경우가 있는데, 이는 적절하지 않다. 전권위임장이란 국가 간 조약문안의 교섭·채택이나 인증을 위하여 또는 조약에 대한 국가의 기속적 동의를 표시하기 위하여 어떤 사람으로 하여금 국가를 대표하도록 임명하는 문서이기 때문이다. 만약 상대국에서 굳이 서명 위임에 대한 인증 문건의 제출을 요구한다면, 위임장을 제출하는 방향으로 검토해 볼 수 있을 것이다. 또한 기관 간 약정에 서명을 할 때 양국 정상이 임석하는 경우가 있는데, 이는 기관 간 약정이 양국 간의 조약으로 오해될 소지가 있으므로 부적절하다.

─〈보 기〉─

ㄱ. A국 산업통상자원부 장관 명의의 전권위임장을 제출한 산업통상자원부 차관과 B국 기업에너지산업전략부 장관 간에 '에너지산업협력 약정'이 체결된 사례

ㄴ. 국외출장이 어려운 상황에서 시급한 약정의 조속한 체결을 위해 A국 산업통상자원부 장관과 B국 자원개발부 장관 간에 우편으로 서명문서를 교환한 사례

ㄷ. A국 대통령의 B국 방문을 계기로 양국 정상의 임석 하에 A국 기술무역부 장관과 B국 과학기술부 장관 간에 '과학기술협력에 관한 약정'이 체결된 사례

① ㄱ

② ㄴ

③ ㄱ, ㄷ

④ ㄴ, ㄷ

⑤ ㄱ, ㄴ, ㄷ

07. 다음 글의 ⊙~⑩에서 전체 흐름과 맞지 않는 한 곳을 찾아 수정할 때, 가장 적절한 것은?

19 7급예시

'거짓말'을 어떻게 정의해야 하는가는 혼란을 일으킬 수 있는 물음입니다. 어떤 사람의 말을 '거짓말'로 만드는 것은 거짓말을 하려는 그 사람의 의도일까요? 아니면 그 말이 사실과 일치하는가의 여부일까요? ⊙자신이 거짓이라고 믿는 것을 의도적으로 말하는 사람을 두고 거짓말을 한다고 말하는 것은 당연합니다. 문제는, 자신이 참이라고 믿는 것을 믿는 대로 말했는데 그 말이 사실은 거짓인 경우, 이를 두고 거짓말을 한다고 할 수 있는가 하는 것입니다. 예를 들어서 이런 말을 듣곤 하지 않습니까? "거짓말을 하려고 한 게 아니라 어쩌다 보니 거짓말이 되고 말았다." 참이라고 생각하고 말했는데, 내가 참이라고 생각한 것이 사실과 달라 거짓이 되었다는 의미입니다. 이 경우에는 ⓛ거짓말을 만드는 것은 말하는 사람의 의도라기보다는 사실과의 일치 여부가 되겠지요. 이런 의미에서 거짓말을 하는 것은 정직하지 않은 것과는 상관없는 일이 됩니다. ⓒ사실과 일치하는 내용을 참이라고 믿고 말했지만, 결과적으로 거짓말을 하게 되는 셈이니까요. 이런 거짓말을 '결과적 거짓말'이라고 한다면, 자신이 믿는 것과는 반대로 말하는 것을 '의도적 거짓말'이라고 할 수 있을 것입니다. '거짓말'을 결과적 거짓말로 정의할 것인가, 의도적 거짓말로 정의할 것인가는 맥락에 따라서 다를 수 있지만, ⓔ우리가 '거짓말'에 대해서 갖고 있는 개념에 더 잘 맞는 것은 의도적 거짓말이라고 생각합니다.

'단순히 거짓인 말'과 '거짓말'은 서로 구별되어야 하는 말입니다. 마찬가지로 '우연히 참이 된 말'과 '참말'도 구별되어야겠지요. 가령, 모든 것을 자신이 믿는 바와는 정반대로 말하는 사람을 생각해 봅시다. 만일 이 사람이 '서울은 대한민국의 수도가 아니다.'라고 믿는다면, '서울은 대한민국의 수도이다.'라고 말할 것입니다. 이 경우 그는 사실과의 일치 여부로 보면 참말을 한 셈이지만, 사실과 일치하는 내용을 자신의 믿음대로 말한 사람과는 다른 의미에서 참말을 했다고 해야 하지 않을까요? 다시 말해서, ⑩그는 우연히 진실을 말했을 뿐입니다. 이런 사람과, 자신이 믿는 바대로 말하려고 했고 그 결과 진실을 말한 사람은 구별되어야 한다고 생각합니다.

① ⊙을 '자신이 참이라고 믿는 것을 의도적으로 말하는 사람을 두고 거짓말을 한다고 말하는 것은 당연합니다'로 수정한다.

② ⓛ을 '거짓말을 만드는 것은 사실과의 일치 여부가 아니라 말하는 사람의 의도가 되겠지요'로 수정한다.

③ ⓒ을 '사실과 일치하지 않는 내용을 참이라고 믿고 말했지만, 결과적으로 거짓말을 하게 되는 셈이니까요'로 수정한다.

④ ⓔ을 '이 두 가지 거짓말이 모두 참말과 구분된다는 점에서는 동일한 거짓말이라고 생각합니다'로 수정한다.

⑤ ⑩을 '그는 의도적으로 진실을 말하고 있는 것입니다'로 수정한다.

08. 다음 '철학의 여인'의 논지를 따를 때, ㉠으로 적절한 것만을 <보기>에서 모두 고르면?

15 민경채

다음은 철학의 여인이 비탄에 잠긴 보에티우스에게 건네는 말이다.

"나는 이제 네 병의 원인을 알겠구나. 이제 네 병의 원인을 알게 되었으니 ㉠너의 건강을 회복할 수 있는 방법을 찾을 수 있게 되었다. 그 방법은 병의 원인이 되는 잘못된 생각을 바로잡아 주는 것이다.

너는 너의 모든 소유물을 박탈당했다고, 사악한 자들이 행복을 누리게 되었다고, 네 운명의 결과가 불의하게도 제멋대로 바뀌었다는 생각으로 비탄에 빠져 있다. 그런데 그런 생각은 잘못된 전제에서 비롯된 것이다. 네가 눈물을 흘리며 너 자신이 추방당하고 너의 모든 소유물들을 박탈당했다고 생각하는 것은 행운이 네게서 떠났다고 슬퍼하는 것과 다름없는데, 그것은 네가 운명의 본모습을 모르기 때문이다. 그리고 사악한 자들이 행복을 가졌다고 생각하는 것이나 사악한 자가 선한 자보다 더 행복을 누린다고 한탄하는 것은 네가 실로 만물의 목적이 무엇인지 모르고 있기 때문이다. 다시 말해 만물의 궁극적인 목적이 선을 지향하는 데 있다는 것을 모르고 있기 때문이다. 또한 너는 세상이 어떤 통치 원리에 의해 다스려지는지 잊어버렸기 때문에 제멋대로 흘러가는 것이라고 믿고 있다. 그러나 만물의 목적에 따르면 악은 결코 선을 이길 수 없으며 사악한 자들이 행복할 수는 없다. 따라서 세상은 결국에는 불의가 아닌 정의에 의해 다스려지게 된다. 그럼에도 불구하고 너는 세상의 통치 원리가 정의와는 거리가 멀다고 믿고 있다. 이는 그저 병의 원인일 뿐 아니라 죽음에 이르는 원인이 되기도 한다. 그러나 다행스럽게도 자연은 너를 완전히 버리지는 않았다. 이제 너의 건강을 회복할 수 있는 작은 불씨가 생명의 불길로 타올랐으니 너는 조금도 두려워할 필요가 없다."

─── <보 기> ───

ㄱ. 만물의 궁극적인 목적이 선을 지향하는 데 있다는 것을 아는 것
ㄴ. 세상이 제멋대로 흘러가는 것이 아니라 정의에 의해 다스려진다는 것을 깨닫는 것
ㄷ. 자신이 박탈당했다고 여기는 모든 것들, 즉 재산, 품위, 권좌, 명성 등을 되찾을 방도를 아는 것

① ㄱ

② ㄴ

③ ㄱ, ㄴ

④ ㄴ, ㄷ

⑤ ㄱ, ㄴ, ㄷ

1 독해의 원리

2 논증의 방향

3 문맥과 단서

4 논리의 체계

기출 엄선 모의고사

해커스PSAT 7급 PSAT 기본서 언어논리

다른 사람의 증언은 얼마나 신뢰할 만할까? 증언의 신뢰성은 두 가지 요인에 의해서 결정된다. 첫 번째 요인은 증언하는 사람이다. 만약 증언하는 사람이 거짓말을 자주 해서 신뢰하기 어려운 사람이라면 그의 말의 신뢰성은 떨어질 수밖에 없다. 두 번째 요인은 증언 내용이다. 만약 증언 내용이 우리의 상식과 상당히 동떨어져 있어 보인다면 증언의 신뢰성은 떨어질 수밖에 없다. 그렇다면 이 두 요인이 서로 대립하는 경우는 어떨까? 가령 매우 신뢰할 만한 사람이 기적이 일어났다고 증언하는 경우에 우리는 그 증언을 얼마나 신뢰해야 하는가?

이 질문에는 [   ]는 원칙을 적용해서 답할 수 있다. 이 원칙을 기적에 대한 증언에 적용시키기 위해서는 먼저 기적에 대해서 생각해 볼 필요가 있다. 기적이란 자연법칙을 위반한 사건이다. 여기서 자연법칙이란 지금까지 우주의 전체 역사에서 일어났던 모든 사건들이 따랐던 규칙이다. 그렇다면 자연법칙을 위반하는 사건 즉 기적은 아직까지 한 번도 일어나지 않은 사건이다. 한편 우리는 충분히 신뢰할 만한 사람이 자신의 의지와 무관하게 거짓을 말하는 경우를 이따금 관찰할 수 있다. 따라서 그런 사건이 일어날 확률은 매우 신뢰할 만한 사람이 거짓 증언을 할 확률보다 작을 수밖에 없다. 결국 우리는 기적이 일어났다는 증언을 신뢰해서는 안 된다.

① 어떤 사람이 참인 증언을 할 확률이 그 증언 내용이 실제로 일어날 확률보다 작은 경우에만 증언을 신뢰해야 한다.

② 어떤 사람이 거짓 증언을 할 확률이 그 증언 내용이 실제로 일어날 확률보다 작은 경우에만 증언을 신뢰해야 한다.

③ 어떤 사람이 거짓 증언을 할 확률이 그 증언 내용이 실제로 일어나지 않을 확률보다 작은 경우에만 증언을 신뢰해야 한다.

④ 어떤 사람이 제시한 증언 내용이 일어날 확률이 그것이 일어나지 않을 확률보다 더 큰 경우에만 그 증언을 신뢰해야 한다.

⑤ 어떤 사람이 제시한 증언 내용이 일어날 확률이 그것이 일어나지 않을 확률보다 더 작은 경우에만 그 증언을 신뢰해야 한다.

10. 다음 글의 ⊙과 ⓒ에 들어갈 진술로 가장 적절한 것은? 20 7급모의

A학파의 가장 큰 특징은 토지 문제를 토지 시장에 국한시키지 않고 경제 전체의 흐름과 밀접하게 연결해서 파악한다는 점이다. A학파의 주장에 따르면, 토지 문제는 이용의 효율에만 관련되는 단순한 문제가 아니라 경제 성장, 실업, 물가 등의 거시경제적 변수를 함께 고려해야만 하는 복잡한 문제이다. 그런 점에서 A학파는 토지 문제가 경기 변동과 직결될 뿐만 아니라 사회 정의와도 관련되는 것이라고 주장한다.

이와 달리 B학파는 다른 모든 종류의 상품과 마찬가지로 토지 문제 역시 수요·공급의 법칙에 따라 시장이 자율적으로 조정하도록 맡겨 두면 된다고 주장한다. B학파의 관점에 따르면, ⊙ 토지는 귀금속, 주식, 채권, 은행 예금만큼이나 좋은 투자 대상이다. 부동산의 자본 이득이 충분히 클 경우, 좋은 투자 대상이 되어 막대한 자금이 금융권으로부터 부동산 시장으로 흘러 들어간다. 반대로 자본 이득이 떨어지면 부동산에 투입되었던 자금이 금융권을 통해 회수되어 다른 시장으로 흘러 들어간다. 이와 같이 부동산의 자본 이득은 부동산 시장과 금융권 사이의 연결고리 역할을 한다.

A학파는 B학파와 달리 상품 투자와 토지 투자를 엄격히 구분한다. 상품 투자는 해당 상품의 가격을 상승시켜 상품 공급을 증가시킨다. 공급 증가는 다시 상품 투자의 억제 요인으로 작용하기 때문에 상품 투자에는 내재적 한계가 있기 마련이다. 그러나 ⓒ 그러므로 토지 투자의 경우에는 지가 상승이 투자를 조장하고 투자는 지가 상승을 더욱 부채질하는 악순환이 반복된다. A학파는 이런 악순환의 결과로 토지를 포함한 부동산 가격에 거품이 잔뜩 끼게 된다고 주장한다.

① ⊙: 토지에 대한 투자는 상품 투자의 일종으로 이해된다.
　　ⓒ: 토지 공급은 한정되어 있으므로 토지 투자는 상품 투자의 경우와는 달리 제어장치가 없다.

② ⊙: 토지에 대한 투자는 상품 투자의 일종으로 이해된다.
　　ⓒ: 토지 투자는 다른 상품의 생산 비용을 상승시켜 상품의 가격 상승으로 이어진다.

③ ⊙: 토지에 대한 투자는 상품 생산의 수단으로 활용된다.
　　ⓒ: 토지 공급은 한정되어 있으므로 토지 투자는 상품 투자의 경우와는 달리 제어장치가 없다.

④ ⊙: 토지 투자와 상품 투자는 거시경제적인 관점에서 상호 보완적 역할을 수행한다.
　　ⓒ: 토지 투자는 다른 상품의 생산 비용을 상승시켜 상품의 가격 상승으로 이어진다.

⑤ ⊙: 토지 투자와 상품 투자는 거시경제적인 관점에서 상호 보완적 역할을 수행한다.
　　ⓒ: 토지 공급은 한정되어 있으므로 토지 투자는 상품 투자의 경우와는 달리 제어장치가 없다.

갑: 예술가의 작업이란, 자신이 경험한 감정을 타인도 경험할 수 있도록 색이나 소리와 같이 감각될 수 있는 여러 형태로 표현하는 것이지.

을: 그렇다면 훌륭한 예술과 그렇지 못한 예술을 구별하는 기준은 무엇이지?

갑: 그것이야 예술가가 해야 할 작업을 성공적으로 수행하면 훌륭한 예술이고, 그런 작업에 실패한다면 훌륭하지 못한 예술이지. 즉 예술가가 경험한 감정이 잘 전달되어 감상자도 그런 감정을 느끼게 되는 예술을 훌륭한 예술이라고 할 수 있어.

을: 예술가가 느낀 감정 중에서 천박한 감정이 있을까? 아니면 예술가가 느낀 감정은 모두 고상하다고 할 수 있을까?

갑: 물론 여느 사람과 마찬가지로 예술가 역시 천박한 감정을 가질 수 있지. 만약 어떤 예술가가 남의 고통을 보고 고소함을 느꼈다면 이는 천박한 감정이라고 해야 할 텐데, 예술가라고 해서 모두 천박한 감정을 갖지 않는다고 할 수는 없어.

을: 그렇다면 천박한 감정을 느낀 예술가가 그 감정을 표현하여 감상자 역시 그런 감정을 느낀다면, 그런 예술이 훌륭한 예술인가?

갑: [(가)]

을: 너의 대답은 모순이야. 왜냐하면 네 대답은 [(나)] 때문이야.

	(가)	(나)
①	그렇다.	훌륭한 예술에 대한 너의 정의와 앞뒤가 맞지 않기
②	그렇다.	예술가의 작업에 대한 너의 정의와 앞뒤가 맞지 않기
③	그렇다.	예술가가 느낀 감정이 모두 고상하지는 않다는 너의 주장과 앞뒤가 맞지 않기
④	아니다.	훌륭한 예술에 대한 너의 정의와 앞뒤가 맞지 않기
⑤	아니다.	예술가가 느낀 감정이 모두 고상하지는 않다는 너의 주장과 앞뒤가 맞지 않기

갑: 2022년에 A보조금이 B보조금으로 개편되었다고 들었습니다. 2021년에 A보조금을 수령한 민원인이 B보조금의 신청과 관련하여 문의하였습니다. 민원인이 중앙부처로 바로 연락하였다는데 B보조금 신청 자격을 알 수 있을까요?

을: B보조금 신청 자격은 A보조금과 같습니다. 해당 지자체에 농업경영정보를 등록한 농업인이어야 하고 지급 대상 토지도 해당 지자체에 등록된 농지 또는 초지여야 합니다.

갑: 네. 민원인의 자격 요건에 변동 사항은 없다는 것을 확인했습니다. 그 외에 다른 제한 사항은 없을까요?

을: 대상자 및 토지 요건을 모두 충족하더라도 전년도에 A보조금을 부정한 방법으로 수령했다고 판정된 경우에는 B보조금을 신청할 수가 없어요. 다만 부정한 방법으로 수령했다고 해당 지자체에서 판정하더라도 수령인은 일정 기간 동안 중앙부처에 이의를 제기할 수 있습니다. 이의 제기 심의 기간에는 수령인이 부정한 방법으로 수령하지 않은 것으로 봅니다.

갑: 우리 중앙부처의 2021년 A보조금 부정 수령 판정 현황이 어떻게 되죠?

을: 2021년 A보조금 부정 수령 판정 이의 제기 신청 기간은 만료되었습니다. 부정 수령 판정이 총 15건이 있었는데, 그중 11건에 대한 이의 제기 신청이 들어왔고 1건은 심의 후 이의 제기가 받아들여져 인용되었습니다. 9건은 이의 제기가 받아들여지지 않아 기각되었고 나머지 1건은 아직 이의 제기 심의 절차가 진행 중입니다.

갑: 그렇다면 제가 추가로 _____만 확인하고 나면 다른 사유를 확인하지 않고서도 민원인이 현재 B보조금 신청 자격이 되는지를 바로 알 수 있겠네요.

① 민원인의 부정 수령 판정 여부, 민원인의 이의 제기 여부, 이의 제기 심의 절차 진행 중인 건이 민원인이 제기한 건인지 여부

② 민원인의 부정 수령 판정 여부, 민원인의 이의 제기 여부, 이의 제기 기각 건에 민원인이 제기한 건이 포함되었는지 여부

③ 민원인의 농업인 및 농지 등록 여부, 민원인의 이의 제기 여부, 이의 제기 심의 절차 진행 중인 건의 심의 완료 여부

④ 민원인의 부정 수령 판정 여부, 민원인의 이의 제기 여부, 이의 제기 인용 건이 민원인이 제기한 건인지 여부

⑤ 민원인의 농업인 및 농지 등록 여부, 민원인의 부정 수령 판정 여부, 민원인의 이의 제기 여부

> 2020년 7월 2일이 출산 예정일이었던 갑은 2020년 6월 28일 아이를 출산하여, 2020년 7월 10일에 ○○구 건강관리센터 산모·신생아 건강관리 서비스를 신청하였다. 2020년 1월 1일에 ○○구에 주민등록이 된 이후 갑은 주민등록지를 변경하지 않았으며, 실제로 ○○구에 거주하였다. 갑의 신청을 검토한 ○○구는 「○○구 산모·신생아 건강관리 지원에 관한 조례」(이하 "조례"라 한다)와 「○○구 건강관리센터 운영규정」(이하 "운영규정"이라 한다)이 불일치한다는 문제를 발견하였다. 이에 ㉠운영규정과 조례 중 무엇도 위반하지 않고 갑이 30만 원 이하의 본인 부담금만으로 해당 서비스를 이용할 수 있도록 조례 또는 운영규정을 일부 개정하였다.

「○○구 산모·신생아 건강관리 지원에 관한 조례」

제8조(산모·신생아 건강관리 지원) ① 구청장은 출산 예정일 또는 출산일을 기준으로 6개월 전부터 계속하여 ○○구에 주민등록을 두고 있는 산모와 출산 예정일 또는 출산일을 기준으로 1년 전부터 계속하여 ○○구를 국내 체류지로 하여 외국인 등록을 하고 ○○구에 체류하는 외국인 산모에게 산모·신생아 건강관리 서비스를 제공할 수 있다.

② 구청장은 제1항에 따른 서비스의 본인 부담금을 이용금액 기준에 따라 30만 원 한도 내에서 서비스 수급자에게 부과할 수 있다.

「○○구 건강관리센터 운영규정」

제21조(산모·신생아 건강관리 지원) ① 다음 각 호의 어느 하나에 해당하는 사람은 산모·신생아 건강관리 서비스를 이용할 수 있다.

　1. 출산일을 기준으로 6개월 전부터 계속하여 ○○구에 주민등록을 두고 실제로 ○○구에 거주하고 있는 산모
　2. 출산일을 기준으로 6개월 전부터 ○○구를 국내 체류지로 하여 외국인 등록을 하고 실제로 ○○구에 체류하고 있는 외국인 산모

② 제1항에 따른 서비스를 이용하는 경우 서비스 수급자에게 본인 부담금이 부과될 수 있다. 그 산정은 「○○구 산모·신생아 건강관리 지원에 관한 조례」의 기준에 따른다.

---

① 운영규정 제21조제3항과 조례 제8조제3항으로 '신청일은 출산일 기준 10일을 경과할 수 없다.'를 신설한다.

② 운영규정 제21조제1항의 '실제로 ○○구에 거주하고'와 '실제로 ○○구에 체류하고'를 삭제한다.

③ 운영규정 제21조제2항의 '본인 부담금'을 '30만 원 이하의 본인 부담금'으로 개정한다.

④ 운영규정 제21조제1항의 '출산일'을 모두 '출산 예정일 또는 출산일'로 개정한다.

⑤ 조례 제8조제1항의 '1년'을 '6개월'로 개정한다.

14. 다음 대화의 ㉠에 따라 <계획안>을 수정한 것으로 적절하지 않은 것은?

갑: 나눠드린 'A시 공공 건축 교육 과정' 계획안을 다 보셨죠? 이제 계획안을 어떻게 수정하면 좋을지 각자의 의견을 자유롭게 말씀해 주십시오.

을: 코로나19 상황을 고려해 대면 교육보다 온라인 교육이 좋겠습니다. 그리고 방역 활동에 모범을 보이는 차원에서 온라인 강의로 진행한다는 점을 강조하는 것이 좋겠습니다. 온라인 강의는 편안한 시간에 접속하여 수강하게 하고, 수강 가능한 기간을 명시해야 합니다. 게다가 온라인으로 진행하면 교육 대상을 A시 시민만이 아닌 모든 희망자로 확대하는 장점이 있습니다.

병: 좋은 의견입니다. 여기에 덧붙여 교육 대상을 공공 건축 업무 관련 공무원과 일반 시민으로 구분하는 것이 좋겠습니다. 관련 공무원과 일반 시민은 기반 지식에서 차이가 커 같은 내용으로 교육하기에 적합하지 않습니다. 업무와 관련된 직무 교육 과정과 일반 시민 수준의 교양 교육 과정으로 따로 운영하는 것이 좋겠습니다.

을: 교육 과정 분리는 좋습니다만, 공무원의 직무 교육은 참고할 자료가 많아 온라인 교육이 비효율적입니다. 직무 교육 과정은 다음에 논의하고, 이번에는 시민 대상 교양 과정으로만 진행하는 것이 좋겠습니다. 그리고 A시의 유명 공공 건축물을 활용해서 A시를 홍보하고 관심을 끌 수 있는 주제의 강의가 있으면 좋겠습니다.

병: 그게 좋겠네요. 마지막으로 덧붙이면 신청 방법이 너무 예전 방식입니다. 시 홈페이지에서 신청 게시판을 찾아가는 방법을 안내할 필요는 있지만, 요즘 같은 모바일 시대에 이것만으로는 부족합니다. A시 공식 어플리케이션에서 바로 신청서를 작성하고 제출할 수 있도록 하면 좋겠습니다.

갑: ㉠오늘 회의에서 나온 의견을 반영하여 계획안을 수정하도록 하겠습니다. 감사합니다.

〈계획안〉

A시 공공 건축 교육 과정

○ 강의 주제: 공공 건축의 미래 / A시의 조경
○ 일시: 7. 12.(월) 19:00~21:00 / 7. 14.(수) 19:00~21:00
○ 장소: A시 청사 본관 5층 대회의실
○ 대상: A시 공공 건축에 관심 있는 A시 시민 누구나
○ 신청 방법: A시 홈페이지 → '시민참여' → '교육' → '공공 건축 교육 신청 게시판'에서 신청서 작성

---

① 강의 주제에 "건축가협회 선정 A시의 유명 공공 건축물 TOP3"를 추가한다.

② 일시 항목을 "○ 기간: 7. 12.(월) 06:00~7. 16.(금) 24:00"으로 바꾼다.

③ 장소 항목을 "○ 교육방식: 코로나19 확산 방지를 위해 온라인 교육으로 진행"으로 바꾼다.

④ 대상을 "A시 공공 건축에 관심 있는 사람 누구나"로 바꾼다.

⑤ 신청 방법을 "A시 공식 어플리케이션을 통한 A시 공공 건축 교육 과정 간편 신청"으로 바꾼다.

1 독해의 원리
2 논증의 방향
3 문맥과 단서
4 논리의 체계
기출 엄선 모의고사
해커스PSAT 7급 PSAT 기본서 언어논리

갑: 아시는 바와 같이 코로나 19로 인한 위기 상황 속에서 어려움을 겪는 국민의 생계를 지원하기 위해 정부가 지난 5월에 전 국민을 대상으로 긴급재난지원금을 지급했습니다. 그런데 정부는 코로나 19로 영업이 어려워진 소상공인 및 자영업자, 생계가 어려운 가구 등을 대상으로 지원금을 다시금 지급하기로 8월에 결정했습니다. 이 소식을 듣고 지원금 수령 가능 여부를 문의하는 민원인들이 많습니다. 문구점을 운영하는 A씨는 소상공인 및 자영업자에게 주는 지원금을 신청할 수 있는지 문의했습니다.

을: 이번에는 소상공인 및 자영업자의 일부, 생계 위기 가구 등에 지원금을 주게 되어 있습니다. 사회적 거리두기 2단계의 실시로 출입이 금지된 집합금지 및 집합제한업종의 자영업자는 특별한 증빙서류 없이 소상공인 및 자영업자 대상 지원금을 받을 수 있습니다. 또 사회적 거리두기 2.5단계부터 운영이 제한된 수도권의 카페나 음식점 등도 집합제한업종에 해당하여 지원금을 받을 수 있습니다. 집합금지 및 집합제한업종에 속하지 않더라도 연 매출 4억 원 이하라는 사실을 증명할 수 있는 자료와 함께 코로나 19 확산으로 매출이 감소했음을 증빙하는 자료를 제출하면 지원금을 받을 수도 있습니다. A씨가 운영하는 가게가 집합금지 및 집합제한업종에 해당하는지 확인하셨습니까?

갑: 네, A씨가 운영하는 문구점은 집합금지 및 집합제한업종에 해당하지 않는 것으로 확인되었습니다.

을: 그렇다면 제가 말씀드린 내용을 바탕으로 A씨에게 적절한 답변을 해주시기 바랍니다.

갑: 잘 알겠습니다. 민원인 A씨에게 　　　　　　　고 말씀 드리겠습니다.

① 문구점은 일반 업종에 해당하지 않으므로 긴급재난지원금을 신청할 수 없다

② 지난 5월에 긴급재난지원금을 받았다는 사실을 증명하는 서류를 제출해야 한다

③ 문구점은 집합금지 및 집합제한업종에 해당하지 않는 것으로 확인되었기 때문에 지원금을 받을 수 없다

④ 사회적 거리두기 2.5단계부터 운영이 제한되거나 금지된 업종이 아니면 긴급재난지원금을 받을 수 없다

⑤ 연 매출 4억 원에 미치지 못하고 코로나 19로 매출이 감소한 자영업자라면 증빙서류를 갖추어 신청할 수 있다

16. 다음 글의 ⊙~⑩에서 전체 흐름과 맞지 않는 한 곳을 찾아 수정할 때, 가장 적절한 것은?

18 민경채

상업적 농업이란 전통적인 자급자족 형태의 농업과 달리 ⊙ 판매를 위해 경작하는 농업을 일컫는다. 농업이 상업화된다는 것은 산출할 수 있는 최대의 수익을 얻기 위해 경작이 이루어짐을 뜻한다. 이를 위해 쟁기질, 제초작업 등과 같은 생산 과정의 일부를 인간보다 효율이 높은 기계로 작업하게 되고, 농장에서 일하는 노동자도 다른 산업 분야처럼 경영상의 이유에 따라 쉽게 고용되고 해고된다. 이처럼 상업적 농업의 도입은 근대 사회의 상업화를 촉진한 측면이 있다.

홉스봄은 18세기 유럽에 상업적 농업이 도입되면서 일어난 몇 가지 변화에 주목했다. 중세 말기 장원의 해체로 인해 지주와 소작인 간의 인간적이었던 관계가 사라진 것처럼, ⓛ 농장주와 농장 노동자의 친밀하고 가까웠던 관계가 상업적 농업의 도입으로 인해 사라졌다. 토지는 삶의 터전이라기보다는 수익의 원천으로 여겨지게 되었고, 농장 노동자는 시세대로 고용되어 임금을 받는 존재로 변화하였다. 결국 대량 판매 시장을 위한 ⓒ 대규모 생산이 점점 더 강조되면서 기계가 인간을 대체하기 시작했다.

또한 상업적 농업의 도입은 중요한 사회적 결과를 가져왔다. 점차적으로 ⓐ 중간 계급으로의 수렴현상이 나타난 것이다. 저임금 구조의 고착화로 농장주와 농장 노동자 간의 소득 격차는 갈수록 벌어졌고, 농장 노동자의 처지는 위생과 복지의 양 측면에서 이전보다 더욱 열악해졌다.

나아가 상업화로 인해 그 동안 호혜성의 원리가 적용되어왔던 대상들의 성격이 변화하였는데, 특히 돈과 관련된 것, 즉 재산권이 그러했다. 수익을 얻기 위한 토지 매매가 본격화되면서 ⓜ 재산권은 공유되기보다는 개별화되었다. 이에 따라 이전에 평등주의 가치관이 우세했던 일부 유럽 국가에서조차 자원의 불평등한 분배와 사회적 양극화가 심화되었다.

① ⊙을 "개인적인 소비를 위해 경작하는 농업"으로 고친다.

② ⓛ을 "농장주와 농장 노동자의 이질적이고 사용 관계에 가까웠던 관계"로 고친다.

③ ⓒ을 "기술적 전문성이 점점 더 강조되면서 인간이 기계를 대체"로 고친다.

④ ⓐ을 "계급의 양극화가 나타난 것이다."로 고친다.

⑤ ⓜ을 "재산권은 개별화되기보다는 사회 구성원 내에서 공유되었다."로 고친다.

17. 다음 글의 (가)와 (나)에 들어갈 말을 짝지은 것으로 가장 적절한 것은?

오늘날 우리는 끊임없이 무엇인가를 전시하고 이에 대한 주변인의 반응을 기다린다. 특히 전시의 공간이 온라인 플랫폼으로 확장되면서 우리의 삶 자체가 전시물이 되는 시대에 살고 있다. 전시된 삶에 공감하는 익명의 사람들은 '좋아요' 버튼을 누른다. '좋아요'의 수가 많을수록 전시된 콘텐츠의 가치가 높아진다. 이제 얼마나 많은 수의 '좋아요'를 확보하느냐가 관건이 된다.

그러다 보니 우리는 손에 잡히지 않지만 눈으로 확인할 수 있는 누군가의 '좋아요'를 좇게 된다. '좋아요'는 전시된 콘텐츠에 대한 공감의 표현 방식이었지만, 어느 순간 관계가 역전되어 '좋아요'를 얻기 위해 콘텐츠를 가상 공간에 전시하기 시작한다. 이제 우리는 '좋아요'를 많이 얻을 수 있는 콘텐츠를 만들어내는 데 최선의 노력을 기울이게 된다.

이 관계의 역전은 문제를 일으킨다. '좋아요'의 선택을 받기 위해 노력하다 보면 어느 순간 현실에 존재하는 '나'가 사라지고 만다. 타인이 좋아할 만한 일상과 콘텐츠를 선별하거나 심지어 만들어서라도 전시하기 때문이다. _____(가)_____. 타인의 '좋아요'를 얻기 위해 현실에 존재하는 내가 사라지고 마는 아이러니를 직면하는 순간이다.

'좋아요'의 공동체 안에서는 타자도 존재하지 않는다. 이 공동체는 '좋아요'를 매개로 모인 서로 '같음'을 공유하는 사람들로 구성된다. 그래서 같은 것을 좋아하고 긍정하는 '좋아요'의 공동체 안에서 각자의 '다름'은 점차 사라진다. _____(나)_____. 이제 공동체에서 그러한 타자를 환대하거나 그의 말을 경청하려는 사람은 점점 줄어들고, '다름'은 '좋아요'가 용납하지 않는 별개의 언어가 된다.

'좋아요'는 그 특유의 긍정성 덕분에 뿌리치기 힘든 유혹으로 다가온다. 하지만 '좋아요'에 함몰되는 순간 나와 타자를 동시에 잃어버릴 수 있다. 우리는 '좋아요'를 거부하는 타자들을 인정하고 그들의 말에 귀를 기울여야 한다. 이렇게 '좋아요'가 축출한 '다름'의 언어를 되찾아오기 시작할 때 '좋아요'의 아이러니에서 벗어날 수 있을 것이다.

① (가): '좋아요'를 얻기 위해 현실의 나와 다른 전시용 나를 제작하는 셈이다
　 (나): '좋아요'를 거부하고 다른 의견을 내는 사람은 불편한 대상이자 배제의 대상이 된다

② (가): '좋아요'를 얻기 위해 현실의 나와 다른 전시용 나를 제작하는 셈이다
　 (나): '좋아요'의 공동체에서는 어떠한 갈등이나 의견 대립도 발생하지 않는다

③ (가): '좋아요'를 얻기 위해 나의 내면과 사생활까지도 타인에게 적극적으로 개방한다
　 (나): '좋아요'를 거부하고 다른 의견을 내는 사람은 불편한 대상이자 배제의 대상이 된다

④ (가): '좋아요'를 얻기 위해 나의 내면과 사생활까지도 타인에게 적극적으로 개방한다
　 (나): '좋아요'의 공동체에서는 어떠한 갈등이나 의견 대립도 발생하지 않는다

⑤ (가): '좋아요'를 얻기 위해 현실의 내가 가진 매력적 콘텐츠를 더욱 많이 발굴하는 것이다
　 (나): '좋아요'의 공동체에서는 어떠한 갈등이나 의견 대립도 발생하지 않는다

18. 다음 대화의 ㉠으로 적절한 것만을 <보기>에서 모두 고르면?

24 7급공채

갑: 현재 지방자치단체들에서는 아동학대 피해자들을 위해 아동보호 전문기관과 연계하여 적극적인 보호조치를 취하는 대응체계를 구축하고 있는데요. 그럼에도 불구하고 아동학대로부터 제대로 보호 받지 못하는 피해자들이 여전히 많은 이유는 무엇일까요?

을: 제 생각에는 신속한 보호조치가 미흡한 것 같습니다. 현행 대응체계에서는 신고가 접수된 이후부터 실제 아동학대로 판단되어 보호조치가 취해지기까지 긴 시간이 소요됩니다. 신고를 해 놓고 보호조치를 기다리는 동안 또다시 학대를 받는 아동이 많은 것은 아닐까요?

병: 글쎄요. 저는 다른 이유가 있다고 생각합니다. 현행 대응체계에서는 일단 아동학대 신고가 접수되면 실제 아동학대로 판단될 수 있는 사례인지를 조사합니다. 그 결과 아동학대로 판단되지 않은 사례에 대해서는 보호조치가 취해지지 않는데요. 당장은 직접적인 학대 정황이 포착되지 않아 아동학대로 판단되지 않았으나, 실제로는 아동학대였던 경우가 많았을 것이라고 생각합니다.

정: 옳은 지적이긴 합니다. 하지만 저는 더 근본적인 문제가 있다고 생각합니다. 아동학대가 가까운 친인척에 의해 발생한다는 점, 그리고 피해자가 아동이라는 점 등으로 인해 신고 자체가 어려운 경우가 많습니다. 애당초 신고를 하기 어려우니 보호조치가 취해질 가능성 또한 낮은 것이지요.

갑: 모두들 좋은 의견 감사합니다. 오늘 회의에서 제시하신 의견을 뒷받침할 수 있는 ㉠자료 조사를 수행해 주세요.

─────〈보 기〉─────

ㄱ. 을의 주장을 뒷받침하기 위해, 신고가 접수된 시점과 아동학대 판단 후 보호조치가 시행된 시점 사이에 아동학대가 재발한 사례의 수를 조사한다.

ㄴ. 병의 주장을 뒷받침하기 위해, 아동학대로 판단되지 않은 신고 사례 가운데 보호조치가 취해지지 않은 사례가 차지하는 비중을 조사한다.

ㄷ. 정의 주장을 뒷받침하기 위해, 아동학대 피해자 가운데 친인척과 동거하지 않으며 보호조치를 받지 못한 사례의 수를 조사한다.

① ㄱ

② ㄴ

③ ㄱ, ㄷ

④ ㄴ, ㄷ

⑤ ㄱ, ㄴ, ㄷ

정답·해설 p.292

4 논리의 체계

출제경향분석

1 논리의 체계란?

논리의 체계는 1~3단락 정도의 비교적 짧은 길이의 지문 또는 퀴즈를 해결하는 데 필요한 3~5개 정도의 명제나 조건을 제시하고, 지문의 내용이 모두 참일 때 선택지나 <보기>에 제시된 명제의 참·거짓 여부를 정확하게 판단할 수 있는지를 평가하기 위한 유형이다. 다른 시험의 언어 관련 영역에는 출제되지 않는 PSAT 언어논리만의 독자적인 출제 유형이며, 앞선 유형들과는 완전히 다른 형태이므로 체계적인 접근이 필요하다.

2 세부 출제 유형

논리의 체계는 출제 형태에 따라 ① 논증의 타당성, ② 논리 퀴즈, ③ 독해형 논리 총 3가지 세부 유형으로 출제된다.

논증의 타당성	논증의 전제가 참일 때, 결론이 참임이 보장되는지를 판단하는 문제 유형
논리 퀴즈	지문에 제시된 조건의 참·거짓 여부에 따라 경우의 수를 나누거나 그 조건을 기호화하여 연결하는 방식으로 선택지나 <보기>의 내용이 참인지 거짓인지를 판단하는 유형
독해형 논리	줄글 형태로 제시된 지문에서 논리 명제를 찾아 기호화하여 선택지나 <보기>의 참·거짓 여부를 판단하거나 논증에서 빠진 전제를 찾는 유형

3 출제 경향

1. 2020년 모의평가부터 2024년 7급 공채 기출까지 '논리의 체계' 출제 문항 수는 다음과 같다.

2020년 모의평가	2021년 7급 공채	2022년 7급 공채	2023년 7급 공채	2024년 7급 공채
4문항	6문항	4문항	3문항	5문항

논리의 체계는 5급 공채 PSAT에서는 40문제 중 4~6문제가 출제된다. 특히 2021년과 2024년 7급 공채 PSAT에서는 5급 공채 PSAT보다 더 높은 비중으로 출제되었고, 2022년과 2023년 7급 공채의 경우도 비중이 낮지 않으므로 앞으로도 계속 높은 비중으로 출제될 것으로 예측된다.

2. 논리 문제는 난도가 높을 뿐 아니라 기본적인 논리 지식을 습득하지 않고서는 해결하기 어렵기 때문에 실제 출제된 문제 개수에 비해 체감하는 비중이 매우 크다. 특히 2021년과 2024년 7급 공채 PSAT에서 비중과 난도가 모두 높게 출제되었고, 2022년과 2023년 7급 공채 PSAT에서도 난도 높은 문제가 출제되었다. 앞으로도 이 유형은 시험의 난이도를 조절하고 변별력을 높이는 문제로 활용될 가능성이 높다.

4 대비 전략

논리 문제는 기본적인 논리 이론을 습득하지 않으면 문제 해결이 어렵다. 따라서 문제를 해결하는 데 필요한 기본적인 논리 이론을 미리 학습하면 실력 향상에 도움이 된다.

1. '정언명제', '가언명제', '참', '거짓', '연역논리', '귀납논리' 등 논리 문제에 출제되는 기본적인 용어의 의미를 암기한다.

2. 논증의 타당성을 판단하는 기준으로서 '전건긍정 법칙', '후건부정 법칙', '선언지 제거법' 등의 연역 규칙과 '전건 부정의 오류', '후건 긍정의 오류', '선언지 긍정의 오류'등 오류 내용을 충분히 숙지한다.

3. 명제 간 관계를 빠르고 정확하게 판단하기 위해 일상적 용어의 문장들 중 논리 명제를 파악하고, 이러한 논리 명제를 간단하게 표시하는 기호화를 연습한다.

4. 논리 문제에 익숙해지도록 다양한 논리 문제를 풀면서 유형별 접근법을 반복적으로 연습한다.

유형 소개

'논증의 타당성' 유형은 지문에서 논증의 전제가 참일 때 결론이 반드시 참인지 여부를 판단하는 유형이다.

유형 특징

이 유형은 논증이 지문 또는 선택지나 <보기>에 제시된다. 이때 논증의 타당성 여부는 논증의 내용이 아니라 논증의 형식을 기준으로 판단하므로 논증의 내용은 추상적이고 난해한 내용으로 구성되는 경우가 많다. 대표적인 발문 형태는 다음과 같다.

· 다음 논증 중 타당하지 않은 것은?

· 다음 추론 중 논리적으로 타당한 것은?

· 다음에서 전제가 참일 때 결론이 반드시 참이 되지 않는 논증을 모두 고르면?

· 다음 논증에 대한 평가로 적절한 것은?

· 다음 글에 대한 분석으로 적절한 것만을 <보기>에서 모두 고르면?

출제 경향

· 2020년 모의평가부터 2024년 7급 공채 기출까지 '논증의 타당성' 유형의 문항 비중은 다음과 같다.

2020년 모의평가	2021년 7급 공채	2022년 7급 공채	2023년 7급 공채	2024년 7급 공채
0문항	1문항	1문항	0문항	1문항

이 유형은 매년 출제되지는 않지만, 5급 공채 PSAT나 민간경력자 PSAT의 초창기에 자주 출제되었으므로 7급 공채 PSAT에서도 일정 기간 꾸준히 출제될 가능성이 높다.

· 이 유형은 PSAT 언어논리에서 '논리'의 가장 기초적인 유형이기 때문에 초기 문제의 난도는 높지 않았다. 그러나 최근 들어 다양하게 응용된 형태로 문제가 출제되고 있고, 특히 2024년과 2022년 7급 공채 PSAT에서는 논증이 복잡하게 구성되어 체감 난도가 높았다.

1 독해의 원리

2 논증의 방향

3 문맥과 단서

4 논리의 체계

기출 엄선 모의고사

해커스PSAT 7급 PSAT 기본서 언어논리

문제풀이 핵심 전략

STEP 1 | 제시된 논증을 전제와 결론으로 구분하고, 간단히 기호화한다.

√ 논증은 전제와 결론으로 이루어져 있으므로 논증의 전제가 되는 문장과 결론인 문장을 구별하여 기호화해야 타당성을 명확히 파악할 수 있다.

▼

STEP 2 | 논증 규칙이나 논리적 오류를 적용하여 기호화한 전제가 참일 때, 결론이 반드시 참이 되는지 확인한다.

√ 전제가 참일 때 결론이 반드시 참으로 도출되면 타당한 논증이다.

√ 전제가 참일 때 결론이 반드시 참으로 도출되지 않으면 타당하지 않은 논증이다. 반드시 참으로 도출되지 않는 경우는 명제가 참일 수도 있고 거짓일 수도 있거나, 반드시 거짓인 경우이다.

조은정쌤의 응급처방

주요 논리 기호의 의미

· →: 조건 명제의 조건절(if)과 서술절을 연결한다.

· ~: 부정(not)의 의미를 나타낸다.

· ∧: '그리고(and)'와 '하지만(but)'의 의미를 나타낸다.

· ∨: '거나, 또는, 적어도 둘 중 하나(or)'의 의미를 가진다.

논증의 타당성을 판단하는 규칙

· 전건 긍정법: A → B가 참일 때, A가 참이면 B는 반드시 참이다.

· 후건 부정법: A → B가 참일 때, ~B가 참이면 ~A는 반드시 참이다.

· 선언지 제거법: A ∨ B가 참일 때, ~A가 참이면 B는 반드시 참이다.

논증이 타당하지 않게 만드는 논리적 오류

· 전건 부정의 오류: A → B가 참일 때, ~A → ~B를 참이라고 하면 오류이다.

· 후건 긍정의 오류: A → B가 참일 때, B → A를 참이라고 하면 오류이다.

· 선언지 긍정의 오류: A ∨ B가 참일 때, A → ~B를 참이라고 하면 오류이다.

문제풀이 핵심 전략 적용

다음에서 전제가 참일 때 결론이 반드시 참이 되지 않는 논증을 모두 고르면?　　　06 5급견습

> ㄱ. 사형 제도 때문에 살인범이 없어질 경우에만 그 제도는 정당화될 수 있을 거야. 사형 제도가 있는데도 살인범이 없어지지는 않는 것을 보니 사형 제도는 정당화될 수 없어.
>
> ㄴ. 간편하게 들고 다니지 못하는 것은 어떤 것도 유용하지 않아. 그런데 100킬로그램이 넘는 것은 어떤 것도 간편하게 들고 다닐 수가 없거든. 그러므로 유용한 것은 모두 100킬로그램 이하의 것이지.
>
> ㄷ. 담배를 피우지 않는 사람은 모두 완전한 건강 상태를 유지하고 있어. 그런데 몇몇 운동선수는 건강 상태가 완전해. 그렇다면 운동선수 중에는 담배를 피우지 않는 사람이 있어.
>
> ㄹ. 민수의 증언이 사실이라면 철수의 증언도 사실이야. 민수가 한 증언이 사실이라면 영희가 한 증언도 사실이고, 철수가 한 증언이 사실이라면 영희가 한 증언도 사실이기 때문이지.

① ㄱ, ㄴ

② ㄱ, ㄷ

③ ㄴ, ㄷ

④ ㄴ, ㄹ

⑤ ㄷ, ㄹ

1 독해의 원리
2 논증의 방향
3 문맥과 단서
4 논리의 체계
기출 엄선 모의고사
해커스PSAT 7급 PSAT 기본서 언어논리

STEP 1

제시된 논증을 전제와 결론으로 구분하고 기호화하여 나타내면 다음과 같다.

ㄱ. 전제 1: 정당화 → ~살인범

　　　　'A일 경우에만 B'는 'B이면 A'라는 의미이므로 'B → A'로 기호화한다.

　전제 2: 살인범

　결론: ~정당화

ㄴ. 전제 1: ~간편 → ~유용

　전제 2: 100 넘는 → ~간편

　결론: 유용 → ~100 넘는

ㄷ. 전제 1: ~담배 → 건강

　전제 2: 운동선수 ∧ 건강

　결론: 운동선수 ∧ ~담배

ㄹ. 전제: 민수 → 영희, 철수 → 영희

　결론: 민수 → 철수

STEP 2

논증 규칙이나 논리적 오류를 적용하여 논증의 타당성을 확인한다.

ㄱ. 전제가 참일 때, 후건 부정법에 의해 '살인범 → ~정당화'이므로 결론도 반드시 참이다.

ㄴ. 전제가 참일 때, 후건 부정법에 의해 '유용 → 간편 → ~100 넘는'이므로 결론도 반드시 참이다.

ㄷ. 전제가 참이라 해도, 운동선수 중에 담배를 피우지 않는 사람이 없을 수도 있으므로 '운동선수 ∧ ~담배'가 반드시 참이 되지는 않는다.

ㄹ. 전제가 참이라 해도 '민수 → 철수'는 도출되지 않으므로 결론은 반드시 참이 되지는 않는다.

따라서 정답은 ⑤이다.

유형공략문제

📊 실력 UP 포인트 ⌐문제 풀이 후 확인하기

1. ①~⑤의 전제를 기호화하면 어떻게 나타나는가?

2. ①~⑤의 결론을 기호화하면 어떻게 나타나는가?

01. 다음 논증 중 전제에서 결론이 도출되지 않는 것은?   05 5급공채

① 영호는 주식 투자에서 이득을 보았는데, 주식 투자에서는 손해를 보는 사람이 있어야 이득을 보는 사람도 있다. 따라서 누군가는 주식 투자에서 손해를 보았다.

② 오직 고온에서 저온으로 열의 이동이 발생할 때에만 열에서 동력을 얻을 수 있다. 따라서 열에서 동력을 얻을 수 있었다면 고온에서 저온으로 열의 이동이 발생한 것이다.

③ 마이클 조던이 최고의 농구 선수라면 공중에 3초 이상 떠 있을 수 있어야 한다. 하지만 마이클 조던은 2.5초밖에 공중에 떠 있지 못한다. 그러므로 마이클 조던을 최고의 농구 선수라고 할 수 없다.

④ 도덕적 판단이 객관성을 지닌다면 도덕적 판단은 경험적 근거를 가지며 유전적 요인과는 무관할 것이다. 사람들이 히틀러의 유태인 학살 행위를 잘못이라고 판단하는 것으로 볼 때, 도덕적 판단은 경험적 근거를 가진다. 따라서 도덕적 판단이 유전적 요인과 무관하다면 도덕적 판단은 객관성을 지닌다.

⑤ 푸른 리트머스종이를 산성용액에 넣으면 붉은색으로 변화하고 알카리성용액에 넣으면 색깔이 변화하지 않는다. 이제 산성이든가 알카리성인 어떤 용액 속에 푸른 리트머스종이를 넣었다. 만약 푸른 리트머스종이의 색깔이 붉은색으로 변화하지 않으면 우리는 그 용액이 알카리성이라고 결론지을 수 있다.

[정답]

1. ① · 이득
   · 이득 → 손해
   ② 동력 → 열의 이동
   ③ · 최고의 농구 선수 → 공중에 3초 이상
   · ~공중에 3초 이상
   ④ · 객관성 → 경험적 근거 ∧ ~유전적 요인
   · 경험적 근거
   ⑤ · 산성 → 붉은색으로 변화
   · 알카리성 → ~붉은색으로 변화
   · 산성 or 알카리성

2. ① 손해
   ② 동력 → 열의 이동
   ③ ~최고의 농구 선수
   ④ ~유전적 요인 → 객관성
   ⑤ ~붉은색으로 변화 → 알카리성

02. 다음 글에 대한 분석으로 적절한 것만을 <보기>에서 모두 고르면? 　21 7급공채

'자연화'란 자연과학의 방법론에 따라 자연과학이 수용하는 존재론을 토대 삼아 연구를 수행한다는 의미이다. 심리학을 자연과학의 하나라고 생각하는 철학자 A는, 인식론의 자연화를 주장하기 위해 다음의 〈논증〉을 제시하였다.

〈논 증〉
(1) 전통적 인식론은 적어도 다음의 두 가지 목표를 가진다. 첫째, 세계에 관한 믿음을 정당화하는 것이고, 둘째, 세계에 관한 믿음을 나타내는 문장을 감각 경험을 나타내는 문장으로 번역하는 것이다.
(2) 전통적 인식론은 첫째 목표도 달성할 수 없고 둘째 목표도 달성할 수 없다.
(3) 만약 전통적 인식론이 이 두 가지 목표 중 어느 하나라도 달성할 수가 없다면, 전통적 인식론은 폐기되어야 한다.
(4) 전통적 인식론은 폐기되어야 한다.
(5) 만약 전통적 인식론이 폐기되어야 한다면, 인식론자는 전통적 인식론 대신 심리학을 연구해야 한다.
(6) 인식론자는 전통적 인식론 대신 심리학을 연구해야 한다.

〈보 기〉
ㄱ. 전통적 인식론의 목표에 (1)의 '두 가지 목표' 외에 "세계에 관한 믿음이 형성되는 과정을 규명하는 것"이 추가된다면, 위 논증에서 (6)은 도출되지 않는다.
ㄴ. (2)를 "전통적 인식론은 첫째 목표를 달성할 수 없거나 둘째 목표를 달성할 수 없다."로 바꾸어도 위 논증에서 (6)이 도출된다.
ㄷ. (4)는 논증 안의 어떤 진술들로부터 나오는 결론일 뿐만 아니라 논증 안의 다른 진술의 전제이기도 하다.

① ㄱ
② ㄷ
③ ㄱ, ㄴ
④ ㄴ, ㄷ
⑤ ㄱ, ㄴ, ㄷ

정답·해설 p.300

📈 **실력 UP 포인트** ⌐문제 풀이 후 확인하기

1. 제시된 논증의 전제를 기호화하면 어떻게 나타나는가?

2. 제시된 논증의 결론을 기호화하면 어떻게 나타나는가?

[정답]
1. (1) 첫째 ∨ 둘째
   (2) ~첫째 ∧ ~둘째
   (3) ~첫째 ∨ ~둘째 → ~인식론
   (4) ~인식론
   (5) ~인식론 → 심리학
2. (6) 심리학

유형 소개

'논리 퀴즈' 유형은 여러 개의 조건으로 제시된 논리 명제를 통해 선택지나 <보기>에 제시된 정보의 참 또는 거짓 여부를 판단하는 유형이다.

유형 특징

이 유형은 지문에서 '모든 A는 B이다.', '어떤 A는 B이다.', 'A라면 B이다.'와 같은 형식을 갖춘 논리 명제가 3~6개 정도 제시된다. '논리 퀴즈' 유형은 지문에 제시된 논리 명제를 조건에 따라 참 또는 거짓이라고 가정하고, 그 조건 하에서 선택지에 제시된 명제의 진위 여부를 판단한다. '논리 퀴즈' 유형은 크게 발문이나 지문에 참말과 거짓말에 대한 진술이 제시되는 '참·거짓 퀴즈'와 조건으로 제시된 논리 명제를 통해 선택지나 <보기>의 참 또는 거짓 여부를 판단하는 '명제 연결형 퀴즈'로 구분된다. 대표적인 발문 형태는 다음과 같다.

· 다음 글의 내용이 참일 때, 반드시 참인 것만을 <보기>에서 모두 고르면?

· 다음 중 오직 한 사람만이 거짓말을 하고 있다. 거짓말을 하고 있는 사람은?

· 다음 조건에 따를 때, 반드시 참/거짓인 것은?

출제 경향

· 2020년 모의평가부터 2024년 7급 공채 기출까지 '논리 퀴즈' 유형의 문항 비중은 다음과 같다.

2020년 모의평가	2021년 7급 공채	2022년 7급 공채	2023년 7급 공채	2024년 7급 공채
3문항	2문항	2문항	1문항	2문항

이 유형은 5급 공채 PSAT에서는 40문제 중 2~4문제가 출제된다. '논리 퀴즈' 유형은 언어논리의 '논리'를 대표하는 유형으로서 5급 공채 PSAT나 민간경력자 PSAT의 초창기부터 빠짐없이 출제되고 있고, 7급 공채 PSAT에서도 중요한 문제 유형으로 출제되고 있다.

· '논리 퀴즈' 유형은 5급 공채 PSAT와 7급 공채 PSAT에서 높은 난도로 출제되고 있다. 이 유형은 논리 이론을 단순 대입하는 것이 아니라 제시된 상황에 맞게 그 이론을 응용하여 접근해야 하므로 다른 문제에 비해 난도가 높고 변별력 있게 출제된다.

1 독해의 원리

2 논증의 방향

3 문맥과 단서

4 논리의 체계

기출 엄선 모의고사

해커스PSAT 7급 PSAT 기본서 언어논리

문제풀이 핵심 전략

STEP 1 | 발문과 지문을 읽고 어떤 종류의 퀴즈인지 판별한다.

√ 발문과 지문을 읽고 참말과 거짓말에 대한 진술이 제시되는 '참·거짓 퀴즈'인지, 지문에 명제를 제시하여 연결고리를 파악하는 '명제 연결형 퀴즈'인지 판별한다.

▼

STEP 2 | 지문에 제시된 명제를 기호화하고, 명제를 연결하여 가능한 경우의 수를 파악한다.

√ '참·거짓 퀴즈'의 경우, 제시된 지문에서 먼저 모순되는 진술이 있는지 찾고, 있다면 이를 기준으로 경우의 수를 파악한다.

√ '명제 연결형 퀴즈'의 경우, 기호화한 명제의 연결고리를 확인하고 명제를 연결하여 경우의 수를 파악한다.

 조은정쌤의 응급처방

모순 관계의 정의

· 두 명제가 동시에 참이 될 수 없고, 동시에 거짓이 될 수도 없는 관계

ex) '모든 A는 B이다.'와 '어떤 A는 B가 아니다.'
'모든 A는 B가 아니다.'와 '어떤 A는 B이다.'

모순 관계의 판단

· A → B와 모순 관계에 있는 문장: A ∧ ~B

· A ∧ B와 모순 관계에 있는 문장: ~A ∨ ~B

문제풀이 핵심 전략 적용

다음 글의 내용이 참일 때, 반드시 참인 것만을 <보기>에서 모두 고르면?　　　　20 7급모의

> 인접한 지방자치단체인 ○○군을 △△시에 통합하는 안건은 △△시의 5개 구인 A, B, C, D, E 중 3개 구 이상의 찬성으로 승인된다. 안건에 관한 입장은 찬성하거나 찬성하지 않거나 둘 중 하나이다. 각 구의 입장은 다음과 같다.
>
> ○ A가 찬성한다면 B와 C도 찬성한다.
> ○ C는 찬성하지 않는다.
> ○ D가 찬성한다면 A와 E 중 한 개 이상의 구는 찬성한다.

---〈보 기〉---

ㄱ. B가 찬성하지 않는다면, 안건은 승인되지 않는다.
ㄴ. B가 찬성하는 경우 E도 찬성한다면, 안건은 승인된다.
ㄷ. E가 찬성하지 않는다면, D도 찬성하지 않는다.

① ㄱ
② ㄴ
③ ㄱ, ㄷ
④ ㄴ, ㄷ
⑤ ㄱ, ㄴ, ㄷ

| STEP 1 |

발문이나 지문에 참말과 거짓말에 대한 조건이 없고, 지문은 조건 명제로 구성되어 있으므로 '명제 연결형 퀴즈'임을 알 수 있다.

| STEP 2 |

지문에 제시된 명제를 기호화하면 다음과 같다.
· 명제 1: A → B ∧ C
· 명제 2: ~C
· 명제 3: D → A ∨ E
이를 바탕으로 명제를 연결하여 가능한 경우를 파악한다.

ㄱ. 안건은 3개 구 이상의 찬성으로 승인되는데, 명제 1의 대우와 명제 2에 의해 '~C ∧ ~A'이므로 B가 찬성하지 않는다면 3개 구 이상 찬성할 수 없게 된다. 따라서 반드시 참이다.

ㄴ. 안건은 3개 구 이상의 찬성으로 승인되는데, B가 찬성하는 경우 E도 찬성하더라도 D가 찬성하는 지는 알 수 없다. 따라서 반드시 참은 아니다.

ㄷ. 명제 1의 대우와 명제 2에 의해 '~A'이다. 이때 E가 찬성하지 않는다면 명제 3의 대우에 의해 '~D'이므로 반드시 참이다.

따라서 정답은 ③이다.

유형공략문제

1. 어떤 종류의 논리 퀴즈인가?

2. 제시된 명제를 기호화하면 어떻게 나타나는가?

01. 다음 글의 내용이 참일 때, 반드시 참인 것만을 <보기>에서 모두 고르면?   19 민경채

> 전통문화 활성화 정책의 일환으로 일부 도시를 선정하여 문화관광특구로 지정할 예정이다. 특구 지정 신청을 받아본 결과, A, B, C, D, 네 개의 도시가 신청하였다. 선정과 관련하여 다음 사실이 밝혀졌다.
>
> ○ A가 선정되면 B도 선정된다.
> ○ B와 C가 모두 선정되는 것은 아니다.
> ○ B와 D 중 적어도 한 도시는 선정된다.
> ○ C가 선정되지 않으면 B도 선정되지 않는다.

〈보 기〉

ㄱ. A와 B 가운데 적어도 한 도시는 선정되지 않는다.
ㄴ. B도 선정되지 않고 C도 선정되지 않는다.
ㄷ. D는 선정된다.

---

① ㄱ
② ㄴ
③ ㄱ, ㄷ
④ ㄴ, ㄷ
⑤ ㄱ, ㄴ, ㄷ

02. 다음 글의 내용이 참일 때, 반드시 참인 것만을 <보기>에서 모두 고르면? 23 7급공채

국제해양환경회의에 5명의 대표자가 참석하여 A, B, C, D 4개 정책을 두고 토론회를 열었다. 대표자들은 모두 각 정책에 대해 찬반 중 하나의 입장을 분명하게 표명했으며, 각자 하나 이상의 정책에 찬성하고 하나 이상의 정책에 반대한 것으로 드러났다. 그들의 입장을 정리한 결과는 다음과 같다.

○ A에 찬성하는 대표자는 2명이다.
○ A에 찬성하는 대표자는 모두 B에 찬성한다.
○ B에 찬성하는 대표자 중에 C에 찬성하는 사람과 반대하는 사람은 동수이다.
○ B와 D에 모두 찬성하는 대표자는 아무도 없다.
○ D에 찬성하는 대표자는 2명이다.
○ D에 찬성하는 대표자는 모두 C에 찬성한다.

─────────〈보 기〉─────────
ㄱ. 3개 정책에 반대하는 대표자가 있다.
ㄴ. B에 찬성하는 대표자는 2명이다.
ㄷ. C에 찬성하는 대표자가 가장 많다.

① ㄱ
② ㄴ
③ ㄱ, ㄷ
④ ㄴ, ㄷ
⑤ ㄱ, ㄴ, ㄷ

1. 어떤 종류의 논리 퀴즈인가?

2. 제시된 명제를 기호화하면 어떻게 나타나는가?

1 독해의 원리

2 논증의 방향

3 문맥과 단서

4 논리의 세계

기출 엄선 모의고사

해커스PSAT 7급 PSAT 기본서 2개논리

[정답]
1. 조건 명제가 여러 개 제시되는 명제 연결형 퀴즈
2. ・A → B
   ・~B or ~D
   ・D → C

1. 어떤 종류의 논리 퀴즈인가?

2. 제시된 명제를 기호화하면 어떻게 나타나는가?

03. 다음 글의 내용이 참일 때, 갑이 반드시 수강할 과목은?

22 7급공채

갑은 A~E 과목에 대해 수강신청을 준비하고 있다. 갑이 수강하기 위해 충족해야 하는 조건은 다음과 같다.
○ A를 수강하면 B를 수강하지 않고, B를 수강하지 않으면 C를 수강하지 않는다.
○ D를 수강하지 않으면 C를 수강하고, A를 수강하지 않으면 E를 수강하지 않는다.
○ E를 수강하지 않으면 C를 수강하지 않는다.

① A
② B
③ C
④ D
⑤ E

[정답]
1. 조건 명제가 여러 개 제시되는 명제 연결형 퀴즈

2. · A → ~B → ~C
   · ~D → C
   ~A → ~E
   · ~E → ~C

04. 다음 글의 내용이 참일 때, 가해자인 것이 확실한 사람(들)과 가해자가 아닌 것이 확실한 사람(들)의 쌍으로 적절한 것은?

18 민경채

> 폭력 사건의 용의자로 A, B, C가 지목되었다. 조사 과정에서 A, B, C가 각각 〈아래〉와 같이 진술하였는데, 이들 가운데 가해자는 거짓만을 진술하고 가해자가 아닌 사람은 참만을 진술한 것으로 드러났다.

─〈아　래〉─

A: 우리 셋 중 정확히 한 명이 거짓말을 하고 있다.
B: 우리 셋 중 정확히 두 명이 거짓말을 하고 있다.
C: A, B 중 정확히 한 명이 거짓말을 하고 있다.

	가해자인 것이 확실	가해자가 아닌 것이 확실
①	A	C
②	B	없음
③	B	A, C
④	A, C	B
⑤	A, B, C	없음

문제 풀이 후 확인하기

📈 **실력 UP 포인트**

1. 어떤 종류의 논리 퀴즈인가?

2. 동시에 참이 될 수 없는 진술을 하고 있는 사람들은 누구인가?

1 독해의 원리

2 논증의 방향

3 문맥과 단서

4 논리의 체계

기출 엄선 모의고사

해커스PSAT 7급 PSAT 기본서 언어논리

[정답]

1. 참말과 거짓말에 대한 진술이 제시된 참·거짓 퀴즈

2. A와 B
A는 셋 중 정확히 한 명이 거짓말을 하고 있다고 진술하고 있고, B는 셋 중 정확히 두 명이 거짓말을 하고 있다고 진술하고 있다.

05. 다음 글의 내용이 참일 때, 반드시 참인 것은?

1. 어떤 유형의 논리 퀴즈인가?

2. 제시된 명제에서 동시에 참이 될 수 없는 명제는 무엇인가?

> 가훈은 모든 게임에서 2인 1조로 다른 조를 상대해야 한다. 게임은 구슬치기, 징검다리 건너기, 줄다리기, 설탕 뽑기 순으로 진행되며 다른 게임은 없다. 이에 가훈은 남은 참가자 갑, 을, 병, 정, 무 중 각각의 게임에 적합한 서로 다른 인물을 한 명씩 선택하여 조를 구성할 계획을 세웠다. 게임의 총괄 진행자는 가훈의 선택에 대해 다음과 같이 예측하였다.
>
> ○ 갑은 설탕 뽑기에 선택되고 무는 징검다리 건너기에 선택된다.
> ○ 을이 구슬치기에 선택되거나 정이 줄다리기에 선택된다.
> ○ 을은 구슬치기에 선택되지 않고 무는 징검다리 건너기에 선택되지 않는다.
> ○ 병은 어떤 게임에도 선택되지 않고 정은 줄다리기에 선택된다.
> ○ 무가 징검다리 건너기에 선택되거나 정이 줄다리기에 선택되지 않는다.
>
> 가훈의 조 구성 결과 이 중 네 예측은 옳고 나머지 한 예측은 그른 것으로 밝혀졌다.

① 갑이 어느 게임에도 선택되지 않았다.

② 을이 구슬치기에 선택되었다.

③ 병이 줄다리기에 선택되었다.

④ 정이 징검다리 건너기에 선택되었다.

⑤ 무가 설탕 뽑기에 선택되었다.

[정답]

1. 참말과 거짓말에 대한 조건이 제시된 유형

2. · 갑은 설탕 뽑기에 선택되고 무는 징검다리 건너기에 선택된다.
   · 을은 구슬치기에 선택되지 않고 무는 징검다리 건너기에 선택되지 않는다.

정답 · 해설 p.301

유형 소개

'독해형 논리' 유형은 '이 글의 내용이 모두 참일 때'를 가정하여 선택지나 <보기>에 제시된 정보가 반드시 참이 되는지 여부를 판단하는 유형이다.

유형 특징

이 유형은 1~3단락 정도의 지문이 제시되어 독해 문제와 유사한 형태를 보이지만, 논리적인 접근이 필요하다. '독해형 논리' 유형은 두 가지 형태로 분류되는데, 하나는 지문의 내용이 참임을 가정한 상태에서 선택지나 <보기>의 정보가 반드시 참 또는 거짓인지를 판단하는 것이고, 다른 하나는 지문에 제시된 논증이 타당하기 위해 추가해야 할 전제를 찾는 것이다. 대표적인 발문 형태는 다음과 같다.

· 다음 글의 내용이 참일 때, 반드시 참인 것만을 <보기>에서 모두 고르면?

· 다음 글의 내용이 참일 때, 반드시 참이라고 할 수 없는 것은?

· 다음 글의 내용이 참일 때, 반드시 거짓인 것은?

· 다음 밑줄 친 결론을 이끌어내기 위해 추가해야 할 전제는?

· 다음 논증이 타당하기 위해서 괄호 안에 들어갈 진술로 가장 적절한 것은?

출제 경향

· 2020년 모의평가부터 2024년 7급 공채 기출까지 '독해형 논리' 유형의 문항 비중은 다음과 같다.

2020년 모의평가	2021년 7급 공채	2022년 7급 공채	2023년 7급 공채	2024년 7급 공채
1문항	2문항	1문항	2문항	2문항

이 유형은 5급 공채 PSAT에서는 40문제 중 1~3문제가 매년 빠짐없이 출제되고 있다. 7급 공채 PSAT에서도 매년 출제되고 있으므로 중요도가 높다.

· '독해형 논리' 유형은 5급 공채 PSAT에서 높은 난도로 출제되고 있으며, 2023년 7급 공채 PSAT에서도 난도 높게 출제되었다. 특히 유형에 대한 특징을 정확히 알고 있지 않으면 체감 난도가 더 높아지므로 논리 문제 중 변별력이 높은 유형으로 출제된다.

문제풀이 핵심 전략

STEP 1 | 지문에서 기호화가 필요한 문장을 찾아 기호화한다.

√ 줄글 형태의 지문에서 정언 명제나 가언 명제 등의 논리 명제를 찾아 기호화한다.

정언 명제	대상에 대해 단언하여 말하는 명제 ex) 모든 A는 B이다. / 어떤 A는 B이다.
가언 명제	대상에 대해 어떤 조건을 가정하여 말하는 명제 ex) A라면 B이다.

√ 논리 명제가 아닌 일반 문장은 기호화하지 않는다.

▼

STEP 2 | 선택지나 <보기>를 기호화하고 지문의 명제와 비교하여 참·거짓 여부를 판별한다.

√ 선택지나 <보기>의 문장도 지문과 동일한 방식으로 기호화한다.
√ 지문에서 기호화한 문장을 연결하여 선택지나 <보기>를 기호화한 문장이 도출되는지 판별한다.

 조은정쌤의 응급처방

독해형 논리 문제에서 기호화가 필요한 문장
· 모든 A는 B이다/A라면 B이다: A → B
· 어떤 A는 B이다: A ∧ B
· A인 경우에만 B이다: B → A
· A인 경우, 그리고 오직 그 경우에 한해서 B이다: A ↔ B

문제풀이 핵심 전략 적용

다음 글의 내용이 참일 때, 반드시 참인 것은? 15 민경채

> 도덕성에 결함이 있는 어떤 사람도 공무원으로 채용되지 않는다. 업무 능력을 검증받았고 인사추천위원회의 추천을 받았으며 공직관이 투철한, 즉 이 세 조건을 모두 만족하는 지원자는 누구나 올해 공무원으로 채용된다. 올해 공무원으로 채용되는 사람들 중에 봉사정신이 없는 사람은 아무도 없다. 공직관이 투철한 철수는 올해 공무원 채용 시험에 지원하여 업무 능력을 검증받았다.

① 만일 철수가 도덕성에 결함이 없다면, 그는 올해 공무원으로 채용된다.

② 만일 철수가 봉사정신을 갖고 있다면, 그는 올해 공무원으로 채용된다.

③ 만일 철수가 도덕성에 결함이 있다면, 그는 인사추천위원회의 추천을 받지 않았다.

④ 만일 철수가 올해 공무원으로 채용된다면, 그는 인사추천위원회의 추천을 받았다.

⑤ 만일 철수가 올해 공무원으로 채용되지 않는다면, 그는 도덕성에 결함이 있고 또한 봉사정신도 없다.

1 독해의 원리

2 논증의 방향

3 문맥과 단서

4 논리의 체계

기출 엄선 모의고사

해커스PSAT 7급 PSAT 기본서 언어논리

STEP 1

지문에서 기호화가 필요한 문장을 찾아 기호화하면 다음과 같다.

ⓐ 도덕성에 결함 → ~공무원 채용

ⓑ 업무 능력 ∧ 인사추천위원회 ∧ 공직관 → 공무원 채용

ⓒ 공무원 채용 → 봉사정신

ⓓ 철수: 공직관 ∧ 업무 능력

STEP 2

각 선택지를 기호화하면 다음과 같다.

① ~도덕성에 결함 → 공무원 채용

② 봉사정신 → 공무원 채용

③ 도덕성에 결함 → ~인사추천위원회

④ 공무원 채용 → 인사추천위원회

⑤ ~공무원 채용 → 도덕성에 결함 ∧ ~봉사정신

이를 지문의 명제와 비교하고, 참·거짓 여부를 판별한다.

ⓐ와 ⓑ에 의해

'도덕성에 결함 → ~공무원 채용 → ~업무 능력 ∨ ~인사추천위원회 ∨ ~공직관'이 되는데,

ⓓ에 따르면

철수는 '공직관 ∧ 업무 능력'이므로 철수가 도덕성에 결함이 있다면 '~인사추천위원회'가 반드시 참이다.

따라서 정답은 ③이다.

오답 체크

①, ②, ④, ⑤ 모두 지문의 문장을 연결해 도출되지 않으므로 반드시 참이 아니다.

01. 다음 글의 내용이 참일 때, 반드시 참인 것만을 <보기>에서 모두 고르면?　　　22 7급공채

> 신입사원을 대상으로 민원, 홍보, 인사, 기획 업무에 대한 선호를 조사하였다. 조사 결과 민원 업무를 선호하는 신입사원은 모두 홍보 업무를 선호하였지만, 그 역은 성립 하지 않았다. 모든 업무 중 인사 업무만을 선호하는 신입사원은 있었지만, 민원 업무와 인사 업무를 모두 선호하는 신입사원은 없었다. 그리고 넷 중 세 개 이상의 업무를 선호 하는 신입사원도 없었다. 신입사원 갑이 선호하는 업무에는 기획 업무가 포함되어 있었 으며, 신입사원 을이 선호하는 업무에는 민원 업무가 포함되어 있었다.

―――――〈보 기〉―――――

ㄱ. 어떤 업무는 갑도 을도 선호하지 않는다.
ㄴ. 적어도 두 명 이상의 신입사원이 홍보 업무를 선호한다.
ㄷ. 조사 대상이 된 업무 중에, 어떤 신입사원도 선호하지 않는 업무는 없다.

① ㄱ
② ㄷ
③ ㄱ, ㄴ
④ ㄴ, ㄷ
⑤ ㄱ, ㄴ, ㄷ

02. 다음 글의 내용이 참일 때, 반드시 참인 것만을 <보기>에서 모두 고르면?

최근 두 주 동안 직원들은 다음 주에 있을 연례 정책 브리핑을 준비해 왔다. 브리핑의 내용과 진행에 관해 알려진 바는 다음과 같다. 개인건강정보 관리 방식 변경에 관한 가안이 정책제안에 포함된다면, 보건정보의 공적 관리에 관한 가안도 정책제안에 포함될 것이다. 그리고 정책제안을 위해 구성되었던 국민건강 2025팀이 재편된다면, 앞에서 언급한 두 개의 가안이 모두 정책제안에 포함될 것이다. 개인건강정보 관리 방식 변경에 관한 가안이 정책제안에 포함되고 국민건강 2025팀 리더인 최팀장이 다음 주 정책 브리핑을 총괄한다면, 프레젠테이션은 국민건강 2025팀의 팀원인 손공정씨가 맡게 될 것이다. 그런데 보건정보의 공적 관리에 관한 가안이 정책제안에 포함될 경우, 국민건강 2025팀이 재편되거나 다음 주 정책 브리핑을 위해 준비한 보도자료가 대폭 수정될 것이다. 한편, 직원들 사이에서는, 최팀장이 다음 주 정책 브리핑을 총괄하면 팀원 손공정씨가 프레젠테이션을 담당한다는 말이 돌았는데 그 말은 틀린 것으로 밝혀졌다.

―――――〈보 기〉―――――

ㄱ. 개인건강정보 관리 방식 변경에 관한 가안과 보건정보의 공적 관리에 관한 가안 중 어느 것도 정책제안에 포함되지 않는다.
ㄴ. 국민건강 2025팀은 재편되지 않고, 이 팀의 최팀장이 다음 주 정책 브리핑을 총괄한다.
ㄷ. 보건정보의 공적 관리에 관한 가안이 정책제안에 포함된다면, 다음 주 정책 브리핑을 위해 준비한 보도자료가 대폭 수정될 것이다.

① ㄱ
② ㄴ
③ ㄱ, ㄷ
④ ㄴ, ㄷ
⑤ ㄱ, ㄴ, ㄷ

📶 실력 UP 포인트

1. 지문에서 기호화할 필요가 없는 문장과 그 이유는 무엇인가?

2. '직원들 사이에서는, 최팀장이 다음 주 정책 브리핑을 총괄하면 팀원 손공정씨가 프레젠테이션을 담당한다는 말이 돌았는데 그 말은 틀린 것으로 밝혀졌다.'를 기호화하면 어떻게 나타나는가?

[정답]
1. '최근 두 주 동안 직원들은 다음 주에 있을 연례 정책 브리핑을 준비해 왔다. 브리핑의 내용과 진행에 관해 알려진 바는 다음과 같다.', 논리 명제가 아니므로 기호화할 필요가 없다.
2. 최팀장 ∧ ~손공정

1. 지문에서 기호화할 필요가 없는 문장과 그 이유는 무엇인가?

2. 'A국 앞에 놓인 선택은 국방비 지출을 늘리지 않거나 증세 정책을 실행하는 것이다.'를 기호화하면 어떻게 나타나는가?

03. 다음 밑줄 친 결론을 이끌어내기 위해 추가해야 할 전제는?

13 민경채

> 만약 국제적으로 테러가 증가한다면, A국의 국방비 지출은 늘어날 것이다. 그런데 A국 앞에 놓인 선택은 국방비 지출을 늘리지 않거나 증세 정책을 실행하는 것이다. 그러나 A국이 증세 정책을 실행한다면, 세계 경제는 반드시 침체한다. 그러므로 <u>세계 경제는 결국 침체하고 말 것이다.</u>

① 국제적으로 테러가 증가한다.

② A국이 감세 정책을 실행한다.

③ A국의 국방비 지출이 늘어나지 않는다.

④ 만약 A국이 증세 정책을 실행한다면, A국의 국방비 지출은 늘어날 것이다.

⑤ 만약 A국의 국방비 지출이 늘어난다면, 국제적으로 테러는 증가하지 않을 것이다.

[정답]

1. 없다, 모든 문장이 논리 명제이기 때문이다.

2. ~국방비 지출 ∨ 증세 정책

04. 다음 논증이 타당하기 위해서 괄호 안에 들어갈 진술로 가장 적절한 것은? 12 민경채

실천적 지혜가 있는 사람은 덕이 있는 성품을 가진 사람이다. 그런데 덕을 아는 것만으로 실천적 지혜가 있는 사람이 될 수는 없다. 실천적 지혜가 있는 사람은 덕을 알 뿐만 아니라 그것을 실행에 옮기는 사람이다. 그리고 그런 사람이 실천적 지혜가 있다고 할 수 있다. 그런데 (   ) 따라서 실천적 지혜가 있는 사람은 자제력도 있다.

① 자제력이 없는 사람은 성품이 나약한 사람이다.

② 덕이 있는 성품을 가진 사람도 자제력이 없을 수 있다.

③ 덕이 있는 성품을 가진 사람은 실천적 지혜가 있는 사람이다.

④ 자제력이 없는 사람은 올바른 선택을 따르지 않는 사람이다.

⑤ 자제력이 없는 사람은 아는 덕을 실행에 옮기는 사람이 아니다.

문제 풀이 후 확인하기

📊 실력 UP 포인트

1. 지문에서 기호화할 필요가 없는 문장과 그 이유는 무엇인가?

2. 논증의 결론을 기호화하면 어떻게 나타나는가?

[정답]

1. '그런데 덕을 아는 것만으로 실천적 지혜가 있는 사람이 될 수는 없다.', 논리 명제가 아니므로 기호화할 필요가 없다.

2. 지혜 → 자제력

1 독해의 원리

2 논증의 방향

3 문맥과 단서

4 논리의 체계

기출 엄선 모의고사

해커스PSAT 7급 PSAT 기본서 언어논리

1. 지문의 논증에서 최종 결론에 해당하는 문장은 무엇인가?

2. '그러한 원인이 존재한다면 그 원인은 내 마음속 관념이거나 나의 마음이거나 나 이외의 다른 마음 중 하나일 것이다.'를 기호화하면 어떻게 나타나는가?

05. 다음 글의 ㉠을 이끌어내기 위해 추가해야 할 전제로 가장 적절한 것은?   24 7급공채

우리는 보고, 듣고, 냄새를 맡는 등 지각적 경험을 한다. 우리가 지각적 경험이 가능한 이유는 이러한 지각을 야기하는 원인이 존재하기 때문이다. 나는 ㉠신의 마음이 바로 나의 지각을 야기하는 원인임을 논증을 통해 보이고자 한다.

이 세상에 존재하는 모든 것은 지각되는 것이고, 그러한 지각을 야기하는 원인이 존재한다. 그러한 원인이 존재한다면 그 원인은 내 마음속 관념이거나 나의 마음이거나 나 이외의 다른 마음 중 하나일 것이다. 하지만 나의 지각을 야기하는 원인은 내 마음속 관념이 아니다. 왜냐하면 지각이 관념의 원인이 될 수는 있지만 관념이 지각을 야기할 수는 없기 때문이다.

나의 지각을 야기하는 원인은 내 마음도 아니다. 왜냐하면 내 마음이 내 지각의 원인이라면 나는 내가 지각하는 바를 조종할 수 있어야 한다. 예를 들어, 내가 내 앞의 빨간 사과를 보고 있다고 해보자. 나는 이 사과를 빨간색으로 지각할 수밖에 없다. 아무리 내가 이 사과 색깔을 빨간색 대신 노란색으로 지각하려고 안간힘을 쓰더라도 이를 내 마음대로 바꿀 수는 없다. 그러므로 나의 지각을 야기하는 원인은 나 이외의 다른 마음이다.

나 이외의 다른 마음은 나 이외의 다른 사람의 마음이거나 사람이 아닌 다른 존재의 마음이다. 다른 사람의 마음이 내 지각을 야기하는 원인이 될 수 없다. 그들이 내가 지각하는 바를 조종할 수는 없기 때문이다. 그러므로 나의 지각을 야기하는 원인은 사람이 아닌 다른 존재의 마음이다.

① 내 마음속 관념이 곧 신이다.

② 사람과 신 이외에 마음을 지닌 존재는 없다.

③ 신의 마음은 나의 마음을 야기하는 원인이다.

④ 감각기관을 통한 지각적 경험은 신뢰할 수 있다.

⑤ 나 이외의 다른 마음만이 내가 지각하는 바를 조종할 수 있다.

정답·해설 p.302

실전공략문제

· 권장 제한시간에 따라 시작과 종료 시각을 정한 후, 실제 시험처럼 문제를 풀어보세요.

　시　분　~　시　분 (총 15문항 / 30분)

01. 다음 중 논증의 결론이 전제로부터 필연적으로 도출되는 것은?　06 5급공채

① 사랑이 없는 성적(性的) 관계에서는 유혹하는 재미가 있고 부부나 연인으로서 갖게 되는 의무감으로부터 자유로울 수 있으며 섹스를 수단으로서가 아니라 그 자체 목적으로 향유할 수 있다. 따라서 사랑의 감정이 개입되어 있지 않은 상대와의 섹스가 사랑이 있는 섹스보다 더 좋다.

② 우리 생존에 꼭 필요한 일이 아닌데도 생명체에게 고통을 가하는 것은 도덕적으로 잘못된 것이다. 우리가 갈비를 먹는 행위는 궁극적으로 동물의 생명을 빼앗는 일이고, 그 과정은 필연적으로 동물의 고통을 수반한다. 따라서 만약 갈비를 먹는 것이 우리 생존에 꼭 필요해서가 아니라 단지 맛있기 때문이라면, 갈비를 먹는 행위는 도덕적으로 잘못된 것이다.

③ 좋지 않은 자세로 오랜 시간 동안 독서를 하면, 수정체가 근거리에 있는 활자에 초점을 맞추기 위해 강력하게 조절 작용을 하고 모양체근은 지속적으로 긴장한다. 따라서 딱딱한 학교 책상에서 공부해야 하는 많은 초·중등학교 학생은 모양체근의 긴장으로 인해 발생하는 일시적인 근시 현상인 가상 근시를 경험한다.

④ 베트남전의 참전군인 김씨가 걸린 질병의 피해에 대해서 미국의 고엽제 제조회사는 김씨에게 손해배상을 해야 한다. 왜냐하면 고엽제 제조회사는 미국 내 고엽제 피해자들에게 손해배상을 했고, 베트남전에서 김씨가 작전 수행을 하던 지역에는 다량의 고엽제가 살포되었기 때문이다.

⑤ 수학적인 정량적 분석의 방법은 인문·사회과학 전반에 적용되면서 이들 분야에 커다란 진전을 가져왔다. 이 점은 계량 경제학이 경제현상을 해명하는 데서 이룬 괄목할 만한 업적이나 실험심리학이 심리 현상에 대해서 제시한 인과적 설명 방식 등에서 찾아볼 수 있다.

02. 다음 글의 내용이 참일 때, 대책회의에 참석하는 전문가의 최대 인원 수는?   20 민경채

8명의 전문가 A~H를 대상으로 코로나19 대책회의 참석 여부에 관해 조사한 결과 다음과 같은 정보를 얻었다.

○ A, B, C 세 사람이 모두 참석하면, D나 E 가운데 적어도 한 사람은 참석한다.

○ C와 D 두 사람이 모두 참석하면, F도 참석한다.

○ E는 참석하지 않는다.

○ F나 G 가운데 적어도 한 사람이 참석하면, C와 E 두 사람도 참석한다.

○ H가 참석하면, F나 G 가운데 적어도 한 사람은 참석하지 않는다.

① 3명

② 4명

③ 5명

④ 6명

⑤ 7명

1 독해의 원리

2 논증의 방향

3 문맥과 단서

4 논리의 체계

기출 엄선 모의고사

해커스PSAT 7급 PSAT 기본서 언어논리

민간 문화 교류 증진을 목적으로 열리는 국제 예술 공연의 개최가 확정되었다. 이번 공연이 민간 문화 교류 증진을 목적으로 열린다면, 공연 예술단의 수석대표는 정부 관료가 맡아서는 안 된다. 만일 공연이 민간 문화 교류 증진을 목적으로 열리고 공연 예술단의 수석대표는 정부 관료가 맡아서는 안 된다면, 공연 예술단의 수석대표는 고전음악 지휘자나 대중음악 제작자가 맡아야 한다. 현재 정부 관료 가운데 고전음악 지휘자나 대중음악 제작자는 없다. 예술단에 수석대표는 반드시 있어야 하며 두 사람 이상이 공동으로 맡을 수도 있다. 전체 세대를 아우를 수 있는 사람이 아니라면 수석대표를 맡아서는 안 된다. 전체 세대를 아우를 수 있는 사람이 극히 드물기에, 위에 나열된 조건을 다 갖춘 사람은 모두 수석대표를 맡는다.

누가 공연 예술단의 수석대표를 맡을 것인가와 더불어, 참가하는 예술인이 누구인가도 많은 관심의 대상이다. 그런데 아이돌 그룹 A가 공연 예술단에 참가하는 것은 분명하다. 왜냐하면 만일 갑이나 을이 수석대표를 맡는다면 A가 공연 예술단에 참가하는데, ☐☐☐☐☐☐☐ 때문이다.

① 갑은 고전음악 지휘자이며 전체 세대를 아우를 수 있기

② 갑이나 을은 대중음악 제작자 또는 고전음악 지휘자이기

③ 갑과 을은 둘 다 정부 관료가 아니며 전체 세대를 아우를 수 있기

④ 을이 대중음악 제작자가 아니라면 전체 세대를 아우를 수 없을 것이기

⑤ 대중음악 제작자나 고전음악 지휘자라면 누구나 전체 세대를 아우를 수 있기

04. 다음을 참이라고 가정할 때, 반드시 참인 것만을 <보기>에서 모두 고르면?   14 민경채

○ A, B, C, D 중 한 명의 근무지는 서울이다.
○ A, B, C, D는 각기 다른 한 도시에서 근무한다.
○ 갑, 을, 병 각각의 두 진술 중 하나는 참이고 다른 하나는 거짓이다.
○ 갑은 "A의 근무지는 광주이다."와 "D의 근무지는 서울이다."라고 진술했다.
○ 을은 "B의 근무지는 광주이다."와 "C의 근무지는 세종이다."라고 진술했다.
○ 병은 "C의 근무지는 광주이다."와 "D의 근무지는 부산이다."라고 진술했다.

─〈보 기〉─

ㄱ. A의 근무지는 광주이다.
ㄴ. B의 근무지는 서울이다.
ㄷ. C의 근무지는 세종이다.

① ㄱ

② ㄷ

③ ㄱ, ㄴ

④ ㄴ, ㄷ

⑤ ㄱ, ㄴ, ㄷ

1 독해의 원리

2 논증의 방향

3 문맥과 단서

4 논리의 체계

기출 엄선 모의고사

해커스PSAT 7급 PSAT 기본서 언어논리

사무관 갑, 을, 병, 정, 무는 정책조정부서에 근무하고 있다. 이 부서에서는 지방자치단체와의 업무 협조를 위해 지방의 네 지역으로 사무관들을 출장 보낼 계획을 수립하였다. 원활한 업무 수행을 위해서, 모든 출장은 위 사무관들 중 두 명 또는 세 명으로 구성된 팀 단위로 이루어진다. 네 팀이 구성되어 네 지역에 각각 한 팀씩 출장이 배정된다. 네 지역 출장 날짜는 모두 다르며, 모든 사무관은 최소한 한 번 출장에 참가한다. 이번 출장 업무를 총괄하는 사무관은 단 한 명밖에 없으며, 그는 네 지역 모두의 출장에 참가한다. 더불어 업무 경력을 고려하여, 단 한 지역의 출장에만 참가하는 것은 신임 사무관으로 제한한다. 정책조정부서에 근무하는 신임 사무관은 한 명밖에 없다. 이런 기준 아래에서 출장 계획을 수립한 결과, 을은 갑과 단둘이 가는 한 번의 출장 이외에 다른 어떤 출장도 가지 않으며, 병과 정이 함께 출장을 가는 경우는 단 한 번밖에 없다. 그리고 네 지역 가운데 광역시가 두 곳인데, 단 두 명의 사무관만이 두 광역시 모두에 출장을 간다.

① 갑은 이번 출장 업무를 총괄하는 사무관이다.

② 을은 광역시에 출장을 가지 않는다.

③ 병이 갑, 무와 함께 출장을 가는 지역이 있다.

④ 정은 총 세 곳에 출장을 간다.

⑤ 무가 출장을 가는 지역은 두 곳이고 그 중 한 곳은 정과 함께 간다.

1 독해의 원리

2 논증의 방향

3 문맥과 단서

4 논리의 체계

기출 엄선 모의고사

해커스PSAT 7급 PSAT 기본서 언어논리

06. 다음 글의 내용이 참일 때, 반드시 참인 것만을 <보기>에서 모두 고르면?   20 7급모의

일반행정 직렬 주무관으로 새로 채용된 갑진, 을현, 병천은 행정안전부, 고용노동부, 보건복지부에 한 명씩 배치되는 것으로 정해졌다. 가인, 나운, 다은, 라연은 배치 결과를 궁금해 하며 다음과 같이 예측했는데, 이 중 한 명의 예측만 틀렸음이 밝혀졌다.

가인: 을현은 행정안전부에, 병천은 보건복지부에 배치될 거야.
나운: 을현이 행정안전부에 배치되면, 갑진은 고용노동부에 배치될 거야.
다은: 을현이 행정안전부에 배치되지 않으면, 병천이 행정안전부에 배치될 거야.
라연: 갑진은 고용노동부에, 병천은 행정안전부에 배치될 거야.

───〈보 기〉───

ㄱ. 갑진은 고용노동부에 배치된다.
ㄴ. 을현은 행정안전부에 배치된다.
ㄷ. 라연의 예측은 틀렸다.

① ㄱ
② ㄴ
③ ㄱ, ㄷ
④ ㄴ, ㄷ
⑤ ㄱ, ㄴ, ㄷ

공군이 차기 전투기 도입에서 고려해야 하는 사항은 비행시간이 길어야 한다는 것, 정비시간이 짧아야 한다는 것, 폭탄 적재량이 많아야 한다는 것, 그리고 공대공 전투능력이 높아야 한다는 것, 이상 네 가지이다. 그리고 이 네 가지는 각각 그런 경우와 그런 경우의 반대 둘 중의 하나이며 그 중간은 없다.

전투기의 폭탄 적재량이 많거나 공대공 전투능력이 높다면, 정비시간은 길다. 반면에 비행시간이 길면 공대공 전투능력은 낮다. 공군은 네 가지 고려사항 중에서 최소한 두 가지 이상을 통과한 기종을 선정해야 한다. 그런데 공군은 위 고려사항 중에서 정비시간이 짧아야 한다는 조건만큼은 결코 포기할 수 없다는 입장이다. 따라서 정비시간이 짧아야 한다는 것은 차기 전투기로 선정되기 위한 필수적인 조건이다.

한편, 이번 전투기 도입 사업에 입찰한 업체들 중 하나인 A사는 비행시간이 길고 폭탄 적재량이 많은 기종을 제안했다. 언론에서는 A사의 기종이 선정될 것이라고 예측하였다. 이후 공군에서는 선정 조건에 맞게 네 고려사항 중 둘 이상을 통과한 기종의 전투기를 도입하였는데 그것이 A사의 기종이었는지는 아직 알려지지 않았다.

〈보 기〉

ㄱ. 언론의 예측은 옳았다.
ㄴ. 공군이 도입한 기종은 비행시간이 길다.
ㄷ. 입찰한 업체의 기종이 공대공 전투능력이 높다면, 그 기종은 비행시간이 짧다.

① ㄱ
② ㄴ
③ ㄱ, ㄷ
④ ㄴ, ㄷ
⑤ ㄱ, ㄴ, ㄷ

08. 다음 글의 결론을 이끌어내기 위해 추가해야 할 전제만을 <보기>에서 모두 고르면?

17 민경채

젊고 섬세하고 유연한 자는 아름답다. 아테나는 섬세하고 유연하다. 아름다운 자가 모두 훌륭한 것은 아니다. 덕을 가진 자는 훌륭하다. 아테나는 덕을 가졌다. 아름답고 훌륭한 자는 행복하다. 따라서 아테나는 행복하다.

─────〈보 기〉─────

ㄱ. 아테나는 젊다.
ㄴ. 아테나는 훌륭하다.
ㄷ. 아름다운 자는 행복하다.

① ㄱ
② ㄷ
③ ㄱ, ㄴ
④ ㄴ, ㄷ
⑤ ㄱ, ㄴ, ㄷ

09. 다음 다섯 사람 중 오직 한 사람만이 거짓말을 하고 있다. 거짓말을 하고 있는 사람은?

06 5급공채

A: B는 거짓말을 하고 있지 않다.
B: C의 말이 참이면 D의 말도 참이다.
C: E는 거짓말을 하고 있다.
D: B의 말이 거짓이면 C의 말은 참이다.
E: A의 말이 참이면 D의 말은 거짓이다.

① A
② B
③ C
④ D
⑤ E

10. 다음 글의 내용이 참일 때, 반드시 참인 것만을 <보기>에서 모두 고르면? 15 민경채

지혜로운 사람은 정열을 갖지 않는다. 정열을 가진 사람은 고통을 피할 수 없다. 정열은 고통을 수반하기 때문이다. 그런데 사랑을 원하는 사람은 정열을 가진 사람이다. 정열을 가진 사람은 행복하지 않다. 지혜롭지 않은 사람은 사랑을 원하면서 동시에 고통을 피하고자 한다. 그러나 지혜로운 사람만이 고통을 피할 수 있다.

〈보 기〉

ㄱ. 지혜로운 사람은 행복하다.
ㄴ. 사랑을 원하는 사람은 행복하지 않다.
ㄷ. 지혜로운 사람은 사랑을 원하지 않는다.

---

① ㄱ

② ㄴ

③ ㄱ, ㄷ

④ ㄴ, ㄷ

⑤ ㄱ, ㄴ, ㄷ

1 독해의 원리

2 논증의 방향

3 문맥과 단서

4 논리의 체계

기출 엄선 모의고사

해커스PSAT 7급 PSAT 기본서 언어논리

11. 다음 글의 <논증>에 대한 분석으로 적절한 것만을 <보기>에서 모두 고르면? 22 7급공채

우리는 죽음이 나쁜 것이라고 믿는다. 죽고 나면 우리가 존재하지 않기 때문이다. 루크레티우스는 우리가 존재하지 않기 때문에 죽음이 나쁜 것이라면 우리가 태어나기 이전의 비존재도 나쁘다고 말해야 한다고 생각했다. 그러나 우리는 태어나기 이전에 우리가 존재하지 않았다는 사실에 대해서 애석해 하지 않는다. 따라서 루크레티우스는 죽음 이후의 비존재에 대해서도 애석해 할 필요가 없다고 주장했다. 다음은 이러한 루크레티우스의 주장을 반박하는 논증이다.

〈논 증〉

우리는 죽음의 시기가 뒤로 미루어짐으로써 더 오래 사는 상황을 상상해 볼 수 있다. 예를 들어, 50살에 교통사고로 세상을 떠난 누군가를 생각해 보자. 그 사고가 아니었다면 그는 70살이나 80살까지 더 살 수도 있었을 것이다. 그렇다면 50살에 그가 죽은 것은 그의 인생에 일어날 수 있는 여러 가능성 중에 하나였다. 그런데 ㉠내가 더 일찍 태어나는 것은 상상할 수 없다. 물론, 조산이나 제왕절개로 내가 조금 더 일찍 세상에 태어날 수도 있었을 것이다. 하지만 여기서 고려해야 할 것은 나의 존재의 시작이다. 나를 있게 하는 것은 특정한 정자와 난자의 결합이다. 누군가는 내 부모님이 10년 앞서 임신할 수 있었다고 주장할 수도 있다. 그러나 그랬다면 내가 아니라 나의 형제가 태어났을 것이다. 그렇기 때문에 '더 일찍 태어났더라면'이라고 말해도 그것이 실제로 내가 더 일찍 태어났을 가능성을 상상한 것은 아니다. 나의 존재는 내가 수정된 바로 그 특정 정자와 난자의 결합에 기초한다. 그러므로 ㉡내가 더 일찍 태어나는 일은 불가능하다. 나의 사망 시점은 달라질 수 있지만, 나의 출생 시점은 그렇지 않다. 그런 의미에서 출생은 내 인생 전체를 놓고 볼 때 하나의 필연적인 사건이다. 결국 죽음의 시기를 뒤로 미뤄 더 오래 사는 것은 가능하지만, 출생의 시기를 앞당겨 더 오래 사는 것은 불가능하다. 따라서 내가 더 일찍 태어나지 않은 것은 나쁜 일이 될 수 없다. 즉 죽음 이후와는 달리 ㉢태어나기 이전의 비존재는 나쁘다고 말할 수 없다.

─────〈보 기〉─────

ㄱ. 냉동 보관된 정자와 난자가 수정되어 태어난 사람의 경우를 고려하면, ㉠은 거짓이다.

ㄴ. ㉠에 "어떤 사건이 가능하면, 그것의 발생을 상상할 수 있다."라는 전제를 추가하면, ㉡을 이끌어 낼 수 있다.

ㄷ. ㉢에 "태어나기 이전의 비존재가 나쁘다면, 내가 더 일찍 태어나는 것이 가능하다." 라는 전제를 추가하면, ㉡의 부정을 이끌어 낼 수 있다.

① ㄱ

② ㄷ

③ ㄱ, ㄴ

④ ㄴ, ㄷ

⑤ ㄱ, ㄴ, ㄷ

12. 다음 글의 내용이 참일 때, 반드시 참인 것만을 <보기>에서 모두 고르면? 23 7급공채

갑은 〈공직 자세 교육과정〉, 〈리더십 교육과정〉, 〈글로벌 교육과정〉, 〈직무 교육과정〉, 〈전문성 교육과정〉의 다섯 개 과정으로 이루어진 공직자 교육 프로그램에 참여할 것을 고려하고 있다. 갑이 〈공직 자세 교육과정〉을 이수한다면 〈리더십 교육과정〉도 이수한다. 또한 갑이 〈글로벌 교육과정〉을 이수한다면 〈직무 교육과정〉과 〈전문성 교육과정〉도 모두 이수한다. 그런데 갑은 〈리더십 교육과정〉을 이수하지 않거나 〈전문성 교육과정〉을 이수하지 않는다.

───────〈보 기〉───────
ㄱ. 갑은 〈공직 자세 교육과정〉을 이수하지 않거나 〈글로벌 교육과정〉을 이수하지 않는다.
ㄴ. 갑이 〈직무 교육과정〉을 이수하지 않는다면 〈글로벌 교육과정〉도 이수하지 않는다.
ㄷ. 갑은 〈공직 자세 교육과정〉을 이수하지 않는다.

① ㄱ
② ㄷ
③ ㄱ, ㄴ
④ ㄴ, ㄷ
⑤ ㄱ, ㄴ, ㄷ

1 독해의 원리

2 논증의 방향

3 문맥과 단서

4 논리의 체계

기출 엄선 모의고사

해커스PSAT 7급 PSAT 기본서 언어논리

13. 다음 글에서 갑이 새롭게 입수한 '정보'로 적절한 것은? 23 7급공채

> 월요일부터 목요일까지 하루에 한 차례씩 시험 출제 회의가 열렸다. 회의에 참석한 시험위원들에 관한 자료를 정리하던 주무관 갑은 다음의 사실을 파악하였다.
>
> ○ 월요일에 참석한 시험위원은 모두 수요일에도 참석했다.
> ○ 화요일에 참석한 시험위원은 누구도 수요일에는 참석하지 않았다.
> ○ 수요일에 참석한 시험위원 중 적어도 한 사람은 목요일에도 참석했다.
>
> 갑은 이 사실에 새롭게 입수한 '정보'를 더하여 "월요일에는 참석하지 않았지만 목요일에는 참석한 시험위원이 적어도 한 사람은 있다."는 것을 알아내었다.

① 월요일에 참석하지 않은 시험위원이 적어도 한 사람은 있다.

② 화요일에 참석하지 않은 시험위원이 적어도 한 사람은 있다.

③ 수요일에 참석한 시험위원 중 적어도 한 사람은 목요일에 참석하지 않았다.

④ 목요일에는 참석하지 않았지만 월요일에는 참석한 시험위원이 적어도 한 사람은 있다.

⑤ 월요일에 참석한 시험위원 중에는 목요일에 참석한 시험위원은 없다.

14. 다음 글의 내용이 참일 때, 반드시 참인 것은?

24 7급공채

A부서에서는 새로 시작된 프로젝트에 다섯 명의 주무관 가은, 나은, 다은, 라은, 마은의 참여 여부를 점검하고 있다. 주무관들의 업무 전문성을 고려할 때, 다음과 같은 예측을 할 수 있었고 그 예측들은 모두 옳은 것으로 밝혀졌다.

○ 가은이 프로젝트에 참여하면 나은과 다은도 프로젝트에 참여한다.
○ 나은이 프로젝트에 참여하지 않으면 라은이 프로젝트에 참여한다.
○ 가은이 프로젝트에 참여하거나 마은이 프로젝트에 참여한다.

① 가은이 프로젝트에 참여하지 않으면 나은이 프로젝트에 참여한다.
② 다은이 프로젝트에 참여하면 마은이 프로젝트에 참여한다.
③ 다은이 프로젝트에 참여하거나 마은이 프로젝트에 참여한다.
④ 라은이 프로젝트에 참여하면 마은이 프로젝트에 참여한다.
⑤ 라은이 프로젝트에 참여하거나 마은이 프로젝트에 참여한다.

1 독해의 원리
2 논증의 방향
3 문맥과 단서
4 논리의 체계
기출 엄선 모의고사
해커스PSAT 7급 PSAT 기본서 언어논리

　　문 주무관과 공 주무관은 하나의 팀을 이루어 문공 팀 제안서를 제출하였다. 이와 관련하여 공 주무관은 자신이 수집, 정리한 인사 관련 정보를 문 주무관과 다음과 같이 공유하였다. "강 주무관이 업무 평가에서 S등급을 받았다고 가정하면, 남 주무관이 업무 평가에서 S등급을 받은 경우 문공 팀 제안서가 폐기될 것입니다. 그런데 문공 팀 제안서가 폐기되는 일과 도 주무관이 전보 발령 대상이 되는 일, 둘 중 적어도 하나는 일어날 것입니다. 강 주무관과 남 주무관 둘 중 적어도 한 사람은 S등급을 받은 것이 분명합니다. 그런데 강 주무관만 S등급을 받고 남 주무관은 못 받는 그런 일은 없습니다. 다행히도, 문공 팀 제안서가 폐기되지 않고 심층 검토될 예정이라는 소식입니다."

　　그러나 공 주무관이 공유한 정보를 살펴보던 문 주무관은 자신이 입수한 정보를 공유하면서 공 주무관에게 말하였다. "공 주무관님, 그런데 조금 전 확인된 바로, _____. 그렇다고 보면, 공 주무관님이 말씀하신 정보는 내적 일관성이 없고 따라서 전부 참일 수는 없습니다. 어딘가 최소한 한 군데는 잘못된 정보라는 말이지요. 지금으로선 어느 부분이 문제인지 알 수 없으니, 수고스럽더라도 어느 부분에 문제가 있는지 다시 확인해주셔야 하겠습니다."

① 남 주무관은 업무 평가에서 S등급을 받았습니다

② 강 주무관은 업무 평가에서 S등급을 받지 못했습니다

③ 도 주무관이 전보 발령 대상이 아닌 경우, 문공 팀 제안서가 폐기됩니다

④ 남 주무관이 업무 평가에서 S등급을 받은 경우, 도 주무관은 전보 발령 대상이 아닙니다

⑤ 강 주무관이 업무 평가에서 S등급을 받은 경우, 남 주무관도 업무 평가에서 S등급을 받습니다

정답·해설 p.304

해커스PSAT **7급 PSAT 기본서 언어논리**

PSAT 교육 1위, 해커스PSAT **psat.Hackers.com**

기출 엄선 모의고사

문제풀이 시작과 종료 시각을 정하여 실전처럼 모의고사를 모두 푼 뒤, 실제로 문제풀이에 소요된 시간과 맞힌 문항 수를 기록하여 자신의 실력을 점검해 보시기 바랍니다. 본 모의고사는 언어논리 문제만으로 구성된 시험으로 실제 시험에서는 언어논리와 다른 영역이 함께 출제됩니다.

01. 다음 글에서 알 수 있는 것은?

17 민경채

　1937년 중일전쟁 이후 일제가 앞세운 내선일체(內鮮一體)와 황국신민화(皇國臣民化)의 구호는 조선인의 민족의식과 저항정신을 상실케 하려는 기만적 통치술이었다. 일제는 조선인이 일본인과의 차이를 극복하고 혼연일체가 된 것이 내선일체이고 그 혼연일체 상태가 심화되면 조선인 또한 황국의 신민이 될 수 있다고 주장하였다. 조선인이 황국의 진정한 신민으로 거듭난다면 일왕과 신민의 관계가 군신 관계에서 부자 관계로 변화하여 일대가족국가를 이루게 된다는 것이 그들이 획책한 황국신민화의 논리였다. 이를 위해 일제는 조선인에게 '국가 총동원령'에 충실히 부응함으로써 대동아공영권(大東亞共榮圈) 건설에 복무하고 일왕에 충심을 다함으로써 내선의 차이를 해소하는 데 총력을 기울일 것을 강요하였다.

　그러나 일제의 황국신민화 정책은 현실과 필연적으로 괴리될 수밖에 없었다. 일본인이 중심부를 형성하고 조선인이 주변부에 위치하는 엄연한 현실 속에서 그들이 내세우는 황국신민화의 논리는 허구에 불과했다. 일제는 황국신민화 정책을 통해 조선인을 명목상의 일본 국민으로 삼아 제국주의 전쟁에 동원하고자 하였다. 일제는 1945년 4월부터 조선인의 참정권을 허용한다고 하였으나 실제 선거는 한번도 시행되지 않았다. 그럼에도 불구하고 조선의 친일파는 황국신민화가 그리는 모호한 이상과 미래를 적극적으로 내면화하여 자신들의 친일 행위를 합리화하였다. 그들은 황국신민화의 이상이 실현되면 조선인과 일본인 그 누구도 우월한 지위를 가질 수 없다는 일제의 주장을 맹신하였다. 그리고 이러한 단계에 도달하기 위해서는 먼저 조선인 스스로 진정한 '일본인'이 되기 위한 노력을 다해야 한다고 선동하였다. 어리석게도 친일파는 일제의 내선차별은 문명화가 덜 된 조선인에게 원인이 있으며, 제국의 황민으로 인정받겠다는 조선인의 자각과 노력이 우선될 때 그 차별이 해소될 수 있다고 보았던 것이다. 이와 같은 헛된 믿음으로 친일파는 일제의 강제 징용과 징병에 적극적으로 응하도록 조선인을 독려했다.

① 황국신민화의 이상이 실현되면 일왕과 신민의 군신 관계가 강화된다.

② 친일파는 조선인들이 노력하기에 따라 일본인과 같은 황민이 될 수 있다고 믿었다.

③ 황국신민화 정책은 친일파를 제외한 조선인이 독립운동의 필요성을 자각하는 계기가 되었다.

④ 친일파는 내선의 차별을 해소하기 위해 먼저 일본이 조선인에게 참정권을 허용해야 한다고 주장하였다.

⑤ 일제는 황국신민화의 논리로써 일본인과 조선인이 중심부와 주변부의 관계로 위계화된 현실을 극복하고자 하였다.

　　고려 시대에는 불경에 나오는 장면이나 부처, 또는 보살의 형상을 그림으로 표현하는 일이 드물지 않았는데, 그러한 그림을 '불화'라고 부른다. 고려의 귀족들은 불화를 사들여 후손들에게 전해주면 대대로 복을 받는다고 믿었다. 이 때문에 귀족들 사이에서는 그림을 전문으로 그리는 승려로부터 불화를 구입해 자신의 개인 기도처인 원당에 걸어두는 행위가 유행처럼 번졌다.

　　고려의 귀족들이 승려들에게 주문한 불화는 다양했다. 극락의 모습을 표현한 불화도 있었고, 깨달음에 이르렀지만 중생의 고통을 덜어주기 위해 열반에 들어가기를 거부했다는 보살을 그린 것도 있었다. 부처를 소재로 한 불화도 많았다. 그런데 부처를 그리는 승려들은 대개 부처만 단독으로 그리지 않았다. 부처를 소재로 한 불화에는 거의 예외 없이 관음보살이나 지장보살 등과 같은 보살이 부처와 함께 등장했다. 잘 알려진 바와 같이 불교에서 신앙하는 부처는 한 분이 아니라 석가여래, 아미타불, 미륵불 등 다양하다. 이 부처들이 그려진 불화는 보통 위아래 2단으로 구성되어 있는데, 윗단에는 부처가 그려져 있고 아랫단에 보살이 그려져 있다. 어떤 미술사학자들은 이러한 배치 구도를 두고 신분을 구별하던 고려 사회의 분위기가 반영된 것이 아닌가 생각하기도 한다.

　　고려 불화의 크기는 다소 큰 편이다. 일례로 충선왕의 후궁인 숙창원비는 관음보살을 소재로 한 불화인 「수월관음도」를 주문 제작한 적이 있는데, 그 화폭이 세로 420cm, 가로 255cm에 달할 정도로 컸다. 그런데 관음보살을 그린 이 그림에도 아랫단에 보살을 우러러보는 중생이 작게 그려져 있다. 이렇게 윗단에는 보살을 배치하고 그 아래에 중생을 작게 그려 넣는 방식 역시, 신분을 구별하던 고려 사회의 분위기가 반영된 결과라고 보는 연구자가 적지 않다.

① 충선왕 때 숙창원비는 관음보살과 아미타불이 함께 등장하는 불화를 주문 제작해 왕궁에 보관했다.

② 고려 시대에는 승려들이 귀족의 주문을 받아 불화를 사찰에 걸어두고 그 후손들이 내세에 복을 받게 해달라고 기원했다.

③ 고려 시대에 그려진 불화에는 귀족으로 묘사된 석가여래가 그림의 윗단에 배치되어 있고, 아랫단에 평민 신분의 인물이 배치되어 있다.

④ 고려 시대에 그려진 불화의 크기가 큰 것은 당시 화가들 사이에 여러 명의 등장인물을 하나의 그림 안에 동시에 표현하는 관행이 자리 잡았기 때문이다.

⑤ 고려 시대의 불화 중 부처가 윗단에 배치되고 보살이 아랫단에 배치된 구도를 지닌 그림에는 신분을 구별하던 고려 사회의 분위기가 반영되어 있다고 보는 학자들이 있다.

인문학의 중요성을 강조하는 사람들은 흔히 인간이란 정신적 존재이기 때문에 참다운 인간적 삶을 위해서는 물질적 욕구의 충족을 넘어서서 정신적 풍요로움을 누려야 하며 이 때문에 인문학은 필수적이라고 주장한다. 뿐만 아니라 인문학은 인간의 삶에 필수적인 건전한 가치관의 형성에도 중요한 역할을 한다고 주장한다. 그러나 과연 현대 인문학은 이러한 상식적인 주장들을 감당할 수 있을까?

분명 인간은 의식주라는 생물학적 욕구와 물질적 가치의 추구 외에 정신적 가치들을 추구하며 사는 존재이다. 그렇다고 이것이 그대로 인문학의 가치를 증언하는 것은 아니다. 그 이유는 무엇보다 인문적 활동 자체와 그것에 대한 지식 혹은 인식을 추구하는 인문학은 구별되기 때문이다. 춤을 추고 노래를 부르거나 이야기를 하는 등의 제반 인간적 활동에 대한 연구와 논의를 하는 이차적 활동인 인문학, 특히 현대의 인문학처럼 고도로 추상화된 이론적 논의들이 과연 인간적 삶을 풍요롭게 해주느냐가 문제이다.

현대 인문학은 대부분 과거의 인문적 활동의 산물을 대상으로 한 역사적 연구에 치중하고 있다. 전통적인 인문학도 역시 과거의 전통과 유산, 특히 고전을 중시하여 그것을 가르치고 연구하는 데 역점을 두었으나 그 교육방법과 태도는 현대의 역사적 연구와는 근본적으로 달랐다. 현대의 역사적 연구는 무엇보다도 연구 대상과의 시간적, 문화적 거리감을 전제로 하여 그것을 명확하게 의식하는 가운데서 이루어진다. 현대의 역사주의는 종교나 철학사상 혹은 문학 등 동서고금의 모든 문화적 현상들을 현재 우리와는 전혀 다른 시대에 산출된 이질적인 것으로 의식하면서 그것들을 우리들의 주관적 편견을 제거한 객관적인 역사적 연구 대상으로 삼는다.

인문학이 자연과학처럼 객관적 지식을 추구하는 학문이 되면서, 인문학은 인격을 변화시키고 삶의 의미를 제공해 주던 전통적 기능이 상실되고 그 존재 가치를 의심받게 되었다. 학문과 개인적 삶이 확연히 구분되고 인문학자는 더 이상 인문주의자가 될 필요가 없어졌다. 그는 단지 하나의 전문 직업인이 되었다.

① 현대 인문학자는 인문주의자로서만 아니라 전문 직업인으로서의 위상 또한 가져야 한다.

② 현대 인문학은 자연과학의 접근방식을 수용함으로써 학문의 엄밀성을 확보해야 한다.

③ 현대 인문학은 인문적 삶과 활동에 대한 이차적 반성이라는 점에서 자연과학적 지식과 변별된다.

④ 현대 인문학의 위기는 생물학적 욕구와 물질적 가치가 정신적 가치보다 중시됨으로써 초래된 것이다.

⑤ 현대 인문학은 객관적 지식을 추구하는 학문이 되면서 인간의 삶을 풍요롭게 만드는 본연의 역할을 하지 못한다.

축산업은 지난 50여 년 동안 완전히 바뀌었다. 예를 들어, 1967년 미국에는 약 100만 곳의 돼지 농장이 있었지만, 2005년에 들어서면서 전체 돼지 농장의 수는 10만을 조금 넘게 되었다. 이러는 가운데 전체 돼지 사육 두수는 크게 증가하여   ㉠   밀집된 형태에서 대규모로 돼지를 사육하는 농장이 출현하기 시작하였다. 이러한 농장은 경제적 효율성을 지녔지만, 사육 가축들의 병원균 전염 가능성을 높인다. 이러한 농장에서 가축들이 사육되면, 소규모 가축 사육 농장에 비해 벌레, 쥐, 박쥐 등과의 접촉으로 병원균들의 침입 가능성은 높아진다. 또한 이러한 농장의 가축 밀집 상태는 가축 간 접촉을 늘려 병원균의 전이 가능성을 높임으로써 전염병을 쉽게 확산시킨다.

축산업과 관련된 가축의 가공 과정과 소비 형태 역시 변화하였다. 과거에는 적은 수의 가축을 도축하여 고기 그 자체를 그대로 소비할 수밖에 없었다. 그러나 현대에는 소수의 대규모 육류가공기업이 많은 지역으로부터 수집한 수많은 가축의 고기를 재료로 햄이나 소시지 등의 육류가공제품을 대량으로 생산하여 소비자에 공급한다. 이렇게 되면 오늘날의 개별 소비자들은 적은 양의 육류가공제품을 소비하더라도, 엄청나게 많은 수의 가축과 접촉한 결과를 낳는다. 이는 소비자들이 감염된 가축의 병원균에 노출될 가능성을 높인다.

정리하자면   ㉡   결과를 야기하기 때문에, 오늘날의 변화된 축산업은 소비자들이 가축을 통해 전염병에 노출될 가능성을 높인다.

① ㉠: 농장당 돼지 사육 두수는 줄고 사육 면적당 돼지의 수도 줄어든
  ㉡: 가축 사육량과 육류가공제품 소비량이 증가하는

② ㉠: 농장당 돼지 사육 두수는 줄고 사육 면적당 돼지의 수도 줄어든
  ㉡: 가축 간 접촉이 늘고 소비자도 많은 수의 가축과 접촉한

③ ㉠: 농장당 돼지 사육 두수는 늘고 사육 면적당 돼지의 수도 늘어난
  ㉡: 가축 사육량과 육류가공제품 소비량이 증가하는

④ ㉠: 농장당 돼지 사육 두수는 늘고 사육 면적당 돼지의 수도 늘어난
  ㉡: 가축 간 접촉이 늘고 소비자도 많은 수의 가축과 접촉한

⑤ ㉠: 농장당 돼지 사육 두수는 늘고 사육 면적당 돼지의 수도 늘어난
  ㉡: 가축 간 접촉이 늘고 소비자는 적은 수의 가축과 접촉한

조선시대의 궁궐은 남쪽에서 북쪽에 걸쳐 외전(外殿), 내전(內殿), 후원(後苑)의 순서로 구성되었다. 공간배치상 가장 앞쪽에 배치된 외전은 왕이 의례, 외교, 연회 등 정치 행사를 공식적으로 치르는 공간이며, 그 중심은 정전(正殿) 혹은 법전(法殿)이라고 부르는 건물이었다. 정전은 회랑(回廊)으로 둘러싸여 있는데, 그 회랑으로 둘러싸인 넓은 마당이 엄격한 의미에서 조정(朝庭)이 된다.

내전은 왕과 왕비의 공식 활동과 일상적인 생활이 이루어지는 공간으로서 위치상으로 궁궐의 중앙부를 차지할 뿐만 아니라 그 기능에서도 궁궐의 핵을 이루는 곳이다. 그 가운데서도 왕이 일상적으로 기거하는 연거지소(燕居之所)는 왕이 가장 많은 시간을 보내는 곳이다. 주요 인물들을 만나 정치 현안에 대해 의견을 나누는 곳으로 실질적인 궁궐의 핵심이라 할 수 있다. 왕비의 기거 활동 공간인 중궁전은 중전 또는 중궁이라고도 불렸는데 궁궐 중앙부의 가장 깊숙한 곳에 위치한다. 동궁은 차기 왕위 계승자인 세자의 활동 공간으로 내전의 동편에 위치한다. 세자도 동궁이라 불리기도 하였는데, 그 이유는 다음 왕위를 이을 사람이기에 '떠오르는 해'라는 상징적 의미를 가졌기 때문이다. 내전과 동궁 일대는 왕, 왕비, 세자와 같은 주요 인물의 공간이다. 그들을 시중드는 사람들의 기거 활동 공간은 내전의 뒤편에 배치되었다. 이 공간은 내전의 연장으로 볼 수 있고, 뚜렷한 명칭이 따로 있지는 않았다.

후원은 궁궐의 북쪽 산자락에 있는 원유(苑囿)를 가리킨다. 위치 때문에 북원(北苑)으로 부르거나, 아무나 들어갈 수 없는 금단의 구역이기에 금원(禁苑)이라고도 불렀다. 후원은 일차적으로는 휴식 공간이었다. 또한 부차적으로는 내농포(內農圃)라는 소규모 논을 두고 왕이 직접 농사를 체험하며 농민들에게 권농(勸農)의 모범을 보이는 실습장의 기능도 가지고 있었다.

① 내농포는 금원에 배치되었다.
② 내전에서는 국왕의 일상생활과 정치가 병행되었다.
③ 궁궐 남쪽에서 공간적으로 가장 멀리 위치한 곳은 중궁전이다.
④ 외국 사신을 응대하는 국가의 공식 의식은 외전에서 거행되었다.
⑤ 동궁은 세자가 활동하는 공간의 이름이기도 하고 세자를 가리키는 별칭이기도 하였다.

320여 년 전 아일랜드의 윌리엄 몰리눅스가 제기했던 이른바 '몰리눅스의 물음'에 답하기 위한 실험이 최근 이루어졌다. 몰리눅스는 철학자 로크에게 보낸 편지에서 다음과 같이 물었다. "태어날 때부터 시각장애인인 사람이 둥근 공 모양과 정육면체의 형태 등을 단지 손으로 만져서 알게된 후 어느 날 갑자기 눈으로 사물을 볼 수 있게 된다면, 그 사람은 손으로 만져보지 않고도 눈앞에 놓인 물체가 공 모양인지 주사위 모양인지 알아낼 수 있을까요?"

경험론자들은 인간이 아무것도 적혀 있지 않은 '빈 서판' 같은 마음을 가지고 태어나며 모든 관념과 지식은 경험에 의해 형성된다고 주장한 반면, 생득론자들은 인간이 태어날 때 이미 외부의 정보를 처리하는 데 필요한 관념들을 가지고 있다고 주장했다. 만일 인간의 정신 속에 그런 관념들이 존재한다면, 눈으로 보든 손으로 만지든 상관없이 사람들은 해당되는 관념을 찾아낼 것이다. 따라서 몰리눅스의 물음이 명확히 답변될 수 있다면 이런 양 편의 주장에 대한 적절한 판정이 내려질 것이다.

2003년에 인도의 한 연구팀이 뉴델리의 슈로프 자선안과 병원과 협력하여 문제의 실험을 수행하였다. 실험은 태어날 때부터 시각장애인이었다가 수술을 통해 상당한 시력을 얻게 된 8세부터 17세 사이의 남녀 환자 6명을 대상으로 진행되었다. 연구자들은 수술 후 환자의 눈에서 붕대를 제거한 후 주변이 환히 보이는지 먼저 확인하고, 레고 블록 같은 물건을 이용해서 그들이 세밀한 시각 능력을 충분히 회복했음을 확인했다. 또 그들이 여전히 수술 이전 수준의 촉각 능력을 갖고 있음도 확인했다. 이제 연구자들은 일단 환자의 눈을 가리고 특정한 형태의 물체를 손으로 만지게 한 뒤, 서로 비슷하지만 뚜렷이 구별될 만한 두 물체를 눈앞에 내놓고 조금 전 만졌던 것이 어느 쪽인지 말하도록 했다. 환자가 촉각을 통해 인지한 형태와 시각만으로 인지한 형태를 성공적으로 연결할 수 있는지를 시험한 것이다. 그런데 이 실험에서 각 환자들이 답을 맞힌 비율은 50%, 즉 둘 중 아무 것이나 마구 고른 경우와 거의 차이가 없었다. 한편 환자들은 눈으로 사물을 읽는 법을 빠르게 배우는 것으로 나타났다. 연구팀은 그들이 대략 한 주 안에 정상인과 똑같이 시각만으로 사물의 형태를 정확히 읽을 수 있게 되었다고 보고하였다. 이로 인해 경험론자들과 생득론자들의 견해 중 한 입장이 강화되었다.

① 몰리눅스의 물음에 부정적인 답변이 나와 경험론자들의 견해가 강화되었다.
② 몰리눅스의 물음에 부정적인 답변이 나와 생득론자들의 견해가 강화되었다.
③ 몰리눅스의 물음에 긍정적인 답변이 나와 경험론자들의 견해가 강화되었다.
④ 몰리눅스의 물음에 긍정적인 답변이 나와 생득론자들의 견해가 강화되었다.
⑤ 몰리눅스의 물음에 긍정적인 답변이 나왔지만, 어느 견해를 강화할 수 있는지는 판명되지 않았다.

07. 다음 ㈀에 따를 때 도덕적으로 허용될 수 없는 것만을 <보기>에서 모두 고르면?

17 5급공채

우리는 어떤 행위를 그것이 가져올 결과가 좋다는 근거만으로 허용할 수는 없다. 예컨대 그 행위 덕분에 더 많은 수의 생명을 구할 수 있다는 사실만으로 그 행위를 허용할 수는 없다는 것이다. ㉠A원리에 따르면 어떤 행위든 무고한 사람의 죽음 자체를 의도하는 것은 언제나 그른 행위이고 따라서 도덕적으로 허용될 수 없다. 여기서 의도란 단순히 자기 행위의 결과가 어떨지 예상하고 그 내용을 이해한다는 것을 넘어서, 그 행위의 결과 자체가 자신이 그 행위를 선택하게 된 이유임을 의미한다.

예를 들어 우리가 제한된 의료 자원으로 한 명의 환자를 살리는 것과 다수의 환자를 살리는 것 사이에서 선택을 해야만 할 경우, 비록 한 명의 환자가 죽게 되더라도 다수의 환자를 살리는 것이 도덕적으로 허용될 수도 있다. 이때 그의 죽음은 피치 못할 부수적인 결과였기 때문이다. 하지만 만일 그 한 명의 환자를 치료하지 않은 이유가 그가 죽은 후 그의 장기를 장기이식을 기다리는 다른 여러 사람에게 이식하기 위한 것이었다면 그 행위는 허용될 수 없다.

〈보 기〉

ㄱ. 적국의 산업시설을 폭격하면 그 근처에 거주하는 다수의 민간인이 처참하게 죽게 되고 적국 시민이 그 참상에 공포심을 갖게 되어, 전쟁이 빨리 끝날 것이라는 기대감에 폭격하는 행위

ㄴ. 뛰어난 심장 전문의가 어머니의 임종을 지키기 위해 급하게 길을 가던 중 길거리에서 심장마비를 일으킨 사람을 발견했으나 그 사람을 치료하지 않고 어머니에게 가는 행위

ㄷ. 브레이크가 고장 난 채 달리고 있는 기관차의 선로 앞에 묶여 있는 다섯 명의 어린이를 구하기 위해 다른 선로에 홀로 일하고 있는 인부를 보고도 그 선로로 기관차의 진로를 변경하는 행위

① ㄱ

② ㄴ

③ ㄱ, ㄴ

④ ㄱ, ㄷ

⑤ ㄴ, ㄷ

08. 다음 글의 내용이 참이라고 할 때 <보기>에서 반드시 참인 것을 모두 고르면?

09 5급공채

진화 심리학의 가르침과 유전자 결정론이 둘 다 옳다면, 인간에게 자유 의지가 있다는 주장은 더 이상 근거가 없어 보인다. 그러나 인간에게 자유 의지가 없다는 말이 과연 성립할 수 있을까? 인간에게 자유 의지가 없다면, 우리는 양심과 도덕의 문제에 관심을 가질 필요가 없다. 인간의 행위는 모두 마지못해 한 행위에 불과할 것이기 때문이다. 하지만 우리는 양심과 도덕의 문제에 관심을 가질 필요가 있을 뿐만 아니라 그런 문제에 관심을 갖지 않을 수 없다. 나아가 만일 유전자 결정론이 옳지 않다면, 우리는 이에 근거하고 있는 현대 생물학의 몇몇 이론을 포기해야 한다. 그런데 우리는 분명히 그럴 수 없다. 그것은 마침내 과학 전반을 불신하는 결과를 낳을 것이기 때문이다.

─────〈보 기〉─────

ㄱ. 인간에게 자유 의지가 있다.
ㄴ. 유전자 결정론은 옳지 않다.
ㄷ. 진화 심리학의 가르침은 옳지 않다.
ㄹ. 현대 생물학은 인간의 자유 의지를 설명할 수 없다.

① ㄱ, ㄴ
② ㄱ, ㄷ
③ ㄴ, ㄹ
④ ㄱ, ㄷ, ㄹ
⑤ ㄴ, ㄷ, ㄹ

1 독해의 원리
2 논증의 방향
3 문맥과 단서
4 논리의 체계
기출 엄선 모의고사
해커스PSAT 7급 PSAT 기본서 언어논리

09. 다음 세 진술이 모두 거짓일 때, 유물 A~D 중에서 전시되는 유물의 총 개수는?

17 민경채

> ○ A와 B 가운데 어느 하나만 전시되거나, 둘 중 어느 것도 전시되지 않는다.
> ○ B와 C 중 적어도 하나가 전시되면, D도 전시된다.
> ○ C와 D 어느 것도 전시되지 않는다.

① 0개
② 1개
③ 2개
④ 3개
⑤ 4개

다음 글을 좀 더 명료하게 만들기 위해 ㉠~㉤에 보완할 내용을 기록해 두었다. 이에 따라 각주를 달거나 보충할 내용으로 적절하지 않은 것은? 09 5급공채

우리가 지금 사용하는 '공동체' 개념은 19세기 말 독일의 사회학으로부터 미국의 신공동체주의, 나아가 의사소통에 관한 다양한 윤리학에 이르는 영역에서 사용되는 온갖 철학적 개념들이 뒤섞여 형성되었다. 그런데 그 의미는 원래 의미와는 거리가 먼 것이다. 이처럼 그 의미가 변한 이유는 과연 무엇이었을까? '공동체' 개념이 변질하게 된 역사를 이해하기 위해서는 '공동'의 의미에 먼저 주목해야 한다. (㉠<u>'공동'의 의미를 설명할 것.</u>) 공동체에 대한 다양한 이론에서나 실질적인 공동체 운동에서나, 일반적으로 '공동'은 구성원들이 공유하는 속성으로 이해된다. 그리고 구성원들이 공유하는 것은 그 공동체에 고유한 것이다. 따라서 '공동체'는 '소속', '집단 속성', '고유성', '정체성' 등과 연관되어 있다. 그런데 현대에 일상적으로 통용되는 '공동'은 이런 의미에서 많이 벗어나 있다. (㉡<u>'공동'에 대한 오늘날의 이해를 예시할 것.</u>) 이처럼 공동의 것은 고유성이나 정체성과 아무런 관련이 없다. '공동체'의 어원 즉 라틴어 '코무니타스'[communitas]까지 거슬러 올라가 보면 내가 주장하는 바가 더욱 명백해진다. (㉢<u>'코무니타스'의 원래 의미를 명시할 것.</u>) 그러나 우리는 이와는 거꾸로 공동체를 인식해 왔다. '통일된 단체'라는 생각이 오랫동안 우리를 지배했던 것이다. 그런데 어원을 살펴볼수록 이 생각이 잘못된 것임을 깨닫게 된다. 가령 코무니타스는 '무누스'[munus]에서 파생된 단어이다. (㉣<u>'무누스'의 의미를 명시할 것.</u>) 이 점에서 공동체의 원천은 공동 소속이나 공동 속성이 아니다. 그 원천은 우리가 다른 사람에게 빚지고 있는 무엇이다. 공동체는 전유물이 아니라 내주어야 할 것이며 재산이 아니라 빚이다. 그것은 정체성이 아니라 변화이다. 그것은 우리만의 공간에 갇히는 것이 아니다. 오히려 공동체는 우리만의 이해관계를 넘어서고 개인이나 집단의 경험을 제한하는 경계를 열어 주는 것이다. 또한 우리와 다른 존재와 접촉하면서 우리를 끊임없이 변화시켜 나가는 무엇이다. 공통 공간과 정립된 전통, 기존 문화를 초월하여 이런 시각이 우리에게 환기시켜 주는 공동체는 결코 요즘 사람들이 이해하는 공동체가 아니다. 따라서 '공동체'라는 단어가 어원적으로 지닌 원래 의미에 충실하고자 한다면 '공동체'를 공동의 소속감이나 정체성을 찾아서 비슷한 사람들끼리 서로 인정하는 집단으로 해석해서는 안 된다. 우리는 이제 진정한 공동체를 되찾아야 할 필요가 있다. (㉤<u>'진정한 공동체'가 무엇인지 명시할 것.</u>)

① ㉠ - '공동'은 '속성', '가지고 있는 것', '고유한 것' 등의 의미와 연관되어 있다.

② ㉡ - 현대어 사전들에서 '공동'은 '어떠한 개인에게도 고유하지 않은 것'을 의미한다.

③ ㉢ - 어원적으로 볼 때 '코무니타스'는 개인들이 유기적으로 융합된 단일체를 의미한다.

④ ㉣ - '무누스'는 다른 사람을 위해서 의무적으로 해야 하는 직무나 역할을 의미한다.

⑤ ㉤ - 진정한 공동체란 정체성의 장벽을 허물고 다른 공동체에게 속한 사람들과도 끊임없이 접촉하는 공동체이다.

11. 다음 글에서 알 수 있는 것은?

대부분의 컴퓨터 게임 프로그램은 컴퓨터의 무작위적 행동을 필요로 한다. 이것은 말처럼 그렇게 쉬운 일이 아니다. 모든 컴퓨터는 주어진 규칙과 공식에 따라 결과를 산출하도록 만들어질 수밖에 없기 때문이다.

비록 현재의 컴퓨터는 완전히 무작위적으로 수들을 골라내지는 못하지만, 무작위적인 것처럼 보이는 수들을 산출하는 수학 공식 프로그램을 내장하고 있다. 즉, 일련의 정확한 계산 결과로 만든 것이지만, 무작위적인 것처럼 보이는 수열을 만들어 낸다. 그러한 일련의 수들을 만들어 내는 방법은 수백 가지이지만, 모두 처음에 시작할 시작수의 입력이 필수적이다. 이 시작수는 사용자가 직접 입력할 수도 있고, 컴퓨터에 내장된 시계에서 얻을 수도 있다. 예컨대 자판을 두드리는 순간 측정된 초의 수치를 시작수로 삼는 것이다.

문제는 이렇게 만들어 낸 수열이 얼마나 완전히 무작위적인 수열에 가까운가이다. 완전히 무작위적인 수열이 되기 위해서는 다음의 두 가지 기준을 모두 통과해야 한다. 첫째, 모든 수가 다른 수들과 거의 같은 횟수만큼 나와야 한다. 둘째, 그 수열은 인간의 능력으로 예측이 가능한 어떤 패턴도 나타내지 않아야 한다. 수열 1, 2, 3, 4, 5, 6, 7, 8, 9, 0은 첫 번째 조건은 통과하지만, 두 번째 조건은 통과하지 못한다. 수열 5, 8, 3, 1, 4, 5, 9, 4, 3, 7, 0은 얼핏 두 번째 조건을 통과하는 것처럼 보이지만 그렇지 않다. 곰곰이 생각해 보면 0 다음의 수가 무엇이 될 것인지를 예측할 수 있기 때문이다. (앞의 두 수를 합한 값의 일의 자리 수를 생각해 보라.) 현재의 컴퓨터가 내놓는 수열들이 이 두 가지 기준 모두를 통과하는 것은 아니다. 즉, 완전히 무작위적인 수열을 아직 만들어 내지 못하고 있는 것이다. 그리고 컴퓨터의 작동 원리를 생각하면, 이는 앞으로도 불가능할 수밖에 없다.

① 인간은 완전히 무작위적인 규칙과 공식들을 컴퓨터에 입력할 수 있다.

② 완전히 무작위적인 수열이라면 같은 수가 5번 이상 연속으로 나올 수 없다.

③ 사용자가 시작수를 직접 입력하지 않았다면 컴퓨터는 어떤 수열도 만들어 낼 수 없다.

④ 컴퓨터가 만들어 내는 수열 중에는 인간의 능력으로 예측하기 어려운 것처럼 보이는 경우도 있다.

⑤ 어떤 수열의 패턴이 인간의 능력으로 예측 가능하다면 그 수열에는 모든 수가 거의 같은 횟수만큼 나올 수밖에 없다.

다음 글에서 추론할 수 있는 것을 <보기>에서 모두 고르면?

수학을 이해하기 위해서는 연역적인 공리적 증명 방법에 대해 정확히 이해할 필요가 있다. 우리는 2보다 큰 짝수들을 원하는 만큼 많이 조사하여 각각이 두 소수(素數)의 합이라는 것을 알아낼 수 있다. 그러나 이러한 과정을 통해 얻은 결과를 '수학적 정리'라고 말할 수 없다. 이와 비슷하게, 한 과학자가 다양한 크기와 모양을 가진 1,000개의 삼각형의 각을 측정하여, 측정 도구의 정확도 범위 안에서 그 각의 합이 180도라는 것을 알아냈다고 가정하자. 이 과학자는 임의의 삼각형의 세 각의 합이 180도가 확실하다고 결론 내릴 것이다. 그러나 이러한 측정의 결과는 근삿값일 뿐이라는 문제와, 측정되지 않은 어떤 삼각형에서는 현저하게 다른 결과가 나타날지도 모른다는 의문이 남는다. 이러한 과학자의 증명은 수학적으로 받아들일 수 없다. 반면에, 수학자들은 모두 의심할 수 없는 공리들로부터 시작한다. 두 점을 잇는 직선을 하나만 그을 수 있다는 것을 누가 의심할 수 있는가? 이와 같이 의심할 수 없는 공리들을 참이라고 받아들이면, 이로부터 연역적 증명을 통해 나오는 임의의 삼각형의 세 각의 합이 180도라는 것이 참이라는 것을 받아들여야만 한다. 이런 식으로 증명된 결론을 수학적 정리라고 한다.

─────〈보 기〉─────

ㄱ. 연역적으로 증명된 것은 모두 수학적 정리이다.

ㄴ. 연역적으로 증명된 수학적 정리를 거부하려면, 공리 역시 거부해야 한다.

ㄷ. 어떤 삼각형의 세 각의 합이 오차 없이 측정되었다면, 그 결과는 수학적 정리로 받아들일 수 있다.

① ㄱ

② ㄴ

③ ㄱ, ㄷ

④ ㄴ, ㄷ

⑤ ㄱ, ㄴ, ㄷ

13. 복지사 A의 결론을 이끌어내기 위해 추가해야 할 두 전제를 <보기>에서 고르면?

14 민경채

복지사 A는 담당 지역에서 경제적 곤란을 겪고 있는 아동을 찾아 급식 지원을 하는 역할을 담당하고 있다. 갑순, 을순, 병순, 정순이 급식 지원을 받을 후보이다. 복지사 A는 이들 중 적어도 병순은 급식 지원을 받게 된다고 결론 내렸다. 왜냐하면 갑순과 정순 중 적어도 한 명은 급식 지원을 받는데, 갑순이 받지 않으면 병순이 받기 때문이었다.

〈보 기〉
ㄱ. 갑순이 급식 지원을 받는다.
ㄴ. 을순이 급식 지원을 받는다.
ㄷ. 을순이 급식 지원을 받으면, 갑순은 급식 지원을 받지 않는다.
ㄹ. 을순과 정순 둘 다 급식 지원을 받지 않으면, 병순이 급식 지원을 받는다.

① ㄱ, ㄴ
② ㄱ, ㄹ
③ ㄴ, ㄷ
④ ㄴ, ㄹ
⑤ ㄷ, ㄹ

14. 다음 글에서 추론할 수 있는 것만을 <보기>에서 모두 고르면?

20세기 초만 해도 전체 사망자 중 폐암으로 인한 사망자의 비율은 극히 낮았다. 그러나 20세기 중반에 들어서면서, 이 병으로 인한 사망률은 크게 높아졌다. 이러한 변화를 우리는 어떻게 설명할 수 있을까? 여러 가지 가설이 가능한 것으로 보인다. 예를 들어 자동차를 이용하면서 운동 부족으로 사람들의 폐가 약해졌을지도 모른다. 또는 산업화 과정에서 증가한 대기 중의 독성 물질이 도시 거주자들의 폐에 영향을 주었을지도 모른다.

하지만 담배가 그 자체로 독인 니코틴을 함유하고 있다는 것이 사실로 판명되면서, 흡연이 폐암으로 인한 사망의 주요 요인이라는 가설은 다른 가설들보다 더 그럴듯해 보이기 시작한다. 담배 두 갑에 들어 있는 니코틴이 화학적으로 정제되어 혈류 속으로 주입된다면, 그것은 치사량이 된다. 이러한 가설을 지지하는 또 다른 근거는 담배 연기로부터 추출된 타르를 쥐의 피부에 바르면 쥐가 피부암에 걸린다는 사실에 기초해 있다. 이미 18세기 이후 영국에서는 타르를 함유한 그을음 속에서 일하는 굴뚝 청소부들이 다른 사람들보다 피부암에 더 잘 걸린다는 것이 정설이었다.

이러한 증거들은 흡연이 폐암의 주요 원인이라는 가설을 뒷받침해 주지만, 그것들만으로 이 가설을 증명하기에는 충분하지 않다. 의학자들은 흡연과 폐암을 인과적으로 연관시키기 위해서는 훨씬 더 많은 증거가 필요하다는 점을 깨닫고, 수십 가지 연구를 수행하고 있다.

─────〈보 기〉─────

ㄱ. 화학적으로 정제된 니코틴은 폐암을 유발한다.
ㄴ. 19세기에 타르와 암의 관련성이 이미 보고되어 있었다.
ㄷ. 니코틴이 타르와 동시에 신체에 흡입될 경우 폐암 발생률은 급격히 증가한다.

① ㄱ

② ㄴ

③ ㄱ, ㄴ

④ ㄴ, ㄷ

⑤ ㄱ, ㄴ, ㄷ

15. 다음 논증에 대한 평가로 적절한 것은?

> 전제1: 절대빈곤은 모두 나쁘다.
> 전제2: 비슷하게 중요한 다른 일을 소홀히 하지 않고도 우리가 막을 수 있는 절대빈곤이 존재한다.
> 전제3: 우리가 비슷하게 중요한 다른 일을 소홀히 하지 않고도 나쁜 일을 막을 수 있다면, 우리는 그 일을 막아야 한다.
> 결론: 우리가 막아야 하는 절대빈곤이 존재한다.

① 모든 전제가 참이라고 할지라도 결론은 참이 아닐 수 있다.

② 전제1을 논증에서 뺀다고 하더라도, 전제2와 전제3만으로 결론이 도출될 수 있다.

③ 비슷하게 중요한 다른 일을 소홀히 해도 막을 수 없는 절대빈곤이 있다면, 결론은 도출되지 않는다.

④ 절대빈곤을 막는 일에 비슷하게 중요한 다른 일을 소홀히 하게 되는 경우가 많다면, 결론은 도출되지 않는다.

⑤ 비슷하게 중요한 다른 일을 소홀히 하지 않고도 막을 수 있는 나쁜 일이 존재한다는 것을 전제로 추가하지 않아도, 주어진 전제만으로 결론은 도출될 수 있다.

성염색체만이 개체의 성(性)을 결정하는 요소는 아니다. 일부 파충류의 경우에는 알이 부화되는 동안의 주변 온도에 의해 개체의 성이 결정된다. 예를 들어, 낮은 온도에서는 일부 종은 수컷으로만 발달하고, 일부 종은 암컷으로만 발달한다. 또 어떤 종에서는 낮은 온도와 높은 온도에서 모든 개체가 암컷으로만 발달하는 경우도 있다. 그 사이의 온도에서는 특정 온도에 가까워질수록 수컷으로 발달하는 개체의 비율이 증가하다가 결국 그 특정 온도에 이르러서는 모든 개체가 수컷으로 발달하기도 한다.

다음은 온도와 성 결정 간의 상관관계를 설명하기 위해 제시된 가설이다.

〈가 설〉

파충류의 성 결정은 물질 B를 필요로 한다. 물질 B는 단백질 '가'에 의해 물질 A로, 단백질 '나'에 의해 물질 C로 바뀐다. 이때 물질 A와 물질 C의 비율은 단백질 '가'와 단백질 '나'의 비율과 동일하다. 파충류의 알은 단백질 '가'와 '나' 모두를 가지고 있지만 온도에 따라 각각의 양이 달라진다. 암컷을 생산하는 온도에서 배양된 알에서는 물질 A의 농도가 더 높고, 수컷을 생산하는 온도에서 배양된 알에서는 물질 C의 농도가 더 높다. 온도의 차에 의해 알의 내부에 물질 A와 C의 상대적 농도 차이가 발생하고, 이것이 파충류의 성을 결정하는 것이다.

〈보 기〉

ㄱ. 수컷만 생산하는 온도에서 부화되고 있는 알은 단백질 '가'보다 훨씬 많은 양의 단백질 '나'를 가지고 있다.

ㄴ. 물질 B의 농도는 수컷만 생산하는 온도에서 부화되고 있는 알보다 암컷만 생산하는 온도에서 부화되고 있는 알에서 더 높다.

ㄷ. 수컷만 생산하는 온도에서 부화되고 있는 알에 고농도의 물질 A를 투여하여 물질 C보다 그 농도를 높였더니 암컷이 생산되었다.

① ㄱ

② ㄴ

③ ㄷ

④ ㄱ, ㄷ

⑤ ㄴ, ㄷ

17. 다음 논쟁에 대한 분석으로 적절한 것만을 <보기>에서 모두 고르면?

> 갑: 17세기 화가 페르메르의 작품을 메헤렌이 위조한 사건은 세상을 떠들썩하게 했지. 메헤렌의 그 위조품이 지금도 높은 가격에 거래된다고 하는데, 이 일은 예술 감상에서 무엇이 중요한지를 생각하게 만들어.
>
> 을: 눈으로 위조품과 진품을 구별할 수 없다고 하더라도 위조품은 결코 예술적 가치를 가질 수 없어. 예술품이라면 창의적이어야 하는데 위조품은 창의적이지 않기 때문이지. 예술적 가치는 진품만이 가질 수 있어.
>
> 병: 메헤렌의 작품이 페르메르의 작품보다 반드시 예술적으로 못하다고 할 수 있을까? 메헤렌의 작품이 부정적으로 평가되는 것은 메헤렌이 사람들을 속였기 때문이지 그의 작품이 예술적으로 열등해서가 아니야.
>
> 갑: 예술적 가치는 시각적으로 식별할 수 있는 특성으로 결정돼. 그런데 많은 사람들이 위조품과 진품을 식별할 수 없다고 해서 식별이 불가능한 것은 아니야. 전문적인 훈련을 받은 사람은 두 작품에서 시각적으로 식별 가능한 차이를 찾아내겠지.
>
> 을: 위작이라고 알려진 다음에도 그 작품을 칭송하는 것은 이해할 수 없는 일이야. 왜 많은 사람들이 <모나리자>의 원작을 보려고 몰려들겠어? <모나리자>를 완벽하게 복제한 작품이라면 분명히 그렇게 많은 사람들의 관심을 끌지는 못할 거야.
>
> 병: 사람들이 <모나리자>에서 감상하는 것이 무엇이겠어? 그것이 원작이라는 사실은 감상할 수 있는 대상이 아니야. 결국 사람들은 <모나리자>가 갖고 있는 시각적 특징에 예술적 가치를 부여하는 것이지.

─────────〈보 기〉─────────

ㄱ. 예술적 가치로서의 창의성은 시각적 특성으로 드러나야 한다는 데 갑과 을은 동의할 것이다.

ㄴ. 시각적 특성만으로는 그 누구도 진품과 위조품을 구별할 수 없다면 이 둘의 예술적 가치가 같을 수 있다는 데 갑과 병은 동의할 것이다.

ㄷ. 메헤렌의 위조품이 고가에 거래되는 이유가 그 작품의 예술적 가치에 있다는 데 을과 병은 동의할 것이다.

① ㄱ

② ㄴ

③ ㄱ, ㄷ

④ ㄴ, ㄷ

⑤ ㄱ, ㄴ, ㄷ

18. 다음 글의 ㉠에 대한 판단으로 적절한 것만을 <보기>에서 모두 고르면?

20 7급모의

어떤 회사가 소비자들을 A부터 H까지 8개의 동질적인 집단으로 나누어, 이들을 대상으로 마케팅 활동의 효과를 살펴보는 실험을 하였다. 마케팅 활동은 구매 전 활동과 구매 후 활동으로 구성되는데, 구매 전 활동에는 광고와 할인 두 가지가 있고 구매 후 활동은 사후 서비스 한 가지뿐이다. 구매 전 활동이 끝난 뒤 구매율을 평가하고, 구매 후 활동까지 모두 마친 뒤 구매 전과 구매 후의 마케팅 활동을 종합하여 마케팅 만족도를 평가하였다. 구매율과 마케팅 만족도는 모두 a, b, c, d로 평가하였는데, a가 가장 높고 d로 갈수록 낮다. 이 회사가 수행한 ㉠실험의 결과는 다음과 같다.

○ A와 B를 대상으로는 구매 전 활동을 실시하지 않았는데 구매율이 d였다. 이 중 A에 대해서는 사후 서비스를 하였고 B에 대해서는 하지 않았는데, 마케팅 만족도는 각각 c와 d였다.

○ C와 D를 대상으로 구매 전 활동 중 광고만 하였더니 구매율은 c였다. 이 중 C에 대해서는 사후 서비스를 하였고 D에 대해서는 하지 않았는데, 마케팅 만족도는 각각 b와 c였다.

○ E와 F를 대상으로 구매 전 활동 중 할인 기회만 제공하였더니 구매율은 b였다. 이 중 E에 대해서는 사후 서비스를 하였고 F에 대해서는 하지 않았는데, 마케팅 만족도는 모두 b였다.

○ G와 H를 대상으로 구매 전 활동으로 광고와 함께 할인 기회를 제공하였더니 구매율은 b였다. 이 중 G에 대해서는 사후 서비스를 하였고 H에 대해서는 하지 않았는데, 마케팅 만족도는 각각 a와 b였다.

─────〈보 기〉─────

ㄱ. 할인 기회를 제공한 경우가 제공하지 않은 경우보다 구매율이 높다.

ㄴ. 광고를 할 때, 사후 서비스를 한 경우가 하지 않은 경우보다 마케팅 만족도가 낮지 않다.

ㄷ. 사후 서비스를 하지 않을 때, 광고를 한 경우가 하지 않은 경우보다 마케팅 만족도가 높다.

① ㄱ

② ㄷ

③ ㄱ, ㄴ

④ ㄴ, ㄷ

⑤ ㄱ, ㄴ, ㄷ

우리가 임의의 명제 p를 지지하는 증거를 지니면 p에 대한 우리의 믿음은 인식적으로 정당화되고, p를 지지하는 증거를 지니지 않으면 p에 대한 우리의 믿음은 인식적으로 정당화되지 않는다. p에 대한 믿음이 인식적으로 정당화된 상황에서 p를 믿는 것은 우리의 인식적 의무일까? p를 믿는 것이 우리의 인식적 의무라면 이와 관련해 발생하는 문제는 없을까? 이 질문들과 관련해 의무론 논제, 비의지성 논제, 자유주의 논제를 고려해보자.

○ 의무론 논제: ㉠만약 우리가 p를 믿는다는 것이 인식적으로 정당화된다면 그것을 믿어야 하고, 만약 우리가 p를 믿는다는 것이 인식적으로 정당화되지 않는다면 그것을 믿어야 하는 것은 아니다. 즉 우리가 p를 믿어야 한다는 것은 우리가 p를 믿는다는 것이 인식적으로 정당화되기 위한 필요충분조건이다. 이것이 의무론 논제라 불리는 이유는 '우리가 p를 믿어야 한다.'는 것을 인식적 의무로 간주하기 때문이다.

○ 비의지성 논제: ㉡우리가 p를 믿는다는 것은 자유롭게 선택할 수 있는 것이 아니다. 즉 믿음은 선택의 대상이 아니다. 예를 들어, 갑이 창밖에 있는 나무를 바라보며 창밖에 나무가 있다는 것을 믿는다고 해보자. 이때 갑이 이를 믿지 않으려고 해도 그는 그럴 수 없다.

○ 자유주의 논제: ㉢만약 우리가 p를 믿는다는 것이 자유롭게 선택할 수 있는 것이 아니라면, 우리에게 p를 믿어야 할 인식적 의무는 없다. 예를 들어, 창밖에 나무가 있다는 갑의 믿음이 비의지적이라면, 갑에게는 창밖에 나무가 있다는 것을 믿어야 할 인식적 의무가 없다.

그런데 의무론 논제, 비의지성 논제, 자유주의 논제를 모두 받아들이면 ㉣우리가 p를 믿는다는 것은 인식적으로 정당화되지 않는다는 받아들이기 힘든 결론을 얻는다. 왜 그러한가? 이 논증은 다음과 같이 구성된다. 우선 우리가 p를 믿는다는 것이 자유롭게 선택할 수 있는 것이 아니라고, 즉 우리의 p에 대한 믿음이 비의지적이라고 하자. 그렇다면 자유주의 논제에 따라, 우리에게 p를 믿어야 할 인식적 의무는 없다. 그리고 의무론 논제에 따라, 우리가 p를 믿는다는 것은 인식적으로 정당화되지 않는다. 이러한 결론을 거부하려면 위 세 논제 중 적어도 하나를 거부해야 한다.

철학자 A는 자유주의 논제와 비의지성 논제는 받아들이면서 의무론 논제를 거부하여 위 논증의 결론을 거부한다. A에 따르면 위 논증에서 우리에게 p를 믿어야 할 인식적 의무가 없다는 것은 성립하지만, 우리에게 인식적 의무가 없더라도 그 믿음이 인식적으로 정당화될 수 있는 그런 경우가 있다. 위 예처럼 창밖에 나무가 있다는 것을 믿어야 할 인식적 의무가 없더라도, 창밖의 나무를 실제로 보고 있다는 것으로부터 그 믿음은 충분히 인식적으로 정당화될 수 있다. 따라서 위 논증의 결론은 거부된다.

철학자 B는 의무론 논제와 비의지성 논제는 받아들이면서 자유주의 논제를 거부하여 위 논증의 결론을 거부한다. B에 따르면 위 논증에서 우리의 p에 대한 믿음이 비의지적이더라도 그 믿음에 대한 인식적 의무는 있을 수 있다. 비유적으로 생각해 보자. 돈이 없어서 빚을 갚을지 말지에 대해 선택의 여지가 없다고 하더라도 빚을 갚아야 한다는 의무는 있다. B에 따르면 이러한 방식으로 비의지적인 믿음에 대한 인식적 의무에 대해 말할 수 있다.

19. 위 글의 ㉠~㉣에 대한 분석으로 적절한 것만을 <보기>에서 모두 고르면?

─〈보 기〉─

ㄱ. ㉠과 ㉢만으로는 ㉣이 도출되지 않는다.

ㄴ. ㉡의 부정으로부터 ㉢의 부정이 도출된다.

ㄷ. ㉢과 "'지금 비가 오고 있다.'를 믿는다는 것이 비의지적이다."라는 전제로부터 "우리에게 '지금 비가 오고 있다.'를 믿어야 할 인식적 의무가 없다."는 것이 도출된다.

① ㄱ

② ㄴ

③ ㄱ, ㄷ

④ ㄴ, ㄷ

⑤ ㄱ, ㄴ, ㄷ

20. 위 글에 대한 평가로 적절한 것만을 <보기>에서 모두 고르면?

─〈보 기〉─

ㄱ. "우리가 p를 믿는다는 것은 자유롭게 선택할 수 있는 것이다."는 것이 사실이면, 철학자 A의 입장은 약화된다.

ㄴ. "우리에게 p를 믿어야 할 인식적 의무가 있다면 우리의 p에 대한 믿음이 인식적으로 정당화된다."는 것이 사실이면, 철학자 B의 입장은 강화된다.

ㄷ. "우리가 p를 믿는다는 것이 자유롭게 선택할 수 있는 것이 아니더라도 우리에게 p를 믿어야 할 인식적 의무가 있다."는 것이 사실이면, 철학자 A와 B의 입장은 약화된다.

① ㄱ

② ㄷ

③ ㄱ, ㄴ

④ ㄴ, ㄷ

⑤ ㄱ, ㄴ, ㄷ

1 독해의 원리
2 논증의 방향
3 문맥과 단서
4 논리의 체계
기출 엄선 모의고사
해커스PSAT 7급 PSAT 기본서 언어논리

21. 다음 글의 내용이 참일 때, 최종 선정되는 단체는?

○○부는 우수 문화예술 단체 A, B, C, D, E 중 한 곳을 선정하여 지원하려 한다. ○○부의 금번 선정 방침은 다음 두 가지다. 첫째, 어떤 형태로든 지원을 받고 있는 단체는 최종 후보가 될 수 없다. 둘째, 최종 선정 시 올림픽 관련 단체를 엔터테인먼트 사업(드라마, 영화, K-pop) 단체보다 우선한다.

A 단체는 자유무역협정을 체결한 갑국에 드라마 컨텐츠를 수출하고 있지만 올림픽과 관련된 사업은 하지 않는다. B는 올림픽의 개막식 행사를, C는 폐막식 행사를 각각 주관하는 단체다. E는 오랫동안 한국 음식문화를 세계에 보급해 온 단체다. A와 C 중 적어도 한 단체가 최종 후보가 되지 못한다면, 대신 B와 E 중 적어도 한 단체는 최종 후보가 된다. 반면 게임 개발로 각광을 받은 단체인 D가 최종 후보가 된다면, 한국과 자유무역협정을 체결한 국가와 교역을 하는 단체는 모두 최종 후보가 될 수 없다. 후보 단체들 중 가장 적은 부가가치를 창출한 단체는 최종 후보가 될 수 없고, 최종 선정은 최종 후보가 된 단체 중에서만 이루어진다.

○○부의 조사 결과, 올림픽의 개막식 행사를 주관하는 모든 단체는 이미 □□부로부터 지원을 받고 있다. 그리고 위 문화예술 단체 가운데 한국 음식문화 보급과 관련된 단체의 부가가치 창출이 가장 저조하였다.

① A

② B

③ C

④ D

⑤ E

다음 중 논증 형식이 같은 것끼리 묶인 것은?　　　　　　　　

> ㄱ. A교수가 국립대학 교수라면 그는 대통령에 의해 임용되었을 것이다. 그러나 그는 대통령에 의해 임용되지 않았다. 따라서 A교수는 국립대학 교수가 아니다.
>
> ㄴ. 여당 지도부의 지지 없이는 새로운 증세안은 국무회의에서 기각될 것이다. 그러나 국무회의에서 새로운 증세안이 통과되었으므로 여당 지도부는 증세안을 지지했음에 틀림없다.
>
> ㄷ. 축구 대회에 참가한 모든 팀은 조별 리그에서 최소 1승을 한 경우에만 본선 2라운드에 진출할 수 있다. B팀은 조별 리그에서 1승을 했다. 따라서 B팀은 본선 2라운드에 진출하였다.
>
> ㄹ. 논리학 과목에서 총 강의 시간의 1/4 이상 결석한 학생은 모두 그 과목에서 F학점을 받는다. C군은 지난 학기 논리학 과목에서 F학점을 받았다. 그는 지난 학기 그 과목에서 1/4 이상 결석했음에 틀림없다.

① (ㄱ, ㄴ)－(ㄷ, ㄹ)

② (ㄱ, ㄷ)－(ㄴ, ㄹ)

③ (ㄱ, ㄹ)－(ㄴ, ㄷ)

④ (ㄴ)－(ㄱ, ㄷ, ㄹ)

⑤ (ㄹ)－(ㄱ, ㄴ, ㄷ)

23. 다음 글의 가설 A, B에 대한 평가로 가장 적절한 것은?

진화론에서는 인류 진화 계통의 초기인 약 700만 년 전에 인간에게 털이 거의 없어졌다고 보고 있다. 털이 없어진 이유에 대해서 학자들은 해부학적, 생리학적, 행태학적 정보들을 이용하는 한편 다양한 상상력까지 동원해서 이와 관련된 진화론적 시나리오들을 제안해 왔다.

가설 A는 단순하게 고안되어 1970년대 당시 많은 사람들이 고개를 끄덕였던 설명으로, 현대적 인간의 출현을 무자비한 폭력과 투쟁의 산물로 설명하던 당시의 모든 가설을 대체할 수 있을 정도로 매력적으로 보였다. 이 가설에 따르면 인간은 진화 초기에 수상생활을 시작하였다. 인간 선조들은 수영을 하고 물속에서 아기를 키우는 등 즐거운 활동을 하기 위해서 수상생활을 하였다. 오랜 물속 생활로 인해 고대 초기 인류들은 몸의 털이 거의 없어졌다. 그 대신 피부 아래에 지방층이 생겨났다.

그 이후에 나타난 가설 B는 인간의 피부에 털이 없으면 털에 사는 기생충들이 감염시키는 질병이 줄어들기 때문에 생존과 생식에 유리하다고 주장하였다. 털은 따뜻하여 이나 벼룩처럼 질병을 일으키는 체외 기생충들이 살기에 적당하기 때문에 신체에 털이 없으면 그러한 병원체들이 자리 잡기 어렵다는 것이다. 이 가설에 따르면 인간이 자신을 더 효과적으로 보호할 수 있는 의복이나 다른 수단들을 활용할 수 있었을 때 비로소 털이 없어지는 진화가 가능하다. 옷이 기생충에 감염되면 벗어서 씻어 내면 간단한데, 굳이 영구적인 털로 몸을 덮을 필요가 있겠는가?

① 인간 선조들의 화석이 고대 호수 근처에서 가장 많이 발견되었다는 사실은 가설 A를 약화한다.

② 털 없는 신체나 피하 지방 같은 현대 인류의 해부학적 특징들을 고래나 돌고래 같은 수생 포유류들도 가지고 있다는 사실은 가설 A를 약화한다.

③ 호수나 강에는 인간의 생존을 위협하는 수인성 바이러스가 광범위하게 퍼져 있었으며 인간의 피부에 그에 대한 방어력이 없다는 사실은 가설 A를 약화한다.

④ 열대 아프리카 지역에서 고대로부터 내려온 전통 생활을 유지하고 있는 주민들이 옷을 거의 입지 않는다는 사실은 가설 B를 강화한다.

⑤ 피부를 보호할 수 있는 옷이나 다른 수단을 만들 수 있는 인공물들이 사용된 시기는 인류 진화의 마지막 단계에 한정된다는 사실은 가설 B를 강화한다.

24. 다음 글의 논지에 대한 반론으로 가장 적절한 것은? 06 5급공채

공화정 체제는 영원한 평화에 대한 바람직한 전망을 제시한다. 그 이유는 다음과 같다. 전쟁을 할 것인가 말 것인가를 결정하려면 공화정 하에서는 국민의 동의가 필요한데, 이 때 국민은 자신의 신상에 다가올 전쟁의 재앙을 각오해야 하기 때문에 그런 위험한 상황을 감수하는 데 무척 신중하리라는 것은 당연하다. 전쟁의 소용돌이에 빠져들 경우, 국민들은 싸움터에 나가야 하고, 자신들의 재산에서 전쟁 비용을 염출해야 하며, 전쟁으로 인한 피해를 고생스럽게 복구해야 한다. 또한 다가올 전쟁 때문에 지금의 평화마저도 온전히 누리지 못하는 부담을 떠안을 수밖에 없다.

그러나 군주제 하에서는 전쟁 선포의 결정이 지극히 손쉬운 일이다. 왜냐하면 군주는 국가의 한 구성원이 아니라 소유자이며, 전쟁 중이라도 사냥, 궁정 연회 등이 주는 즐거움을 아무 지장 없이 누릴 수 있을 것이기 때문이다. 따라서 군주는 사소한 이유로, 예를 들어 한낱 즐거운 유희를 위해 전쟁을 결정할 수도 있다. 그리고 전혀 대수롭지 않게, 늘 만반의 준비를 하고 있는 외교 부서에 격식을 갖추어 전쟁을 정당화하도록 떠맡길 수 있다.

① 군주는 외교적 격식을 갖추지 않고도 전쟁을 감행할 수 있다.

② 전쟁을 방지하기 위해서는 공화제뿐만 아니라 국가 간의 협력도 필요하다.

③ 장기적인 평화는 국민들을 경제 활동에만 몰두하게 하여, 결국 국민들을 타락시킬 것이다.

④ 공화제 국가라도 군주제 국가와 인접해 있을 때에는 전쟁이 일어날 가능성이 높다.

⑤ 공화제 하에서도 국익이나 애국주의를 내세운 선동에 의해 국민들이 전쟁에 동의하게 되는 경우가 적지 않다.

로빈슨은 '상응하는 신체기관을 가지지 않는다고 알려진 능동적 지성'에 주목하여 아리스토텔레스가 신체로부터 독립되어 존재할 수 있는 비물질적인 지성을 인정한다고 주장한다. 아리스토텔레스 이전에 이러한 이론의 대표자는 오르페우스교와 피타고라스 학파의 이론을 수용한 플라톤이다. 근대에 들어와 데카르트가 이 같은 이론을 재조명해 많은 영향을 미쳤다. 이 이론은 영혼(정신, 마음 또는 지성)과 신체는 같은 속성들을 전혀 공유하지 않는 두 개의 실체들이며, 따라서 신체로부터 독립되어 정신만이 존재하는 것이 논리적으로 가능하다고 보는 입장이다. 로빈슨은 아리스토텔레스가 '능동적 지성'이 신체로부터 단지 논리적으로 분리 가능한 것이 아니라 실제로 분리 가능한 것으로 본다고 여긴다.

아리스토텔레스의 심신론에 대해 다른 입장도 존재한다. 코드는 아리스토텔레스의 심신론은 몸과 마음을 이원론적으로 분리하는 것이 아니라고 지적한다. 살아 있는 생물 자체는 자연적 또는 본질적으로 심신의 유기체인 것이다. 코드에 따르면 물질적 신체와 비물질적 영혼을 구분하는 것은 데카르트 이후의 근대적인 구분법이며, 아리스토텔레스는 그러한 구분을 생각조차 할 수 없었다는 것이다. 또한 그는 환원 개념도 아리스토텔레스에게는 적용될 수 없다고 주장한다. 왜냐하면 환원이라는 개념은, 예를 들어 생명이 없는 물질을 인정할 때 사용될 수 있는 개념인 반면에, 아리스토텔레스가 물질에 대해 논의할 때에는 물질 자체는 생명이 있는 물질이기 때문이다.

〈보 기〉

ㄱ. 로빈슨에 따르면 아리스토텔레스는 심신이 실제로 분리 가능하다고 본다.
ㄴ. 코드에 따르면 아리스토텔레스는 물질을 생명체보다 상위의 범주로 본다.
ㄷ. 로빈슨에 따르면 아리스토텔레스는 지성이 물질적 속성을 가진다고 본다.
ㄹ. 코드에 따르면 로빈슨은 근대적 논리로 아리스토텔레스의 심신론을 해석한다고 간주할 수 있다.

① ㄱ
② ㄱ, ㄹ
③ ㄴ, ㄹ
④ ㄱ, ㄴ, ㄷ
⑤ ㄴ, ㄷ, ㄹ

정답·해설 p.310

정답 · 해설

1 독해의 원리

유형 1 | 개념 이해

p.26

01	02	03	04	05
②	②	④	⑤	④

01 개념 이해

정답 ②

난이도 ★★★☆☆
핵심포인트
'개념 이해' 유형은 선택지의 주어 부분에 하나의 단어가 집중적으로 제시되는 경우가 많다. 이 경우에는 선택지에 제시된 핵심적인 단어에 대한 설명문으로 지문이 구성되어 있으므로 그 단어의 개념 정의, 특징, 목적 등의 정보에 주목하여 지문을 읽어야 한다.

정답 체크
두 번째 단락에 따르면 기업이 새로운 제품을 출시하면, 중고품 시장에서 판매되는 기존 제품은 진부화되고 그 경쟁력도 하락한다. 따라서 계획적 진부화는 기존 제품과 동일한 중고품의 경쟁력을 높인다고 볼 수 없다.

오답 체크
① 세 번째 단락에 따르면 계획적 진부화는 소비자 입장에서 크게 다를 것 없는 신제품 구입으로 불필요한 지출과 실질적인 손실이 발생할 수 있다.
③ 두 번째 단락에 따르면 소비자들의 취향이 급속히 변화하는 상황에서 계획적 진부화로 소비자들의 만족도를 높일 수 있다. 따라서 계획적 진부화는 소비자들의 요구에 대응하기 위하여 수행되기도 한다고 볼 수 있다.
④ 두 번째 단락에 따르면 기업이 기존 제품의 가격을 인상하기 곤란한 경우, 신제품을 출시한 뒤 여기에 인상된 가격을 매길 수 있다. 따라서 계획적 진부화를 통해 기업은 기존 제품보다 비싼 신제품을 출시할 수 있다.
⑤ 첫 번째 단락과 세 번째 단락에 따르면 '계획적 진부화'는 의도적으로 수명이 짧은 제품이나 서비스를 생산함으로써 소비자들이 새로운 제품을 구매하도록 유도하는 마케팅 전략으로서 기존 제품이 사용 가능한 상황에서도 신제품에 대한 소비자들의 수요를 자극하는 것이다. 따라서 계획적 진부화로 인하여 제품의 실제 사용 기간은 물리적으로 사용 가능한 수명보다 짧아질 수 있다.

02 개념 이해

정답 ②

난이도 ★★☆☆☆
핵심포인트
'개념 이해' 유형은 선택지에 비슷한 여러 단어가 제시되는 경우가 있다. 이 경우에는 선택지에 제시된 단어들 사이에 어떤 관련성이 있는지에 주목하여 지문을 읽어야 한다.

정답 체크
두 번째 단락에 따르면 순검군의 설치는 도성을 방위하고 국왕을 지키는 군대의 기능과 도성의 치안 유지를 위한 경찰의 기능이 분리되고 전문화된 것을 의미한다. 따라서 순검군이 설치된 이후에도 도성의 성문을 지키는 임무는 위숙군에게 있었다는 것을 알 수 있다.

오답 체크
① 두 번째 단락에서 개경의 도시화가 진전됨에 따라 전문적인 치안 기구의 필요성이 증대되었음을 알 수 있지만, 개경이 고려의 다른 어떤 지역보다 범죄 행위가 많이 발생한 곳이었는지는 알 수 없다.
③ 세 번째 단락에서 급한 공무나 질병, 출생 등 부득이한 경우에만 사전 신고를 받고 야간에 통행하도록 하였다는 것을 알 수 있으나 야간에 급한 용무로 시내를 통행하려는 사람은 먼저 시가지를 담당하는 검점군에 신고를 하였는지는 알 수 없다.
④ 두 번째 단락에 따르면 순검군은 개경 시내를 순찰하고 검문을 실시하는 전문적인 치안 조직이다. 따라서 순검군은 야간 통행이 금지되는 저녁부터 새벽 시간까지 순찰 활동을 하며 성문 방어에도 투입되었다는 것은 알 수 없다.
⑤ 두 번째 단락에 따르면 순검군의 설치는 도성을 방위하고 국왕을 지키는 군대의 기능과 도성의 치안 유지를 위한 경찰의 기능이 분리되고 전문화된 것을 의미한다. 따라서 순검군의 설치 이후에 간수군을 비롯한 개경의 세 군사 조직은 군대의 기능과 경찰의 기능을 모두 수행하였다는 것은 알 수 없다.

03 개념 이해

정답 ④

난이도 ★★☆☆☆
핵심포인트
'겸직사관'과 '포쇄'가 지문의 중심 소재이므로 두 가지 개념이 어떤 관련성을 가지고 서술되어 있는지에 주목하여 지문을 읽어야 한다.

정답 체크

두 번째 단락에서 사고 도서의 포쇄는 3년마다 정기적으로 실시되었고, 네 번째 단락에서 포쇄 때는 반드시 포쇄 상황을 기록한 포쇄형지안이 작성되었다는 것을 알 수 있다. 따라서 사고 도서의 포쇄 상황을 기록한 포쇄형지안은 3년마다 정기적으로 작성되었다는 것을 알 수 있다.

오답 체크

① 첫 번째 단락에 따르면 겸직사관은 사관을 보좌하기 위한 직책으로서 포쇄의 전문가 중에서 선발되었는지는 알 수 없다. 따라서 겸직사관은 포쇄의 전문가 중에서 선발되어 포쇄의 효율성이 높았는지는 알 수 없다.

② 세 번째 단락에서 중종은 사관을 보내는 것은 비용이 많이 드는 등의 폐단이 있다고 주장하였다. 따라서 중종은 포쇄를 위해 사관을 파견하면 문헌이 훼손되는 폐단이 생긴다고 주장했다는 것은 알 수 없다.

③ 세 번째 단락에서 춘추관은 정식 사관이 아닌 겸직사관에게 포쇄를 맡기는 것은 문헌 보관의 일을 가벼이 볼 수 있는 계기가 될 거라고 주장했다. 그러나 겸직사관의 폐지를 주장한 것은 아니다. 따라서 춘추관은 겸직사관이 사고의 관리 책임을 맡으면 문헌 보관의 일을 경시할 수 있게 된다고 하며 겸직사관의 폐지를 주장했다는 것은 알 수 없다.

⑤ 두 번째 단락에서 사고에 보관된 도서는 해충이나 곰팡이 피해를 입을 수 있었는데, 당시 도서를 보존, 관리하는 가장 효과적인 방법은 포쇄였다는 것을 알 수 있다. 그러나 도서에 피해를 입히는 해충을 막기 위해 사고 안에 약품을 살포했는지는 알 수 없다.

04 개념 이해

정답 ⑤

난이도 ★★★☆☆
핵심포인트

'개념 이해' 유형은 실무적인 내용을 다루는 소재가 지문으로 제시되는 경우가 있고, 이때 지문은 대화체 형태로 구성될 확률이 높다. 이러한 경우에도 선택지를 통해 어떤 소재인지를 먼저 파악하고 그 부분에 집중하여야 한다. 이 문제의 경우 선택지에 연명의료 실행과 관련된 사전연명의료의향서 제출과 접수, 시기 등에 대한 내용이 제시되어 있으므로 이를 중심으로 지문을 읽는다.

정답 체크

두 번째 단락에서 을은 연명의료 전문 상담사로부터 상담을 받지 않아도 사전연명의료의향서를 낼 수 있게 해달라는 요청을 언급하고 있고, 세 번째 단락에서 갑은 연명의료 거부 의사가 있는 사람은 지금까지 한 것처럼 전문 상담사의 상담을 받게 하는 조치를 유지하도록 하고 있다. 따라서 연명의료 거부 의사가 있는 사람이 연명의료 전문 상담사의 상담을 받지 않은 상태에서 작성한 사전연명의료의향서는 받아들여지지 않음을 알 수 있다.

오답 체크

① 첫 번째 단락 갑의 진술에서 2018년 2월부터 사전연명의료의향서를 제출하는 제도가 도입되었음을 알 수 있으나, 두 번째 단락 을의 진술에서 전국 모든 보건소에서 사전연명의료의향서를 접수하기 시작한 것은 2020년 4월부터임을 알 수 있다. 또한 사전연명의료의향서 접수를 연명의료 전문 상담사가 한 것인지는 알 수 없다.

② 제시된 글에서 2020년 4월부터 보건소에 사전연명의료의향서를 제출해야 하는 것은 병원이 아니라 연명의료 거부 의사를 표명한 사람임을 알 수 있다.

④ 네 번째 단락 을의 진술에서 전화 상담은 연명의료 전문 상담사 배치가 어려운 보건소를 이용하는 민원인들이 보건소 직원으로부터 설명을 들은 후 전화로 연명의료 전문 상담사로부터 구체적인 내용을 상담받을 수 있도록 하는 것이지, 연명의료 전문 상담사의 상담을 받기 위한 전화예약 시스템이 아님을 알 수 있다.

05 개념 이해

정답 ④

난이도 ★★★☆☆
핵심포인트

'개념 이해' 유형에서 선택지에 생소한 용어가 보인다면 이를 기준으로 지문에서 그 단어의 정의 및 특징에 집중한다. 선택지에 '원체', '원정', '미적 감흥', '새로운 관점' 등의 생소한 단어들이 제시되어 있으므로 해당 단어를 중심으로 지문을 파악한다.

정답 체크

세 번째 단락에서 진경 화법의 특징은 경관을 모사하는 사경에 있는 것이 아니라고 했으므로 실물을 있는 그대로 모사하는 진경 화법이 『원정』과 구조적으로 유사하다는 것은 글의 내용과 부합하지 않는다.

오답 체크

① 두 번째 단락에서 원체는 정치·과학적 글쓰기, 분석적이고 학술적인 글쓰기라고 했으므로 원체가 분석적이고 과학적인 글쓰기 양식이라는 것은 글의 내용에 부합한다.

⑤ 세 번째 단락에서 다산이 쓴 『원정』은 기존 정치 개념의 답습 또는 모방이 아니라 정치에 관한 새로운 관점을 정식화하여 제시한 것이라고 했으므로 다산은 『원정』에서 기존의 정치 개념을 그대로 모방하기보다는 정치에 관한 새로운 관점을 제시하였다는 것은 글의 내용에 부합한다.

p.36

01	02	03	04	05
①	④	②	③	④

01 구조 판단   정답 ①

난이도 ★★★★☆
핵심포인트
'구조 판단' 유형은 지문의 내용에도 집중해야 하지만 지문의 구조에도 집중해야 한다. 따라서 선택지에 제시된 핵심적인 단어를 기준으로 지문이 어떤 구조를 가지며, 어떤 정보에 집중할지 판단한다. 이 문제의 경우 선택지에 '단기기억'과 '장기기억'이 반복적으로 제시되어 있으므로 해당 단어를 중심으로 내용을 파악한다.

정답 체크
세 번째 단락에 따르면 전화번호를 받아 적기 위한 기억은 단기기억을 의미하고, 신경세포 간 연결의 장기 상승 작용이 중요하다는 것은 단기기억의 주요 특징이므로 방금 들은 전화번호를 받아 적기 위한 기억에는 신경세포 간 연결의 장기 상승 작용이 중요함을 알 수 있다.

오답 체크
② 두 번째 단락에서 해마는 기존의 장기기억을 유지하거나 변형하는 부위는 아니라고 했으므로 해마가 손상되더라도 이미 습득한 자전거 타기와 같은 운동 기술을 실행할 수 없게 되는 것은 아님을 알 수 있다.

③ 첫 번째 단락에서 장기기억과 단기기억 모두 대뇌피질에 저장된다고 했으므로 장기기억은 대뇌피질에 저장되고 단기기억은 해마에 저장되는 것은 아님을 알 수 있다.

⑤ 세 번째 단락에 따르면 글루탐산은 단기기억에 중요한 역할을 하는 것이므로 글루탐산이 신경세포 간의 새로운 연결의 형성을 유도하는 것은 아님을 알 수 있다.

02 구조 판단   정답 ④

난이도 ★★☆☆☆
핵심포인트
정약용의 『종두요지』에서의 인두법과 지석영의 『우두신설』에서의 우두법을 비교하는 것이 핵심이므로 두 방식의 비교 포인트에 주목한다.

정답 체크
네 번째 단락에서 우두 접종은 의료용 칼을 사용해서 팔뚝 부위에 일부러 흠집을 내어 접종했다. 따라서 인두법은 의료용 칼을 사용하여 팔뚝 부위에 흠집을 낸 후 접종하는 방식이었다는 것은 옳지 않다.

오답 체크
① 두 번째 단락에서 인두법의 접종대상자는 반드시 생후 12개월이 지난 건강한 아이여야 했고, 우두법은 생후 70~100일 정도의 아이를 접종대상자로 한다. 따라서 우두법은 접종을 시작할 수 있는 나이가 인두법보다 더 어리다.

② 네 번째 단락에서 한묘법은 위험성이 높아서 급하게 효과를 보려고 할 때만 쓴 반면, 수묘법은 일반적으로 통용되었고 안전성 면에서도 보다 좋은 방법이었음을 알 수 있다. 따라서 인두 접종 방식 가운데 수묘법이 한묘법보다 일반적으로 통용되는 접종 방식이었다.

③ 세 번째 단락에서 정약용은 접종 후에 나타나는 각종 후유증을 치료하기 위한 처방을 상세히 기재하고 있는 데 반해, 지석영은 접종 후에 나타나는 각종 후유증을 치료하기 위한 처방을 매우 간략하게 제시하거나 전혀 언급하지 않았음을 알 수 있다. 따라서 『종두요지』에는 접종 후에 나타나는 후유증을 치료하기 위한 처방이 제시되어 있었다.

⑤ 두 번째 단락에서 『우두신설』에서는 생후 70~100일 정도의 아이를 접종대상자로 하며, 아이의 몸 상태에 특별히 신경을 쓰지 않음을 알 수 있다. 따라서 『우두신설』에 따르면 몸이 허약한 아이에게도 접종할 수 있었다.

03 구조 판단   정답 ②

난이도 ★★★★☆
핵심포인트
선택지를 보면 '체험사업', '현실', '가상현실' 등의 단어가 반복적으로 제시되어 있으므로 해당 단어를 중심으로 지문을 파악한다. 특히 체험사업의 체험과 경험이 대비되어 있으므로 각 단어를 설명하는 특정 단어를 구분하여 정리한다.

정답 체크
두 번째 단락에서 타자들로 가득한 현실을 경험함으로써 인간은 스스로 변화하는 동시에 현실을 변화시킬 동력을 얻는다고 했으므로 현실을 변화시킬 수 있는 동력은 체험이 아닌 현실을 경험함으로써 얻게 된다는 것을 알 수 있다.

오답 체크
③ 두 번째 단락에서 가상현실은 실제와 가상의 경계를 모호하게 할 뿐만 아니라 우리를 현실에 순응하도록 이끈다고 했으므로 가상현실이 실제와 가상 세계의 경계를 구분하는 것이 아님을 알 수 있다.

④ 두 번째 단락에 따르면 타자들로 가득한 현실을 경험하는 것은 경험의 특징이므로 체험을 하게 하는 체험사업은 아이들에게 타자와의 만남을 경험하게 해주는 것이 아님을 알 수 있다.

⑤ 첫 번째 단락에 따르면 디지털 가상현실 기술은 아이들에게 미리 짜 놓은 현실이나 치밀하게 계산된 현실을 체험하게 하는 것이므로 현실을 경험하게 하는 것이 아님을 알 수 있다.

04 구조 판단

정답 ③

난이도 ★★★★☆

핵심포인트

과학 소재의 지문은 내용이 어려운 반면 지문의 구조가 명확히 잡혀 있는 경우가 많다. 이 문제의 경우 공변세포의 부피에 변화를 일으키는 요인이 두 번째 단락, 세 번째 단락, 네 번째 단락에 하나씩 제시되어 있는 병렬 구조를 가지고 있으므로 이를 기준으로 지문의 주요 정보를 파악한다.

정답 체크

ㄱ. 두 번째 단락에 따르면 햇빛이 있는 낮에, 햇빛 속에 있는 청색광이 공변세포에 있는 양성자 펌프를 작동시키고 이것이 공변세포 밖에 있는 칼륨이온과 염소이온을 안으로 들어오게 한다. 따라서 한 식물의 동일한 공변세포 안에 있는 칼륨이온의 양을 비교한다면, 햇빛이 있는 낮에 햇빛의 청색광만 차단하는 필름으로 식물을 덮은 경우가 칼륨이온의 양이 적을 것이므로 필름을 덮지 않은 경우보다 적다고 추론할 수 있다.

ㄷ. 세 번째 단락에 따르면 수분스트레스를 받은 식물은 호르몬 A를 분비하고 이 경우 햇빛이 있더라도 기공이 열리지 않는다. 네 번째 단락에 따르면 식물을 감염시킨 병원균 α는 양성자 펌프를 작동시키는 독소 B를 만들고 이는 기공을 계속 열리게 한다. 따라서 호르몬 A를 분비하는 식물이 햇빛이 있는 낮에 보이는 기공은 닫혀있고 병원균 α에 감염된 식물이 햇빛이 없는 밤에 보이는 기공은 열려있으므로 개폐 상태는 다르다고 추론할 수 있다.

오답 체크

ㄴ. 세 번째 단락에 따르면 수분스트레스를 받으면 햇빛이 있더라도 기공이 열리지 않고, 두 번째 단락에 따르면 양성자 펌프를 작동시키면 기공이 열린다. 따라서 수분스트레스를 받은 식물에 양성자 펌프의 작동을 못하게 하면 햇빛이 있는 낮에 기공이 열린다는 것을 추론할 수 없다.

05 구조 판단

정답 ④

난이도 ★★★★☆

핵심포인트

선택지에 통리교섭사무아문이 배포한 기, 이응준이 만든 기, 오늘날의 태극기, 박영효가 그린 기 등 태극기의 종류에 따라 4괘의 문양에 관해 비교하는 내용이 제시되어 있으므로 이에 주목하여 지문을 읽어야 한다.

정답 체크

첫 번째 단락에서 오늘날의 태극기의 우측 하단에 있는 괘는 '곤'이고 이는 땅을 상징한다는 것을 알 수 있고, 세 번째 단락에서 고종이 조선 국기로 채택한 기의 우측 하단에 있는 괘도 '곤'이므로 땅을 상징한다는 것을 알 수 있다. 따라서 오늘날 태극기의 우측 하단에 있는 괘와 고종이 조선 국기로 채택한 기의 우측 하단에 있는 괘는 모두 땅을 상징한다는 것은 글에서 알 수 있는 내용이다.

오답 체크

① 두 번째 단락에서 미국 해군부가 만든 『해상 국가들의 깃발들』에 수록된 기는 이응준이 그린 것으로 짐작되는 '조선의 기'라는 이름의 기로서, 통리교섭사무아문이 각국 공사관에 배포한 조선 국기와는 다르다.

③ 세 번째 단락에서 통리교섭사무아문이 배포한 기의 우측 상단에 있는 괘는 '감'이고, '조선의 기'의 좌측 하단에 있는 괘는 '곤'이므로 상징하는 것이 같다고 볼 수 없다.

⑤ 세 번째 단락에서 박영효가 그린 기의 좌측 상단에 있는 괘는 '건'이므로 하늘을 상징하고, 이응준이 그린 기의 좌측 상단에 있는 괘는 '감'이므로 물을 상징한다.

p.46

01	02	03	04	05
④	①	④	①	③

01 원칙 적용

정답 ④

난이도 ★★★☆☆
핵심포인트
고시 개정 이전과 이후의 주류 판매 유형에 따른 주문 방법 및 결제 방법, 수령 방법에 대한 원칙을 지문의 표를 통해 파악하는 것이 핵심이다.

정답 체크
네 번째 단락에서 고시 개정 이전에는 슈퍼마켓, 편의점 등을 운영하는 주류 소매업자는 대면 및 예약 주문 방식으로만 주류를 판매할 수 있었음을 알 수 있다. 표에 따르면 대면 및 예약 주문 방식은 모두 영업장을 방문하여 결제해야 한다. 따라서 고시 개정 이전에는 편의점을 운영하는 주류 소매업자는 주류 판매 대금을 온라인으로 결제 받을 수 없었다는 것을 추론할 수 있다.

오답 체크
① 두 번째 단락에서 고시 개정 전 음식점을 운영하는 음식업자가 주문받은 배달 음식과 함께 소량의 주류를 배달하는 경우에 예외적으로 주류의 완전 비대면 판매가 가능했음을 알 수 있다. 따라서 고시 개정과 무관하게 음식업자는 주류만 완전 비대면으로 판매할 수 있다는 것은 추론할 수 없다.

② 네 번째 단락에서 고시 개정 이전에는 슈퍼마켓, 편의점 등을 운영하는 주류 소매업자는 대면 및 예약 주문 방식으로만 주류를 판매할 수 있었다. 따라서 고시 개정 이전에는 슈퍼마켓을 운영하는 주류 소매업자는 온라인으로 주류 주문을 받을 수 없었다는 것은 추론할 수 없다.

③ 두 번째 단락에서 고시 개정 전 음식점을 운영하는 음식업자가 주문받은 배달 음식과 함께 소량의 주류를 배달하는 경우에 예외적으로 주류의 완전 비대면 판매가 가능했음을 알 수 있다. 따라서 고시 개정 이전에는 주류를 구매하는 소비자는 반드시 영업장을 방문하여 상품을 대면으로 수령해야 했다는 것은 추론할 수 없다.

⑤ 고시 개정 이후에도 고시 개정 이전의 대면 및 예약 주문 방식의 주류 구매는 가능하다. 따라서 고시 개정 이후에는 전통주를 구매하는 소비자는 전통주 제조자의 영업장에 방문하여 주류를 구입할 수 없다는 것은 추론할 수 없다.

02 원칙 적용

정답 ①

난이도 ★★★★☆
핵심포인트
선택지에서 일반 수험생, 자가격리 수험생, 확진 수험생에 따라 마스크 착용 규정을 묻고 있으므로 지문에서 그 기준을 찾아 적용하는 원칙 적용형 추론 문제임을 알 수 있다.

정답 체크
세 번째 단락에 따르면 일반 수험생이 시험을 치르는 소형 강의실과 중대형 강의실에서는 각각 KF99와 KF94 마스크 착용을 권장하지만 의무 사항은 아니다. 따라서 일반 수험생 중 유증상자는 KF80 마스크를 착용하더라도 시험을 치를 수 있다고 추론할 수 있다.

오답 체크
② 세 번째 단락에 따르면 일반 수험생이 시험을 치르는 소형 강의실과 중대형 강의실에서는 각각 KF99와 KF94 마스크 착용을 권장하지만 의무 사항은 아니다. 따라서 일반 수험생 중 무증상자는 KF80 마스크를 착용하고 시험을 치를 수 있다고 추론할 수 있다.

③ 세 번째 단락에 따르면 자가격리 수험생이 시험을 치르는 특별 방역 시험장에서는 KF99 마스크를 의무적으로 착용해야 한다. 따라서 자가격리 수험생 중 유증상자는 KF99 마스크를 착용하고 시험을 치를 수 있다고 추론할 수 있다.

④ 세 번째 단락에 따르면 자가격리 수험생이 시험을 치르는 특별 방역 시험장에서는 KF99 마스크를 의무적으로 착용해야 한다. 또한 두 번째 단락에 따르면 마스크 착용 규정에서 특정 등급의 마스크 의무 착용을 명시한 경우, 해당 등급보다 높은 등급의 마스크 착용은 가능하지만 낮은 등급의 마스크 착용은 허용되지 않는다. 따라서 자가격리 수험생 중 무증상자는 KF94 마스크를 착용하고 시험을 치를 수 없다고 추론할 수 있다.

⑤ 세 번째 단락에 따르면 확진 수험생이 시험을 치르는 생활치료센터에서는 각 센터장이 내린 지침을 의무적으로 따라야 한다. 따라서 확진 수험생은 생활치료센터장이 허용하는 경우 KF80 마스크를 착용하고 시험을 치를 수 있다고 추론할 수 있다.

03 원칙 적용

정답 ④

난이도 ★★★★☆
핵심포인트
<보기>에 '두 개의 입자', '양자 상태'와 관련된 조건이 반복되고 있으므로 원리·원칙을 적용하여 추론하는 문제임을 알 수 있다. 즉, 두 개의 입자에 대해 양자 상태의 가짓수에 따라 경우의 수가 어떻게 되는지 묻고 있으므로 이 부분에 집중하여 지문을 읽는다.

ㄴ. 네 번째 단락에 따르면 FD 방식은 두 입자가 구별되지 않고 하나의 양자 상태에 하나의 입자만 있을 수 있다. 따라서 두 개의 입자에 대해 양자 상태의 가짓수가 많아지면 두 입자가 서로 다른 양자 상태에 각각 있는 경우의 수는 커짐을 추론할 수 있다.

ㄷ. 세 번째 단락에 따르면 BE 방식은 두 입자가 구별되지 않고 하나의 양자 상태에 여러 개의 입자가 있을 수 있다. 또한 두 번째 단락에 따르면 MB 방식은 두 입자가 구별 가능하고 하나의 양자 상태에 여러 개의 입자가 있을 수 있다. 따라서 두 개의 입자에 대해 양자 상태가 두 가지 이상이면 경우의 수는 BE 방식에서보다 MB 방식에서 언제나 큼을 추론할 수 있다.

오답 체크

ㄱ. 세 번째 단락에 따르면 BE 방식은 두 입자가 구별되지 않고 하나의 양자 상태에 여러 개의 입자가 있을 수 있다. 따라서 두 개의 입자에 대해 양자 상태가 두 가지이면 BE 방식에서 경우의 수는 2가 아니라 3임을 추론할 수 있다.

04 원칙 적용   정답 ①

난이도 ★★★☆☆
핵심포인트
각각의 선택지에 일정한 조건이 제시되어 있으므로 원리·원칙을 적용하여 추론하는 문제임을 알 수 있다. 특히 선택지에 제시된 각 경우에 응집 반응이 일어나는지 여부를 묻고 있으므로 지문에서 어떤 경우에 응집 반응이 일어나는지를 찾는다.

정답 체크

A형 응집원만을 선택적으로 제거한 A형 적혈구를 B형인 사람에게 수혈해도 응집소 α와 결합하여 응집 반응을 일으킬 A형 응집원이 없으므로 응집 반응이 일어나지 않음을 추론할 수 있다.

오답 체크

② B형 응집원만을 선택적으로 제거한 AB형 적혈구를 A형인 사람에게 수혈하면 응집소 β와 결합하여 응집 반응을 일으킬 B형 응집원이 없으므로 응집 반응이 일어나지 않음을 추론할 수 있다.

③ 응집소 β를 선택적으로 제거한 O형 혈장을 A형인 사람에게 수혈하면 A형 응집원과 응집소 α가 결합하여 응집 반응이 일어남을 추론할 수 있다.

④ AB형인 사람은 A형 응집원과 B형 응집원을 모두 가지고 있으므로 응집소 α 또는 응집소 β가 들어있는 A형 또는 B형 또는 O형 혈액을 수혈받을 경우 응집 반응이 일어남을 추론할 수 있다.

⑤ O형인 사람은 응집소 α와 응집소 β를 모두 가지고 있으므로 A형 응집원 또는 B형 응집원이 들어 있는 A형 또는 B형 또는 AB형 적혈구를 수혈 받을 경우 응집 반응이 일어남을 추론할 수 있다.

05 원칙 적용   정답 ③

난이도 ★★★★☆
핵심포인트
선택지를 보면, 지문에 제시된 표의 '기준' 항목이 무엇인지에 따라 ㉠~㉽에 어떤 내용이 들어가는지를 묻고 있으므로 지문의 내용을 구분하는 원리·원칙을 찾고 이를 적용하는 문제임을 알 수 있다. 따라서 지문에 제시된 기준에 따라 조례안 (가)~(다)의 특성을 구분하는 데 초점을 맞추어 지문을 읽는다.

정답 체크

ㄱ. 첫 번째 단락에서 신청안을 정리하는 기준은 입법 예고를 완료하였는지 여부와 유사한 사례가 있는지 유무라고 했으므로 A에 유사 사례의 유무를 따지는 기준이 들어가면, B에는 입법 예고 완료 여부를 따지는 기준이 들어간다. 따라서 ㉣과 ㉾은 모두 미완료이므로 같다고 판단할 수 있다.

ㄴ. 첫 번째 단락에서 유사 사례가 존재하지 않는 경우에만 갑이 을에게 보고한다고 했으므로 B에 따라 을에 대한 갑의 보고 여부가 결정된다면 B는 유사 사례 유무이고, A는 입법 예고 완료 여부이다. 따라서 ㉠과 ㉢은 모두 미완료이므로 같다고 판단할 수 있다.

오답 체크

ㄷ. ㉣과 ㉿이 같은 경우, 즉 (가)와 (나)가 같은 경우는 유사 사례의 유무이므로 B가 유사 사례 유무, A가 입법 예고 완료 여부이다. 이때 ㉠은 미완료, ㉡은 완료이므로 같다고 판단할 수 없다.

실전공략문제

p.52

01	02	03	04	05
③	⑤	①	⑤	④
06	07	08	09	10
④	①	⑤	④	④
11	12	13	14	15
①	①	⑤	①	②
16	17	18	19	20
⑤	③	①	①	②
21	22	23		
①	②	③		

01 개념 이해

정답 ③

난이도 ★★★☆☆

핵심포인트
세부적인 정보가 많이 제시된 설명문이 지문으로 제시되었으므로 선택지의 핵심어를 먼저 확인한다. 이후 지문을 읽을 때 그 핵심어의 개념이나 특징을 놓치지 않도록 유의한다. 이 문제의 경우 선택지에 호칭이나 칭호가 제시되어 있으므로 해당 부분을 중심으로 내용을 파악한다.

정답 체크
세 번째 단락에 따르면 부원군은 경우에 따라 책봉된 공신에게도 붙여졌으므로 왕비의 아버지가 아님에도 부원군이라는 칭호를 받은 신하가 있음을 알 수 있다.

오답 체크
① 세 번째 단락에 따르면 세자가 왕이 되면 적실의 딸은 왕비의 딸이 되므로 공주로 호칭이 바뀔 것임을 알 수 있다.
② 두 번째 단락에 따르면 명나라 천자로부터 부여받은 것은 묘호가 아니라 시호이므로 조선시대 왕의 묘호에 명나라 천자로부터 부여받은 것이 있는지는 알 수 없다.
⑤ 세 번째 단락에서 살아 있을 때 대원군의 칭호를 받은 이는 고종의 아버지 흥선대원군 한 사람뿐이었다고 했으므로 대원군의 칭호는 생존하지 않았더라도 부여받을 수 있었음을 알 수 있다.

02 개념 이해

정답 ⑤

난이도 ★★★☆☆
핵심포인트
역사 소재로 지문이 구성되면 특징적인 구조 없이 시간 순서대로 사건이 나열되는 경우가 많다. 이 문제의 경우 고려가 송과 거란 사이에서 사용한 외교적 전략과 여진족을 몰아내고 강동 6주를 확보하는 과정이 통시적으로 제시되어 있으므로 지문에 제시된 사건의 시간적인 흐름에 주목하여 지문을 읽어야 한다.

정답 체크
두 번째 단락에 따르면 서희는 소손녕이 보낸 서신의 내용은 핑계일 뿐이라고 주장하고, 고려가 병력을 동원해 거란을 치는 일이 없도록 하겠다는 언질을 주면 소손녕이 철군할 것이라고 말했다. 따라서 서희는 고려가 거란에 군사적 적대 행위를 하지 않겠다고 약속하면 소손녕이 군대를 이끌고 돌아갈 것이라고 보았다는 것은 글의 내용에 부합한다.

오답 체크
① 두 번째 단락에 따르면 압록강 하류 유역에 살고 있던 여진족은 발해의 지배를 받았지만, 발해가 거란에 의해 멸망한 후에는 어느 나라에도 속하지 않은 채 독자적 세력을 이루고 있었다. 따라서 거란은 압록강 유역에 살던 여진족이 고려의 백성이라고 주장하였다는 것은 글의 내용에 부합하지 않는다.
② 두 번째 단락에 따르면 압록강 하류 유역에 살고 있던 여진족은 발해의 지배를 받았지만, 발해가 거란에 의해 멸망한 후에는 어느 나라에도 속하지 않은 채 독자적 세력을 이루고 있었다. 따라서 여진족이 발해의 지배에서 벗어나기 위해 거란과 함께 고려를 공격하였다는 것은 글의 내용에 부합하지 않는다.
③ 세 번째 단락에 따르면 소손녕은 압록강 하류의 여진족 땅을 고려가 지배할 수 있게 묵인해 달라는 서희의 요구를 수용한 것일 뿐, 이후 압록강 하류의 여진족 땅까지 밀고 들어가 영토를 넓히고 그 지역에 강동 6주를 둔 것은 고려이지 소손녕이 아니다. 따라서 글의 내용에 부합하지 않는다.
④ 첫 번째 단락에 따르면 고려는 거란을 공격하기 위해 원병을 요청한 송 태종의 요청에 응하지 않았다. 따라서 고려는 압록강 하류 유역에 있는 여진족의 땅으로 세력을 확대한 거란을 공격하고자 송 태종과 군사동맹을 맺었다는 것은 글의 내용에 부합하지 않는다.

03 구조 판단

정답 ①

난이도 ★★★☆☆
핵심포인트
대조적인 개념을 비교하는 지문이 제시되었으므로 해당 부분을 중심으로 내용을 파악한다.

ㄱ. 두 번째 단락에 따르면 사전 학습 데이터가 반드시 제공되어야 하는 것은 지도 학습 방식이다. 따라서 지도 학습 방식을 사용하여 컴퓨터가 사물을 분별하기 위해서는 사전 학습 데이터가 주어져야 함을 알 수 있다.

ㄴ. 세 번째 단락에서 자율 학습을 응용한 딥러닝은 고도의 연산 능력이 요구된다고 했으나, 자율 학습이 지도 학습보다 학습의 단계가 단축되었기에 낮은 연산 능력으로도 수행이 가능한지는 알 수 없다.

ㄷ. 세 번째 단락에 따르면 딥러닝 기술의 활용 범위는 새로운 알고리즘이 개발된 후에 넓어졌음을 알 수 있다.

⏱ 빠른 문제 풀이 Tip

<보기>에 지도 학습과 자율 학습이 비교되고 있으므로 지문을 읽을 때도 두 단어를 구분하여 체크한다. 지도 학습과 같은 계열의 단어인 '기계학습', '사전 학습 데이터', '데이터의 양' 등을 같은 계열로 체크하고, 자율 학습과 같은 계열의 단어인 '심화신경망', '딥러닝', '고도의 연산 능력', '새로운 알고리즘' 등을 또 다른 계열로 체크하면 비교를 빠르게 할 수 있다.

04 개념 이해   정답 ⑤

난이도 ★★★★★
핵심포인트
세부적인 정보가 많이 제시된 설명문이 지문으로 제시되었으므로 선택지의 핵심어를 기준으로 지문을 파악한다. 이 문제의 경우 선택지는 실록이 어디에 몇 벌 남아있는지가 주요 내용이므로 해당 부분을 중심으로 내용을 파악한다.

현존하는 가장 오래된 실록은 재인쇄되지 않은 원본을 말한다. 세 번째 단락에 따르면 원본은 지금까지 서울대학교에 보존되어 있으므로 현존하는 가장 오래된 실록은 서울대학교에 있음을 추론할 수 있다.

② 세 번째 단락에 따르면 태백산에 보관하였던 실록은 현재 서울대학교에 보존되어 있으므로 일본이 아니라 서울에 있음을 추론할 수 있다.

③ 세 번째 단락에 따르면 현재 한반도에 남아 있는 실록은 서울대학교에 남아있는 2벌과 김일성종합대학에 남아 있는 1벌이므로 모두 3벌임을 추론할 수 있다.

④ 세 번째 단락에서 적상산에 보관하였던 실록은 현재 김일성종합대학에 보관되어 있다고 했으나 훼손 여부는 추론할 수 없다. 또한 두 번째 단락에 따르면 일부 훼손된 실록은 강화도 마니산의 것임을 알 수 있다.

⏱ 빠른 문제 풀이 Tip

지문 전체적으로 실록이 보관된 위치가 바뀌는 것이 주요 내용이므로 원본 1벌과 재인쇄본 4벌의 위치가 바뀌는 것을 구분되게 체크해 주는 것이 효율적이다. 예를 들어, 원본의 경우 '마니산 → 정족산 → 조선총독부 → 경성제국대학 → 서울대학교'라는 흐름으로 이동하였으므로 각각의 위치를 체크하면 문제를 빠르게 풀이할 수 있다.

05 원칙 적용   정답 ④

난이도 ★★★★☆
핵심포인트
각 <보기>의 조건에 따라 지문에 제시된 표의 ㉠~㉡에 어떤 내용이 들어가는지를 묻고 있으므로 지문의 내용을 구분하는 원리·원칙을 찾고 이를 적용하는 문제임을 알 수 있다. 따라서 지문에 제시된 기준에 따라 뼈대근육, 내장근육, 심장근육의 특성을 구분하는 데 초점을 맞추어 지문을 읽는다.

ㄴ. ㉣과 ㉡이 다른 특징이라면, 뼈대근육은 의식적으로 통제할 수 있는 근육이고 심장근육은 의식적으로 통제할 수 없는 근육이라는 내용이 들어가야 하므로 B에는 근육의 움직임을 의식적으로 통제할 수 있는지를 따지는 기준이 들어간다고 판단할 수 있다.

ㄷ. ㉠에 '수의근'이 들어간다면, A에는 근육의 움직임을 의식적으로 통제할 수 있는지를 따지는 기준이 들어가고 B에는 근섬유에 줄무늬가 있는지를 따지는 기준이 들어가야 하므로 ㉢에는 '민무늬근'이 들어가야 한다고 판단할 수 있다.

ㄱ. ㉡과 ㉢이 같은 특징이라면, 이는 내장근육과 심장근육의 같은 특성인 근육의 움직임을 의식적으로 통제할 수 없는 근육이라는 내용이어야 하므로 A에는 근육의 움직임을 의식적으로 통제할 수 있는지를 따지는 기준이 들어간다고 판단할 수 있다.

06 구조 판단   정답 ④

난이도 ★★★★☆
핵심포인트
선택지에 '동물의 행위'와 '인간의 행위', '이성의 명령'과 '심리적 성향'이 대비되고 있다. 즉, 대조되는 개념이 제시된 지문이므로 대조되는 개념의 특징을 중심으로 내용을 파악한다.

07 구조 판단

정답 ①

난이도 ★★★☆☆
핵심포인트
<보기>에 '허용형 어머니', '방임형 어머니', '독재형 어머니' 간에 비교하는 내용이 제시되어 있으므로 지문의 구조가 명료한 추론 문제임을 알 수 있다. 각 어머니의 특성과 그 아래에서 양육된 아이의 특성을 중심으로 내용을 파악한다.

정답 체크

ㄱ. 허용형 어머니는 오로지 아이의 욕망에만 관심을 가지며, 방임형 어머니는 아이의 욕망에 무관심하므로 허용형 어머니는 방임형 어머니에 비해 아이의 욕망에 높은 관심을 갖는다고 추론할 수 있다.

오답 체크

ㄴ. 허용형 어머니의 아이는 도덕적 책임 의식이 결여된 경우가 많으나, 독재형 어머니의 아이보다 도덕적 의식이 높은 경우가 많다고는 추론할 수 없다.

ㄷ. 방임형 어머니의 아이는 어머니의 욕망을 파악하지 못하므로 독재형 어머니의 아이보다 어머니의 욕망을 더 잘 파악한다고 추론할 수 없다.

08 구조 판단

정답 ⑤

난이도 ★★★☆☆
핵심포인트
선택지에 왕 이름이 제시되어 있고, 지문에 여러 명의 왕이 행한 일들이 단락별로 제시되어 있다. 이에 따라 각 왕의 행위를 파악하고 선택지에 제시된 왕이 행한 행위들이 일치하는지 여부로 선택지의 정오를 판별한다.

정답 체크

두 번째 단락에 따르면 세종은 태조가 세운 방침을 준수했다고 했으므로 세종 때 도첩 신청자가 내도록 규정된 면포 수량은 150필이다. 세 번째 단락에서 예종 때 도첩 신청자가 내도록 규정된 면포 수량은 세조 때의 30필보다 20필 더 늘렸다고 했으므로 예종 때 도첩 신청자가 내도록 규정된 면포 수량은 50필이다. 따라서 도첩 신청자가 내도록 규정된 면포 수량은 세종 때가 예종 때보다 많았음을 알 수 있다.

오답 체크

③ 세 번째 단락에 따르면 세조는 즉위 수 년 후 담당 관청이 작성한 방안을 바탕으로 새 규정을 시행하였는데, 이 방침에는 불교 경전인 심경, 금강경, 살달타를 암송하는 자에게만 도첩을 준다는 내용이 있었다. 따라서 세조가 즉위한 해부터 심경, 금강경, 살달타를 암송한 자에게만 도첩을 발급한다는 규정이 시행된 것은 아님을 알 수 있다.

④ 세 번째 단락에 따르면 성종은 예종 때 만들어진 규정을 그대로 유지하였는데, 예종 때는 도첩 신청자가 납부해야 할 면포 수량을 세조 때의 30필보다 20필 더 늘리고, 암송할 불경에 법화경을 추가하였다. 따라서 성종은 법화경을 암송할 수 있다는 사실을 인정받은 자가 면포 50필을 납부할 때에만 도첩을 내주게 했음을 알 수 있다.

09 원칙 적용

정답 ④

난이도 ★★★★☆
핵심포인트
지문에 표가 제시되거나 그림이 제시되는 독해 문제는 이 부분이 선택지로 제시될 확률이 높다. 이 문제의 경우 표에 제시된 정보가 하나의 원리가 될 수 있으므로 이에 주목한다.

정답 체크

네 번째 단락에 따르면 일률은 에너지가 방출되는 빠르기와 관련된 것으로 에너지의 크기와는 관련 없는 개념이다. 따라서 초코칩 과자를 에너지로 전환하더라도 일률이 낮아서 그 에너지는 같은 질량의 TNT가 가진 에너지보다 적다고 추론할 수 없다.

오답 체크

① 표에서 1g당 에너지는 우라늄-235가 2천만kcal, 초코칩 과자가 5kcal, TNT가 0.65kcal이다. 따라서 우라늄-235는 같은 질량의 초코칩 과자나 TNT보다 훨씬 많은 에너지를 갖고 있다고 추론할 수 있다.

② 동일한 양의 에너지를 저장하는 데 필요한 질량은 표의 1g당 에너지 부분에 표시된 수치의 역수로 판단할 수 있다. 따라서 동일한 양의 에너지를 저장하는 데 필요한 질량은 컴퓨터 충전기가 TNT보다 더 크다고 추론할 수 있다.

⑤ 마지막 단락에 따르면 초코칩 과자가 같은 질량의 TNT보다 더 많은 에너지를 갖고 있지만, 물질 대사라는 화학 과정을 거쳐서 훨씬 더 느리게 에너지를 방출한다고 했으므로 초코칩 과자가 물질 대사를 통해 에너지를 방출하는 데 걸리는 시간이 TNT가 에너지를 방출하는 데 걸리는 시간보다 길다고 추론할 수 있다.

⏱ 빠른 문제 풀이 Tip

지문에 표가 제시되면 이를 활용한 선택지가 반드시 출제된다. 따라서 문제를 해결할 때 우선 표의 정보에 집중하여 그와 관련된 선택지를 먼저 해결하면 풀이 소요 시간을 단축할 수 있다.

10 원칙 적용 　　　　　　　　정답 ④

난이도 ★★★★☆
핵심포인트
선택지에서 인간의 신경교 세포 혹은 뉴런 세포를 쥐에게 주입하면 어떠한 결과가 나타나는지를 반복적으로 언급하고 있다. 따라서 지문을 읽을 때도 인간의 신경교 세포를 쥐에게 주입한 경우와 뉴런 세포를 쥐에게 주입한 경우를 구분해서 내용을 확인한다.

정답 체크

세 번째 단락에서 인간의 신경교 세포를 갓 태어난 생쥐의 두뇌에 주입했을 때 생쥐의 뉴런과 완벽하게 결합되어 더 뛰어난 학습능력을 가지도록 작용함을 알 수 있다. 따라서 쥐에게 주입된 인간의 신경교 세포가 쥐의 뉴런을 보다 효과적으로 조정할 것임을 추론할 수 있다.

오답 체크

① 인간의 신경교 세포를 쥐에게 주입했을 때, 쥐의 뉴런이 전기 신호를 전달하지 못할 것이라는 내용은 지문에서 추론할 수 없다.

②, ③ 인간의 뉴런 세포를 쥐에게 주입하면 어떤 일이 일어날지는 지문에 언급되어 있지 않으므로 그 결과를 추론할 수 없다.

⑤ 세 번째 단락에서 쥐에 주입된 인간의 신경교 세포는 그 기능을 그대로 간직함을 추론할 수 있다.

11 구조 판단 　　　　　　　　정답 ③

난이도 ★★★☆☆
핵심포인트
지문에 세부적인 정보가 많이 제시되므로 선택지에 제시된 핵심적인 단어를 기준으로 전체 맥락을 파악한다. 이 문제의 경우 선택지에 '근대 이후', '고대 그리스', '프랑스 혁명 이후 유럽', '우리나라의 광장'에 대한 단어가 있으므로 해당 단어를 중심으로 내용을 파악한다.

정답 체크

두 번째 단락에서 르네상스 이후 광장은 유럽의 여러 제후들이 도시를 조성할 때 일차적으로 고려하는 사항이 되는데, 그 이유는 광장이 제후들이 권력 의지를 실현하는 데 중요한 역할을 할 수 있었기 때문이라고 했으나, 유럽의 여러 제후들이 광장을 중요시한 것이 거주민의 의견을 반영하기 위해서였는지 알 수 없다.

오답 체크

① 네 번째 단락에서 근대 이후 광장은 권력의 의지가 발현되는 공간이면서 동시에 시민에게는 그것을 넘어서고자 하는 자유의 열망이 빚어지는 장이라고 했으므로 근대 이후 광장은 시민의 자유에 대한 열망이 모이는 장이었음을 알 수 있다.

② 첫 번째 단락에서 호메로스 작품에 나오는 고대 그리스의 아고라는 물리적 장소만이 아니라 사람들이 모여서 하는 각종 활동과 모임도 의미하므로 고대 그리스의 아고라는 사람들이 모이는 장소 이상의 의미를 가짐을 알 수 있다.

⑤ 세 번째 단락에서 우리나라의 역사적 경험에서도 광장은 유럽에서의 광장과 같은 의미로 일상생활의 통행과 회합, 교환의 장소이자 동시에 권력과 그 의지를 실현하는 장이고 저항하는 대중의 연대와 소통의 장이었음을 알 수 있다.

12 원칙 적용 　　　　　　　　정답 ①

난이도 ★★★☆☆
핵심포인트
선택지에 '체증이 심한 유료 도로', '사먹는 아이스크림'과 같은 구체적인 사례가 제시되어 있고, 이것이 a, b, c, d 중 어디에 해당하는지를 묻고 있다. 따라서 지문에서 경합성과 비경합성, 배제성과 비배제성의 개념에 따라 a, b, c, d가 배치되는 원리를 확인하고, 각 사례에 제시된 재화나 서비스가 어디에 해당하는지 추론한다.

정답 체크

체증이 심한 유료 도로 이용은 경합적이고 배제적이므로 a에 해당함을 추론할 수 있다.

② 케이블 TV 시청은 비경합적이고 배제적이므로 c에 해당함을 추론할 수 있다.

③ 사먹는 아이스크림과 같은 사유재는 경합적이고 배제적이므로 a에 해당함을 추론할 수 있다.

④ 국방 서비스와 같은 공공재는 비경합적이고 비배제적이므로 d에 해당함을 추론할 수 있다.

⑤ 영화 관람이라는 소비 행위는 비경합적이고 배제적이므로 c에 해당함을 추론할 수 있다.

13 개념 이해   정답 ⑤

난이도 ★★★☆☆
핵심포인트
'개념 이해' 유형은 기본적으로 지문의 내용이 길고 복잡하게 제시될 확률이 높다. 따라서 선택지에 제시된 핵심적인 단어를 기준으로 지문에서 어떤 정보에 집중해야 할지 판단한다. 선택지에 '양민', '금군', '갑사', '우림위', '겸사복', '내금위' 등 다양한 단어들이 제시되어 있으므로 해당 단어를 중심으로 지문을 파악한다.

정답 체크
두 번째 단락에서 겸사복은 시립과 배종을 주로 담당하였다고 했고, 첫 번째 단락에서 배종은 어가가 움직일 때 호위하는 것이라고 했으므로 어가 호위는 겸사복의 주요 임무 중 하나였다는 것은 글의 내용과 부합한다.

오답 체크
① 두 번째 단락에서 금군 중 겸사복은 서얼과 양민에 이르기까지 두루 선발되었다고 했으므로 양민은 원칙상 금군이 될 수 없었다는 것은 글의 내용에 부합하지 않는다.

② 두 번째 단락에서 금군 중 우림위는 중앙군 소속의 갑사보다는 높은 대우를 받았다고 했으므로 갑사가 금군보다 높은 대우를 받았다는 것은 글의 내용에 부합하지 않는다.

14 구조 판단   정답 ①

난이도 ★★★★☆
핵심포인트
과학 소재의 지문은 특히 지문의 구조가 명확히 잡혀 있는 경우가 많다. 이 문제의 경우 <보기>에 '측분비 방법', '내분비 방법' 등의 단어가 반복적으로 제시되므로 이들 사이에 대조되는 구조가 무엇인지 파악한다.

정답 체크
ㄱ. 두 번째 단락에 따르면 신경세포 사이의 신호 전달은 신경전달물질에 의해 일어나고, 신경전달물질은 세포 사이에 존재하는 공간을 통해 확산되어 근거리에 있는 표적세포에 작용한다. 첫 번째 단락에서 측분비 방법은 세포가 신호 전달 물질을 분비하여 근접한 거리에 있는 표적세포에 신호를 전달하는 방법이라고 했으므로 신경전달물질에 의한 신호 전달은 측분비 방법을 통해 이루어짐을 추론할 수 있다.

오답 체크
ㄴ. 세 번째 단락에 따르면 표적세포에 반응을 일으키는 데 걸리는 시간은 호르몬이 신경전달물질보다 더 오래 걸린다. 첫 번째 단락에서 측분비 방법은 신호 전달 물질을 분비하는 방법이고, 내분비 방법은 호르몬을 분비하는 방법이라고 했으므로 내분비 방법이 측분비 방법보다 표적세포에서 더 느린 반응을 일으킴을 추론할 수 있다.

ㄷ. 첫 번째 단락에 따르면 하나의 세포가 표적세포로 신호를 전달하는 방법에는 신호 전달 물질의 분비가 필수적인 측분비 방법과 내분비 방법 외에 세포가 표적세포와 직접 결합하는 직접 결합 방법도 있다. 따라서 하나의 세포가 표적세포로 신호를 전달하기 위해 신호 전달 물질의 분비가 필수적이라고는 추론할 수 없다.

15 원칙 적용   정답 ②

난이도 ★★★☆☆
핵심포인트
<보기>에 조건이 반복되고 있으므로 원리·원칙을 적용하여 추론하는 문제임을 알 수 있다. 특히 선택지에 유전자가 결여된 경우 돌연변이 애기장대 꽃이 어떤 구조를 가지는지를 묻고 있으므로 지문을 읽을 때 특정 유전자가 결여되면 어떠한 원리·원칙에 따라 꽃의 구조가 결정되는지에 집중한다.

정답 체크
ㄱ. 유전자 A가 결여된다면 유전자 C가 발현되므로 C-B-C 구조를 가질 것이다. 따라서 유전자 A가 결여된 돌연변이 애기장대는 가장 바깥쪽으로부터 암술, 수술, 수술 그리고 암술의 구조를 가질 것임을 추론할 수 있다.

ㄷ. 유전자 C가 결여된다면 유전자 A가 발현되므로 A-B-A 구조를 가질 것이다. 따라서 유전자 C가 결여된 돌연변이 애기장대는 가장 바깥쪽으로부터 꽃받침, 꽃잎, 꽃잎 그리고 꽃받침의 구조를 가질 것임을 추론할 수 있다.

오답 체크
ㄴ. 유전자 B가 결여된 돌연변이 애기장대는 A-C의 구조를 가질 것이므로 가장 바깥쪽으로부터 꽃받침, 암술의 구조를 가질 것임을 추론할 수 있다.

ㄹ. 유전자 A와 B가 결여된 돌연변이 애기장대는 암술만 존재하는 구조를 가질 것임을 추론할 수 있다.

16 개념 이해

정답 ⑤

난이도 ★★★☆☆

핵심포인트

역사 소재의 지문에서는 시간의 흐름에 따라 어떤 사건이 제시되는지가 중요한 정보가 된다. 이 문제의 경우 어떤 과정을 통해 대한민국임시헌장이 공포되었고 대동단결선언이 만들어졌는지, 한국이라는 명칭이 언제부터 사용되었는지 묻고 있으므로 지문에 제시된 용어의 시간적인 배경에 주목하여 내용을 파악한다.

정답 체크

세 번째 단락에서 조소앙의 주장은 대한민국 임시정부에 참여한 독립운동가들로부터 열렬한 지지를 받았다고 했고, 첫 번째 단락에서 조소앙의 제안을 받아들여 "대한민국은 민주공화제로 함"이라는 문구가 담기게 되었다고 했으므로 대한민국 임시정부를 만드는 데 참여한 독립운동가들은 민주공화제를 받아들이는 데 합의했음을 알 수 있다.

오답 체크

① 세 번째 단락에서 건국강령은 1941년에 발표되었다고 했고, 첫 번째 단락에서 대한민국임시헌장은 3·1운동 직후 임시정부를 만들기 위한 첫걸음으로 채택한 것이라고 했으므로 대한민국 임시정부가 건국강령을 통해 대한민국임시헌장을 공포한 것은 아님을 알 수 있다.

② 첫 번째 단락에 따르면 대한민국 임시정부는 3·1운동 이후 수립되었고, 두 번째 단락에 따르면 대동단결선언은 조소앙이 3·1운동이 일어나기 전에 발표되었으므로 조소앙이 대한민국 임시정부의 요청을 받아들여 대동단결선언을 만든 것은 아님을 알 수 있다.

③ 첫 번째 단락에서 3·1운동 직후에 대한민국임시헌장이 채택되었다고 했고, 두 번째 단락에서 조소앙이 3·1운동이 일어나기 전에 발표한 대동단결선언에 "구한국 마지막 날은 신한국 최초의 날"이라는 문구가 담겨 있었다고 했으므로 대한민국임시헌장이 공포되기 전에도 '한국'이라는 명칭을 사용한 독립운동가가 있었음을 알 수 있다.

④ 세 번째 단락에서 제헌국회는 대한민국임시헌장에 담긴 정신을 계승했고, 제헌헌법에 우리나라의 명칭을 '대한민국'이라고 한 내용이 있음을 알 수 있으나, 제헌국회가 대한제국의 정치 제도를 계승하기 위해 '대한민국'이라는 국호를 사용했는지는 알 수 없다.

17 개념 이해

정답 ③

난이도 ★★★☆☆

핵심포인트

갈등영향분석의 실시 기준과 필수적인 단계 및 각 단계의 주체에 대한 구체적인 정보가 제시되어 있으므로 해당 정보에 주목하여 지문을 읽는다.

정답 체크

네 번째 단락에서 갈등관리심의위원회의 자문을 거쳐 해당 사업과 관련된 주요 이해당사자들이 중립적이라고 인정하는 전문가가 갈등영향분석서를 작성하여야 한다고 제시되어 있다. 따라서 갈등영향분석서는 정부가 주관하여 중립적 전문가의 자문하에 해당 기관장이 작성하여야 한다는 것은 글의 내용과 부합하지 않는다.

오답 체크

① 두 번째 단락에서 해당 사업을 수행하는 기관장은 예비타당성 조사 실시 기준인 총사업비를 판단 지표로 활용하여 갈등영향분석의 실시 여부를 판단한다고 제시되어 있다. 따라서 정부가 갈등영향분석 실시 여부를 판단할 때 예비타당성 조사 실시 기준인 총사업비를 판단 지표로 활용한다는 것은 글의 내용과 부합한다.

② 세 번째 단락에서 해당 사업을 수행하는 기관장은 대상 시설이 기피 시설인지 여부를 판단할 때, 단독으로 판단하지 말고 지역 주민 관점에서 검토할 수 있도록 민간 갈등관리전문가 등의 자문을 거쳐야 한다고 제시되어 있다. 따라서 기피 시설 여부를 판단할 때 해당 사업을 수행하는 기관장이 별도 절차 없이 단독으로 판단해서는 안 된다는 것은 글의 내용과 부합한다.

④ 네 번째 단락에서 작성된 갈등영향분석서는 반드시 모든 이해당사자들의 회람 후에 해당 기관장에게 보고되고 갈등관리심의위원회에서 심의되어야 한다고 제시되어 있다. 따라서 갈등영향분석서를 작성한 후에는 이해당사자가 회람하는 절차가 있어야 한다는 것은 글의 내용과 부합한다.

⑤ 두 번째 단락에서 경제적 규모가 실시 기준 이상이라도 갈등 발생 여지가 없거나 미미한 경우에는 갈등관리심의위원회 심의를 거쳐 갈등영향분석을 실시하지 않을 수 있다고 제시되어 있다. 따라서 갈등관리심의위원회는 갈등영향분석 실시 여부의 판단에 관여할 수 있다는 것은 글의 내용과 부합한다.

18 개념 이해

정답 ①

난이도 ★★★☆☆

핵심포인트

<표>에 제시된 위기단계별 조치 사항과 각 위기단계의 기준을 확인하는 것이 <보기>를 판단하는 원칙이 된다.

ㄱ. 예비전력이 50만 kW일 때는 심각단계이므로 모든 공공기관은 실내 조명을 완전 소등하여야 한다. 예비전력이 180만 kW일 때는 경계단계이고, 조치 사항에는 그 전 위기단계까지의 조치 사항이 포함되므로 50% 이상 소등하여야 한다.

ㄴ. 공공기관은 냉방 온도를 25℃ 이상으로 설정해야 하므로 취약계층 보호시설에 해당하지 않는 공공기관은 예비전력이 280만 kW일 때나 750만 kW일 때 모두 냉방 온도를 24℃로 설정할 수 없다.

ㄷ. 장애인 승강기는 전력수급 위기단계와 관계없이 상시 가동하여야 하므로 전력수급 위기단계가 심각단계일 때 취약계층 보호시설에 해당하는 공공기관뿐만 아니라 취약계층 보호시설에 해당하지 않는 공공기관도 장애인 승강기를 가동할 수 있다.

19 구조 판단   정답 ①

난이도 ★★☆☆☆
핵심포인트
선택지와 지문을 보면 구조가 뚜렷한 글임을 알 수 있다. 지문에서 A~C 모형의 특성이 기준에 따라 표로 정리되어 있고, 선택지에서도 A~C 모형의 특성이 비교되고 있으므로 각 모형의 특성이 대조되고 있는 구조에 주목하여 글을 읽어야 한다.

지문의 표에 따를 때 외부 참여 가능성이 높은 모형은 C이고, 네 번째 단락에 따르면 C는 관료제의 영향력이 작고 통제가 약한 분야에서 주로 작동한다. 따라서 외부 참여 가능성이 높은 모형은 관료제의 영향력이 작고 통제가 약한 분야에서 나타나기 쉽다는 것은 적절한 판단이다.

② 지문의 표에 따를 때 상호 의존성이 보통인 모형은 B인데, 배타성이 강한 모형은 B가 아니라 A이다. 따라서 상호 의존성이 보통인 모형에서는 배타성이 강해 다른 이익집단의 참여를 철저하게 배제한다는 것은 적절한 판단으로 볼 수 없다.

③ 지문의 표에 따를 때 합의 효율성이 높은 모형은 A인데, 세 번째 단락에 따르면 A보다 더 효과적으로 정책 목표를 달성할 수 있는 것은 B이다. 따라서 합의 효율성이 높은 모형이 가장 효과적으로 정책 목표를 달성할 수 있다는 것은 적절한 판단으로 볼 수 없다.

④ A에 참여하는 이익집단의 정책 결정 영향력이 B에 참여하는 이익집단의 정책 결정 영향력보다 큰지 여부는 지문의 내용으로 판단할 수 없다.

20 구조 판단   정답 ②

난이도 ★★★☆☆
핵심포인트
단락별 지문의 소재가 명확히 잡혀 있는 구조이므로 각 단락의 중심 소재인 초기 형태의 수경, 부글래기, 큰눈 또는 왕눈의 특징을 명확하게 구분해 둔다.

두 번째 단락에 따르면 초기 형태의 수경은 수경 내부 공기의 부피는 변하지 않으므로 수경 내의 공기압인 수경 내압은 변하지 않는다. 네 번째 단락에 따르면 큰눈은 잠수 시 수압에 의하여 폐가 압축되어 수압과 수경 내압이 같아질 때까지 폐의 공기가 기도와 비강을 거쳐 수경 내로 들어온다. 따라서 수경 내압은 큰눈을 쓰고 잠수했을 때보다 초기 형태의 수경을 쓰고 잠수했을 때가 더 크다는 것은 적절한 추론이 아니다.

① 첫 번째 단락에 따르면 수경을 쓰면 빛이 공기에서 각막으로 굴절되어 망막에 들어오므로 상이 망막에 선명하게 맺혀서 물체를 뚜렷하게 볼 수 있으므로 선택지의 내용은 추론할 수 있다.

③ 세 번째 단락에 따르면 수경 '부글래기'는 잠수 시 나타날 수 있는 결막 출혈을 방지하는데, 우리나라에서는 모슬포 지역의 해녀들이 부글래기를 사용한 적이 있다. 따라서 잠수 시 결막 출혈을 방지할 수 있는 수경이 모슬포 지역에서 사용된 적이 있다는 것은 글에서 추론할 수 있다.

④ 네 번째 단락에 따르면 왕눈은 잠수 시 수압에 의하여 폐가 압축되어 수압과 수경 내압이 같아질 때까지 폐의 공기가 기도와 비강을 거쳐 수경 내로 들어온다. 따라서 왕눈을 쓰고 잠수하면 수경 내압과 체내 압력이 같아진다는 것은 글에서 추론할 수 있다.

⑤ 두 번째 단락에 따르면 잠수 시 수압에 의해 신체가 압박되어 신체의 부피가 줄어들면서 체내 압력이 커져 수압과 같아지게 된다. 따라서 체내 압력은 잠수하기 전보다 잠수했을 때가 더 크다는 것은 글에서 추론할 수 있다.

21 원칙 적용   정답 ①

난이도 ★★☆☆☆
핵심포인트
<보기>에서 투여된 약이 증상의 치유에 어떤 효과를 보이는지 여부가 반복되어 있으므로 지문에서 그 기준을 찾아 적용해야 하는 문제임을 알 수 있다.

정답 체크

ㄱ. 지문에 제시된 사례에서는 항생제 투여 없이 그대로 자연 치유에 맡기는 경우 치유될 확률이 20%라고 했을 때 그보다 확률이 높아지면 치유에 긍정적 효과가 있는 것이고 거꾸로 확률이 낮아지면 치유에 부정적 효과가 있다고 보고 있다. 더불어 두 경우 모두 치유에 투여된 약 이외의 다른 요인이 개입하지 않았다는 점이 보장되어야 한다고 제시되어 있다. 따라서 투여된 약이 증상의 치유에 어떠한 효과도 없다는 것을 보이기 위해서는, 약을 투여하더라도 증상이 치유될 확률에 변화가 없을 뿐 아니라 약의 투여 이외의 다른 요인이 개입되지 않았다는 것이 밝혀져야 한다는 것은 추론할 수 있다.

오답 체크

ㄴ. 지문에 제시된 사례에 따르면 투여된 약이 증상의 치유에 긍정적인 효과가 있다는 것을 보이기 위해서는 증상이 치유될 확률이 약의 투여 이전보다 이후에 더 높아야 하고, 치유에 투여된 약 이외의 다른 요인이 개입하지 않았다는 점이 보장되어야 한다. 따라서 투여된 약이 증상의 치유에 긍정적인 효과가 있다는 것을 보이기 위해서는 증상이 치유될 확률이 약의 투여 이전보다 이후에 더 높아지는 것을 보이는 것으로 충분하다는 것은 적절하지 않다.

ㄷ. 약 투여 이외의 다른 요인이 개입되지 않았다고 전제할 경우에, 투여된 약이 증상의 치유에 긍정적인 효과가 없다는 것을 보이기 위해서는 증상이 치유될 확률이 약의 투여 이전보다 이후에 더 낮아지는 것을 보이거나 확률의 변화가 없다는 것을 보이면 된다. 따라서 증상이 치유될 확률이 약의 투여 이전보다 이후에 더 낮아지는 것을 보이는 것이 필요하다는 것은 적절하지 않다.

22 구조 판단

정답 ②

난이도 ★★☆☆☆
핵심포인트
과학자가 고안한 새로운 이론이 과학적 진보에 기여하는지를 평가할 때, 고려되는 세 가지 조건이 제시되어 있으므로 그 구체적 내용에 주목한다.

정답 체크

네 번째 단락에서 통과 조건을 만족하지 못하더라도 통합적 설명 조건과 새로운 현상의 예측 조건을 모두 만족하는 이론은 과학적 진보에 기여하는 것으로 평가할 수 있다. 따라서 통과 조건을 만족하지 못하더라도 과학적 진보에 기여하는 이론이 있을 수 있다.

오답 체크

① 단순하면서 통합적인 개념 틀을 제공하는 이론은 통합적 설명 조건이다. 이것이 통과 조건을 만족하는지는 알 수 없다.

③ 네 번째 단락에서 반증된 이론은 실패한 이론이고 과학적 진보에 기여하지 못한다고 생각하지만, 그런 이론도 새로운 이론을 고안하도록 과학자를 추동하는 역할을 한다고 되어 있다. 따라서 반증된 이론은 과학자들이 새로운 이론을 고안하도록 추동하는 역할을 하지 못한다는 것은 옳지 않다.

④ 새로운 현상의 예측 조건과 통합적 설명 조건은 각기 다른 조건이므로 새로운 현상의 예측 조건을 만족하지 못하는 이론은 통합적 설명 조건을 만족하지 못하는지는 알 수 없다.

⑤ 두 번째 단락에서 통합적 설명 조건만을 만족한다고 해서 과학적 진보에 기여한다고 보기는 어렵다고 되어 있다. 따라서 통합적 설명 조건과 새로운 현상의 예측 조건 중 하나만 만족하는 이론도 과학적 진보에 기여한다고 볼 수 없다.

23 원칙 적용

정답 ③

난이도 ★★★☆☆
핵심포인트
<표>를 보면 기관 A, B의 연도별 보호수준 평가 결과가 항목별로 일부 제시되어 있다. 이 표의 비어 있는 부분인 ㉠~㉪을 채울 수 있는 원칙을 지문에서 확인하는 것이 핵심이다.

정답 체크

ㄱ. 우수기관으로 지정되기 위해서는 당해 연도와 전년도에 각각 둘 이상의 항목에서 상 등급을 받고 당해 연도에는 하 등급을 받은 항목이 없어야 한다. 따라서 A기관은 2024년에 하 등급을 받은 항목이 있으므로 우수기관으로 지정될 수 없다. 또한 하 등급을 받은 항목의 수가 2년 연속 둘이라면, 그 기관은 취약기관으로 지정된다. A기관이 2024년에 취약기관으로 지정되려면, ㉠과 ㉢이 모두 하 등급이어야 한다. 따라서 ㉠과 ㉢이 다르면 A기관은 2024년에 우수기관으로도 취약기관으로도 지정되지 않는다는 것은 적절한 판단이다.

ㄷ. 2024년에 A기관이 취약기관으로 지정되었다면, ㉠, ㉡, ㉢이 모두 '하'여야 한다. 또한 2024년에 B기관이 우수기관으로 지정되었다면, ㉣, ㉤, ㉥이 모두 '상'이어야 한다. 따라서 2024년에 A기관은 취약기관으로 지정되었고 B기관은 우수기관으로 지정되었다면, ㉡과 ㉣은 같지 않다는 것은 적절한 판단이다.

오답 체크

ㄴ. 하 등급을 받은 항목의 수가 2년 연속 둘이라면, 그 기관은 취약기관으로 지정된다. B기관이 2024년에 취약기관으로 지정되려면 ㉤과 ㉥이 모두 '하'이고, ㉣도 '하'여야 한다. 따라서 ㉤과 ㉥이 모두 '하'라면 B기관은 2024년에 취약기관으로 지정된다는 것은 적절한 판단이 아니다.

2 논증의 방향

유형 4 | 논지와 중심 내용

p.84

01	02	03		
⑤	③	⑤		

01 논지와 중심 내용

정답 ⑤

난이도 ★★☆☆☆
핵심포인트
글의 논지는 지문에서 최종적으로 하고자하는 말이므로 '따라서', '그러므로', '이처럼' 등으로 시작하는 결론적인 문장에 집중한다.

정답 체크
마지막 단락의 '이처럼' 뒤의 내용에 주목하면 독일 통일의 과정에서 동독 주민들의 주체적인 참여를 확인할 수 있으며, 독일 통일을 단순히 흡수 통일이라고 부를 수 없다는 것이 지문의 논지임을 확인할 수 있다. 따라서 글의 핵심 논지로 가장 적절한 것은 '독일 통일의 과정에서 동독 주민들의 주체적 참여가 큰 역할을 하였다.'이다.

오답 체크
① 세 번째 단락에 따르면 자유총선거에서 동독 주민들은 점진적 통일보다 급속한 통일을 지지하는 모습을 보여주었다는 것은 사실이지만, 이것이 글의 핵심 논지는 아니다.

② 지문의 논지는 독일 통일은 동독이 일방적으로 서독에 흡수되었다고 볼 수 없다는 것이므로 독일 통일을 흡수 통일이라고 부른다는 것은 글의 핵심 논지가 아니다.

③ 독일 통일은 분단국가가 합의된 절차를 거쳐 통일을 이루었다는 점에서 의의가 있다는 것은 글에서 알 수 없는 내용이므로 핵심 논지가 될 수 없다.

④ 독일 통일 전부터 서독의 정당은 물론 개인도 동독의 선거에 개입할 수 있었다는 것은 글에서 알 수 없는 내용이므로 핵심 논지가 될 수 없다.

02 논지와 중심 내용

정답 ③

난이도 ★★☆☆☆
핵심포인트
지역문화콘텐츠의 성공을 위해 글에서 제시하고 있는 문제점과 이를 해결하기 위한 방안에 주목한다.

정답 체크
이미 만들어진 우수한 지역문화콘텐츠의 생명력을 연장하고 콘텐츠 향유의 활성화를 꾀하기 위해 향유자에 의한 콘텐츠의 공유와 확산이 활발하게 이루어지는 향유, 아울러 향유자가 콘텐츠의 소비·매개·재생산의 주체가 되는 향유를 위한 방안이 개발되어야 한다는 것이 글의 논지이다. 따라서 지역문화콘텐츠를 향유자와 연결하고 향유자의 향유 경험을 지속하게 할 방안을 마련해야 한다는 것이 글의 핵심 논지로 가장 적절하다.

오답 체크
① 향유의 지속성을 고려해야 한다는 것이 글의 논지이므로 중앙정부와 지방자치단체의 협력을 통해 지역문화콘텐츠의 경쟁력을 강화해야 한다는 것은 글의 핵심 논지로 적절하지 않다.

② 그동안 지역문화 정책과 사업이 새로운 콘텐츠를 발굴·제작하는 데만 주력해 온 탓에 향유의 지속성 측면을 고려하지 못했다고 언급하고 있으므로 새로운 콘텐츠의 발굴과 제작을 통해 지역문화콘텐츠의 생명력을 연장하고 활성화해야 한다는 것은 글의 핵심 논지로 적절하지 않다.

④ 글에서는 향유자 개인의 역할을 제시하고 있지 않으므로 지역문화콘텐츠 향유자 스스로 자신이 콘텐츠의 소비·매개·재생산의 주체임을 인식해야 한다는 것은 글의 핵심 논지로 적절하지 않다.

⑤ 지역문화콘텐츠의 성공은 지역 산업의 동력이 될 뿐 아니라 지역민의 문화향유권 확장에 이바지한다는 점에서 주목할 만하지만, 이를 위해 중앙정부의 경제적 지원이 증대되어야 한다는 내용은 글에서 확인할 수 없다.

03 논지와 중심 내용

정답 ⑤

난이도 ★★★☆☆

핵심포인트

글의 중심 내용은 논지와 동일하게 지문에서 말하고자 하는 가장 중요한 문장이다. 지문에서 학교는 우리 아이들에게 무엇을 가르쳐야 하는지를 묻고 있으므로 이에 대한 답이 될 수 있는 부분에 집중한다.

정답 체크

두 번째 단락에서 '학교는 우리 아이들에게 무엇을 가르쳐야 할까?'에 대한 질문에 교육은 변화하는 직업 환경에 성공적으로 대응하는 능력에 초점을 맞추어야 한다고 답하고 있다. 따라서 '교육은 다음 세대가 사회 환경의 변화에 대응하는 데 필요한 역량을 함양하는 방향으로 변해야 한다.'가 글의 중심 내용으로 가장 적절하다.

오답 체크

① 한 국가의 교육은 당대의 직업구조의 영향을 받는다는 것은 단순히 지문의 내용과 일치하는 내용이므로 글의 중심 내용으로는 적절하지 않다.

④ 빠르게 변하는 불확실성의 세계에서는 미래의 유망 직업을 예측하는 일이 중요하다는 것은 지문의 내용과 부합하지만, 가장 중요한 내용이 아니므로 글의 중심 내용으로 적절하지 않다.

유형 5 | 견해 분석

p.92

01	02	03	04	05
④	①	②	③	⑤

---

01 견해 분석

정답 ④

난이도 ★★★☆☆

핵심포인트

논쟁에 대한 분석 문제는 등장인물들의 견해가 대비되어 있으므로 도덕적 지위를 갖는 기준에 대한 갑~정의 견해 간에 차이점이 무엇인지에 집중한다.

정답 체크

ㄴ. 병은 인공지능 로봇에게 의식이 있을 수도 있겠지만 인간의 필요에 의해서 만든 도구적 존재에게 도덕적 지위를 부여할 수 없다고 본다. 따라서 인공지능 로봇에게 의식이 있어도 도덕적 지위를 부여할 수 없다고 생각하는 사람이 있다는 것은 적절한 분석이다.

ㄷ. 을은 인공지능 로봇은 기계이므로 의식을 갖는 것이 가능하지 않기 때문에 인공지능 로봇에게 도덕적 지위를 부여할 수 없다고 생각한다. 따라서 인공지능 로봇에게 실제로 의식이 있다고 밝혀진다면, 을은 인공지능 로봇에게 도덕적 지위를 부여해야 하는가에 대한 입장을 바꿔야 하므로 적절한 분석이다.

오답 체크

ㄱ. 을은 인공지능 로봇은 기계이므로 의식을 갖는 것이 가능하지 않다고 본다. 그러나 정은 인공지능 로봇이 의식을 갖지 않는 경우라 해도 도덕적 지위를 부여해야 하는 경우가 있다고 주장하지만, 인공지능 로봇에게 의식이 없다고 주장하지 않는다.

---

02 견해 분석

정답 ①

난이도 ★★★★☆

핵심포인트

지문에 A, B, C의 견해가 제시되어 있으므로 각자의 견해를 찾는 데 집중한다. 또한 <보기>에 '그렇지 않다'는 표현은 두 사람의 견해에 차이가 있는지를, '동의한다'는 표현은 두 사람의 견해가 일치하는지를 묻는 것이므로 각 견해의 차이점과 공통점을 모두 파악한다.

정답 체크

ㄱ. A는 종 차별주의가 옳지 않다는 주장과 종 평등주의가 옳다는 말이 같다는 입장이므로 종 차별주의와 종 평등주의가 서로 모순된다고 보지만, B는 종 차별주의를 거부하는 것과 종 평등주의를 받아들이는 것은 별개라는 입장이므로 종 차별주의와 종 평등주의가 서로 모순된다고 보지 않는다.

오답 체크

ㄴ. C는 모든 인간이 동일한 존엄성과 무한한 생명 가치를 가진다는 것은 거부할 수 없는 윤리의 대전제라고 보는 입장이므로 모든 인간이 동일한 존엄성과 무한한 생명 가치를 가진다는 견해에 동의하지만, B는 그런 언급을 하고 있지 않다.

ㄷ. C는 의식을 이용하여 종 사이의 차별을 정당화해서는 안 된다는 입장이므로 인간과 인간이 아닌 것 사이의 차별적 대우를 정당화하는 근거가 있다는 것에 동의하지 않는다. 그러나 A는 종 평등주의는 비상식적이라는 입장이므로 인간과 인간이 아닌 것 사이의 차별적 대우를 정당화하는 근거가 있다는 것에 동의한다.

03 견해 분석

정답 ②

난이도 ★★★★☆

핵심포인트

지문에 갑과 을의 견해가 제시되어 있으므로 각자의 견해를 찾는 데 집중한다. 또한 <보기>에서 증거가 가설을 입증하는지 여부를 반복적으로 묻고 있으므로 이와 관련된 갑과 을의 견해를 찾는 데 집중한다.

정답 체크

ㄷ. 갑은 증거 발견 후 가설의 확률 증가분이 클수록, 증거가 가설을 입증하는 정도가 더 커진다고 본다. 따라서 갑의 입장에서 어떤 증거가 주어진 가설을 입증하는 정도가 작더라도, 그 증거 발견 후 가설의 확률 증가분이 있다는 것이고, 그에 더해 증거 발견 후 가설이 참일 확률이 1/2보다 크다면, 을의 입장에서 그 증거가 해당 가설을 입증할 수 있다. 따라서 해당 분석은 적절하다.

오답 체크

ㄱ. 갑은 증거 발견 후 가설의 확률 증가분이 있다면, 증거가 가설을 입증한다는 입장이다. 따라서 갑의 입장에서, 증거 발견 후 가설의 확률 증가분이 없는 경우는 가정하고 있지 않으므로 그 경우에 그 증거가 해당 가설을 입증하지 못한다고 분석하는 것은 적절하지 않다.

ㄴ. 을은 증거 발견 후 가설의 확률 증가분이 있고 증거 발견 후 가설이 참일 확률이 1/2보다 크다면, 그리고 그런 경우에만 증거가 가설을 입증한다는 입장이다. 즉 증거 발견 후를 가정하고 입증에 대한 정의를 내리고 있다. 따라서 을의 입장에서, 어떤 증거가 주어진 가설을 입증할 경우 그 증거 획득 이전에 해당 가설이 참일 확률은 1/2보다 크다고 분석하는 것은 적절하지 않다.

04 견해 분석

정답 ③

난이도 ★★★★★

핵심포인트

지문에서 쟁점이 되는 규정은 하나이지만, 갑과 을이 하나의 쟁점에 대해서만 논쟁하고 있는 것이 아니라 세 개의 각기 다른 쟁점에 대해 논쟁하고 있으므로 각 쟁점 안에서 갑과 을의 견해 차이를 구별해서 파악한다.

정답 체크

ㄱ. 쟁점 1과 관련하여, 위원으로서의 임기가 종료되면 위원장으로서의 자격도 없는 것으로 생각할 경우 갑은 위원을 한 차례 연임한 A가 규정을 어기고 있다고 볼 것이고, 위원장이 되는 경우에는 그 임기나 연임 제한이 새롭게 산정된다고 생각한다면 을은 A가 규정을 어기지 않았다고 볼 것이다. 따라서 이를 통해 갑과 을 사이의 주장 불일치를 설명할 수 있다.

ㄴ. 쟁점 2와 관련하여, 위원장이 부적법한 절차로 당선되었더라도 그것이 연임 횟수에 포함된다고 생각한다면 갑은 B가 선출될 경우 「위원회의 운영에 관한 규정」 제8조 제2항을 어기게 된다고 볼 것이고, 위원장이 부적법한 절차로 당선되었더라도 그것이 연임 횟수에 포함된다고 생각하지 않는다면 을은 B가 선출되어도 규정을 어기지 않는다고 볼 것이다. 따라서 이를 통해 갑과 을 사이의 주장 불일치를 설명할 수 있다.

오답 체크

ㄷ. 쟁점 3과 관련하여, 위원장 연임 제한의 의미가 '단절되는 일 없이 세 차례 연속하여 위원장이 되는 것만을 막는다'는 것으로 확정된다면, C가 선출되더라도 임기가 단절되는 일 없이 세 차례 연속하여 위원장이 되는 것이 아니므로 갑의 주장은 그르고, 을의 주장은 옳다.

05 견해 분석

정답 ⑤

난이도 ★★★★☆

핵심포인트

지문에 제시된 갑, 을, 병, 정의 주장을 찾는 데 집중해야 한다. 또한 <보기>에 '지지한다', '양립불가능하다'는 표현이 등장하므로 각 견해가 서로를 뒷받침해주는 지지하는 관계인지, 혹은 동시에 참이 될 수 없는 양립불가능한 관계인지 파악한다.

정답 체크

ㄱ. 을의 주장은 인간관계를 상업화하거나 난자 등과 같은 신체의 일부를 금전적인 대가 지불의 대상으로 만들어선 안 된다는 것이므로 난자 기증은 상업적이 아닌 이타주의적인 이유에서만 이루어져야 한다는 갑의 주장을 지지함을 알 수 있다.

ㄴ. 정은 난자 제공이 고통과 위험을 감수해야 하는 일임을 강조하고 있으므로 난자 제공에 대한 금전적 대가 지불을 허용하지 않을 경우에 난자를 얻을 수 없을 것이라는 병의 주장을 지지하는 근거로 사용될 수 있음을 알 수 있다.

ㄷ. 을과 병은 서로 반대의 주장을 하고 있으므로 을의 입장과 병의 입장은 동시에 참이 될 수 없다. 따라서 을의 입장과 병의 입장은 양립불가능함을 알 수 있다.

유형 6 | 논증의 비판과 반박

p.102

01	02	03	04	
③	④	⑤	⑤	

01 논증의 비판과 반박   정답 ③

난이도 ★★★☆☆
핵심포인트
지문의 답변에 대해 반박하는 진술을 찾아야 하므로 우선 답변의 내용이 무엇인지 파악한다. 그 후 답변의 주요 내용을 확인하고, 그 내용과 반대 방향의 진술을 <보기>에서 찾는다.

정답 체크

ㄴ. 신이 이산화탄소 배출량을 줄이기 위해 재생에너지를 쓰라고 명령한 적이 없더라도 그 행위는 착한 행위라는 진술은 한 행위가 착한 행위가 되기 위해서는 신이 그 행위를 하라고 명령해야 한다는 답변에 대한 반박으로 적절하다.

ㄷ. 장기 기증은 착한 행위지만 신이 장기 기증을 하라고 명령했다는 그 어떤 증거나 문서도 존재하지 않으며 신이 그것을 명령했다고 주장하는 사람도 없다는 것은 신의 명령이 없더라도 장기 기증은 착한 행위라는 의미이다. 따라서 한 행위가 착한 행위가 되기 위해서는 신이 그 행위를 하라고 명령해야 한다는 답변에 대한 반박으로 적절하다.

오답 체크

ㄱ. 정직함을 착한 행위로 만드는 것은 신의 명령이라는 진술은 답변의 내용과 동일한 내용이므로 답변에 대한 반박으로 적절하지 않다.

ㄹ. 사람들이 신의 명령이라고 말한다고 해서 그것이 정말로 신의 명령인 것은 아니라는 진술은 답변의 내용과 무관하므로 답변에 대한 반박으로 적절하지 않다.

02 논증의 비판과 반박   정답 ④

난이도 ★★★★☆
핵심포인트
논증을 비판하는 진술로 적절하지 않은 것을 찾아야 하므로 우선 논증의 전제와 결론을 파악한다. 그 후 선택지에서 논증의 전제 및 결론과 반대 방향의 진술이 아닌 내용을 찾는다.

정답 체크
지문에 제시된 논증은 새롭게 출현한 생물종과 관련된 내용이므로 30억 년 전에 생물이 출현한 이후 5차례의 대멸종이 일어났으나 대멸종은 매번 규모가 달랐다는 것은 지문의 논증과는 직접적인 관련성이 없다. 따라서 논증에 대한 비판으로 적절하지 않다.

오답 체크

① 100년마다 20종이 출현한다는 것이 다만 평균일 뿐이라는 것은 새로운 생물종이 평균적으로 100년 단위마다 약 20종 출현한다는 논증의 내용과 반대 방향의 진술이므로 논증에 대한 비판으로 적절하다.

② 5억 년 전 이후부터 지구상에 출현한 생물종이 1,000만 종 이하일 수 있다는 것은 5억 년 전 이후 지구상에 출현한 생물종은 1억 종에 이른다는 논증의 내용과 반대 방향의 진술이므로 논증에 대한 비판으로 적절하다.

③ 생물학자는 새로 발견한 종이 신생 종인지 아니면 오래 전부터 존재했던 종인지 판단하기 어렵다는 것은 지난 100년간 생물학자들이 지구상에서 새롭게 출현한 종을 찾아내지 못했다는 논증의 내용과 반대 방향의 진술이므로 논증에 대한 비판으로 적절하다.

⑤ 생물학자들이 발견한 몇몇 종은 지난 100년 내에 출현한 종이라고 판단할 이유가 있다는 것은 지난 100년간 생물학자들이 지구상에서 새롭게 출현한 종을 찾아내지 못했다는 논증의 내용과 반대 방향의 진술이므로 논증에 대한 비판으로 적절하다.

03 논증의 비판과 반박   정답 ⑤

난이도 ★★★☆☆
핵심포인트
흄이 반대하는 주장은 곧 흄이 비판하는 주장이다. 지문에서 흄과 집을 수리한 사람의 주장이 대립되어 제시되고 있으므로 대립되는 내용을 중심으로 내용을 파악한다.

정답 체크
흄이 반대하는 주장은 집을 수리한 사람의 주장과 같다. 집수리에 대한 합의가 없더라도 필요한 집수리를 했다면, 집수리 비용을 지불할 의무가 생겨난다는 것은 집을 수리한 사람의 주장이므로 흄이 반대하는 주장이다.

오답 체크

① 공정한 절차를 거쳐 집수리에 대한 합의에 이르지 못했다면 집수리 비용을 지불할 의무는 없다는 것은 집주인과 합의하지 않은 집수리에 대해서는 비용을 지불할 의무가 없다는 흄의 주장과 동일하다. 따라서 흄이 반대하는 주장이 아니다.

② 집수리에 대한 합의가 없었다면 필요한 집수리를 했더라도 집수리 비용을 지불할 의무가 없다는 것은 집주인과 합의하지 않은 집수리에 대해서는 비용을 지불할 의무가 없다는 흄의 주장과 동일하다. 따라서 흄이 반대하는 주장이 아니다.

③, ④ 집주인과 합의하지 않은 집수리에 대해서는 비용을 지불할 의무가 없다는 것이 흄의 주장이므로 집수리에 대한 합의가 있는 경우 집수리 비용을 지불할 의무에 대한 주장은 흄의 주장과 관련이 없다.

04 논증의 비판과 반박

난이도 ★★★★☆
핵심포인트
㉠에 대한 비판을 찾아야 하므로 ㉠의 내용을 중점적으로 파악한다. 즉 지문에서 '진리성 논제'의 주요 내용을 확인하여 그것을 반박하는 내용을 선택지에서 찾는다.

정답 체크
'거짓으로 밝혀질 자료도 그것을 믿는 사람의 인지 행위에서 분명한 역할을 한다면 정보라고 볼 수 있다'는 것은 거짓이더라도 정보가 될 수 있다는 의미이다. 따라서 '정보란 올바른 문법 형식을 갖춘, 의미 있고 참인 자료'라는 ㉠에 대한 비판으로 적절하다.

오답 체크
① '정보'라는 표현이 일상적으로 사용되는 사례가 모두 적절한 것은 아니라는 것은 ㉠을 지지하는 내용이므로 ㉠에 대한 비판으로 적절하지 않다.
② 올바른 문법 형식을 갖추지 못한 자료는 정보라는 지위에 도달할 수 없다는 것은 ㉠의 내용과 동일한 내용이므로 ㉠에 대한 비판으로 적절하지 않다.
③ 사실과 다른 내용의 자료를 숙지하고 있는 사람은 정보를 안다고 볼 수 없다는 것은 ㉠의 내용과 동일한 내용이므로 ㉠에 대한 비판으로 적절하지 않다.
④ 내용이 거짓인 자료를 토대로 행동을 하는 사람은 자신이 의도한 결과에 도달할 수 없다는 것은 ㉠과 무관한 내용이므로 ㉠에 대한 비판으로 적절하지 않다.

유형 7 | 논증 평가

p.110

01	02	03	04	05
①	①	⑤	⑤	①

01 논증 평가

난이도 ★★★★☆
핵심포인트
㉠을 강화하는 내용을 찾아야 하므로 ㉠의 내용과 같은 방향의 내용을 찾는다. 이때 ㉠의 내용은 실험의 내용에 대한 비판이 합당하지 않다는 것이므로 실험의 내용이 타당하다는 방향성을 가지는 <보기>를 찾는다.

정답 체크
ㄱ. ㉠은 실험에서 쥐에게 투여된 사카린 양이 지나치게 많다는 이유로 실험 결과의 타당성을 지적하는 것은 합당한 비판이 아니라는 것이다. 이에 대한 근거로 세 번째 단락에서 수만 마리의 쥐를 이용해서 실험하는 것이 불가능하기 때문에 대신 택하는 전형적인 전략이 실험 대상의 수를 줄이고 발암물질의 투여량을 늘리는 것임을 밝히고 있다. 따라서 인간이든 쥐든 암이 발생하는 사례의 수는 발암물질의 섭취량에 비례한다는 것은 ㉠을 지지하는 근거와 같은 방향의 진술이므로 ㉠을 강화한다.

오답 체크
ㄴ. ㉠이 지지하는 실험은 쥐를 이용하여 실험한 결과를 인간에게 적용하여 결론을 내리고 있다. 그런데 쥐에게 사카린을 다량 투입하였을 때 암을 일으킨 물질 중에 인간에게 발암물질이 아닌 것이 있다는 것은 쥐와 인간의 차이점을 언급함으로써 실험 설계가 바람직하지 않음을 보여줄 수 있는 내용이므로 ㉠을 강화하지 않는다.
ㄷ. ㉠은 발암물질의 유효성이 작기 때문에 실험 대상수를 늘려야 하는데 그것이 불가능하므로 발암물질의 투여량을 높여야 한다는 것이다. 따라서 발암물질의 유효성이 크다면 실험 대상이 많을 필요가 없으므로 발암물질의 유효성이 클수록 더 많은 수의 실험 대상을 확보해야 유의미한 실험 결과를 얻을 수 있다는 것은 ㉠을 강화하지 않는다.

02 논증 평가

난이도 ★★★★☆
핵심포인트
A의 가설을 약화하는 진술을 찾아야 하므로 우선 A의 가설을 파악한다. 그 후 실험의 결론 부분에 주목해 이 내용과 반대 방향의 내용을 <보기>에서 찾는다.

정답 체크
ㄱ. 실제 말에 대한 말파리의 행동반응이 말 모형에 대한 말파리의 행동반응과 다르다는 연구결과는 말 모형으로 실험한 A의 실험을 부정하는 것이므로 A의 가설과 반대 방향의 내용이 된다. 따라서 A의 가설을 약화한다.

오답 체크

ㄴ. 말파리가 실제로 흡혈한 피의 99% 이상이 검은색이나 진한 갈색 몸통을 가진 말의 것이라는 연구결과는 A의 연구결과를 지지한다.

ㄷ. 얼룩말 고유의 무늬 때문에 초원 위의 얼룩말이 사자 같은 포식자 눈에 잘 띈다는 연구결과는 말파리의 행동과 얼룩말의 얼룩무늬 간의 관련성에 대한 A의 가설과 무관하므로 약화하지 않는다.

03 논증 평가   정답 ⑤

난이도 ★★★★☆

핵심포인트

발문에서 평가의 대상이 밑줄 처리된 ㉠과 ㉡으로 제시되어 있으므로 ㉠과 ㉡의 구체적인 내용을 파악하는 것이 중요하고, 평가의 대상이 두 가지이므로 둘 사이의 차이점에 초점을 맞추는 것이 좋다. 특히 평가의 대상이 실험과 관련되어 있는 경우에는 실험의 설계, 실험의 결과에 있어서 차이가 나는 부분을 잘 살펴보아야 한다.

정답 체크

ㄱ. 색깔이 같은 두 빛이 각각 경로 1과 2를 통과했을 때, 경로 1을 통과한 빛이 경로 2를 통과한 빛보다 스크린의 오른쪽에 맺힌다는 것은 물속에서 빛의 속도가 더 빠르다는 것을 의미한다. 따라서 ㉠은 강화되고 ㉡은 약화된다.

ㄴ. 색깔이 다른 두 빛 중 하나는 경로 1을, 다른 하나는 경로 2를 통과했을 때, 경로 1을 통과한 빛이 경로 2를 통과한 빛보다 스크린의 왼쪽에 맺힌다는 것은 어떤 색깔의 빛이든 물속에서의 빛의 속도가 더 느리다는 의미가 된다. 따라서 ㉠은 약화되고 ㉡은 강화된다.

ㄷ. 색깔이 다른 두 빛이 모두 경로 1을 통과했을 때, 두 빛이 스크린에 맺힌 위치가 다르다는 것은 색깔에 따라 빛의 속도가 달라진다는 것을 의미한다. 따라서 ㉠은 약화되고 ㉡은 강화된다.

04 논증 평가   정답 ⑤

난이도 ★★★☆☆

핵심포인트

<보기>에서 이 논증이 강화되는지 약화되는지 여부를 물어보고 있으므로 논증의 결론과 전제에 주목하여 지문을 읽는 것이 필요하다.

정답 체크

ㄱ. 논증에 따르면 침팬지 이와 사람 머릿니 사이의 염기서열 차이는 550만 년 동안 누적된 변화이고 이로부터 1만 년당 이의 염기서열이 얼마나 변화하는지 계산할 수 있다고 보고 있다. 따라서 염기서열의 변화가 일정한 속도로 축적되는 것이 사실이라면 550만 년 동안의 변화로부터 1만 년당 염기서열의 변화를 추론하는 지문의 논증은 강화된다.

ㄴ. 논증에 따르면 침팬지 이와 사람 머릿니 사이의 염기서열 차이는 550만 년 동안 누적된 변화이고, 사람 몸니와 사람 머릿니의 차이는 사람이 옷을 입기 시작한 시점인 약 12만 년 전 이후부터 나타난 것이다. 따라서 침팬지 이와 사람 머릿니의 염기서열의 차이가 사람 몸니와 사람 머릿니의 염기서열의 차이보다 작다면 이 논증은 약화된다.

ㄷ. 논증에 따르면 침팬지와 사람이 공통 조상에서 분기되면서 침팬지 이와 사람 머릿니도 공통 조상에서 분기되었다고 볼 수 있고, 화석학적 증거에 따르면 침팬지와 사람의 분기 시점이 약 550만 년 전이므로, 침팬지 이와 사람 머릿니 사이의 염기서열 차이는 550만 년 동안 누적된 변화로 볼 수 있다. 그런데 염기서열 비교를 통해 침팬지와 사람의 분기 시점이 침팬지 이와 사람 머릿니의 분기 시점보다 50만 년 뒤였음이 밝혀진다면, 침팬지 이와 사람 머릿니 사이의 염기서열 차이는 550만 년 동안 누적된 변화로 볼 수 없게 되므로 논증은 약화된다.

05 논증 평가   정답 ①

난이도 ★★★★★

핵심포인트

선택지에서 논지를 강화하는지 약화하는지 여부를 묻고 있으므로 논지를 파악한다. 글의 논지는 참인 믿음이 기초 선호의 대상이라는 것이므로 이를 바탕으로 논지와 선택지의 방향성을 비교한다.

정답 체크

대부분의 사람이 행복 기계에 들어가는 편을 택한다는 것은, 사람들이 행복 기계에 들어가는 것을 선택하지 않는 이유를 제시하고 있는 지문의 논지와 반대 방향이다. 따라서 논지는 약화된다.

오답 체크

② 행복 기계가 현실에 존재하는지 여부는 논지와 직접적인 관련이 없으므로 행복 기계가 현실에 존재하지 않는다는 사실이 논지를 약화하지는 않는다.

③ 치료를 위해 신체의 고통을 기꺼이 견디는 사람들이 있다는 것은 사람들이 행복 기계에 들어가는 것을 선택하지 않는 이유와 직접적인 관련이 없으므로 논지는 약화되지 않는다.

④ 행복 기계에 들어가지 않는 유일한 이유가 참과 무관한 실용적 이익임이 확인될 경우, 참인 믿음을 선호하기 때문에 행복 기계에 들어가지 않는 것이라는 논지는 약화된다.

⑤ 실용적 이익이 없음에도 불구하고 우리가 수학적 참인 정리를 믿는 것을 선호한다는 사실은 다른 것에 대한 선호로는 설명될 수 없는 기초 선호에 해당하는 것이므로 논지를 강화한다.

실전공략문제

p.116

01	02	03	04	05
⑤	④	④	④	②
06	07	08	09	10
③	②	③	①	②
11	12	13	14	15
①	②	②	③	②
16	17	18	19	20
④	②	⑤	⑤	③

01 논지와 중심 내용   정답 ⑤

난이도 ★★☆☆☆
핵심포인트
글의 중심 주제는 지문에서 필자가 말하고자 하는 핵심 내용이다. 이 문제의 경우 필자가 하고자 하는 말이 두 번째 단락에서 구체적으로 드러나므로 두 번째 단락에 주목하여 중심 내용을 파악한다.

정답 체크
글의 중심 문장은 두 번째 단락의 '기다리지 못함도 삼가고 아무것도 안함도 삼가야 한다. 작동 중에 있는 자연스런 성향이 발휘되도록 기다리면서도 전력을 다할 수 있도록 돕는 노력도 멈추지 말아야 한다.'이다. 따라서 '잠재력을 발휘하도록 하려면 의도적 개입과 방관적 태도 모두를 경계해야 한다'는 것이 중심 주제로 가장 적절하다.

오답 체크
① 인류사회는 자연의 한계를 극복하려는 인위적 노력에 의해 발전해 왔다는 것은 피해야 할 두 개의 암초 중 첫 번째에 해당하므로 중심 주제로 적절하지 않다.
② 싹이 스스로 성장하도록 그대로 두는 것이 수확량을 극대화하는 방법이라는 것은 피해야 할 두 개의 암초 중 두 번째에 해당하므로 중심 주제로 적절하지 않다.

02 견해 분석   정답 ④

난이도 ★★★★☆
핵심포인트
소크라테스와 크라틸로스의 대화체로 구성되어 있으나 발문에서는 소크라테스의 견해를 묻고 있으므로 소크라테스의 말을 중심으로 내용을 파악한다.

정답 체크
소크라테스에 따르면 이름에 자모를 더하거나 빼는 것과 같은 이치를 따르는 것은 수가 아니라 상이다. 이름이나 상에 대해 무엇이 빠지거나 더해지더라도 더 이상 상이나 이름이 아니라고 해서는 안 되지만 수는 무엇이 빠지거나 더해지면 더 이상 똑같은 수가 아니다. 즉, 수는 이름이나 상과는 다른 이치를 따른다. 따라서 자모를 더하거나 빼는 것과 수에 수를 더하거나 빼는 것이 같은 이치를 따른다는 것은 소크라테스의 견해가 아니다.

오답 체크
② 소크라테스는 상이나 이름에 대해 무엇이 빠지거나 더해지더라도 더 이상 상이나 이름이 아니라고 해서는 안 된다고 했으므로 훌륭한 이름에 자모 한 둘을 더하거나 빼더라도 그것은 여전히 이름이라는 것은 소크라테스의 견해이다.
③ 소크라테스는 상이나 이름에 대해 무엇이 빠지거나 더해지더라도 더 이상 상이나 이름이 아니라고 해서는 안 된다고 했으므로 훌륭한 상에 색이나 형태를 조금 더하거나 빼더라도 그것은 여전히 상이라는 것은 소크라테스의 견해이다.

03 논증 평가   정답 ④

난이도 ★★★★★
핵심포인트
글의 핵심 주장을 강화하는 진술을 찾아야 하므로 강화의 대상인 글의 핵심 주장을 파악한다. 지문에서 가장 중요한 문장이 핵심 주장이고, 그 핵심 주장과 같은 방향의 진술이 핵심 주장을 강화하는 진술이다.

정답 체크
글의 핵심 주장은 아인슈타인의 이론 속에서 변수들이 가리키는 물리적 대상이 뉴턴 이론 속에서 변수들이 가리키는 물리적 대상과 같은 것은 아니라는 것이다. 뉴턴 역학에 등장하는 질량은 속도와 무관하지만 상대성 이론에 등장하는 질량은 에너지의 일종이므로 속도에 의존하여 변할 수 있다는 것은 글의 핵심 주장과 같은 방향의 진술이므로 글의 핵심 주장을 강화하는 진술로 가장 적절하다.

오답 체크

① 뉴턴 역학보다 상대성 이론에 의해 태양계 행성들의 공전 궤도를 더 정확히 계산할 수 있다는 것은 글의 핵심 주장과 무관하므로 글의 핵심 주장을 강화하는 진술로 적절하지 않다.

② 어떤 물체의 속도가 광속보다 훨씬 느릴 때 그 물체의 운동의 기술에서 뉴턴 역학과 상대성 이론은 서로 양립 가능하다는 것은 글의 핵심 주장과 무관하므로 글의 핵심 주장을 강화하는 진술로 적절하지 않다.

③ 일상적으로 만나는 물체들의 운동을 상대성 이론을 써서 기술하면 뉴턴 역학이 내놓는 것과 동일한 결론에 도달한다는 것은 글의 핵심 주장과 반대 방향의 진술이므로 글의 핵심 주장을 강화하는 진술로 적절하지 않다.

⑤ 매우 빠르게 운동하는 우주선의 구성 입자의 반감기가 길어지는 현상은 상대성 이론으로는 설명되지만 뉴턴 역학으로는 설명되지 않는다는 것은 글의 핵심 주장과 무관하므로 글의 핵심 주장을 강화하는 진술로 적절하지 않다.

> **빠른 문제 풀이 Tip**
> '논증 평가' 유형은 강화와 약화의 대상을 찾고, 이를 기준으로 선택지나 <보기>의 방향을 판단해야 한다. 따라서 강화와 약화의 대상 외의 정보는 중요도를 낮게 보고 빠르게 처리한다.

04 논증의 비판과 반박 정답 ④

난이도 ★★★★☆
핵심포인트
글의 주장에 대한 반박을 찾아야 하므로 반박의 대상인 글의 주장이 무엇인지 파악한다.

정답 체크

글의 주장은 공장과 마을에 동일한 원리가 적용되어야 한다는 것이다. '마을 운영이 정치적 문제에 속하는 것과 달리 공장 운영은 경제적 문제에 속하므로 전적으로 소유주의 권한에 속한다'는 것은 오히려 마을과 공장에 다른 원리가 적용될 수 있음을 나타내는 것이므로 주장에 대한 반박으로 적절하다.

오답 체크

① 공장 운영에 관한 법적 판단이 어느 법원에서 이루어져야 하는지는 글의 주장과 무관하다. 따라서 글의 주장에 대한 반박으로 적절하지 않다.

② 대부분의 미국 자본가들이 풀맨 마을과 같은 마을을 경영하는지는 글의 주장과 무관하다. 따라서 글의 주장에 대한 반박으로 적절하지 않다.

③ 미국이 내세우는 민주적 가치가 모든 시민이 자신의 거주지 안에서 자유롭게 살 수 있는 권리를 가장 우선시한다는 것은 글의 주장과 무관하다. 따라서 글의 주장에 대한 반박으로 적절하지 않다.

⑤ 공장에서 이루어지고 있는 소유와 경영의 분리가 공장뿐 아니라 마을 공동체 등 사회의 다른 영역에도 적용되어야 한다는 것은 마을 공동체에서 적용되는 소유와 경영의 분리가 공장에서도 적용되어야 한다는 글의 주장과 무관하므로 글의 주장에 대한 반박으로 적절하지 않다.

05 논지와 중심 내용 정답 ②

난이도 ★★★☆☆
핵심포인트
글의 논지는 지문에서 필자가 최종적으로 하고자 하는 말이다. 이 문제의 경우 필자의 주장이 두 번째 단락에서 구체적으로 드러나므로 두 번째 단락에 주목하여 논지를 파악한다.

정답 체크

두 번째 단락에서 '어떤 생명체가 태어나도록 하는 것이 항상 좋은 일인가?'라는 물음을 제기하고 있고, 그 뒤에 '하지만 그 돼지를 먹기 위해서는 먼저 그 돼지를 죽여야 한다. 그렇다면 그 살해는 정당해야 한다. 폴란은 자신의 주장이 갖는 이런 함축에 불편함을 느껴야 한다. 이러한 불편함을 폴란은 해결하지 못할 것이다.'라는 부정적인 답변이 이어진다. 따라서 '생명체를 죽이기 위해서 그 생명체를 태어나게 하는 일은 정당화되기 어렵다.'는 것이 글의 핵심 논지로 가장 적절하다.

오답 체크

① 글의 핵심 논지가 생명체를 죽이는 일에 부정적인 것은 맞지만, 종 다양성을 보존하기 위한 목적으로 생명체를 죽이는 일은 지양해야 한다는 것은 글의 핵심 논지와 무관하므로 적절하지 않다.

④ 가축화에 대한 폴란의 진화론적 설명이 기초하는 종들 사이의 상호주의가 틀린 정보에 근거한다는 것은 폴란의 주장에 대한 반박의 근거는 될 수 있지만, 글의 핵심 논지로는 적절하지 않다.

> **빠른 문제 풀이 Tip**
> 핵심 논지를 찾는 문제의 지문에 물음을 제기하는 부분이 있다면, 그에 대한 답을 찾는 것을 우선순위로 둔다. 이 문제의 경우 두 번째 단락에 '어떤 생명체가 태어나도록 하는 것이 항상 좋은 일인가?'라는 물음이 있으므로 그 뒤쪽 문장에 집중하면 빠르게 핵심 논지를 찾을 수 있다.

06 논증 평가   정답 ③

핵심포인트

<보기>에서 지문의 실험 결과가 강화하는 것을 찾아야 하므로 우선 실험 결과의 내용을 파악한다. 실험 결과는 자극 X에 노출되는 경우 대뇌피질이 더 무겁고 치밀해지며, 신경세포뿐만 아니라 신경교세포도 많이 발견되고, DNA에 대한 RNA의 비율이 높아진 뇌 신경세포가 많아지며, 신경전달물질 α가 많이 분비된다는 것이다.

정답 체크

ㄱ. 자극 X가 있으면 없을 때보다 신경교세포의 수와 신경전달물질 α의 분비량이 많아진다는 것은 실험 결과와 같은 내용이므로 실험 결과가 강화하는 내용이다.

ㄴ. 자극 X가 있으면 없을 때보다 전체 뇌 무게에 대한 대뇌피질의 무게 비율이 높아지고 대뇌피질이 촘촘해진다는 것은 대뇌피질이 무겁고 치밀해진다는 실험 결과와 같은 내용이므로 실험 결과가 강화하는 내용이다.

오답 체크

ㄷ. 실험 결과는 자극 X가 있을 때 뇌 신경세포의 크기와 수가 늘어난다는 것이다. 따라서 자극 X가 없으면 있을 때보다 뇌 신경세포의 크기와 수가 늘어난다는 것은 실험 결과의 틀린 내용이므로 실험 결과가 강화하는 내용이 아니다.

> ⏱ **빠른 문제 풀이 Tip**
> 강화·약화의 대상은 다양하게 제시될 수 있다. 특히 강화·약화의 대상이 '실험 결과'로 제시되는 경우, 실험 결과에 해당하는 모든 내용을 지문에서 찾아야 하므로 대상이 '논지'인 경우보다 지문의 내용을 더 꼼꼼하게 파악해야 한다.

07 견해 분석   정답 ②

핵심포인트

지문이 (가), (나), (다) 형태로 구성되어 있으므로 (가)~(다) 각각의 중심 견해를 파악한다. 이때 각각의 주장이 대비되는지, 동일한지의 관계에 주목한다.

정답 체크

ㄴ. (가)는 공동선을 증진하는 결과를 가져온다면 일반적인 도덕률을 벗어난 공직자의 행위도 정당화될 수 있다고 주장하고, (다)는 민주사회에서 공직자의 모든 공적 행위는 정당화될 수 있다고 주장한다. 따라서 어떤 공직자가 일반적인 도덕률을 어기면서 공적 업무를 수행하여 공동선을 증진했을 경우, (가)와 (다) 모두 그 행위는 정당화될 수 있다고 주장할 것임을 알 수 있다.

오답 체크

ㄱ. (나)는 공직자의 행위를 평가함에 있어 결과의 중요성을 과장해서는 안 된다고 주장한다. 결국 (가)와 (나) 모두 공직자가 공동선의 증진을 위해 일반적인 도덕률을 벗어난 행위를 하는 경우가 사실상 일어날 수 있다는 것을 전제하고 있음을 알 수 있다.

ㄷ. (나)는 공직자 역시 일반적인 도덕률을 공유하는 일반 시민 중 한 사람이라고 보고 있지만, (다)는 공직자들이 시민을 대리한다고 했으므로 공직자와 일반 시민을 다르게 보고 있음을 알 수 있다.

> ⏱ **빠른 문제 풀이 Tip**
> 첫 번째 단락에 '바람직한 목적을 지닌 정책을 달성하기 위해 옳지 않은 수단을 사용하는 것이 정당화될 수 있는가?'라는 물음이 있으므로 그에 대한 답변을 찾으면 빠르게 핵심 논지를 찾을 수 있다.

08 논증 평가   정답 ③

핵심포인트

㉠을 지지하는 진술은 ㉠을 강화하는 진술과 동일하다. 따라서 ㉠의 내용이 무엇인지 확인하고, <보기>에서 그것과 같은 방향의 진술을 찾는다.

정답 체크

ㄱ. 어린 암컷 카나리아에게 물질 B를 주사하였더니 결국 종 특유의 소리로 지저귀게 되었다는 것은 카나리아의 수컷만 종 특유의 소리로 지저귀는 이유가 수컷의 몸에서만 분비되는 물질 B 때문이라는 의미이다. 따라서 카나리아의 수컷만 종 특유의 소리로 지저귀는 이유가 수컷의 몸에서만 분비되는 물질 B가 종 특유의 소리를 내는 데 필요한 뇌의 특정 부분을 발달시키기 때문이라는 ㉠을 지지한다.

ㄴ. 어린 수컷 카나리아의 뇌에 물질 B의 효과를 억제하는 성분의 약물을 꾸준히 투여하였더니 성체가 되어도 종 특유의 울음소리를 내지 못하였다는 것은 물질 B 때문에 카나리아의 수컷만 종 특유의 소리로 지저귀는 것이라는 의미이다. 따라서 카나리아의 수컷만 종 특유의 소리로 지저귀는 이유가 수컷의 몸에서만 분비되는 물질 B가 종 특유의 소리를 내는 데 필요한 뇌의 특정 부분을 발달시키기 때문이라는 ㉠을 지지한다.

오답 체크

ㄷ. 물질 B는 기관 A에서 분비되는 것이므로 둥지를 떠나기 직전에 어린 수컷 카나리아의 기관 A를 제거하였으면 물질 B가 분비되지 못한다. 하지만 다음 봄에 종 특유의 소리로 지저귈 수 있었다는 것은 카나리아의 수컷만 종 특유의 소리로 지저귀는 이유가 물질 B 때문이 아니라는 의미이다. 따라서 ㉠을 지지하지 않는다.

09 논증 평가

정답 ①

난이도 ★★★☆☆
핵심포인트

글의 결론을 지지하지 않는 진술은 글의 결론을 강화하지 않는 진술과 동일하다. 따라서 글의 결론에 주목하여 그 결론과 같은 방향의 진술이 아닌 것이 무엇인지 파악한다.

정답 체크

탄소가 없는 상황에서도 생명이 자연적으로 진화할 수 있다는 것은 '핵력, 전기력, 탄소나 산소' 등 보편적 자연법칙이 지금과 같지 않아도 인간이 생존할 수 있다는 것이므로 글의 결론과 반대 방향이다. 따라서 글의 결론을 지지하지 않는다.

오답 체크

② 중력법칙이 현재와 조금만 달라도 지구는 태양으로 빨려 들어간다는 것은 현재와 환경이나 자연법칙이 다르면 인류가 생존할 수 없다는 것이므로 글의 결론을 지지한다.

③ 원자핵의 질량이 현재보다 조금 더 크다면 우리 몸을 이루는 원소는 합성되지 않는다는 것은 현재와 환경이나 자연법칙이 다르면 인류가 생존할 수 없다는 것이므로 글의 결론을 지지한다.

④ 별 주위의 '골디락스 영역'에 행성이 위치할 확률은 매우 낮지만 지구는 그 영역에 위치한다는 것은 지구가 인류와 같은 생명이 진화해 살아가기에 알맞은 범위 안에 제한되어 있다는 것이므로 글의 결론을 지지한다.

⑤ 핵력의 강도가 현재와 약간만 달라도 별의 내부에서 무거운 원소가 거의 전부 사라진다는 것은 현재와 환경이나 자연법칙이 다르면 인류가 생존할 수 없다는 것이므로 글의 결론을 지지한다.

10 견해 분석

정답 ②

난이도 ★★★★★
핵심포인트

지문에서 쟁점이 되는 법은 하나이지만, 이에 대해 갑과 을이 논쟁하는 쟁점은 두 개이므로 갑과 을의 견해 차이를 구별하며 각 쟁점의 내용을 파악한다.

정답 체크

ㄴ. 쟁점 2와 관련하여, 법인 B의 지점에 근무하는 손해사정사가 비상근일 경우에, 제00조제2항의 '손해사정사'가 반드시 상근이어야 한다고 생각한다면 갑은 법인 B가 「보험업법」 제00조제2항을 어기고 있다고 주장할 것이고, 비상근이어도 무방하다고 생각한다면 을은 법인 B가 「보험업법」 제00조제2항을 어기고 있지 않다고 주장할 것이다. 따라서 이는 법인 B에 대한 갑과 을 사이의 주장 불일치를 설명할 수 있으므로 적절한 분석이다.

오답 체크

ㄱ. 쟁점 1과 관련하여, 법인 A에 비상근 손해사정사가 2명 근무하고 있지만 이들이 수행하는 업무의 종류가 다르다는 사실이 밝혀진다고 해도 제00조제1항의 상근 손해사정사를 두어야 한다는 것과는 관련이 없다. 따라서 갑의 주장은 옳지만 을의 주장은 옳지 않다고 분석하는 것은 적절하지 않다.

ㄷ. 법인 A 및 그 지점 또는 사무소에 근무하는 손해사정사와 법인 B 및 그 지점 또는 사무소에 근무하는 손해사정사가 모두 상근이라면, 법인 A와 법인 B는 보험업법 제00조제1항과 제00조제2항을 어기고 있지 않다. 따라서 을의 주장이 쟁점 1과 쟁점 2 모두에서 옳지 않다는 분석은 적절하지 않다.

11 논증 평가

정답 ①

난이도 ★★★★☆
핵심포인트

선택지를 보면, <정보>의 (가)~(라)와 지문의 ㉠~㉢ 간의 강화·약화 여부를 묻고 있다. 따라서 ㉠~㉢의 내용을 확인하고 선택지에 제시된 바에 따라 (가)~(라)와 ㉠~㉢ 방향성을 파악한다.

정답 체크

㉢에 따르면 인구 수가 약 900만인 뉴욕시에 가면, 뉴욕시에 900만 마리쯤의 쥐가 있어야 하므로 뉴욕시에 약 30만 마리의 쥐가 있는 것으로 추정된다는 (가)는 ㉢을 약화한다.

오답 체크

② 런던의 주거 밀집 지역에는 가구 당 평균 세 마리의 쥐가 있었다는 것은 1에이커(약 4천 제곱미터)에 쥐 한 마리쯤 있다는 ⊙의 내용과 무관하므로 (나)는 ⊙을 강화하지 않는다.

③ 사람들이 자기 집에 있다고 생각하는 쥐의 수는 실제 조사를 통해 추정된 쥐의 수보다 20% 정도 더 많다는 사실은 세상 어디에나 인구한 명 당 쥐도 한 마리쯤 있다는 ⓒ의 내용과 무관하므로 (다)는 ⓒ을 강화하지 않는다.

④ 다양한 방법으로 쥐의 개체수를 조사한 결과가 서로 높은 수준의 일치를 보인다는 사실은 영국에 쥐가 4천만 마리쯤 있다는 ⓒ의 내용과 무관하므로 (라)는 ⓒ을 약화하지 않는다.

⏱ **빠른 문제 풀이 Tip**

'논증 평가' 유형은 무엇에 대한 평가인지 평가 대상이 선택지나 <보기>에 드러나 있으므로 선택지나 <보기>를 미리 파악한다. 이 문제의 경우 선택지에서 <정보>의 (가)~(라)와 지문의 ⊙~ⓒ 간의 강화·약화 여부를 묻고 있으므로 ⊙~ⓒ의 내용을 빠르게 파악한다.

---

12 논증 평가 정답 ②

난이도 ★★★☆☆
핵심포인트
(가)와 (나)의 주장을 강화하는지 여부를 판단해야 하므로 우선 (가)와 (나)의 주장이 무엇인지 찾는다. (가)의 주장은 단풍은 나무가 월동 준비 과정에서 우연히 생기는 부산물이라는 것이고, (나)의 주장은 단풍은 나무와 곤충이 진화하면서 만들어 낸 적응의 결과물이라는 것이다.

정답 체크

ㄷ. 가을에 인위적으로 어떤 나무의 단풍색을 더 진하게 만들었더니 그나무에 알을 낳는 진딧물의 수가 줄었다는 연구 결과는 타는 듯한 단풍이 나무에 알을 낳으려는 곤충에게 보내는 나무의 경계 신호라는 (나)의 주장과 같은 방향이므로 (나)의 주장을 강화한다.

오답 체크

ㄱ. 단풍이 드는 나무 중에서 떨켜를 만들지 않는 종이 있다는 연구 결과는 떨켜가 생기면서 감춰졌던 색소들이 드러나는 것이 단풍이라고 보는 (가)의 주장과 반대 방향이므로 (가)의 주장을 약화한다.

ㄴ. 식물의 잎에서 주홍빛을 내는 색소가 가을에 새롭게 만들어진다는 연구 결과는 감춰졌던 색소들이 드러나는 것이 단풍이라고 보는 (가)의 주장과 반대 방향이므로 (가)의 주장을 약화한다.

---

13 논지와 중심 내용 정답 ②

난이도 ★★☆☆☆
핵심포인트
글의 논지는 지문에서 최종적으로 하고자 하는 말이므로 '따라서'로 시작하는 결론적인 문장에 집중한다.

정답 체크

세 번째 단락 '따라서' 뒤의 문장에서 붕당을 그대로 둔다면 군자를 모을 수 없고 소인을 교화시킬 수 없어 이제는 붕당이 아닌 재능에 따라 인재를 등용하는 정책을 널리 펴야 한다고 했으므로 '붕당을 혁파하고 유능한 인재를 등용하여야 한다.'가 글의 논지로 가장 적절하다.

오답 체크

⑤ 세 번째 단락에서 붕당이 아닌 재능에 따라 인재를 등용하는 정책을 널리 펴야 한다고 했으므로 한쪽 붕당만을 등용하거나 배격하는 것은 옳지 않다는 것은 글의 논지로 적절하지 않다.

---

14 견해 분석 정답 ③

난이도 ★★★☆☆
핵심포인트
지문에 A와 B의 견해가 제시되어 있으므로 각자의 견해를 찾는 데 집중한다. 특히 발문에서 A와 B의 견해 차이에 대해 묻고 있으므로 지문을 읽을 때 A와 B의 견해 중에서도 차이가 나는 점이 무엇인지를 중심으로 내용을 파악한다.

정답 체크

A의 중심 견해는 인간에게는 생물학만으로는 설명할 수 없는 생물학 너머의 차원이 있다는 것이고, B의 중심 견해는 우리 삶 전체가 생물학의 차원 안으로 들어와 생물학 너머의 차원은 존재하지 않는다는 것이므로 A와 B의 견해에 차이가 있음을 알 수 있다. 따라서 A와 B의 견해 차이를 가장 잘 기술한 것은, 한쪽은 인간 삶에 대한 모든 탐구가 생물학의 영역 내에 있다고 생각하고 다른 쪽은 이에 반대한다는 것이다.

오답 체크

② A와 B의 견해는 인간에게 생물학 너머의 영역이 있는지에 대한 것이므로 생물학의 역할을 부정하거나 생물학의 역할을 높게 평가하는지는 알 수 없다.

④ A는 인문학이 생물학 너머의 차원이라고 생각하고, B는 인문학이 생물학 안의 차원이라고 생각하고 있음을 알 수 있으나 A가 인문학을 사회과학의 차원에 놓여 있다고 생각하는 것은 아님을 알 수 있다.

⑤ 인문학이 사회·정치·윤리의 차원과 구별되는지 아닌지는 A와 B의 견해에서 알 수 없다.

15 논증 평가 정답 ②

정답 체크

ㄴ. 기술의 발전이 전 세계의 가난한 사람들에게도 도움을 주며, 휴대전화와 같은 혁신사례들이 모든 사람들의 소득과 기타 행복의 수준을 개선한다는 연구결과는 기술의 발전에 따른 풍요의 사례이다. 따라서 기술의 발전에 따른 풍요가 더 중요한 현상이라는 (나)의 논지와 같은 방향의 사례이므로 (나)의 논지를 강화한다.

오답 체크

ㄱ. 현재의 정보기술은 덜 숙련된 노동자보다 숙련된 노동자를 선호하고, 노동자보다 자본가에게 돌아가는 수익을 늘린다는 사실은 기술의 발전이 경제적 격차를 가져온다는 내용이므로 (가)의 논지를 약화하지 않는다.

ㄷ. 기술의 발전이 가져온 경제적 풍요가 엄청나게 벌어진 격차를 보상할 만큼은 아니라는 것을 보여주는 자료는 (다)의 논지와 같은 방향이므로 (다)의 논지를 강화한다.

16 논증 평가 정답 ④

정답 체크

ㄴ. C의 주장은 인간 존엄성은 인간종이 그 자체로 다른 종이나 심지어 환경 자체보다 더 큰 가치가 있다고 생각하는 종족주의의 한 표현에 불과하다는 것이다. 이런 생각은 인간이라면 결코 용납하지 않았을 폭력적 처사를 인간 외의 존재에 정당화하는 근거로 활용된다고 본다. 따라서 C의 주장은 화장품의 안전성 검사를 위한 동물실험의 금지를 촉구하는 캠페인의 근거로 활용될 수 있다.

ㄷ. B는 인간 존엄성을 신이 인간에게 부여한 독특한 지위로 생각함으로써 인간이 스스로를 지나치게 높게 보도록 하는 오만을 낳았다고 비판하고 있고, C는 인간 존엄성은 인간종이 그 자체로 다른 종이나 심지어 환경 자체보다 더 큰 가치가 있다고 생각하는 종족주의의 한 표현에 불과하다고 비판한다. 따라서 B와 C는 인간에게 특권적 지위를 부여하는 인간 중심적인 생각을 비판한다는 점에서 공통적이다.

오답 체크

ㄱ. A의 주장은 인간 존엄성은 그 의미가 무엇인지에 대해 사람마다 생각이 달라서 불명료할 뿐 아니라 무용한 개념이라는 것이다. 그리고 그 사례로 존엄성이 존엄사를 옹호하거나 반대하는 논증 모두에서 각각의 주장을 정당화하는 데 사용된다는 점을 들고 있다. 따라서 많은 논란에도 불구하고 존엄사를 인정한 연명의료결정법의 시행은 A의 주장을 약화시키는 사례라고 볼 수 없다.

17 견해 분석 정답 ②

정답 체크

을은 ⓒ에 "계속하여"라는 문구가 없다는 점을 근거로 민원인에 대해 출산장려금을 지원해야 한다는 입장이다. 그러나 을은 ⓐ에 관한 조항에 나오는 "계속하여"라는 문구의 의미에 관해 얘기하고 있지 않다. 따라서 을은 ⓐ에 관한 조항에 나오는 "계속하여"라는 문구의 의미를 갑, 병과 달리 이해한다는 것은 적절하지 않은 분석이다.

오답 체크

① ⓐ은 "출산일 기준으로 12개월 전부터 신청일 현재까지 계속하여 A시에 주민등록을 둔 산모"이다. 이에 대해 갑은 민원인이 2023년 8월 30일부터 2023년 9월 8일까지 다른 지역으로 주민등록을 옮겨서 거주한 일이 있어서 지원 대상이 될 수 없다는 입장이고, 병은 당해 조항이 계속성을 요구한다고 보아 민원인이 지원 대상이 될 수 없다는 입장이다. 그러나 무는 계속성을 유연하게 해석할 수 있다고 본 근로관계에 대한 판례를 근거로 민원인이 지원 대상이 될 수 있다는 입장이다. 따라서 갑은 민원인이 ⓐ을 갖추었는지 여부에 대한 판단에서 병과는 같고 무와는 다르다는 것은 적절한 분석이다.

③ 병은 ⓒ을 근거로 한 을의 주장에 대해, ⓒ이 A시 조례 제7조와 같은 취지와 형식의 문구로 되어 있으면서 계속성을 명시하고 있으며, 다른 지방자치단체들의 조례도 마찬가지라고 주장하고 있다. 따라서 병은 ⓒ에서처럼 주민등록의 계속성을 명시하는 것이 ⓒ과 같은 경우보다 일반적이라고 이해한다는 것은 적절한 분석이다.

④ 정은 B시 조례에서 출산 전 주민등록의 기간이 짧다는 점을 고려하여 ⓒ과 ⓔ을 동일 선상에 놓고 보아서는 안 된다고 본다. 따라서 정이 조문의 해석에서 ⓔ에서의 주민등록 기간이 ⓒ에서와 다르다는 점을 고려할 수 있다고 본다는 것은 적절한 분석이다.

⑤ 무는 갱신되거나 반복된 근로계약에서는 그 사이 일부 공백 기간이 있더라도 근로관계의 계속성을 인정해야 한다는 판결과 A시 조례가 일맥상통한다고 본다. 따라서 무가 ⓐ과 관련하여 일시적인 단절이 있어도 계속성의 요건이 충족될 수 있다고 본다는 것은 적절한 분석이다.

18 논증 평가   정답 ⑤

난이도 ★★★☆☆
핵심포인트
실험 1의 내용과 가설 H1이 어떤 방향성을 가지는지, 실험 2의 내용과 가설 H2가 어떤 방향성을 가지는지가 빈칸에 들어갈 내용을 추론하는 핵심이다.

정답 체크
(가) 실험 1의 경우 기판 A의 밀도가 기판 B의 밀도보다 작은데도 단위 면적당 방출된 전자의 양은 기판 A와 기판 B가 같았다. 가설 H1은 나노 구조체의 밀도가 높을수록 단위 면적당 더 많은 양의 전자가 방출될 것이라고 본다. 따라서 실험 1은 가설 H1을 약화한다.

(나) 실험 2의 경우 밀도가 높을수록 방출되는 전자의 양이 많아지다가 일정 밀도가 넘어가면 오히려 전자의 양이 적어졌다. 가설 H2는 기판의 단위 면적당 방출되는 전자의 양은 나노 구조체의 밀도가 일정 수준 이상으로 높아지면 오히려 줄어들게 될 것이라고 본다. 따라서 실험 2는 가설 H2를 강화한다.

19 견해 분석   정답 ⑤

난이도 ★★★☆☆
핵심포인트
A와 B의 주장을 찾고, 갑과 을에 대한 도덕적 평가가 달라지는 이유를 확인해야 한다.

정답 체크
ㄱ. A에 따르면, 갑과 마찬가지로 을도 도덕적 잘못을 저질렀다는 것이 일반적인 직관이므로 을이 태어난 아이에게 해악을 끼쳤다고 볼 수 없다는 B의 주장은 수용하기 어렵다. 따라서 A의 주장에 따르면, 을의 행위는 도덕적으로 옳은 행위가 아니라고 보는 것은 적절한 분석이다.

ㄴ. 대체가능성 논제를 수용하는 A뿐만 아니라 대체가능성 논제를 수용하지 않는 B의 입장에서도 갑은 이미 태어난 아이에게 해악을 끼쳤다고 판단된다. 따라서 갑의 행위에 대한 B의 도덕적 평가는 대체가능성 논제의 수용 여부에 따라 달라지지 않는다는 것은 적절한 분석이다.

ㄷ. B는 을이 태어난 아이에게 해악을 끼쳤다고 평가하려면 그 아이가 건강하게 태어날 수도 있었다는 전제가 필요한데, 만일 을이 3개월을 기다려 임신했다면 그 아이가 아닌 다른 아이가 잉태되었을 것이기 때문에 을이 태어난 아이에게 해악을 끼쳤다고 볼 수 없다고 주장한다. 따라서 B의 주장에 따르면, 을의 행위에 대한 도덕적 평가를 할 때 잉태되지 않은 존재의 쾌락이나 고통을 고려해서는 안 된다는 것은 적절한 분석이다.

20 논증 평가   정답 ③

난이도 ★★★☆☆
핵심포인트
<보기>에서 ⓐ이 강화되는지 약화되는지 여부를 묻고 있으므로 ⓐ의 방향을 명확히 파악해야 한다.

정답 체크
ⓐ은 B의 주장에 대한 A의 비판이다. 즉, 현세대가 미래세대를 고려하여 기존과 다른 삶의 방식을 취하게 되면, 현세대가 기존 방식을 고수했을 때와는 다른 구성원으로 이루어진 미래세대가 생겨나기 때문에 현세대는 미래세대가 겪는 고통에 대해 도덕적 책임이 없다고 말하는 것은 옳지 않다는 것이다.

ㄱ. 미래세대 구성원이 달라질 경우 미래세대가 누릴 행복의 총량이 변한다고 해도, 현세대가 미래세대가 겪는 고통에 대해 도덕적 책임이 없다고 말하는 것은 옳지 않다는 ⓐ의 주장과는 관련이 없다. 따라서 ⓐ은 약화되지 않는다.

ㄷ. A는 일반적인 직관에 반하는 결론이 도출된다는 이유로 B를 비판하고 있다. 따라서 일반적인 직관에 반하는 결론이 도출된다고 해도 그러한 직관이 옳은지의 여부가 별도로 평가되어야 한다면, A의 주장인 ⓐ은 약화된다.

오답 체크
ㄴ. 아직 현실에 존재하지 않는다는 이유로 미래세대를 도덕적 고려에서 배제하는 것이 불합리하다면, B의 주장을 공격하는 것이 되므로 ⓐ은 강화된다.

3 문맥과 단서

유형 8 | 빈칸 추론

p.144

01	02	03	04	05
①	⑤	①	②	⑤

01 빈칸 추론

정답 ①

난이도 ★★★★☆
핵심포인트

빈칸에 들어갈 내용을 추론하기 위해 빈칸 주변에서 단서를 찾는다. 빈칸 앞에 '하지만'으로 시작하는 문장이 제시되어 있으므로 이를 중심으로 내용을 파악한다.

정답 체크

두 번째 단락에 따르면 알레르기와 상관관계를 가지는 항목은 함께 자란 형제자매의 수와 가족 관계에서 차지하는 서열이다. S는 가족 구성원이 많은 집에 사는 아이들이 장기적으로는 알레르기 예방에 오히려 유리하다고 주장한다. 따라서 '알레르기는 유년기에 병원균 노출의 기회가 적을수록 발생 확률이 높아진다.'가 가장 적절하다.

오답 체크

② 알레르기는 가족 관계에서 서열이 높은 가족 구성원에게 더 많이 발생한다는 것은 알레르기와 상관관계를 가지는 두 번째 항목에만 관련된 것이므로 빈칸에 들어갈 내용으로 적절하지 않다.

⑤ 알레르기는 형제가 많을수록 발생 확률이 낮아진다는 것은 알레르기와 상관관계를 가지는 첫 번째 항목에만 관련된 것이므로 빈칸에 들어갈 내용으로 적절하지 않다.

02 빈칸 추론

정답 ⑤

난이도 ★★★★☆
핵심포인트

빈칸이 두 개 제시되어 있으므로 각 빈칸에 들어갈 내용이 무엇인지 파악하기 위해 빈칸 주변 문장을 먼저 확인한다. ㉠은 B가 A보다 몇 옥타브 높거나 낮은 음을 내는지, ㉡은 C가 A보다 몇 옥타브 높거나 낮은 음을 내는지를 추론하는 내용이다.

정답 체크

㉠ 모양과 두께가 같은 동일 재질의 원형 판이 진동할 때 발생하는 진동수는 판 지름의 제곱에 반비례하고, 진동수가 두 배가 될 때 한 옥타브 높은 음이 난다. 따라서 A와 B의 진동수가 4A=B이므로 B는 A보다 '두 옥타브 높은' 음을 낸다는 내용이 적절하다.

㉡ 지름과 모양이 같은 동일 재질의 원형 판이 진동할 때 발생하는 진동수는 두께에 비례하고, 진동수가 두 배가 될 때 한 옥타브 높은 음이 난다. 따라서 A와 C의 진동수가 2A=C이므로 C는 A보다 '한 옥타브 높은' 음을 낸다는 내용이 적절하다.

03 빈칸 추론

정답 ①

난이도 ★★★☆☆
핵심포인트

빈칸이 두 개 제시되어 있으므로 각 빈칸 주변에서 어떤 단서를 잡을 수 있는지 우선적으로 확인하는 것이 필요하다. (가)는 르네상스 시대의 건축가들이 어떤 건물을 위대한 건물로 생각했는지에 대한 단서를 찾는 것이 필요하고, (나)는 동서양이 동일한 비례를 아름다움의 기준으로 삼았다는 것이 어떤 측면에서의 유사성을 보여주고 있는지에 대한 단서를 찾아야 한다.

정답 체크

(가) 선택지를 확인해 보면, (가)에 들어갈 말은 기본 기하 도형으로 건축물을 디자인하면 '인체 비례에 숨겨진 신의 진리를 구현할 수 있다'는 내용과 '신의 진리를 넘어서는 인간의 진리를 구현할 수 있다'는 내용 중 하나이다. 첫 번째 단락에서 '서양 사람들은 옛날부터 신이 자연 속에 진리를 감추어 놓았다고 믿고 그 진리를 찾기 위해 노력했다.'는 내용과 '신이 자연물에 숨겨 놓은 수많은 진리 중에서도 인체 비례야말로 가장 아름다운 진리의 정수로 여겼다.'고 하는 내용을 볼 때, 르네상스 시대 건축가들은 신의 진리를 구현하는 데 관심이 있었음을 알 수 있다. 따라서 (가)에 들어갈 말은 '인체 비례에 숨겨진 신의 진리를 구현한'이 가장 적절하다.

(나) 선택지를 확인해 보면, (나)에 들어갈 말은 동일한 비례를 아름다움의 기준으로 삼은 점이 동서양의 '조형미에 대한 안목'이 유사한 것인지, '건축물에 대한 공간 활용법'이 유사한 것인지, '인체 실측에 대한 계산법'이 동일한 것인지 중 하나이다. 두 번째 단락에서 '건축에서 미적 표준으로 인체 비례를 활용하는 조형적 안목은 서양뿐 아니라 동양에서도 찾을 수 있다고 했으므로 동서양의 조형적 안목에 공통점이 있음을 알 수 있다. 따라서 (나)에 들어갈 말은 '조형미에 대한 동서양의 안목이 유사하였다'가 가장 적절하다.

04 빈칸 추론

난이도 ★★★☆☆
핵심포인트
빈칸에 들어갈 내용이 방법 C에 따랐을 때 S의 정합도를 측정하는
방법이므로 방법 C의 구체적인 내용을 찾는 것이 핵심이다.

정답 체크
세 번째 단락에서 정보 집합의 정합도는 1이므로 이것으로는 S의 정합
도를 정의하는 방식을 계산할 수 없다. 한편, 네 번째 단락에서 '그가 결
혼하지 않았으며 아이가 있을 확률'은 '그가 결혼하지 않았거나 아이가
있을 확률'보다 낮다고 하였다. 이때 '그가 결혼하지 않았으며 아이가 있
을 확률'이 S의 모든 정보가 참일 확률이고, '그가 결혼하지 않았거나 아
이가 있을 확률'이 S의 정보 중 적어도 하나가 참일 확률이다. 방법 C에
따르면 을의 정보 집합의 정합도는 1보다 작다. 따라서 'S의 모든 정보가
참일 확률을 S의 정보 중 적어도 하나가 참일 확률로 나눈 값'이 S의 정
합도의 정의로서 빈칸에 들어가기에 가장 적절하다.

05 빈칸 추론

정답 ⑤

난이도 ★★★☆☆
핵심포인트
갑의 질문에 대한 을의 답변 내용을 잘 파악해야 최종적으로 갑
의 진술 중 빈칸에 들어갈 내용으로 적절한 내용이 무엇인지 판단
할 수 있다.

정답 체크
도의회에 관한 기능연속성계획이 수립되어야 하는지는 재난 발생 상황
에서도 도의회가 연속성 있게 수행할 필요가 있는 핵심 기능이 있다고 판
단되는지가 관건이다. 「재난안전법」상 그것을 판단할 권한은 해당 지방
자치단체의 장에게 있다. 따라서 'A도의회에 관한 기능연속성계획이 수
립되어야 하는지 여부는 A도지사의 판단에 따라 결정되겠군요'는 빈칸
에 들어가기에 적절하다.

오답 체크
①, ② 도의회에 관한 기능연속성계획이 수립되어야 하는지는 재난 발생
상황에서도 도의회가 연속성 있게 수행할 필요가 있는 핵심 기능이
있다고 판단되는지 여부에 따라 달라진다. 따라서 '재난 상황이 발생
하면 A도의회의 핵심 기능 유지를 위해 A도지사의 판단을 거쳐 신속
하게 기능연속성계획을 수립해야 하겠군요'나 'A도의회는 재난 발생
시에도 수행해야 할 핵심 기능이 있기에 자체적으로 기능연속성계획
을 수립해야 하겠군요'는 빈칸에 들어가기에 적절하지 않다.

③ 도의회는 그 자체로 「재난안전법」에 명시된 재난관리책임기관이 아
니므로 'A도의회는 재난관리책임기관이므로 A도의회 의장이 재난
에 대비한 기능연속성계획을 수립해야 하겠군요'는 빈칸에 들어가기
에 적절하지 않다.

④ A도의회가 국회 같은 차원의 의결기능을 갖고 있지 않은 것은 기능연
속성계획을 수립할 수 있는지 여부와 관련이 없으므로 'A도의회는 국
회 같은 차원의 의결기능을 갖고 있지 않으므로 기능연속성계획을 수
립할 일이 없겠군요'는 빈칸에 들어가기에 적절하지 않다.

유형 9 | 밑줄 추론

p.154

01	02	03	04	
⑤	②	②	①	

01 밑줄 추론

정답 ⑤

난이도 ★★★☆☆
핵심포인트
밑줄의 의미를 추론하기 위해 밑줄 주변에서 단서를 찾는다. 밑줄이
포함된 문장에서 '이런 추론'은 저조한 비행 성과는 비판하되 뛰어
난 성과에 대해서는 칭찬하지 않는 게 바람직하다는 것이므로 ㉠
의 의미는 그 추론의 내용이 가지고 있는 문제점에 대한 내용이다.

정답 체크
칭찬과 비판 여부에 상관없이 유난히 비행을 잘하거나 못했다면 그 다음
번 비행에서는 평균적인 수준으로 돌아갈 확률이 높고, 어떤 사건이 극
단적일 때에 같은 종류의 다음 번 사건은 그만큼 극단적이지 않기 마련이
라고 했으므로 '뛰어난 비행은 평균에서 크게 벗어난 사례라서 연속해서
발생하기 어렵다는 점을 깨닫지 못하는 오류'가 ㉠의 의미로 적절하다.

오답 체크
② 비행을 잘한 훈련생에게는 칭찬보다는 비판이 유효하다는 것은 저조
한 비행 성과는 비판하되 뛰어난 성과에 대해서는 칭찬하지 않는 게
바람직하다는 내용과 같은 의미이므로 ㉠의 의미로 적절하지 않다.

④ 훈련생의 비행에 대한 과도한 칭찬과 비판이 역효과를 낼 수 있다는
것은 저조한 비행 성과는 비판하되 뛰어난 성과에 대해서는 칭찬하
지 않는 게 바람직하다는 내용과는 관련이 없으므로 ㉠의 의미로 적
절하지 않다.

02 밑줄 추론　　　　　　　　　　　　　　　　정답 ②

난이도 ★★★★☆
핵심포인트
밑줄이 포함된 문장에서 '통계 자료들에 의해 뒷받침된다'고 했으므로 통계 자료의 내용을 확인하고, 골란드의 가설이 어떤 것인지 확인하기 위해 앞 문장에 있는 'Q의 경우'를 중점적으로 내용을 파악한다.

정답 체크

통계 자료의 내용은 6군데로 분산된 밭들에서 경작했을 때 기아의 위험에서 완전히 자유롭지 않았으나 7군데 이상으로 분산했을 때 수확량은 매년 $1m^2$당 연간 371g 이상이었다는 것이다. 이때 기아를 피하려면 $1m^2$당 연간 334g 이상의 감자를 수확해야 한다고 했으므로 '경작하는 밭들을 일정 군데 이상으로 분산시킨다면 기아의 위험을 피할 수 있다.'는 내용이 ㉠으로 적절하다.

오답 체크

③ 경작할 밭들을 몇 군데로 분산시켜야 단위면적당 연간 수확량이 최대가 되는지는 가구마다 다른 값들이 나왔지만, 가설이 되는 내용은 연간 수확량의 패턴이 Q의 경우와 크게 다르지 않았다고 했으므로 몇 군데로 밭들을 분산시켜야 단위면적당 연간 수확량이 최대가 되는지는 가구마다 다르다는 내용은 ㉠으로 적절하지 않다.

④ 경작하는 밭들을 여러 군데로 분산시킬수록 단위면적당 연간 수확량의 평균이 증가하여 기아의 위험이 감소하는 것이 아닌 7군데 이상으로 분산했을 경우에 비로소 기아의 위험이 감소하는 것이므로 여러 군데로 밭들을 분산시킬수록 단위면적당 연간 수확량의 평균이 증가하여 기아의 위험이 감소한다는 내용은 ㉠으로 적절하지 않다.

03 밑줄 추론　　　　　　　　　　　　　　　　정답 ②

난이도 ★★★☆☆
핵심포인트
갑과 을 중 한 명은 A시와 B시 어디에서도 교복 구입비 지원을 받을 수 없는 상황을 해결하기 위해 조례의 일부를 개정하려는 것이므로 각 시의 조례에 따를 때 교복 구입비 지원을 받을 수 없는 학생이 누구인지를 먼저 확인한다.

정답 체크

ㄷ. 현재 「A시 교복 지원 조례」에 따르면 A시 관내에 있는 고등학교에 입학하는 을은 교복 구입비 지원을 받을 수 있지만, B시 관내에 있는 고등학교에 입학하는 갑은 교복 구입비 지원을 받을 수 없다. 또한 「B시 교복 지원 조례」에 따르면 B시에 주민등록을 두고 거주하는 을은 교복 구입비 지원을 받을 수 있지만, A시에 주민등록을 두고 거주하는 갑은 교복 구입비 지원을 받을 수 없다. 따라서 「B시 교복 지원 조례」 제4조제1항의 'B시에 주민등록이 되어 있고, 중·고등학교에 입학하는 학생'을 'B시 관내 중·고등학교에 입학하는 학생'으로 개정하면, B시 관내에 있는 고등학교에 입학하는 갑은 교복 구입비 지원을 받을 수 있다.

오답 체크

ㄱ. 「A시 교복 지원 조례」 제2조제1호의 '학교 중 A시 관내 중·고등학교'를 '학교'로, 제4조제1호의 '교복을 입는 학교에 신입생으로 입학하는 1학년 학생'을 'A시에 주민등록이 되어 있고, 교복을 입는 A시 관내 학교에 입학하는 신입생'으로 개정하면, B시에 주민등록을 두고 거주하는 을과 B시 관내에 있는 고등학교에 입학하는 갑 모두 교복 구입비 지원을 받을 수 없다.

ㄴ. 「A시 교복 지원 조례」 제4조제1호의 '교복을 입는 학교에 신입생으로 입학하는 1학년 학생'을 'A시에 주민등록이 되어 있고, 교복을 입는 학교에 신입생으로 입학하는 1학년 학생'으로 개정하더라도, 갑은 B시 관내에 있는 고등학교에 입학하므로 제2조에 해당되지 않아 교복 구입비 지원을 받을 수 없다.

04 밑줄 추론　　　　　　　　　　　　　　　　정답 ①

난이도 ★★★☆☆
핵심포인트
밑줄이 두 개 제시되었으므로 각각의 밑줄 주변에서 단서를 찾는다.
㉠알고리즘A는 두 번째 단락에서, ㉡알고리즘B는 세 번째 단락에서 단서를 찾고, 선택지에 제시된 정렬성, 결합성, 확장성, 분리성의 의미를 지문에서 파악한다.

정답 체크

㉠ 알고리즘A는 페로몬이 많은 쪽의 경로를 선택하여 이동하는 것으로 설명되므로 각 개체가 다수의 개체들이 선택하는 경로를 이용하여 자신의 이동 방향을 결정하는 특성인 '정렬성'이 적절하다.

㉡ 알고리즘B는 상대방의 반짝거림에 맞춰 결국엔 한 마리의 거대한 반딧불이처럼 반짝거리는 것을 지속하는 것으로 설명되므로 각 개체가 주변 개체들과 동일한 행동을 하는 특성인 '결합성'이 적절하다.

p.162

01	02	03		
⑤	④	③		

01 글의 수정 정답 ⑤

난이도 ★★☆☆☆
핵심포인트
밑줄 친 ⊙~⑩ 문장이 각각 글의 문맥과 일치하는지 확인하기 위해 글의 세부 정보보다는 전체적인 흐름을 파악하는 것이 중요하다.

정답 체크
⑩ '이 문장을 기록한 시점 이후에'라는 표현이 '그리고 그 뒤 어느 시점부터 공자가 빈번하게 인에 대해 설파하기 시작했으며'라는 문장과 맞지 않는다. 따라서 ⑩을 "이 문장을 기록했던 시점까지"로 고치는 것이 적절하다.

오답 체크
① ⊙ '기존과 다르게 해석하여 이 문장에 대한 일반적 해석을 변경하는 방식'이라는 표현이 '이 문장의 일반적 해석을 바꾸지 않고'라는 표현과 연결된다. 따라서 ⊙을 "기존과 동일하게 해석하여 이 문장에 대한 일반적 해석을 준수하는 방식"으로 고치는 것은 적절하지 않다.

② ⓒ '인이 106회 언급되었다고 해도 다른 것에 비해서는 드물다고 평가할 수 있다'라는 표현이 '동일 선상에 있는 다른 것과의 비교를 염두에 둔 것'이라는 표현과 연결된다. 따라서 ⓒ을 "인이 106회 언급되었다면 다른 어떤 것에 비해서도 드물다고 평가할 수 없다"로 고치는 것은 적절하지 않다.

③ ⓒ '인에 대한 기록이 많아질 수밖에 없었다'라는 표현이 '공자가 인을 중시하면서도 그에 대해 드물게 언급하다 보니 제자들이 자주 물을 수밖에 없었다.'라는 문장과 연결된다. 따라서 ⓒ을 "인에 대한 기록이 적어질 수밖에 없었다"로 고치는 것은 적절하지 않다.

④ ⓔ '이 문장을 기록한 제자의 개별적 특성'이라는 표현이 '이 문장의 기록자만 드물게 들었을 수 있다.'라는 문장과 연결된다. 따라서 ⓔ을 "『논어』를 편찬한 공자 제자들의 공통적 특성"으로 고치는 것은 적절하지 않다.

02 글의 수정 정답 ④

난이도 ★★☆☆☆
핵심포인트
⊙에 해당하는 '오늘 회의에서 논의된 내용' 중 <안내>에 언급된 사항과 관련된 내용에 집중한다.

정답 체크
연락처 정보만으로는 부족하고, 안내문에 보험금 청구에 필요한 대표적인 서류들을 제시하자는 내용이 제시되었으므로 청구 방법을 '청구 절차 및 필요 서류는 B보험사 통합상담센터(Tel. 15xx-xxxx)로 문의'로 수정하는 것은 적절하지 않다.

오답 체크
① 단순히 A시에서 생활하는 사람이 아닌 A시에 주민으로 등록한 사람이라는 점이 명확하게 드러나야 한다는 내용을 반영하면, 가입 대상을 'A시에 주민으로 등록한 사람 누구나'로 수정하는 것은 적절하다.

② 보험 기간 내에 발생한 사고에 대해서 사고 발생 시점을 기준으로 할 때 보험금을 언제까지 청구할 수 있는지에 대한 안내가 추가되면 좋을 것 같다는 내용을 반영하면, 보험 기간을 '2024. 1. 1.~2024. 12. 31. (보험 기간 내 사고발생일로부터 3년 이내 보험금 청구 가능)'로 수정하는 것은 적절하다.

③ 보장 항목을 안내하면서 새롭게 추가된 두 가지 항목인 개 물림 사고와 사회재난 사망 사고를 포함하면 좋겠다는 내용을 반영하면, 보장 항목을 '대중교통 이용 중 상해·후유장애, 개 물림 사고, 사회재난 사망 사고 등 총 10종의 사고 보장'으로 수정하는 것은 적절하다.

⑤ A시 누리집뿐만 아니라 코리아톡 앱을 통해서도 A시 시민안전보험에 관한 정보를 확인할 수 있게 되었다는 점을 안내할 계획이라는 내용을 반영하면, 참고 사항을 '자세한 관련 내용은 A시 누리집 및 코리아톡 앱을 통해서도 확인 가능'으로 수정하는 것은 적절하다.

03 글의 수정 정답 ③

난이도 ★★☆☆☆
핵심포인트
<보기>를 보면 <표>의 각 항목을 수정하는 내용으로 구성되어 있음을 알 수 있다. 따라서 <보기>에 제시된 표의 항목을 우선 확인하고, 그 근거가 되는 부분을 지문에서 발췌독하는 방식으로 접근한다.

ㄱ. 두 번째 단락에 따르면 최근 야생 조류 고병원성 AI 바이러스 검출 사례는 2020년 10월 25일부터 11월 21일까지 경기도에서 3건, 충남에서 2건이 발표되었고, 가금류 고병원성 AI 바이러스 검출 사례는 전국에서 총 3건이 발표되었다. 그런데 <표>에 제시된 바이러스 검출 현황은 '야생 조류 AI 바이러스' 검출 현황이므로 가금류 AI 바이러스의 검출 현황은 제외되어야 한다. 따라서 <표>의 고병원성 AI 항목의 "8건"을 "5건"으로 수정하는 것이 적절하다.

ㄷ. 두 번째 단락에 따르면 야생 조류 AI 바이러스 검출 현황은 고병원성 AI, 저병원성 AI, 검사 중으로 분류하고 바이러스 미분리는 야생 조류 AI 바이러스 검출 현황에 포함하지 않는다. 따라서 <표>의 "바이러스 미분리" 항목을 삭제하는 것은 적절하다.

오답 체크

ㄴ. 두 번째 단락에 따르면 야생 조류 AI 바이러스가 검출되고 나서 고병원성 여부를 확인하기 위해 정밀 검사를 하는 데 상당한 기간이 소요되므로, 아직 검사 중인 것이 9건이다. 따라서 <표>의 검사 중 항목의 "9건"은 옳은 내용이므로 이를 "8건"으로 수정하는 것은 적절하지 않다.

실전공략문제

p.166

01	02	03	04	05
⑤	②	②	⑤	②
06	07	08	09	10
②	③	③	②	①
11	12	13	14	15
④	②	④	⑤	⑤
16	17	18		
④	①	①		

01 글의 수정

정답 ⑤

난이도 ★★★★☆
핵심포인트

밑줄 친 부분을 전체 흐름에 맞게 수정하는 것 외에 빈칸에 들어갈 내용까지 추론해야 하므로 '글의 수정' 유형 중에서도 난도가 높은 편이다. 결국에는 지문의 전체적인 맥락을 파악할 수 있는지 묻는 문제이므로 지문 전체적인 흐름을 잡는 것이 중요하다.

보도자료의 부제에 '시민 행동 요령 안내'에 대한 언급이 있는데도 불구하고 본문 내용에는 이에 대한 언급이 없으므로, 시민들이 황사 피해를 최소화할 수 있는 행동 요령과 그 안내 계획을 추가하는 것이 적절하다.

오답 체크

① 보도자료의 제목은 전체 내용을 포괄하여 제시해야 하므로 '불청객 황사, 봄철 국민 건강을 위협하는 주범입니다'로 수정하는 것은 적절하지 않다.

② 보도자료의 주제와 방향을 설정하는 문장이므로 삭제하는 것은 적절하지 않다.

③ A시의 최근 10년간 연평균 황사 관측일수가 필요하므로 최근 30년간 한국의 황사 발생 관측일수를 도표로 제공하는 것은 적절하지 않다.

④ 중국 북부지역 가뭄 원인과 중국 정부의 대처 방안은 보도 자료의 내용과 관련성이 없으므로 이를 추가하는 것은 적절하지 않다.

⏱ 빠른 문제 풀이 Tip
전체 문맥을 잡아야 하는 문제이므로 지문을 처음부터 읽으면서 밑줄 치거나 빈칸 ㉠~㉤ 부분을 읽을 때는 빈칸이 나올 때마다 선택지의 내용이 전체 맥락에 맞는지를 확인하며 읽는다.

02 빈칸 추론

정답 ②

난이도 ★★★★★
핵심포인트

빈칸에 들어갈 내용을 추론하기 위해 빈칸 주변에서 단서를 잡는다. 이 문제의 경우 빈칸 뒤에 '따라서'로 시작하는 문장이 있으므로 이를 중심으로 A 연구팀과 B 연구팀의 비판 내용을 추론한다.

A의 대조군 설계에 대한 B 연구팀의 비판은 '영양분을 정확하게 맞추기 위해 칼로리가 높은 사료를 먹인데다가 대조군은 식사 제한이 없어 사실상 칼로리 섭취량이 높아 건강한 상태가 아니기 때문에 칼로리 제한군이 건강하게 오래 사는 건 당연하다'는 것이다. 반면 B의 대조군 설계에 대한 A 연구팀의 비판은 '대조군에게 마음대로 먹게 하는 대신 정량을 줬는데, 그 양이 보통 원숭이가 섭취하는 칼로리보다 낮기 때문에 사실상 대조군도 칼로리 제한을 약하게라도 한 셈'이라는 것이다. 그런데 지문 마지막 문장에서 체중과 칼로리 섭취량이 비례한다는 사실에 입각했을 때, 서로의 대조군 설계에 대한 A 연구팀과 B 연구팀의 비판이 모두 설득력이 있는 것으로 밝혀졌다고 했으므로 ㉠에는 붉은털원숭이의 평균 체중은 A 연구팀의 대조군 원숭이의 평균 체중'보다 덜 나갔고', ㉡에는 붉은털원숭이의 평균 체중은 B 연구팀의 대조군 원숭이의 평균 체중'보다 더 나갔다'는 내용이 적절하다.

03 밑줄 추론 정답 ②

난이도 ★★★★☆
핵심포인트
밑줄 친 부분의 내용은 '갑과 같은 조건의 사람들도 장난감 대여 서비스를 이용할 수 있도록 운영규정 또는 조례의 일부를 개정'한다는 것이다. 따라서 '갑과 같은 조건'이 무엇인지 파악하여 이를 바탕으로 장난감 대여 서비스의 내용을 추론한다.

정답 체크
갑은 ○○시에 주민등록을 두고 있으나 만 3세인 손녀를 두고 있다. 따라서 운영규정 제95조 제2항의 '만 5세 이하 자녀를 둔'을 '만 5세 이하 아동의 직계존속 또는 법정보호자로서'로 개정하면 갑이 회원에 해당될 수 있으므로 ㉠의 내용으로 적절하다.

오답 체크
① 운영규정 제95조 제1항의 '회원으로 등록되어 있어야 한다'는 내용이 '본 센터에 개인정보를 제공하여 회원으로 등록되어 있어야 한다'와 불일치하는 내용이 아니므로 ㉠의 내용으로 적절하지 않다.

③ 조례 제5조 제1항의 '서비스를 이용할 수 있는 자'를 '서비스를 이용할 수 있는 자의 직계존속 또는 법정보호자'로 개정하더라도 운영규정에 의하여 갑이 서비스를 이용할 수 있는 자가 아니므로 ㉠의 내용으로 적절하지 않다.

④ 갑은 ○○시에 주민등록을 두고 있으므로 조례 제5조 제2항 제1호를 '○○시에 주민등록을 두고 있는 자'로 개정하는 것은 ㉠의 내용으로 적절하지 않다.

⑤ 갑은 만 3세인 손녀를 돌보고 있는 직계존속이므로 조례 제5조 제2항 제2호를 '만 5세 이하 아동의 부모 또는 법정보호자'로 개정하는 것은 ㉠의 내용으로 적절하지 않다.

04 빈칸 추론 정답 ⑤

난이도 ★★★☆☆
핵심포인트
빈칸이 세 개 제시되어 있고, <보기>에 세 개의 문장이 제시되어 있으므로 각 빈칸 주변에서 단서를 찾아 <보기>와 1:1로 매칭한다. 이를 위해 빈칸 주변의 문장과 <보기>에 제시된 문장 간에 연결될 수 있는 핵심어를 중심으로 내용을 파악한다.

정답 체크
(가) 빈칸 뒤의 예술가는 특정 예술 제도 속에서 예술의 사례들을 경험하고, 예술적 기술의 훈련이나 교육을 받음으로써 예술에 대한 배경지식을 얻게 된다는 내용이 <보기> ㄷ의 '예술교육은 예술 제도 안에서 이루어진다.'와 연결된다.

(나) 어린 아이들의 그림이나 놀이조차도 문화의 진공 상태에서 이루어지지 않는다는 내용이 <보기> ㄴ의 '문화의 영향을 받을 수밖에 없다.'와 연결된다.

(다) 예술가는 아무 맥락 없는 진공 상태에서 창작하지 않는다는 내용이 <보기> ㄱ의 '예술작품이 무엇인가에 대한 개념이 있어야 한다.'와 연결된다.

> ⏱ **빠른 문제 풀이 Tip**
> 여러 개의 빈칸이 제시된 빈칸 추론 문제는 선택지를 활용하는 것이 빠르다. 가장 쉬운 빈칸을 먼저 추론하여 선택지를 소거한 후, 남은 선택지의 문장들을 직접 대입한다.

05 빈칸 추론 정답 ②

난이도 ★★★★☆
핵심포인트
빈칸에 들어갈 내용을 추론하기 위해 빈칸 주변에서 단서를 잡는다. 빈칸이 들어간 문장이 '그러면 제가 민원인에게 ~ 라고 답변 드리면 되겠네요.'이므로 민원의 내용이 무엇인지 찾고 그 답변이 무엇이 될 수 있는지 파악한다.

정답 체크
민원의 내용은 학술연구자정보망에서 학술연구자 A의 기본 정보는 조회할 수 있는데, A의 연구 업적 정보는 조회가 되지 않는다는 것이다. 이에 대해 을은 학술연구자가 학술연구자정보망에 기본 정보를 제공하는 데 동의하였으나 연구 업적 정보 공개에 추가로 동의하지 않았을 경우, 민원인은 학술연구자의 연구 업적 정보를 조회할 수 없으며 정보 공개에 동의하더라도 해당 학술연구자의 업적 정보의 집적이 완료되지 않았을 경우에도 연구 업적 정보를 조회할 수 없다고 답변하고 있다. 따라서 빈칸에 들어갈 내용으로 가장 적절한 것은 '학술연구자 A가 연구 업적 정보 공개에 동의하지 않았거나 그의 업적 정보가 현재 집적 중이기 때문에 그렇다'이다.

오답 체크
① 지금은 조회할 수 없지만 2019년 8월 말이 되면 학술연구자 A의 연구 업적 정보가 조회될 것이라는 내용이 민원에 대한 답변이 되지는 않으므로 빈칸에 들어갈 내용으로 적절하지 않다.

③ 현재 학술연구자 A가 연구 업적 정보 공개에 동의한 상태인지는 알 수 없으므로 빈칸에 들어갈 내용으로 적절하지 않다.

④ 민원의 날짜는 2019년 7월 17일이고, 정보 집적이 끝날 것으로 예상되는 시점은 2019년 8월 말까지이다. 따라서 만일 학술연구자 A가 연구 업적 정보 공개에 동의했더라도 한 달 안에는 그의 연구 업적 정보를 조회할 수 있는지는 명확하지 않으므로 빈칸에 들어갈 내용으로 적절하지 않다.

⑤ 오늘 다시 학술연구자 A의 연구 업적 정보를 조회한다면 "해당 연구자가 상기 정보의 공개에 동의하지 않았습니다"라는 문구가 나올 것인지는 알 수 없으므로 빈칸에 들어갈 내용으로 적절하지 않다.

06 밑줄 추론
정답 ②

난이도 ★★★★☆
핵심포인트
㉠이 적절하게 이루어진 사례를 <보기>에서 골라야 하므로 지문에서 ㉠에 해당하는 '기관 간 약정'의 구체적인 특징이 무엇인지 파악한다. 이후 기관 간 약정을 설명할 수 있는 핵심어를 체크하고, <보기>의 핵심어와 연결되는지 여부를 판단한다.

정답 체크
ㄴ. ㉠은 우편이나 외교통상부 재외공관을 통해 서명문서 교환할 수 있다고 했으므로 국외출장이 어려운 상황에서 시급한 약정의 조속한 체결을 위해 A국 산업통상자원부 장관과 B국 자원개발부 장관 간에 우편으로 서명문서를 교환한 사례는 ㉠이 적절하게 이루어진 사례이다.

오답 체크
ㄱ. ㉠은 해당 기관의 장의 위임을 받은 고위직 인사가 서명을 대신할 때, 전권위임장을 만들어 제출하는 것은 적절치 않다고 했으므로 A국 산업통상자원부 장관 명의의 전권위임장을 제출한 산업통상자원부 차관과 B국 기업에너지산업전략부 장관 간에 '에너지산업협력 약정'이 체결된 사례는 ㉠이 적절하게 이루어진 사례가 아니다.

ㄷ. ㉠은 양국 정상이 임석하는 것은 부적절하다고 했으므로 A국 대통령의 B국 방문을 계기로 양국 정상의 임석 하에 A국 기술무역부 장관과 B국 과학기술부 장관 간에 '과학기술협력에 관한 약정'이 체결된 사례는 ㉠이 적절하게 이루어진 사례가 아니다.

> **⏱ 빠른 문제 풀이 Tip**
> '밑줄 추론' 유형은 내용 자체의 완벽한 이해보다는 밑줄의 특징을 나타내는 핵심어와 선택지나 <보기>의 핵심어를 매칭하여 판단하면 빠르게 추론할 수 있다.

07 글의 수정
정답 ③

난이도 ★★★☆☆
핵심포인트
밑줄 친 ㉠~㉢을 전체 흐름과 맞게 고쳐야 하는 문제이므로 지문의 전체적인 흐름을 파악한다. 지문을 처음부터 읽으면서 밑줄이 나올 때마다 해당 부분을 수정한 내용이 전체 맥락에 맞는지 선택지를 확인한다.

정답 체크
㉢의 앞 내용은 자신이 참이라고 믿는 것을 믿는 대로 말했는데 그 말이 사실은 거짓인 경우에 해당되는 것이다. 따라서 ㉢을 '사실과 일치하는 내용'이 아니라, '사실과 일치하지 않는 내용을 참이라고 믿고 말했지만, 결과적으로 거짓말을 하게 되는 셈이니까요'로 수정하는 것이 적절하다.

오답 체크
① ㉠을 '자신이 참이라고 믿는 것을 의도적으로 말하는 사람을 두고 거짓말을 한다고 말하는 것은 당연합니다'로 수정하면, 뒤에 이어지는 내용과 부합하지 않으므로 적절하지 않다.

② ㉡을 '거짓말을 만드는 것은 사실과의 일치 여부가 아니라 말하는 사람의 의도가 되겠지요'로 수정하면, 앞에서 '참이라고 생각하고 말했는데'라고 언급한 내용과 부합하지 않으므로 적절하지 않다.

④ ㉣을 '이 두 가지 거짓말이 모두 참말과 구분된다는 점에서는 동일한 거짓말이라고 생각합니다'로 수정하면, 두 가지 거짓말을 구별하는 앞의 내용과 부합하지 않으므로 적절하지 않다.

⑤ ㉤을 '그는 의도적으로 진실을 말하고 있는 것입니다'로 수정하면, 앞에서 언급한 '우연히 한 참말'에 해당되지 않으므로 적절하지 않다.

08 밑줄 추론
정답 ③

난이도 ★★★★☆
핵심포인트
밑줄의 의미가 무엇인지 추론해야 하므로 밑줄 주변에서 어떤 단서를 찾아야 할지를 확인한다. 밑줄 주변을 보면, ㉠너의 건강을 회복할 수 있는 방법은 '네 병의 원인'을 찾아 해결하면 된다고 했으므로 철학의 여인이 병의 원인으로 지목한 부분을 중심으로 내용을 파악한다.

정답 체크
철학의 여인은 ㉠은 병의 원인이 되는 잘못된 생각을 바로잡아 주는 것이라고 했고, '네 병의 원인'은 운명의 본모습을 모르고 있다는 것과 만물의 궁극적인 목적이 선을 지향하는 데 있다는 것을 모르고 있다는 것, 그리고 세상은 결국에는 불의가 아닌 정의에 의해 다스려지게 된다는 것을 잊어버리고 있다는 것이라고 언급하고 있다.

ㄱ. 만물의 궁극적인 목적이 선을 지향하는 데 있다는 것을 아는 것은 ㉠으로 적절하다.

ㄴ. 세상이 제멋대로 흘러가는 것이 아니라 정의에 의해 다스려진다는 것을 깨닫는 것은 ㉠으로 적절하다.

09 빈칸 추론   정답 ②

난이도 ★★★★★
핵심포인트
빈칸에 들어갈 내용을 추론하기 위해 빈칸 주변에서 단서를 파악한다. 이 문제의 경우 빈칸 앞에 '이 질문에는'이 제시되고 있으므로 질문의 내용을 중점적으로 지문을 파악한다. 질문의 내용은 '매우 신뢰할 만한 사람이 기적이 일어났다고 증언하는 경우에 우리는 그 증언을 얼마나 신뢰해야 하는가?'이다.

정답 체크
빈칸에 들어가야 할 내용은 위의 질문에 답할 수 있는 원칙이다. 원칙의 내용은 기적이 일어날 확률은 매우 신뢰할 만한 사람이 거짓 증언을 할 확률보다 작을 수밖에 없으므로 우리는 기적이 일어났다는 증언을 신뢰해서는 안 된다는 것이다. 이를 간단히 나타내면 '기적이 일어날 확률 < 매우 신뢰할 만한 사람이 거짓 증언을 할 확률 → 기적이 일어났다는 증언을 신뢰해서는 안 됨'이다. 따라서 빈칸에 들어갈 내용은 '어떤 사람이 거짓 증언을 할 확률이 그 증언 내용이 실제로 일어날 확률보다 작은 경우에만 증언을 신뢰해야 한다.'가 가장 적절하다.

10 빈칸 추론   정답 ①

난이도 ★★★☆☆
핵심포인트
빈칸에 들어갈 내용을 추론하기 위해 빈칸 주변에서 단서를 잡는다. 이 문제의 경우 ㉠은 B학파의 관점에 따른 것이라는 점, ㉡은 '그러나'로 시작하고 있으므로 앞 문장의 내용과 반대되는 내용이 들어갈 확률이 높다는 점에 주목하여 내용을 추론한다.

정답 체크
㉠ B학파는 다른 모든 종류의 상품과 마찬가지로 토지 문제 역시 수요·공급의 법칙에 따라 시장이 자율적으로 조정하도록 맡겨 두면 된다고 주장한다. 또한 ㉠ 바로 뒤의 문장에서 토지가 귀금속, 주식, 채권, 은행 예금만큼이나 좋은 투자 대상이라고 제시되어 있다. 따라서 ㉠에 들어갈 진술은 '토지에 대한 투자는 상품 투자의 일종으로 이해된다.'가 가장 적절하다.

㉡ 빈칸이 '그러나'라는 역접의 접속사로 시작하고 있으므로 앞 문장과 ㉡에 들어갈 문장의 내용은 반대 방향이 될 것임을 추론할 수 있다. ㉡의 앞 문장에서는 상품 투자의 특성을 설명하면서 상품 투자에는 내재적 한계가 있기 마련이라는 내용이 제시되어 있으므로 ㉡에는 토지에 대한 투자는 상품 투자와는 달리 내재적 한계가 없다는 내용이 들어가야 한다. 따라서 ㉡에 들어갈 진술은 '토지 공급은 한정되어 있으므로 토지 투자는 상품 투자의 경우와는 달리 제어장치가 없다.'가 가장 적절하다.

오답 체크
㉠ '토지에 대한 투자는 상품 생산의 수단으로 활용된다.'나 '토지 투자와 상품 투자는 거시경제적인 관점에서 상호 보완적 역할을 수행한다.'는 지문에 제시된 내용만으로는 추론할 수 없다.

㉡ '토지 투자는 다른 상품의 생산 비용을 상승시켜 상품의 가격 상승으로 이어진다.'는 지문에 제시된 내용만으로는 추론할 수 없다.

11 빈칸 추론   정답 ④

난이도 ★★★☆☆
핵심포인트
빈칸이 두 개 제시되어 있으므로 각 빈칸에 들어갈 내용이 무엇인지 파악하기 위해 빈칸 주변을 먼저 확인한다. (가)는 을의 질문에 대한 답을 하는 부분이므로 그 질문을 먼저 확인하고, (나)는 그 답에 대해 을이 모순이라고 평가한 이유이므로 훌륭한 예술에 대한 갑의 기존 입장을 확인한다.

정답 체크
(가) '천박한 감정을 느낀 예술가가 그 감정을 표현하여 감상자 역시 그런 감정을 느낀다면, 그런 예술이 훌륭한 예술인가?'라는 을의 질문에 대한 갑의 답변을 듣고 을이 '너의 대답은 모순이야.'라고 말하고 있으므로 기존의 갑의 견해와 동시에 참이 될 수 없는 내용이 (가)에 들어가야 한다. 이때 훌륭한 예술에 대한 기존의 갑의 견해는 '예술가가 경험한 감정이 잘 전달되어 감상자도 그런 감정을 느끼게 되는 예술을 훌륭한 예술이라고 할 수 있어.'이므로 '아니다.'가 적절하다.

(나) 갑의 대답을 모순이라고 평가한 이유가 들어가야 하므로 '훌륭한 예술에 대한 너의 정의와 앞뒤가 맞지 않기' 때문이라는 내용이 적절하다.

12 빈칸 추론

정답 ②

난이도 ★★★☆☆

핵심포인트

지문이 대화체로 구성되어 있으므로 대화의 마지막에 제시된 빈칸에 들어갈 내용을 찾기 위해 지문의 전체 내용을 읽는다. 민원인이 현재 B보조금 신청 자격이 되는지를 알 수 있는 추가 확인 자료를 찾아야 하므로 B보조금 신청 자격과 민원인의 현재 상황 등에 주목하여 글을 읽는다.

정답 체크

민원인은 2021년에 A보조금을 수령하였으므로 A보조금과 같은 B보조금의 기본적인 신청 자격은 갖춘 것으로 볼 수 있다. 이에 따라 추가로 확인해야 할 사항은 민원인이 다른 제한 사항에 해당하지 않는지 여부, 즉 전년도에 A보조금을 부정한 방법으로 수령했는지 여부이다. 이와 관련하여 부정한 방법으로 수령했다고 판정되었더라도 이의 제기를 할 수 있고 이의 제기 심의 기간에는 부정한 방법으로 수령하지 않은 것으로 본다. 따라서 민원인이 부정 수령 판정을 받았는지 여부와 민원인이 이의 제기를 했는지 여부를 확인해야 하고, 이의 제기 기각 건에 민원인이 제기한 건이 포함되었는지 여부를 확인해야 한다. 기각 건에 포함되지 않았다면 B보조금 신청자격이 된다고 판단할 수 있기 때문이다.

오답 체크

③, ⑤ 민원인은 2021년에 A보조금을 수령하였으므로 A보조금과 같은 B보조금의 기본적인 신청 자격은 갖춘 것으로 볼 수 있다. 따라서 민원인의 농업인 및 농지 등록 여부는 추가로 확인해야 할 사항에 포함되지 않는다.

13 밑줄 추론

정답 ④

난이도 ★★★★☆

핵심포인트

㉠의 내용은 갑의 신청을 검토한 ○○구가 조례와 운영규정이 불일치한다는 문제를 발견하였고, 이에 운영규정과 조례 중 무엇도 위반하지 않고 갑이 30만 원 이하의 본인 부담금만으로 해당 서비스를 이용할 수 있도록 조례 또는 운영규정을 일부 개정한다는 것이다. 따라서 갑의 상황을 기준으로 조례와 운영규정에서 불일치하는 부분이 무엇인지 파악한다.

정답 체크

조례와 운영규정에서 불일치하는 부분은 조례 제8조 제1항의 '구청장은 출산 예정일 또는 출산일을 기준으로 6개월 전부터 계속하여 ○○구에 주민등록을 두고 있는 산모'와 운영규정 제21조 제1항 제1호의 '출산일을 기준으로 6개월 전부터 계속하여 ○○구에 주민등록을 두고 실제로 ○○구에 거주하고 있는 산모'이다.

갑은 2020년 1월 1일에 ○○구에 주민등록을 두고 있었으므로 출산 예정일인 2020년 7월 2일을 기준으로 하면 6개월 전부터 계속하여 ○○구에 주민등록을 두고 있는 것이 되어 ○○구 건강관리센터 산모·신생아 건강관리 서비스를 이용할 수 있다. 그러나 출산일인 2020년 6월 28일을 기준으로 하면 6개월 전부터 계속하여 ○○구에 주민등록을 두고 있는 조건을 만족하지 못하므로 ○○구 건강관리센터 산모·신생아 건강관리 서비스를 이용할 수 없다.

따라서 운영규정과 조례 중 무엇도 위반하지 않고 갑이 30만 원 이하의 본인 부담금만으로 해당 서비스를 이용할 수 있도록 조례 또는 운영규정을 일부 개정하려면, 운영규정 제21조 제1항의 '출산일'을 모두 '출산 예정일 또는 출산일'로 개정해야 한다.

14 글의 수정

정답 ⑤

난이도 ★★★☆☆

핵심포인트

㉠에 따라 <계획안>을 수정해야 하는 문제이므로 지문을 처음부터 읽으면서 <계획안>에 표시된 강의 주제, 일시, 장소, 대상, 신청 방법 등에 대한 내용이 나오면 <계획안>과 선택지를 동시에 확인하는 방식으로 접근한다.

정답 체크

다섯 번째 단락 병의 진술에서 시 홈페이지에서 신청 게시판을 찾아가는 방법을 안내할 필요도 있다고 했으므로 신청 방법을 "A시 공식 어플리케이션을 통한 A시 공공 건축 교육 과정 간편 신청"으로만 바꾸는 것은 적절하지 않다.

오답 체크

① 네 번째 단락 을의 진술에서 A시의 유명 공공 건축물을 활용해서 A시를 홍보하고 관심을 끌 수 있는 주제의 강의가 있으면 좋겠다고 했으므로 강의 주제에 "건축가협회 선정 A시의 유명 공공 건축물 TOP3"를 추가하는 것은 적절하다.

② 두 번째 단락 을의 진술에서 온라인 강의는 편안한 시간에 접속하여 수강하게 하고, 수강 가능한 기간을 명시해야 한다고 했으므로 일시 항목을 "○ 기간: 7. 12.(월) 06:00 ~ 7. 16.(금) 24:00"으로 바꾸는 것은 적절하다.

③ 두 번째 단락 을의 진술에서 코로나19 상황을 고려해 대면 교육보다 온라인 교육이 좋겠다고 했으므로 장소 항목을 "○ 교육방식: 코로나19 확산 방지를 위해 온라인 교육으로 진행"으로 바꾸는 것은 적절하다.

④ 두 번째 단락 을의 진술에서 온라인으로 진행하면 교육 대상을 A시 시민만이 아닌 모든 희망자로 확대하는 장점이 있다고 했으므로 대상을 "A시 공공 건축에 관심 있는 사람 누구나"로 바꾸는 것은 적절하다.

15 빈칸 추론 정답 ⑤

핵심포인트

지문이 대화체로 구성되어 있으므로 대화 마지막에 제시된 빈칸에 들어갈 내용을 찾기 위해서는 지문을 전체적으로 읽어주어야 한다. 빈칸 주변 문장을 보면 민원인 A씨에게 할 답변 내용이 빈칸에 들어갈 내용이 될 것임을 알 수 있으므로 민원인 A씨의 문의 내용과 답변의 기준 등에 주목하여 글을 읽어주어야 한다.

정답 체크

지문 두 번째 단락의 을의 진술에 따르면, 소상공인 및 자영업자에게 주는 지원금을 신청할 수 있는 경우가 세 가지 언급되어 있다. 즉, 1) 사회적 거리두기 2단계의 실시로 출입이 금지된 집합금지 및 집합제한업종의 자영업자는 특별한 증빙서류 없이 신청 가능하고, 2) 사회적 거리두기 2.5단계부터 운영이 제한된 수도권의 카페나 음식점도 가능하고, 3) 집합금지 및 집합제한업종에 속하지 않더라도 연 매출 4억 원 이하라는 사실을 증명할 수 있는 자료와 함께 코로나 19 확산으로 매출이 감소했음을 증빙하는 자료를 제출하면 가능하다. 민원인 A의 경우 문구점을 운영하고 있으므로 1)과 2)에 해당되지 않는다. 따라서 연 매출 4억 원에 미치지 못하고 코로나 19로 매출이 감소한 자영업자라면 증빙서류를 갖추어 신청할 수 있다는 것이 빈칸에 들어갈 수 있는 답변 내용으로 가장 적절하다.

16 글의 수정 정답 ④

핵심포인트

밑줄 친 ㉠~㉤을 전체 흐름과 맞게 고쳐야 하는 문제이므로 지문 전체적인 흐름을 잡는 것이 중요하다. 지문을 처음부터 읽으면서 밑줄 친 ㉠~㉤ 부분을 읽을 때는 전체 맥락에 맞는지 선택지를 확인하며 읽는다.

정답 체크

㉣ 중간 계급으로의 수렴현상이 나타난 것이다. 라는 표현이 다음 문장의 '농장주와 농장 노동자 간의 소득 격차는 갈수록 벌어졌고'라는 표현과 맞지 않는다. 따라서 이 부분을 '계급의 양극화가 나타난 것이다.'로 수정하는 것이 바람직하다.

오답 체크

① ㉠ 판매를 위해 경작하는 농업이라는 표현이 '자급자족 형태의 농업과 달리'라는 표현과 연결된다.

② ㉡ 농장주와 농장 노동자의 친밀하고 가까웠던 관계라는 표현이 '인간적이었던 관계'라는 표현과 연결된다.

③ ㉢ 대규모 생산이 점점 더 강조되면서 기계가 인간을 대체라는 표현이 '대량 판매 시장을 위한'이라는 표현과 연결된다.

⑤ ㉤ 재산권은 공유되기보다는 개별화되었다는 표현이 '수익을 얻기 위한 토지 매매가 본격화되면서'라는 표현과 연결된다.

17 빈칸 추론 정답 ①

핵심포인트

(가)와 (나)의 앞뒤 문장을 근거로 빈칸에 들어갔을 때 가장 흐름이 자연스러운 문장을 선택지에서 고른다.

정답 체크

(가) '좋아요'의 선택을 받기 위해 노력하다 보면 어느 순간 현실에 존재하는 '나'가 사라지고 만다는 내용과, 타인의 '좋아요'를 얻기 위해 현실에 존재하는 내가 사라지고 마는 아이러니를 직면한다는 부분이 단서가 된다. 따라서 (가)에는 '좋아요'를 얻기 위해 현실의 나와 다른 전시용 나를 제작하는 셈이라는 내용이 들어가는 것이 가장 적절하다.

(나) 같은 것을 좋아하고 긍정하는 '좋아요'의 공동체 안에서 각자의 '다름'은 점차 사라진다는 부분과, 이제 공동체에서 그러한 타자를 환대하거나 그의 말을 경청하려는 사람은 점점 줄어들고, '다름'은 '좋아요'가 용납하지 않는 별개의 언어가 된다는 부분이 단서가 된다. 따라서 (나)에는 '좋아요'를 거부하고 다른 의견을 내는 사람은 불편한 대상이자 배제의 대상이 된다는 내용이 들어가는 것이 가장 적절하다.

18 밑줄 추론 정답 ①

핵심포인트

밑줄의 앞뒤 문장을 읽고, 밑줄의 구체적인 내용을 파악할 수 있는 핵심어나 문장을 체크하는 것이 필요하다.

정답 체크

ㄱ. 을은 아동학대로부터 제대로 보호 받지 못하는 피해자들이 여전히 많은 이유를 신속한 보호조치가 미흡하여 신고를 해 놓고 보호조치를 기다리는 동안 또다시 학대를 받는 아동이 많은 것이라고 보고 있다. 따라서 을의 주장을 뒷받침하기 위해, 신고가 접수된 시점과 아동학대 판단 후 보호조치가 시행된 시점 사이에 아동학대가 재발한 사례의 수를 조사하는 것은 을의 의견을 뒷받침할 수 있는 자료가 된다.

ㄴ. 병은 아동학대로부터 제대로 보호 받지 못하는 피해자들이 여전히 많은 이유를 아동학대로 판단되지 않은 사례에 대해서는 보호조치가 취해지지 않는데, 당장은 직접적인 학대 정황이 포착되지 않아 아동학대로 판단되지 않았으나, 실제로는 아동학대였던 경우가 많았을 것이라고 본다. 따라서 병의 주장을 뒷받침하기 위해, 아동학대로 판단되지 않은 신고 사례 가운데 보호조치가 취해지지 않은 사례가 차지하는 비중을 조사하는 것은 병의 의견을 뒷받침할 수 있는 자료가 될 수 없다.

ㄷ. 정은 아동학대로부터 제대로 보호 받지 못하는 피해자들이 여전히 많은 이유를 아동학대가 가까운 친인척에 의해 발생하여 신고 자체가 어려운 경우가 많다고 본다. 따라서 정의 주장을 뒷받침하기 위해, 아동학대 피해자 가운데 친인척과 동거하지 않으며 보호조치를 받지 못한 사례의 수를 조사하는 것은 정의 의견을 뒷받침할 수 있는 자료가 될 수 없다.

4 논리의 체계

p.192

01	02			
④	④			

01 논증의 타당성

정답 ④

난이도 ★★★★☆

핵심포인트

'논증의 타당성' 유형은 제시된 논증의 내용을 이해하는 문제가 아니라, 논증의 형식이 타당한지를 판단하는 문제이다. 따라서 주어진 논증을 빠르게 기호화하여 형식적으로 타당한 논증인지를 파악한다.

정답 체크

논증을 간단히 기호화하면 다음과 같다.

· 전제 1: 객관성 → 경험적 근거 ∧ ~유전적 요인
· 전제 2: 경험적 근거
· 결론: ~유전적 요인 → 객관성

'경험적 근거 ∧ ~유전적 요인 → 객관성'이라고 판단하는 것은 '후건 긍정의 오류'에 해당하므로 타당하지 않은 논증이다.

오답 체크

주어진 명제를 기호화하면 다음과 같다.

① 전제 1: 이득
　전제 2: 이득 → 손해
　결론: 손해
　이는 '전건 긍정법'에 따라 타당한 논증이다.

② 전제 1: 동력 → 열의 이동
　결론: 동력 → 열의 이동
　이는 '전건 긍정법'에 따라 타당한 논증이다.

③ 전제 1: 최고의 농구 선수 → 공중에 3초 이상
　전제 2: ~공중에 3초 이상
　결론: ~최고의 농구 선수
　이는 '후건 부정법'에 따라 타당한 논증이다.

⑤ 전제 1: 산성 → 붉은색으로 변화
　전제 2: 알카리성 → ~붉은색으로 변화
　전제 3: 산성 ∨ 알카리성
　결론: ~붉은색으로 변화 → 알카리성
　이는 '후건 부정법'에 따라 타당한 논증이다.

02 논증의 타당성

정답 ④

난이도 ★★★★☆

핵심포인트

<보기>를 보면 지문에 제시된 <논증>의 전제를 추가하거나 바꾸었을 때 결론이 도출될 수 있는지를 묻는 '논증의 타당성' 유형임을 알 수 있다. 따라서 주어진 논증을 간단히 기호화하여 <보기>의 조건에 따라 형식적으로 타당한 논증인지를 판단한다.

정답 체크

<논증>을 간단히 기호화하면 다음과 같다.

(1) 첫째 ∨ 둘째
(2) ~첫째 ∧ ~둘째
(3) ~첫째 ∨ ~둘째 → ~인식론
(4) ~인식론
(5) ~인식론 → 심리학
(6) 심리학

ㄴ. (2)를 "전통적 인식론은 첫째 목표를 달성할 수 없거나 둘째 목표를 달성할 수 없다."로 바꾸면 '~첫째 ∨ ~둘째'로 기호화되므로 바꾸기 전의 (2)가 참일 때 바뀐 (2)도 참이다. 따라서 (2)를 "전통적 인식론은 첫째 목표를 달성할 수 없거나 둘째 목표를 달성할 수 없다."로 바꾸어도 위 <논증>에서 (6)은 도출된다.

ㄷ. (4)는 (2)와 (3)을 전제로 할 때 도출되는 결론이고, (5)와 함께 (6)을 도출하는 전제이기도 하다. 따라서 (4)는 <논증> 안의 어떤 진술들로부터 나오는 결론일 뿐만 아니라 <논증> 안의 다른 진술의 전제이기도 하다.

오답 체크

ㄱ. <논증>은 (1)의 '두 가지 목표' 중 두 가지 목표를 모두 달성할 수 없음을 전제로 결론인 (6)을 도출하고 있다. 따라서 전통적 인식론의 목표에 (1)의 '두 가지 목표' 외에 "세계에 관한 믿음이 형성되는 과정을 규명하는 것"이 추가되어도 논증에 영향을 미치지 못하므로 위 <논증>에서 (6)은 도출된다.

p.198

01	02	03	04	05
③	⑤	④	②	②

01 논리 퀴즈

정답 ③

난이도 ★★★★☆
핵심포인트
발문과 지문을 보면 명제가 조건으로 제시되어 있으므로 '명제 연결형 퀴즈'임을 알 수 있다. 따라서 제시된 명제를 기호화하여 연결고리를 파악하고 <보기>가 반드시 참인지 여부를 판단한다.

정답 체크
제시된 명제를 기호화하면 다음과 같다.
- 명제 1: A → B
- 명제 2: ~(B ∧ C)
- 명제 3: B ∨ D
- 명제 4: ~C → ~B

ㄱ. 명제 2와 명제 4에 의해 '~B'가 도출되므로 반드시 참이다.
ㄷ. 세 번째 명제에서 'D'라는 결론이 도출되므로 D는 선정된다는 것은 반드시 참이다.

오답 체크
ㄴ. 명제 2와 명제 4에 의해 '~B'가 도출되므로 B가 선정되지 않는 것은 참이다. 그러나 C가 선정되지 않는지는 알 수 없으므로 B도 선정되지 않고 C도 선정되지 않는다는 것은 반드시 참은 아니다.

02 논리 퀴즈

정답 ⑤

난이도 ★★★★☆
핵심포인트
지문에서 기호화 가능한 논리 명제와 정보를 제시하는 사실 명제가 섞여 있으므로 사실 명제와 논리 명제를 연결하여 확정적인 정보를 찾아내는 것이 핵심이다.

정답 체크
제시된 명제 중 기호화 가능한 명제를 정리하면 다음과 같다.
- 명제 2: A → B
- 명제 4: ~B or ~D
- 명제 6: D → C

5명의 대표자를 임의로 갑, 을, 병, 정, 무로 설정한다. 이때 명제 1에 따라 A에 찬성하는 대표자를 갑과 을이라 하고, 명제 5에 따라 D에 찬성하는 대표자를 병과 정이라 하여 <보기>를 판단하면 다음과 같다.

ㄱ. 명제 1에 따라 A에 찬성하는 대표자를 갑과 을이라 하고, 명제 5에 따라 D에 찬성하는 대표자를 병과 정이라 하면, 무는 A에 반대하고 D에도 반대한다. 또한 명제 3에 따라 B에 찬성하는 대표자 수는 짝수일 수밖에 없으므로 무는 B에도 반대한다. 따라서 3개 정책에 반대하는 대표자가 있다는 것은 반드시 참이다.

ㄴ. 명제 1과 2에 따라 B에 찬성하는 대표자는 갑과 을이고, D에 찬성하는 병과 정은 명제 4에 따라 B에 반대한다. 또한 명제 3에 따라 B에 찬성하는 대표자 수는 짝수일 수밖에 없으므로 무는 B에 반대한다. 따라서 B에 찬성하는 대표자는 2명이라는 것은 반드시 참이다.

ㄷ. 명제 3에 따라 갑과 을 둘 중 한 명은 C에 찬성하고, 병, 정은 명제 6에 의해, 무는 하나 이상의 정책에 찬성해야 한다는 조건에 따라 C에 찬성한다. 따라서 C에 찬성하는 대표자가 가장 많다는 것은 반드시 참이다.

03 논리 퀴즈

정답 ④

난이도 ★★★☆☆
핵심포인트
지문을 보면 명제가 조건으로 제시되어 있고, 모두 가언명제로 구성되어 있으므로 '명제 연결형 퀴즈'임을 알 수 있다. 따라서 제시된 명제를 기호화하여 연결고리를 파악하고 반드시 수강하게 되는 과목을 판단한다.

정답 체크
제시된 명제를 기호화하면 다음과 같다.
- 명제 1: A → ~B → ~C
- 명제 2: ~D → C

  ~A → ~E
- 명제 3: ~E → ~C

기호화한 명제를 하나로 연결하면 'C → E → A → ~B → ~C → D'이고, 이에 따라 '~C'가 확정된다.
따라서 반드시 수강해야 할 과목은 D이다.

04 논리 퀴즈
정답 ②

난이도 ★★★☆☆
핵심포인트
지문을 보면 참말과 거짓말에 대한 정보가 제시되어 있으므로 '참·거짓 퀴즈'임을 알 수 있다. 따라서 A~C의 진술 중 모순되는 진술이 있는지 확인하고, 이를 기준으로 경우의 수를 나눈다.

정답 체크
<아래>에 따르면 A의 진술과 B의 진술은 동시에 참이 될 수 없다. 즉 A의 진술이 참일 경우 B의 진술은 거짓이 되고, B의 진술이 참일 경우 A의 진술은 거짓이 되지만, A와 B의 진술이 모두 거짓일 수도 있는 관계이다. 이를 기준으로 경우의 수를 나누면 다음과 같다.
<경우 1> A의 진술이 참이고, B의 진술이 거짓인 경우
C의 진술은 참이 되고, 거짓을 진술한 사람은 B이다. 따라서 가능한 경우이다.
<경우 2> A의 진술이 거짓이고, B의 진술이 참인 경우
C의 진술은 참이 되고, 거짓을 진술한 사람은 A이다. 그런데 이 경우 B의 진술에 어긋난다. 따라서 가능하지 않은 경우이다.
<경우 3> A와 B의 진술이 모두 거짓인 경우
C의 진술은 거짓이 되고, 거짓을 진술한 사람은 A, B, C가 된다. 따라서 가능한 경우이다.
<경우 1>과 <경우 3>에서 거짓을 진술하여 가해자인 것이 확실한 사람은 B이다. 한편 확실히 참을 진술한 사람은 없으므로 가해자가 아닌 것이 확실한 사람은 없다.

05 논리 퀴즈
정답 ②

난이도 ★★★☆☆
핵심포인트
지문에 제시된 명제를 간단히 기호화하고, 명제가 참인지 거짓인지 여부로 경우의 수를 나누어 판단한다.

정답 체크
지문에 제시된 명제를 기호화하면 다음과 같다.
· 명제 1: 갑-설탕뽑기 & 무-징검다리
· 명제 2: 을-구슬치기 or 정-줄다리기
· 명제 3: ~을-구슬치기 & ~무-징검다리
· 명제 4: ~병 & 정-줄다리기
· 명제 5: 무-징검다리 or ~정-줄다리기
명제 1과 명제 3은 무에 대해 다르게 예측하고 있으므로 동시에 참일 수 없다. 따라서 명제 1과 명제 3 중 하나의 예측이 틀린 것이 되고, 명제 2, 4, 5의 예측은 참인 것으로 확정된다.

<경우 1> 명제 3의 예측이 틀린 경우
갑은 설탕 뽑기, 을은 구슬치기, 정은 줄다리기, 무는 징검다리에 선택되고, 병은 선택되지 않는다.
<경우 2> 명제 1의 예측이 틀린 경우
명제 4와 5에서 무는 징검다리에 선택될 수밖에 없으므로 명제 3의 내용과 상충된다. 따라서 이 경우의 수는 타당하지 않다.
따라서 을이 구슬치기에 선택되었다는 것은 반드시 참이다.

오답 체크
① 갑이 어느 게임에도 선택되지 않았다는 것은 반드시 참이 아니다.
③ 병이 줄다리기에 선택되었다는 것은 반드시 참이 아니다.
④ 정이 징검다리 건너기에 선택되었다는 것은 반드시 참이 아니다.
⑤ 무가 설탕 뽑기에 선택되었다는 것은 반드시 참이 아니다.

유형 13 | 독해형 논리

p.208

01	02	03	04	05
④	④	①	⑤	②

01 독해형 논리
정답 ④

난이도 ★★★★☆
핵심포인트
발문에 '다음 글의 내용이 참일 때'라는 표현이 제시되어 있으므로 '독해형 논리' 유형임을 알 수 있다. 지문에서 기호화할 필요가 있는 문장을 골라 빠르게 기호화하여 선택지의 참과 거짓 여부를 판별한다.

정답 체크
기호화가 필요한 문장을 정리하면 다음과 같다.
· 민원 → 홍보
· 인사만 선호
· ~민원 ∧ ~인사
· ~세 개 이상 선호
· 갑: 기획
· 을: 민원

ㄴ. 첫 번째 명제와 여섯 번째 명제에 따라 을은 홍보 업무를 선호한다. 또한 첫 번째 명제에서 '그 역은 성립하지 않는다'고 했으므로 민원 업무는 선호하지 않고 홍보 업무만 선호하는 사람이 적어도 한 명이 있다. 따라서 적어도 두 명 이상의 신입사원이 홍보 업무를 선호한다는 것은 반드시 참이다.

ㄷ. 민원, 홍보, 인사, 기획 업무 중 갑은 기획 업무를 선호하고, 을은 민원 업무와 홍보 업무를 선호한다. 또한 두 번째 명제에 따라 인사 업무만 선호하는 사원이 있다. 따라서 조사 대상이 된 업무 중에, 어떤 신입 사원도 선호하지 않는 업무는 없다는 것은 반드시 참이다.

오답 체크
ㄱ. 민원, 홍보, 인사, 기획 업무 중 갑은 기획 업무를 선호하고, 을은 민원 업무를 선호하므로 갑과 을 모두 선호하지 않을 수 있는 업무는 홍보 나 인사이다. 첫 번째 명제에 따르면 을은 홍보 업무도 선호하므로 갑 도 을도 선호하지 않는 어떤 업무는 인사가 될 수 있다. 그런데 세 번째 명제에 따라 을이 인사 업무를 선호하지 않는 것은 알 수 있지만, 갑이 인사 업무를 선호하지 않는지는 제시된 명제만으로는 알 수 없다. 따라서 어떤 업무는 갑도 을도 선호하지 않는다는 것이 반드시 참이라고 할 수 없다.

02 독해형 논리   정답 ④

난이도 ★★★★☆
핵심포인트
발문에 '다음 글의 내용이 참일 때'라는 표현이 제시되어 있으므로 '독해형 논리' 유형임을 알 수 있다. 지문에서 기호화할 필요가 있는 문장을 골라 빠르게 기호화하여 선택지의 참과 거짓 여부를 판별한다.

정답 체크
기호화가 필요한 문장을 정리하면 다음과 같다.
· 개인건강정보 → 보건정보
· 국민건강 재편 → 개인건강정보 ∧ 보건정보
· 개인건강정보 ∧ 최팀장 → 손공정
· 보건정보 → 국민건강 재편 ∨ 보도자료 수정
· ~(최팀장 → 손공정)
ㄴ. 다섯 번째 명제에 의해 '최팀장 ∧ ~손공정'이 참으로 확정되므로 이 팀의 최팀장이 다음 주 정책 브리핑을 총괄한다는 것은 반드시 참이 다. 또한 두 번째 명제의 대우와 세 번째 명제의 대우에 의해 '~국민 건강 재편'이 참으로 확정된다. 따라서 '~국민건강 재편 ∧ 최팀장' 은 반드시 참이다.
ㄷ. '~국민건강 재편'이 참이므로 이를 네 번째 명제에 적용하면 '보건정 보 → 보도자료 수정'은 반드시 참이다.

오답 체크
ㄱ. 세 번째 명제와 다섯 번째 명제에 의해 '~개인건강정보'가 참으로 확 정되지만, '~보건정보'가 참인지는 알 수 없다. 따라서 '~개인건강 정보 ∧ ~보건정보'는 반드시 참은 아니다.

03 독해형 논리   정답 ①

난이도 ★★★☆☆
핵심포인트
추가해야 할 전제를 찾는 문제는 '독해형 논리' 유형의 대표적인 형 태이다. 따라서 결론을 도출하는 데 필요한 전제를 찾아 기호화하 여 빠진 연결고리가 무엇인지 파악한다.

정답 체크
기호화가 필요한 문장을 정리하면 다음과 같다.
· 전제 1: 테러 → 국방비
· 전제 2: ~국방비 ∨ 증세
· 전제 3: 증세 → 침체
· 결론: 침체
전제 3에 따르면 '침체'라는 결론이 도출되기 위해서는 '증세'가 필요하 다. '증세'가 도출되려면 전제 2에 의해 '국방비'가 도출되어야 하고, '국방 비'가 도출되기 위해서는 전제 1에 의할 때 '테러'가 도출되어야 한다. 따 라서 추가해야 할 전제는 '테러', 즉 '국제적으로 테러가 증가한다.'이다.

04 독해형 논리   정답 ⑤

난이도 ★★★☆☆
핵심포인트
'독해형 논리' 유형 중 추가해야 할 전제를 찾는 문제는 발문에 명 확히 '추가해야 할 전제'라는 표현이 들어가 있는 경우도 있지만, 빈 칸 추론 형태의 발문을 제시하고 추가해야 할 전제 자리에 빈칸을 제시하는 형태로 출제되는 경우도 있다. 동일한 유형의 문제이므로 결론을 도출하는 데 필요한 전제를 찾아 기호화하여 빠진 연결고 리가 무엇인지 파악한다.

정답 체크
기호화가 필요한 문장을 정리하면 다음과 같다.
· 전제 1: 지혜 → 덕 ∧ 실행
· 전제 2: 덕 ∧ 실행 → 지혜
· 결론: 지혜 → 자제력
전제 1과 전제 2를 연결하면 '지혜 ↔ 덕 ∧ 실행'이다. 여기서 '지혜 → 자 제력'이라는 결론이 도출되기 위해서는 '덕 ∧ 실행 → 자제력'이라는 전 제가 필요하다. '자제력이 없는 사람은 아는 덕을 실행에 옮기는 사람이 아니다.'를 기호화하면 '~자제력 → ~실행'이므로 '덕 ∧ 실행 → 자제 력'을 만족한다. 따라서 괄호 안에 들어갈 진술로 적절하다.

05 독해형 논리

정답 ②

정답 체크

지문에 제시된 전제를 찾아 정리하면 다음과 같다.
- 전제 1: 원인 → 관념 or 나의 마음 or 다른 마음
- 전제 2: ~관념
- 전제 3: ~나의 마음
- 전제 4: 원인 → 다른 마음
- 전제 5: 다른 마음 → 다른 사람 or 다른 존재
- 전제 6: ~다른 사람
- 전제 7: 다른 마음 → 다른 존재
- 결 론: 원인 → 신의 마음

전제 1~7을 연결하면, '원인 → 다른 존재'가 도출된다. 여기서 결론이 도출되려면 '다른 존재 → 신의 마음'이라는 전제가 필요하다. 이와 관련된 내용으로 적절한 것은 '사람과 신 이외에 마음을 지닌 존재는 없다.'는 것이다.

실전공략문제

p.214

01	02	03	04	05
②	②	①	⑤	④
06	**07**	**08**	**09**	**10**
①	④	①	⑤	④
11	**12**	**13**	**14**	**15**
⑤	③	⑤	③	④

---

01 논증의 타당성

정답 ②

정답 체크

논증을 간단히 기호화하면 다음과 같다.
- 전제 1: ~필요 ∧ 고통 → 도덕적 잘못
- 전제 2: 갈비는 고통
- 결론: 갈비는 ~필요 → 갈비는 도덕적 잘못

갈비를 먹는 행위는 '~필요 ∧ 고통'을 모두 만족하므로 갈비를 먹는 행위는 도덕적 잘못이다. 따라서 전제로부터 결론이 필연적으로 도출된다.

오답 체크

① 사랑이 없는 성적 관계에서는 유혹하는 재미가 있고 부부나 연인으로서 갖게 되는 의무감으로부터 자유로울 수 있으며 섹스를 수단으로서가 아니라 그 자체 목적으로 향유할 수 있다고 해서, 사랑의 감정이 개입되어 있지 않은 상대와의 섹스가 사랑이 있는 섹스보다 더 좋다는 결론이 도출되지는 않는다.

③ 좋지 않은 자세로 오랜 시간 동안 독서를 하면 수정체가 근거리에 있는 활자에 초점을 맞추기 위해 강력하게 조절 작용을 하고 모양체근은 지속적으로 긴장한다는 것으로부터 딱딱한 학교 책상에서 공부해야 하는 많은 초·중등학교 학생은 모양체근의 긴장으로 인해 발생하는 일시적인 근시 현상인 가상 근시를 경험한다는 결론이 필연적으로 도출되지는 않는다.

④ 고엽제 제조회사는 미국 내 고엽제 피해자들에게 손해배상을 했고, 베트남전에서 김씨가 작전수행을 하던 지역에는 다량의 고엽제가 살포되었다고 해서, 베트남전의 참전군인 김씨가 걸린 질병의 피해에 대해서 미국의 고엽제 제조회사는 김씨에게 손해배상을 해야 한다는 결론이 필연적으로 도출되지는 않는다.

⑤ 수학적인 정량적 분석의 방법은 인문·사회과학 전반에 적용되면서 이들 분야에 커다란 진전을 가져왔다고 하더라도, 이 점을 계량 경제학이 경제현상을 해명하는 데서 이룬 괄목할 만한 업적이나 실험심리학이 심리 현상에 대해서 제시한 인과적 설명 방식 등에서 찾아볼 수 있다는 것이 필연적으로 도출되지는 않는다.

02 논리 퀴즈

정답 ②

난이도 ★★★★☆
핵심포인트
지문을 보면 명제가 조건으로 제시되어 있으므로 '명제 연결형 퀴즈'임을 알 수 있다. 따라서 제시된 명제를 기호화하여 연결고리를 파악하고 대책회의에 참석하는 전문가의 최대 인원 수를 판단한다.

정답 체크
제시된 명제를 기호화하면 다음과 같다.
· 명제 1: A ∧ B ∧ C → D ∨ E
· 명제 2: C ∧ D → F
· 명제 3: ~E
· 명제 4: F ∨ G → C ∧ E
· 명제 5: H → ~F ∨ ~G

명제 3에 의해 '~E'가 참으로 확정되었으므로 명제 4의 대우에 의해 '~F ∧ ~G'가 참으로 확정된다. '~F'가 참이므로 명제 2의 대우에 의해 '~C ∨ ~D'가 참으로 확정된다. 이때 참석하는 최대 인원 수를 구하기 위해서는 C와 D 중 한 명만 참석하지 않는 경우를 가정한다. 이에 따라 경우의 수를 나누어 참석하는 최대 인원 수를 파악하면 다음과 같다.

<경우 1> C가 참석하지 않는 경우

전문가	A	B	C	D	E	F	G	H
참석 여부			x	○	x	x	x	

명제 1과 명제 5에 의해 참석 여부가 확정되는 전문가가 없으므로 이 경우 참석하는 전문가의 최대 인원 수는 4명이다.

<경우 2> D가 참석하지 않는 경우

전문가	A	B	C	D	E	F	G	H
참석 여부			○	x	x	x	x	

명제 1의 대우에 따라 A와 B 중 한 명은 참석하지 않아야 하므로 이 경우 참석하는 전문가의 최대 인원 수는 3명이다.

따라서 대책회의에 참석하는 전문가의 최대 인원 수는 4명이다.

03 독해형 논리

정답 ①

난이도 ★★★★★
핵심포인트
빈칸 추론 형태의 발문이지만 빈칸 주변을 확인하면 빈칸에는 추가해야 할 전제가 들어가야 함을 알 수 있다. 따라서 결론을 내는 데 필요한 전제를 찾아 기호화하고 빠진 연결고리를 찾는 방식으로 접근한다.

정답 체크
기호화가 필요한 문장을 정리하면 다음과 같다.
· 전제 1: 민간 문화 교류
· 전제 2: 민간 문화 교류 → ~정부 관료
· 전제 3: 민간 문화 교류 ∧ ~정부 관료 → 고전음악 지휘자 ∨ 대중음악 제작자
· 전제 4: 정부 관료 → ~고전음악 지휘자 ∧ ~대중음악 제작자
· 전제 5: 전체 세대
· 전제 6: 갑 ∨ 을 → A
· 결론: A

A가 공연 예술단에 참가한다는 결론이 도출되기 위해서는 전제 6에 따라 갑이나 을이 수석대표를 맡는다는 전제가 만족되어야 한다. 그런데 수석대표가 되기 위해서는 전제 5에 따라 전체 세대를 아우를 수 있어야 하고, 전제 1과 전제 2에 따라 정부 관료가 아니어야 한다. 전제 4의 대우에 따를 때 고전음악 지휘자이거나 대중음악 제작자이면 정부 관료가 아니므로 빈칸에는 갑이나 을이 고전음악 지휘자이거나 대중음악 제작자이고, 전체 세대를 아우를 수 있다는 전제가 들어가면 된다. 따라서 빈칸에 들어갈 내용으로 가장 적절한 것은 '갑은 고전음악 지휘자이며 전체 세대를 아우를 수 있기'이다.

04 논리 퀴즈

정답 ⑤

난이도 ★★★★☆
핵심포인트
지문을 보면 참말과 거짓말에 대한 정보가 제시되어 있음을 알 수 있는데, 특히 갑~병 각각의 두 진술 중 하나는 참이고 하나는 거짓이라는 조건이 제시되어 있다. 따라서 갑~병의 진술을 기준으로 참일 때와 거짓일 때로 경우의 수를 나눈다.

정답 체크
갑을 기준으로 가능한 경우의 수를 나누면 다음과 같다.

<경우 1> 갑의 첫 번째 진술이 참인 경우
을의 첫 번째 진술이 거짓이 되고 두 번째 진술은 참이 된다. 따라서 병의 첫 번째 진술은 거짓이 되고 두 번째 진술은 참이 된다. 이에 따라 A, B, C, D의 근무지는 다음과 같이 확정된다.

A	B	C	D
광주	서울	세종	부산

<경우 2> 갑의 두 번째 진술이 참인 경우

병의 두 번째 진술이 거짓이 되고 첫 번째 진술이 참이 된다. 따라서 을의 두 번째 진술이 거짓이 되고 첫 번째 진술이 참이 되어야 하는데, 병의 첫 번째 진술이 참이므로 을의 첫 번째 진술은 참이 될 수 없다. 따라서 가능하지 않은 경우이다.

따라서 <경우 1>이 반드시 참임을 알 수 있다.

ㄱ. A의 근무지는 광주이므로 반드시 참이다.

ㄴ. B의 근무지는 서울이므로 반드시 참이다.

ㄷ. C의 근무지는 세종이므로 반드시 참이다.

05 독해형 논리 정답 ④

핵심포인트

발문에 '다음 글의 내용이 참일 때'라는 표현이 있으므로 지문이 독해 문제처럼 주어졌다 하더라도 논리 문제로 판단한다. 갑~무가 네 지역 중 어디로 출장을 가는지가 핵심이므로 네 지역을 임의의 A~D 지역으로 단순화하고, 갑~무가 어느 지역으로 출장을 가는지 표를 그려 정리한다.

정답 체크

지문에 제시된 중요 정보를 정리하면 다음과 같다.

· 신임 사무관: 한 명. 사무관 중 유일하게 단 한 지역(A)의 출장에만 참가함

· 을은 갑과 단둘이 가는 한 번의 출장 이외에 다른 어떤 출장도 가지 않음 → 을: 신임 사무관, 갑: 총괄 사무관

· 병과 정이 함께 출장을 가는 경우는 단 한 번(B 지역)임

· 두 명의 사무관만이 두 광역시 모두에 출장을 감 → 갑 ∧ (병 ∨ 정 ∨ 무)

· 광역시: B, C, D 중 두 지역

이를 바탕으로 각 사무관의 출장 지역을 정리하면 다음과 같다.

사무관 \ 지역	A	B	C	D
갑	○	○	○	○
을	○	×	×	×
병	×	○	○	×
정	×	○	×	○
무	×	×	○	○

따라서 '정은 총 세 곳에 출장을 간다.'는 반드시 거짓이다.

오답 체크

① 을은 갑과 단둘이 가는 한 번의 출장 이외에 다른 어떤 출장도 가지 않았으므로 '갑은 이번 출장 업무를 총괄하는 사무관이다.'는 반드시 참이다.

② 광역시는 B, C, D 중 두 지역이고 을은 A에만 출장으로 가므로 '을은 광역시에 출장을 가지 않는다.'는 반드시 참이다.

③ 병은 갑, 무와 함께 C지역에 출장을 가므로 '병이 갑, 무와 함께 출장을 가는 지역이 있다.'는 반드시 참이다.

⑤ 무가 출장을 가는 지역은 C, D 두 곳이고 그 중 한 곳인 D는 정과 함께 가므로 '무가 출장을 가는 지역은 두 곳이고 그 중 한 곳은 정과 함께 간다.'는 반드시 참이다.

06 논리 퀴즈 정답 ①

핵심포인트

지문을 보면 '한 명의 예측만 틀렸음이 밝혀졌다'고 하여 참과 거짓에 대한 정보가 제시되어 있으므로 '참·거짓 퀴즈'임을 알 수 있다. 따라서 주어진 명제에서 동시에 참이 될 수 없는 명제를 찾아 경우의 수를 나눈다.

정답 체크

지문에 제시된 명제를 기호화하면 다음과 같다.

· 가인: 을현–행정안전부 ∧ 병천–보건복지부

· 나운: 을현–행정안전부 → 갑진–고용노동부

· 다은: ~을현–행정안전부 → 병천–행정안전부

· 라연: 갑진–고용노동부 ∧ 병천–행정안전부

가인과 라연은 행정안전부에 배치되는 사람을 서로 다르게 예측하고 있으므로 동시에 참일 수 없다. 따라서 가인과 라연 중 한 명의 예측이 틀린 것이 되고, 나운과 다은의 예측은 모두 참인 것으로 확정된다.

<경우 1> 가인의 예측이 틀린 경우

라연의 예측에 따라 갑진은 고용노동부에, 병천은 행정안전부에 배치되고, 을현은 보건복지부에 배치된다. 이때 모순되는 부분 없이 각자의 부서가 배치되므로 이 경우는 타당한 경우이다.

<경우 2> 라연의 예측이 틀린 경우

가인의 예측에 따라 을현은 행정안전부에, 병천은 보건복지부에 배치되고, 갑진은 나머지 고용노동부에 배치된다. 이때 모순되는 부분 없이 각자의 부서가 배치되므로 이 경우 역시 타당한 경우이다.

ㄱ. 두 경우 모두 갑진은 고용노동부에 배치되므로 반드시 참이다.

오답 체크

ㄴ. 을현은 <경우 2>에서 행정안전부에 배치되지만, <경우 1>에서는 보건복지부에 배치되므로 반드시 참은 아니다.

ㄷ. <경우 1>에서는 라연의 예측이 옳았으므로 반드시 참은 아니다.

07 독해형 논리

정답 ④

난이도 ★★★★☆
핵심포인트
발문에 '다음 글의 내용이 참일 때'라는 표현이 있으므로 지문이 독해 문제처럼 주어졌다 하더라도 '독해형 논리' 유형으로 판단하고, 논리적인 문장을 기호화하는 방식으로 접근한다. 특히 '정비시간이 짧아야 한다는 것은 차기 전투기로 선정되기 위한 필수적인 조건이다.'와 같은 확정적인 정보에 주목한다.

정답 체크
기호화가 필요한 문장을 정리하면 다음과 같다.
· 명제 1: 폭탄 ∨ 전투 → ~정비
· 명제 2: 비행 → ~전투
· 명제 3: 최소 두 가지 이상
· 명제 4: 정비
· 명제 5: A사 비행 ∧ 폭탄
· 명제 6: 언론 A사 선정 예측

ㄴ. 명제 1의 대우와 명제 4를 연결하면 '~폭탄'과 '~전투'가 확정되고, 명제 3에 따라 '비행'이 확정되므로 반드시 참이다.
ㄷ. 명제 2에 따라 '전투 → ~비행'이 되므로 반드시 참이다.

오답 체크
ㄱ. 결론적으로 '정비'와 '비행'을 만족하는 전투기가 도입되므로 A가 제안한 '비행 ∧ 폭탄' 기종은 선정될 수 없다. 따라서 언론의 예측이 옳았다는 것은 반드시 참이 아니다.

08 독해형 논리

정답 ①

난이도 ★★★★☆
핵심포인트
결론을 먼저 확인하고, 그 결론을 이끌어내는 데 필요한 전제를 찾아 기호화한다. 전제들을 연결해도 결론으로 가는 데 부족한 부분이 있는지를 확인하여 그 빠진 연결고리를 찾는 방식으로 접근한다.

정답 체크
기호화가 필요한 문장을 정리하면 다음과 같다.
· 전제 1: 젊음 ∧ 섬세 ∧ 유연 → 아름다움
· 전제 2: 아테네 → 섬세 ∧ 유연
· 전제 3: 아름다움 ∧ ~훌륭
· 전제 4: 덕 → 훌륭
· 전제 5: 아테네 → 덕
· 전제 6: 아름다움 ∧ 훌륭 → 행복
· 결론: 아테네 → 행복

전제 4와 전제 5에 따르면 '아테네 → 훌륭'이고, 아테네가 '행복'이려면 전제 6에 따라 '아테네 → 아름다움'이 필요하다. 이때 전제 2에 따르면 아테네는 '섬세 ∧ 유연'이므로 전제 1에 따라 '아테네 → 젊음'이 있으면 '아테네 → 아름다움'이 된다. 따라서 추가로 필요한 전제는 '아테네는 젊음.'이다.

🕐 **빠른 문제 풀이 Tip**
추가해야 할 전제를 찾는 문제는 결론을 찾는 것이 가장 중요하다. 결론을 찾아 기호화하고, 그 결론이 나오기 위해 어떤 전제가 필요한지를 역순으로 거슬러 올라가며 찾는다.

09 논리 퀴즈

정답 ⑤

난이도 ★★★☆☆
핵심포인트
발문을 보면 참말과 거짓말에 대한 정보가 제시되어 있으므로 '참·거짓 퀴즈'임을 알 수 있다. 따라서 A~E의 진술 중 모순되는 진술이 있는지 확인하고, 이를 기준으로 경우의 수를 나눈다.

정답 체크
오직 한 사람만이 거짓말을 하고, C가 E는 거짓말을 하고 있다고 진술하고 있으므로 C와 E 둘 중 한 명이 거짓말을 하고 있음을 알 수 있다. 따라서 이를 기준으로 경우의 수를 나누면 다음과 같다.
<경우 1> C가 참, E가 거짓인 경우
A의 말이 참이면 D의 말은 거짓이라는 E의 진술이 거짓이 되고, 나머지 A, B, D의 진술은 참이 된다. A와 D의 진술은 모두 참이므로 E의 진술은 거짓이 된다. 따라서 가능한 경우이다.
<경우 2> C가 거짓, E가 참인 경우
C가 거짓말을 한 것이 되고 나머지 A, B, D, E의 진술은 참이 된다. 그런데 A와 D의 진술이 참이라면 E의 진술은 참이 될 수가 없다. 따라서 가능하지 않은 경우이다.
따라서 거짓말을 하고 있는 사람은 E이다.

10 독해형 논리

정답 ④

난이도 ★★★☆☆
핵심포인트
발문에 '다음 글의 내용이 참일 때'라는 표현이 제시되어 있으므로 '독해형 논리' 유형임을 알 수 있다. 지문에서 기호화할 필요가 있는 문장을 골라 빠르게 기호화하여 <보기>의 참과 거짓 여부를 판별한다.

기호화가 필요한 문장을 정리하면 다음과 같다.

- 지혜 → ~정열
- 정열 → 고통
- 사랑 → 정열
- 정열 → ~행복
- ~지혜 → 사랑 ∧ 고통 피하고자
- ~고통 → 지혜

ㄴ. 세 번째 명제와 네 번째 명제를 연결하면 '사랑 → 정열 → ~행복'이므로 '사랑 → ~행복'은 반드시 참이다.

ㄷ. 첫 번째 명제와 세 번째 명제의 대우를 연결하면 '지혜 → ~정열 → ~사랑'이므로 '지혜 → ~사랑'은 반드시 참이다.

ㄱ. 기호화한 문장으로는 '지혜 → 행복'이 반드시 참인지 알 수 없다.

11 논증의 타당성 정답 ⑤

<보기>는 지문의 <논증>에서 밑줄 친 ㉠~㉢에 어떤 전제를 추가했을 때 특정한 결론이 도출될 수 있는지를 물어보고 있다. 이는 전제로부터 결론이 도출될 수 있는지를 묻는 '논증의 타당성' 유형이므로 <보기>의 조건에 따라 형식적으로 타당한 논증인지를 판단한다.

ㄱ. ㉠은 "내가 더 일찍 태어나는 것은 상상할 수 없다."는 것이다. 그 근거로 나를 있게 하는 것은 특정한 정자와 난자의 결합이고, 내 부모님이 10년 앞서 임신할 수 있었다고 해도 내가 아니라 나의 형제가 태어났을 것이라는 점을 제시한다. 그런데 냉동 보관된 정자와 난자가 수정되어 태어난 사람의 경우를 고려하면, 그 정자와 난자는 나를 태어나게 하는 특정한 것이고, 냉동 보관의 방식으로 내가 더 일찍 태어날 수 있는 가능성이 있게 된다. 따라서 이러한 경우를 고려하면 ㉠이 거짓이 되므로 적절하다.

ㄴ. "어떤 사건이 가능하면, 그것의 발생을 상상할 수 있다."라는 전제는 "어떤 사건의 발생을 상상할 수 없으면, 그 사건은 가능하지 않다."와 동일한 의미이다. 따라서 "내가 더 일찍 태어나는 것은 상상할 수 없다."는 ㉠에 "어떤 사건이 가능하면, 그것의 발생을 상상할 수 있다."라는 전제를 추가하면, "내가 더 일찍 태어나는 것은 가능하지 않다."는 결론이 도출된다. 이는 곧 ㉡의 내용이므로 ㉠에 "어떤 사건이 가능하면, 그것의 발생을 상상할 수 있다."라는 전제를 추가하면, ㉡을 이끌어 낼 수 있으므로 적절하다.

ㄷ. "태어나기 이전의 비존재는 나쁘다."는 ㉢에 "태어나기 이전의 비존재가 나쁘다면, 내가 더 일찍 태어나는 것이 가능하다."라는 전제를 추가하면, "내가 더 일찍 태어나는 것이 가능하다."라는 결론이 도출된다. 이는 "내가 더 일찍 태어나는 것은 불가능하다."는 ㉡의 부정이 된다. 또한 ㉢에 "태어나기 이전의 비존재가 나쁘다면, 내가 더 일찍 태어나는 것이 가능하다."라는 전제를 추가하면, ㉡의 부정을 이끌어 낼 수 있으므로 적절하다.

> ⏱ **빠른 문제 풀이 Tip**
>
> 전제로부터 결론이 도출될 수 있는지를 묻는 문제는 논증의 타당성을 묻는 문제이다. 논증의 타당성은 내용이 아니라 형식적으로 접근하는 것이 필요하므로 밑줄 그어진 문장 위주로 기호화가 가능한 문장은 기호화하여 논증의 구조를 단순화시키는 것이 효율적이다.

12 독해형 논리 정답 ③

지문이 줄글 형태로 제시된 '독해형 논리' 유형이므로 지문에서 기호화할 필요가 있는 문장을 골라 빠르게 기호화하여 <보기>의 참과 거짓 여부를 판별한다.

기호화가 필요한 문장을 정리하면 다음과 같다.

- 공직 자세 → 리더십
- 글로벌 → 직무 & 전문성
- ~리더십 or ~전문성

ㄱ. 위의 세 문장을 연결하면 '공직 자세 → ~글로벌'이 도출된다. 따라서 갑은 <공직 자세 교육과정>을 이수하지 않거나 <글로벌 교육과정>을 이수하지 않는다는 것은 반드시 참이다.

ㄴ. 두 번째 명제의 대우명제는 '~직무 or ~전문성 → ~글로벌'이다. 따라서 갑이 <직무 교육과정>을 이수하지 않는다면 <글로벌 교육과정>도 이수하지 않는다는 것은 반드시 참이다.

ㄷ. 갑이 <공직 자세 교육과정>을 이수하지 않는다는 것은 주어진 정보로는 알 수 없다.

13 독해형 논리 · 정답 ⑤

난이도 ★★★★☆
핵심포인트
주어진 조건에 새롭게 입수한 '정보'를 더해 결론이 도출되어야 하므로 그 정보는 결론을 도출하는 '전제'의 역할을 하는 것이다.

정답 체크
지문에 제시된 문장을 기호화하면 다음과 같다.
· 명제 1: 월 → 수
· 명제 2: 화 → ~수
· 명제 3: 수 & 목
· 결론: ~월 & 목
결론으로 '~월 & 목'이 도출되려면 '수 & 목' 영역이 '월' 영역과 겹치지 않아야 한다. 따라서 새롭게 입수한 정보로 적절한 것은 "월요일에 참석한 시험위원 중에는 목요일에 참석한 시험위원은 없다."는 것이다.

> **⏱ 빠른 문제 풀이 Tip**
>
> 추가해야 할 전제를 찾는 문제는 발문이 다양한 형태로 출제된다. 결론을 도출하는 데 부족한 정보를 찾는 문제는 추가해야 할 전제 찾기 문제로 판단하고 논리 기호화하여 접근한다.

14 논리 퀴즈 · 정답 ③

난이도 ★★★☆☆
핵심포인트
지문에 제시된 가언명제를 간단히 기호화하고 기호화한 문장들을 연결하여 선택지에 제시된 문장의 참, 거짓 여부를 판별한다.

정답 체크
지문에 제시된 문장을 기호화하면 다음과 같다.
· 명제 1: 가은 → 나은 & 다은
· 명제 2: ~나은 → 라은
· 명제 3: 가은 or 마은
명제 1에 따르면 다은이 프로젝트에 참여하지 않으면 가은은 프로젝트에 참여하지 않고, 명제 3에 따르면 가은이 프로젝트에 참여하지 않으면 마은이 프로젝트에 참여한다. 따라서 다은이 프로젝트에 참여하거나 마은이 프로젝트에 참여한다는 것은 반드시 참이다.

오답 체크
① 명제 1에 따르면 나은이 프로젝트에 참여하지 않으면 가은이 프로젝트에 참여하지 않는다. 따라서 가은이 프로젝트에 참여하지 않으면 나은이 프로젝트에 참여한다는 것은 반드시 참이 아니다.

② 다은이 프로젝트에 참여하면 마은이 프로젝트에 참여하는지는 알 수 없다.

④ 라은이 프로젝트에 참여하면 마은이 프로젝트에 참여하는지는 알 수 없다.

⑤ 라은이 프로젝트에 참여하거나 마은이 프로젝트에 참여하는지는 알 수 없다.

15 독해형 논리 · 정답 ④

난이도 ★★★★☆
핵심포인트
빈칸 주변을 확인하면 전제 자리에 빈칸이 제시되어 있으므로 추가해야 할 전제를 찾는 문제이다.

정답 체크
기호화가 필요한 문장을 정리하면 다음과 같다.
· 전제 1: 강 주무관 & 남 주무관 → 폐기
· 전제 2: 폐기 or 도 주무관
· 전제 3: 강 주무관 or 남 주무관
· 전제 4: ~(강 주무관 & ~남 주무관)
· 전제 5: ~폐기
· 결론: 전제 중 거짓 있음
전제 1~전제 5를 모두 참이라고 가정하면, 전제 1, 4, 5로부터 '~강 주무관'이라는 결론이 도출되고, 전제 2로부터 '도 주무관', 전제 3으로부터 '남 주무관'이라는 결론이 도출된다. 따라서 빈칸에 '남 주무관이 업무 평가에서 S등급을 받은 경우, 도 주무관은 전보 발령 대상이 아닙니다'가 들어가면, 전제 중 거짓이 있다는 결론이 도출될 수 있다.

오답 체크
① 빈칸에 '남 주무관은 업무 평가에서 S등급을 받았습니다'가 들어가면, 전제 중 거짓이 있다는 결론이 도출되지 않는다.

② 빈칸에 '강 주무관은 업무 평가에서 S등급을 받지 못했습니다'가 들어가면, 전제 중 거짓이 있다는 결론이 도출되지 않는다.

③ 빈칸에 '도 주무관이 전보 발령 대상이 아닌 경우, 문공 팀 제안서가 폐기됩니다'가 들어가면, 전제 중 거짓이 있다는 결론이 도출되지 않는다.

⑤ 빈칸에 '강 주무관이 업무 평가에서 S등급을 받은 경우, 남 주무관도 업무 평가에서 S등급을 받습니다'가 들어가면, 전제 중 거짓이 있다는 결론이 도출되지 않는다.

p.232

01	②	개념 이해	06	①	견해 분석	11	④	개념 이해	16	②	논증 평가	21	③	독해형 논리
02	⑤	구조 판단	07	①	원칙 적용	12	②	원칙 적용	17	②	견해 분석	22	①	논증의 타당성
03	⑤	논지와 중심 내용	08	②	독해형 논리	13	③	독해형 논리	18	③	밑줄 추론	23	③	논증 평가
04	④	빈칸 추론	09	④	논리 퀴즈	14	②	개념 이해	19	③	논증의 타당성	24	⑤	논증의 비판과 반박
05	③	구조 판단	10	③	글의 수정	15	⑤	논증의 타당성	20	③	논증 평가	25	②	견해 분석

복습 가이드

맞힌 문항 수에 따른 복습 가이드를 확인하여 자신의 실력을 점검하고, 취약한 부분을 보완해 보세요.

맞힌 문항 수	복습 가이드
21문항 이상	언어논리에 대한 기본기를 충분히 갖추고 있습니다. 자신이 가장 취약하다고 생각하는 유형을 파악하고 해당 유형의 '문제풀이 핵심 전략'을 빠르게 복습합니다. 그 후, 틀린 문제를 집중적으로 반복해서 풀이하여 실전 감각을 유지할 수 있도록 합니다.
16~20문항	언어논리 문제를 제한시간에 맞춰 빠르고 정확하게 푸는 연습이 필요합니다. 따라서 교재의 틀린 문제를 정해진 시간 내에 풀고 맞히는 연습을 합니다. 또한 틀리거나 풀지 못한 유형의 문제는 해설을 꼼꼼히 확인하여 동일한 유형의 문제를 다시 틀리지 않도록 연습해야 합니다.
10~15문항	언어논리에 대한 기본기가 조금 부족한 편입니다. 교재에서 자신이 잘 모르거나 자주 틀리는 유형을 집중적으로 학습하여 부족한 부분을 보완한 후, 문제를 여러 번 반복해서 풀면서 실전 문제 풀이에 대한 정확도를 높일 수 있도록 해야 합니다.
9문항 이하	언어논리에 대한 기본기가 많이 부족한 편입니다. 교재의 '문제풀이 핵심 전략'이 완벽하게 이해될 때까지 여러 번 반복해서 풀이 전략을 적용하는 연습을 해야 합니다. 그 후, 교재에 수록된 모든 문제를 꼼꼼히 풀이하면서 각 유형에 대한 이해가 확실히 되었는지 점검할 수 있도록 합니다.

01 개념 이해

정답 ②

난이도 ★★★☆☆
핵심포인트
지문에 세부적인 정보가 많이 제시되고, 구조가 잡히지 않으므로 선택지에 제시된 핵심적인 단어를 기준으로 전체 맥락을 파악한다. 이 문제의 경우 선택지에 '황국신민화', '친일파'라는 단어가 있으므로 해당 단어를 중심으로 내용을 파악한다.

정답 체크
두 번째 단락에서 친일파는 황국신민화의 이상이 실현되면 조선인과 일본인 그 누구도 우월한 지위를 가질 수 없다는 일제의 주장을 맹신하였고, 이러한 단계에 도달하기 위해서는 먼저 조선인 스스로 진정한 '일본인'이 되기 위한 노력을 다해야 한다고 선동하였다고 했으므로 친일파는 조선인들이 노력하기에 따라 일본인과 같은 황민이 될 수 있다고 믿었음을 알 수 있다.

오답 체크
① 첫 번째 단락에서 황국신민화의 논리는 조선인이 황국의 진정한 신민으로 거듭난다면 일왕과 신민의 관계가 군신 관계에서 부자 관계로 변화하여 일대가족국가를 이루게 된다는 것이므로 군신 관계가 강화되는 것은 아님을 알 수 있다.
④ 두 번째 단락에서 친일파는 내선의 차별을 해소하기 위해 오히려 제국의 황민으로 인정받겠다는 조선인의 자각과 노력이 우선되어야 한다고 보았다고 했으므로 먼저 일본이 조선인에게 참정권을 허용해야 한다는 주장은 하지 않았음을 알 수 있다.
⑤ 첫 번째 단락에서 황국신민화의 구호는 조선인의 민족의식과 저항정신을 상실하게 하려는 일제의 기만적 통치술이었다고 했으나 일제가 황국신민화의 논리로써 일본인과 조선인이 중심부와 주변부의 관계로 위계화된 현실을 극복하고자 했는지는 알 수 없다.

02 구조 판단

정답 ⑤

난이도 ★★★★☆
핵심포인트
글에서 알 수 있는 선택지를 골라야 하는 문제는 지문에 제시된 정보로는 판단 불가능한 '알 수 없는' 내용이 오답으로 선택지화 된다. 따라서 선택지를 판단할 때, 지문의 내용을 자의적으로 해석하여 지문에 제시된 정보만으로는 판단할 수 없는 정보를 판단 가능한 것으로 착각하지 않도록 확정적인 정보에 주의를 기울여야 한다. 이 문제의 경우 고려 시대 불화에 대한 내용을 다루고 있으므로 이에 대한 확정적인 정보에만 주목하는 것이 필요하다.

정답 체크
두 번째 단락에 따르면 윗단에는 부처가 그려져 있고 아랫단에 보살이 그려져 있는 구도의 불화에 대해, 어떤 미술사학자들은 이러한 배치 구도를 두고 신분을 구별하던 고려 사회의 분위기가 반영된 것이 아닌가 생각하기도 했으므로 고려 시대의 불화 중 부처가 윗단에 배치되고 보살이 아랫단에 배치된 구도를 지닌 그림에는 신분을 구별하던 고려 사회의 분위기가 반영되어 있다고 보는 학자들이 있음을 알 수 있다.

오답 체크
① 세 번째 단락에서 충선왕 때 숙창원비는 관음보살이 등장하는 불화를 주문 제작한 적이 있음을 알 수 있지만 해당 불화에 아미타불이 함께 등장하는지, 이를 왕궁에 보관했는지는 알 수 없다.
② 첫 번째 단락에서 고려 시대에는 귀족들 사이에서 그림을 전문으로 그리는 승려로부터 불화를 구입해 자신의 개인 기도처인 원당에 걸어두는 행위가 유행처럼 번졌음은 알 수 있지만, 승려들이 귀족의 주문을 받아 불화를 사찰에 걸어두었는지는 알 수 없다.
③ 두 번째 단락에 따르면 고려 시대에 그려진 불화에는 부처가 윗단에 그려져 있고 아랫단에 보살이 그려진 경우는 있지만, 석가여래가 귀족으로 묘사되었는지는 알 수 없다.
④ 세 번째 단락에서 고려 불화의 크기가 다소 크다고 했으나, 그림이 큰 이유는 제시되어 있지 않으므로 당시 화가들 사이에 여러 명의 등장인물을 하나의 그림 안에 동시에 표현하는 관행이 자리 잡은 것이 그 이유인지는 알 수 없다.

03 논지와 중심 내용

정답 ⑤

난이도 ★★★☆☆
핵심포인트
글의 논지를 찾는 문제이므로 지문에서 필자가 말하고자 하는 가장 중요한 문장을 파악한다. 이 문제의 경우 첫 번째 단락의 마지막 문장에서 문제를 제기하고 있으므로 이에 대한 답이 곧 글의 핵심 논지가 된다.

정답 체크
첫 번째 단락 마지막 문장의 '그러나 과연 현대 인문학은 이러한 상식적인 주장들을 감당할 수 있을까?'라는 문제제기에 대해 필자는 마지막 단락에서 '인문학이 자연과학처럼 객관적 지식을 추구하는 학문이 되면서, 인문학은 인격을 변화시키고 삶의 의미를 제공해 주던 전통적 기능이 상실되고 그 존재 가치를 의심받게 되었다.'라고 답하고 있다. 따라서 선택지 중 이러한 답변과 가장 비슷한 핵심 논지를 찾으면 '현대 인문학은 객관적 지식을 추구하는 학문이 되면서 인간의 삶을 풍요롭게 만드는 본연의 역할을 하지 못한다.'가 가장 적절하다.

① 마지막 단락에서 현대 인문학자는 인문주의자가 아니라 전문 직업인이 되었다고 했으나 필자는 이에 대해 부정적인 견해를 제시하고 있으므로 전문 직업인으로서의 위상을 가져야 한다는 것은 글의 논지로 적절하지 않다.

③ 두 번째 단락에서 현대 인문학이 인문적 삶과 활동에 대한 이차적 활동이라고 했으나, 이것이 이차적 반성인지는 알 수 없다. 또한 인문학이 자연과학처럼 객관적 지식을 추구하는 학문이 되면서 자연과학적 지식과 변별된다고 보기도 어려우므로 글의 논지로 적절하지 않다.

④ 두 번째 단락에서 인간은 의식주라는 생물학적 욕구와 물질적 가치의 추구 외에 정신적 가치들을 추구하며 사는 존재이지만 그렇다고 이것이 그대로 인문학의 가치를 증언하는 것은 아니라고 했으므로 현대 인문학의 위기가 생물학적 욕구와 물질적 가치가 정신적 가치보다 중시됨으로써 초래된 것이라는 것은 글의 논지로 적절하지 않다.

04 빈칸 추론

정답 ④

난이도 ★★★★☆
핵심포인트
빈칸에 들어갈 내용을 추론하기 위해 빈칸 주변에서 단서를 잡는다. 이 문제의 경우 ㉠ 앞의 '전체 돼지 사육 두수는 크게 증가하여'라는 표현과 ㉠ 뒤의 '밀집된 형태에서 대규모로 돼지를 사육'이라는 표현에 주목하여 ㉠에 들어갈 내용을 선택지에서 찾아야 한다. 또한 ㉡ 앞의 '정리하자면'과 뒤의 '소비자들이 가축을 통해 전염병에 노출될 가능성을 높인다'는 내용에 주목하여 ㉡에 들어갈 내용을 선택지에서 찾는다.

㉠: 농장의 수는 100만 곳에서 10만 정도로 줄었고 전체 돼지 사육 두수는 크게 증가하였으므로 '농장당 돼지 사육 두수는 늘고 사육 면적당 돼지의 수도 늘어난' 밀집된 형태에서 대규모로 돼지를 사육하는 농장이 출현한 것이라는 내용이 가장 적절하다.

㉡: 오늘날의 개별 소비자들은 적은 양의 육류가공제품을 소비하더라도, 엄청나게 많은 수의 가축과 접촉한 결과를 낳는다고 했으므로 육류가공제품 소비량이 증가한다는 것은 ㉡에 들어갈 내용으로 적절하지 않다. 따라서 오늘날의 변화된 축산업은 소비자들이 가축을 통해 전염병에 노출될 가능성을 높인다는 내용에 따라 '가축 간 접촉이 늘고 소비자도 많은 수의 가축과 접촉한' 결과를 야기한다는 내용이 가장 적절하다.

05 구조 판단

정답 ③

난이도 ★★★☆☆
핵심포인트
'구조 판단' 유형은 지문에 많은 정보가 제시될 확률이 높다. 이 경우 제시된 정보를 모두 체크하는 방식보다는 선택지에서 묻고 있는 핵심어 중심으로 지문을 정리할 기준을 잡아주는 것이 효율적이다. 이 문제의 경우 선택지에 '내농포', '금원', '내전', '중궁전', '동궁' 등 궁궐의 건물 이름이 제시되어 있으므로 이를 중심으로 내용을 파악한다.

궁궐 남쪽에서 공간적으로 가장 멀리 위치한 곳은 중궁전이 아니라 궁궐 북쪽 산자락에 위치한 후원이다. 따라서 궁궐 남쪽에서 공간적으로 가장 멀리 위치한 곳이 중궁전이라고 추론할 수 없다.

① 세 번째 단락에 따르면 후원에는 내농포가 있었는데, 후원을 금원이라고도 불렀으므로 내농포는 금원에 배치되었다고 추론할 수 있다.

② 두 번째 단락에서 내전은 왕과 왕비의 공식 활동과 일상적인 생활이 이루어지는 공간이었고, 왕이 일상적으로 기거하는 연거지소는 왕이 주요 인물들을 만나 정치 현안에 대해 의견을 나누는 곳이었다고 했으므로 내전에서는 국왕의 일상생활과 정치가 병행되었음을 추론할 수 있다.

⑤ 두 번째 단락에 따르면 동궁은 차기 왕위 계승자인 세자의 활동 공간인데, 세자는 다음 왕위를 이을 사람으로 '떠오르는 해'라는 상징적 의미를 가졌기 때문에 동궁이라 불리기도 하였다. 따라서 동궁은 세자가 활동하는 공간의 이름이기도 하고 세자를 가리키는 별칭이기도 하였음을 추론할 수 있다.

⏱ 빠른 문제 풀이 Tip
지문에 개념이 비교·대조되는 등 정보의 구조가 잘 잡혀 있는 경우, 지문의 구조를 살펴보면 문제를 빠르게 풀이할 수 있다.

06 견해 분석

정답 ①

난이도 ★★★★☆
핵심포인트
두 명 이상의 견해가 제시되는 경우 지문이 매우 길게 제시될 가능성이 높다. 선택지에 경험론자들의 견해와 생득론자들의 견해가 제시되어 있으므로 세부적인 정보보다는 각각의 견해에 주목하여 내용을 파악한다.

정답 체크

몰리눅스의 물음은 태어날 때부터 시각장애인인 사람이 둥근 공 모양과 정육면체의 형태 등을 단지 손으로 만져서 알게된 후 어느 날 갑자기 눈으로 사물을 볼 수 있게 된다면, 그 사람은 손으로 만져보지 않고도 눈 앞에 놓인 물체가 공 모양인지 주사위 모양인지 알아낼 수 있을 것인지이다. 이에 대한 실험의 결과, 각 환자들이 답을 맞힌 비율은 50%, 즉 둘 중 아무 것이나 마구 고른 경우와 거의 차이가 없었으므로 인간이 태어날 때 이미 외부의 정보를 처리하는 데 필요한 관념들을 가지고 있는 것은 아니라는 결론이 도출되었다. 경험론자의 견해는 '모든 관념과 지식은 경험에 의해 형성된다.'이고, 생득론자들의 견해는 '인간이 태어날 때 이미 외부의 정보를 처리하는 데 필요한 관념들을 가지고 있다.'이므로 몰리눅스의 물음에 부정적인 답변이 나와 경험론자들의 견해가 강화되었다고 볼 수 있다.

⏱ 빠른 문제 풀이 Tip

발문은 '연구결과에 대한 판단'이지만, 선택지를 보면 몰리눅스의 물음과 경험론자들의 견해와 생득론자들의 견해가 반복적으로 제시되어 있으므로 이들의 견해를 찾는 문제라 판단하고 접근하는 것이 효율적이다.

07 원칙 적용 정답 ①

난이도 ★★★★☆
핵심포인트
발문에서 ㉠에 따를 때 도덕적으로 허용될 수 없는 것만을 <보기>에서 고르라고 했으므로 지문에서 ㉠인 A원리의 내용을 파악한다. 이 문제의 경우 지문에 밑줄이 그어져 있어 형태적으로는 밑줄 추론 유형으로 보이지만, 결국 A원리라는 하나의 원리·원칙을 제시하고 이를 <보기>의 사례에 적용하는 원칙 적용 문제임을 알 수 있다.

정답 체크

ㄱ. 적국의 산업시설을 폭격하면 그 근처에 거주하는 다수의 민간인이 처참하게 죽게 되고 적국 시민이 그 참상에 공포심을 갖게 되어, 전쟁이 빨리 끝날 것이라는 기대감에 폭격하는 행위는 무고한 사람의 죽음 자체를 의도하는 것이므로 ㉠에 따를 때 도덕적으로 허용될 수 없다.

오답 체크

ㄴ. 뛰어난 심장 전문의가 어머니의 임종을 지키기 위해 급하게 길을 가던 중 길거리에서 심장마비를 일으킨 사람을 발견했으나 그 사람을 치료하지 않고 어머니에게 가는 행위는 무고한 사람의 죽음 자체를 의도하는 것이라 볼 수 없다.

ㄷ. 브레이크가 고장 난 채 달리고 있는 기관차의 선로 앞에 묶여 있는 다섯 명의 어린이를 구하기 위해 다른 선로에 홀로 일하고 있는 인부를 보고도 그 선로로 기관차의 진로를 변경하는 행위는 무고한 사람의 죽음 자체를 의도하는 것이라 볼 수 없다.

⏱ 빠른 문제 풀이 Tip

<보기>에 사례가 제시된 '원칙 적용' 유형은 내용 자체의 완벽한 이해에 치중하기보다는 원칙의 특징을 나타낼 수 있는 핵심어를 체크하고, 이 핵심어가 <보기>의 핵심어와 연결되는지 판단하면 문제를 빠르게 풀이할 수 있다.

08 독해형 논리 정답 ②

난이도 ★★★★☆
핵심포인트
발문에 '다음 글의 내용이 참이라고 할 때'라는 표현이 있으므로 '독해형 논리' 유형으로 판단하고 접근한다. 지문에서 기호화할 문장을 골라 빠르게 기호화하되, '우리는 양심과 도덕의 문제에 관심을 가질 필요가 있을 뿐만 아니라 그런 문제에 관심을 갖지 않을 수 없다.'와 '우리는 분명히 그럴 수 없다.'와 같이 확정적인 정보를 제시하는 문장을 주목한다.

정답 체크

기호화가 필요한 문장을 정리하면 다음과 같다.

· 명제 1: 진화 ∧ 유전자 → ~자유 의지
· 명제 2: ~자유 의지 → ~관심
· 명제 3: 관심
· 명제 4: ~유전자 → 포기
· 명제 5: ~포기

ㄱ. 명제 2의 대우와 명제 3에 의해 인간에게 자유 의지가 있다는 것은 반드시 참이다.

ㄷ. 명제 2의 대우와 명제 3에 의해 '자유 의지'가 참으로 확정되고, 명제 4의 대우와 명제 5에 의해 '유전자'가 참으로 확정되므로 이를 명제 1의 대우에 적용하면 '~진화'가 참으로 확정된다. 따라서 진화 심리학의 가르침은 옳지 않다는 것은 반드시 참이다.

오답 체크

ㄴ. 명제 4의 대우와 명제 5에 의해 '유전자'가 참으로 확정되므로 유전자 결정론은 옳지 않다는 것은 반드시 참이 아니다.

ㄹ. 현대 생물학은 인간의 자유 의지를 설명할 수 없다는 것은 지문의 내용만으로 참·거짓 여부를 판단할 수 없다.

09 논리 퀴즈
정답 ④

난이도 ★★★★★

핵심포인트

발문에 '다음 세 진술이 모두 거짓일 때'라는 표현이 있으므로 '참·거짓 퀴즈' 문제임을 알 수 있다. 이때 지문에 제시된 명제는 조건 명제이므로 명제를 기호화하여 명제 간 연결 관계를 파악한다.

정답 체크

제시된 세 진술을 기호화하면 다음과 같다.

· {(A ∨ B) ∧ ~(A ∧ B)} ∨ (~A ∧ ~B)
· B ∨ C → D
· ~C ∧ ~D

세 진술이 모두 거짓이라 했으므로 이를 참인 명제로 바꾸어주면 다음과 같다.

· A ∧ B
· (B ∨ C) ∧ ~D
· C ∨ D

첫 번째 명제에 의해 A와 B는 모두 전시되고, 두 번째 명제에 의해 D는 전시되지 않는 것이 확정된다. 세 번째 명제에 의해 C는 반드시 전시된다. 따라서 A~D 중 전시되는 유물은 A, B, C 총 3개이다.

10 글의 수정
정답 ③

난이도 ★★★★☆

핵심포인트

밑줄 친 ㉠~㉢을 더 명료하게 만들기 위해 밑줄 친 부분을 보완해야 하는 문제이므로 지문을 처음부터 읽으면서 밑줄 친 ㉠~㉢ 부분을 읽을 때 선택지를 함께 확인하며 읽는다. 지문의 세부적인 내용보다는 밑줄 친 부분을 보충한 선택지의 내용이 전체 맥락에 어긋나는지 아닌지를 확인하는 방식으로 접근한다.

정답 체크

㉢의 뒤에 이어지는 문장을 통해 '통일된 단체'라는 생각이 '코무니타스'를 거꾸로 인식하는 잘못된 것임을 알 수 있다. 따라서 어원적으로 볼 때 '코무니타스'는 개인들이 유기적으로 융합된 단일체를 의미한다고 보충하는 것은 '코무니타스'의 원래 의미를 설명해야 하는 문맥의 흐름과 반대되므로 적절하지 않다.

오답 체크

① ㉠에서 '공동'의 기존 의미를 설명하는 내용이 보충되어야 하므로 '공동'은 '속성', '가지고 있는 것', '고유한 것' 등의 의미와 연관되어 있다고 보충하는 것은 적절하다.

② ㉡에서 '공동'에 대한 오늘날의 이해를 설명하는 내용이 보충되어야 하는데, 바로 뒤 문장에서 공동의 것은 고유성이나 정체성과 관련이 없다고 했으므로 현대어 사전들에서 '공동'은 '어떠한 개인에게도 고유하지 않은 것'을 의미한다고 보충하는 것은 적절하다.

④ ㉣의 뒤 문장에서 '무누스'는 공동 소속이나 공동 속성이 아니라 우리가 다른 사람에게 빚지고 있는 무엇이라고 했으므로 '무누스'는 다른 사람을 위해서 의무적으로 해야 하는 직무나 역할을 의미한다고 보충하는 것은 적절하다.

⑤ ㉤의 앞 문장에서 '공동체'를 공동의 소속감이나 정체성을 찾아서 비슷한 사람들끼리 서로 인정하는 집단으로 해석해서는 안 된다고 했으므로 진정한 공동체란 정체성의 장벽을 허물고 다른 공동체에게 속한 사람들과도 끊임없이 접촉하는 공동체라고 보충하는 것은 적절하다.

11 개념 이해
정답 ④

난이도 ★★★★☆

핵심포인트

지문에 세부적인 정보가 많이 제시되고, 구조가 잡히지 않으므로 선택지에 제시된 핵심적인 단어를 기준으로 전체 맥락을 파악한다. 이 문제의 경우 선택지에 '수열'에 대한 언급이 보이므로 이 부분에 주목하여 내용을 파악한다.

정답 체크

컴퓨터가 만들어 내는 수열 중에서 인간의 능력으로 예측하기 어려운 것은 세 번째 단락에서 언급한 완전한 무작위적인 수열이 되기 위한 두 번째 조건이다. 그런데 세 번째 단락에서 수열 5, 8, 3, 1, 4, 5, 9, 4, 3, 7, 0은 얼핏 두 번째 조건을 통과하는 것처럼 보인다고 했으므로 컴퓨터가 만들어 내는 수열 중에는 인간의 능력으로 예측하기 어려운 것처럼 보이는 경우도 있음을 알 수 있다.

오답 체크

① 세 번째 단락에 따르면 컴퓨터는 완전히 무작위적인 수열을 만들어 내지 못하고 있고 앞으로도 불가능할 수밖에 없다. 그러나 인간이 완전히 무작위적인 규칙과 공식들을 컴퓨터에 입력할 수 있는지는 알 수 없다.

③ 두 번째 단락에 따르면 시작수는 사용자가 직접 입력할 수도 있고, 컴퓨터에 내장된 시계에서 얻을 수도 있으므로 사용자가 시작수를 직접 입력하지 않았다고 해서 컴퓨터가 어떤 수열도 만들어 낼 수 없는 것은 아님을 알 수 있다.

⑤ 세 번째 단락에 따르면 어떤 수열의 패턴이 인간의 능력으로 예측 가능하지 않다는 것과 모든 수가 거의 같은 횟수만큼 나와야 한다는 것이 완전히 무작위적인 수열이 되기 위한 두 가지 조건이다. 그러나 어떤 수열의 패턴이 인간의 능력으로 예측 가능하다면 그 수열에는 모든 수가 거의 같은 횟수만큼 나올 수밖에 없는지는 알 수 없다.

12 원칙 적용   정답 ②

난이도 ★★★★☆
핵심포인트
'원칙 적용' 유형은 수학이나 과학 분야의 생소한 소재가 출제되는
경우가 많다. 따라서 <보기>에서 반복되고 있는 용어를 확인하고
지문에서 그 용어의 개념이나 특징을 잡는 데 집중한다. 이 문제의
경우 <보기>에 '수학적 정리'라는 생소한 용어가 제시되고 있으므
로 이를 중심으로 내용을 파악한다.

정답 체크
ㄴ. 수학적 정리는 의심할 수 없는 공리를 바탕으로 연역하는 것이라고
했으므로 수학적 정리를 거부하려면, 공리 역시 거부해야 함을 추론
할 수 있다.

오답 체크
ㄱ. 수학적 정리는 의심할 수 없는 공리를 바탕으로 연역하는 것이라고
했으므로 연역적으로 증명된 것이 무조건 수학적 정리라고 추론할
수 없다.

ㄷ. 수학적 정리는 오차 없이 측정되는 것과 관련되는 개념이 아니라 공
리를 바탕으로 연역적 증명을 통해 결론을 내리는 것이다. 따라서 어
떤 삼각형의 세 각의 합이 오차 없이 측정되었다면, 그 결과는 수학적
정리로 받아들일 수 있다는 것은 추론할 수 없다.

13 독해형 논리   정답 ③

난이도 ★★★★☆
핵심포인트
추가해야 할 전제를 찾는 문제는 독해형 논리 문제의 대표적인 형
태이므로 독해보다는 논리로 접근하는 것이 효율적이다. 결론을 내
는 데 필요한 전제를 찾아 기호화하여 빠진 연결고리를 찾는 방식
으로 접근한다.

정답 체크
기호화가 필요한 문장을 정리하면 다음과 같다.
· 전제 1: 갑순 ∨ 을순 ∨ 병순 ∨ 정순
· 전제 2: 갑순 ∨ 정순
· 전제 3: ~갑순 → 병순
· 결론: 병순
전제 3에 따라 '병순'이라는 결론이 도출되기 위해서는 '~갑순'이 필요
하다. <보기>에서 '~갑순'이라는 표현이 들어가 있는 것을 찾으면 '을
순이 급식 지원을 받으면, 갑순은 급식 지원을 받지 않는다.'이고, 여기서
'~갑순'이 도출되기 위해서는 '을순이 급식 지원을 받는다.'가 필요하다.

빠른 문제 풀이 Tip
추가해야할 전제를 찾는 문제는 결론을 찾는 것이 가장 중요하다. 따라
서 가장 먼저 결론을 찾아 기호화하고 그 결론이 나오기 위해 어떤 전제
가 필요한지를 역순으로 거슬러 올라가며 찾는다.

14 개념 이해   정답 ②

난이도 ★★★☆☆
핵심포인트
지문에 제시된 정보를 바탕으로 지문에 직접적으로 제시되지 않은
2차적인 정보를 찾아내는 문제이다. 이러한 경우에는 제시된 정보
를 통해 알 수 있는 내용까지만 추론한다.

정답 체크
ㄴ. 두 번째 단락에서 이미 18세기 이후 영국에서는 타르를 함유한 그을
음 속에서 일하는 굴뚝 청소부들이 다른 사람들보다 피부암에 더 잘
걸린다는 것이 정설이었다고 했으므로 19세기에 타르와 암의 관련성
이 이미 보고되어 있었음을 추론할 수 있다.

오답 체크
ㄱ. 두 번째 단락에서 담배 두 갑에 들어 있는 니코틴이 화학적으로 정
제되어 혈류 속으로 주입된다면, 그것은 치사량이 된다고 했을 뿐이
므로 화학적으로 정제된 니코틴이 폐암을 유발하는지는 추론할 수
없다.

ㄷ. 니코틴과 타르는 모두 지문에서 언급되었으나 동시에 신체에 흡입될
경우 폐암 발생률이 급격히 증가하는지는 추론할 수 없다.

15 논증의 타당성   정답 ⑤

난이도 ★★★☆☆
핵심포인트
선택지를 보면 전제로부터 결론이 도출될 수 있는지를 묻는 '논증의
타당성' 유형임을 알 수 있다. 따라서 주어진 논증을 간단히 정리하
여 형식적으로 타당한 논증인지를 파악한다.

정답 체크
제시된 논증을 간단히 정리하면 다음과 같다.
· 전제1: 절대빈곤 → 나쁜 일
· 전제2: ~소홀 ∧ 막을 수 있는 절대빈곤 존재
· 전제3: ~소홀 ∧ 막을 수 있는 나쁜 일 존재 → 막아야 함
· 결론: 막아야 하는 절대빈곤 존재

전제1과 전제2를 연결하면 전제3의 전건을 만족한다. 따라서 이 논증은 전제1, 2, 3이 참이면 결론 역시 참이 되는 구조의 타당한 연역논증이다. 따라서 다른 전제를 추가하지 않아도 주어진 전제만으로 결론은 타당하게 도출될 수 있다.

오답 체크

② 모든 전제가 참일 때 결론이 반드시 참이 되는 구조이므로 전제1을 논증에서 빼면 전제2와 전제3만으로는 결론이 도출될 수 없다.

③ 제시된 논증에서는 비슷하게 중요한 다른 일을 소홀히 하지 않고도 막을 수 있는 절대빈곤이 존재함을 전제하므로 비슷하게 중요한 다른 일을 소홀히 해도 막을 수 없는 절대빈곤이 있다고 해도 결론은 도출될 수 있다.

④ 제시된 논증에서는 비슷하게 중요한 다른 일을 소홀히 하지 않고도 막을 수 있는 절대빈곤이 존재함을 전제하므로 절대빈곤을 막는 일에 비슷하게 중요한 다른 일을 소홀히 하게 되는 경우가 많다고 해도 결론은 도출될 수 있다.

16 논증 평가

정답 ②

난이도 ★★★★☆
핵심포인트

<가설>을 강화하는 사례가 아닌 것은 <가설>의 내용과 같은 방향의 진술이 아닌 사례를 <보기>에서 골라내라는 의미이다. 따라서 지문의 <가설>의 내용에 초점을 맞추어 내용을 파악한다.

정답 체크

ㄴ. 물질 B의 농도는 파충류의 성 결정에 영향을 미치지 않으며 관련도 없다. 따라서 물질 B의 농도는 수컷만 생산하는 온도에서 부화되고 있는 알보다 암컷만 생산하는 온도에서 부화되고 있는 알에서 더 높다는 것은 <가설>을 강화하는 사례가 아니다.

오답 체크

ㄱ. <가설>에서 물질 A와 물질 C의 비율은 단백질 '가'와 단백질 '나'의 비율과 동일하다고 했으므로 단백질 '나'가 많다는 것은 물질 C가 많다는 것과 동일한 의미이다. 수컷의 경우 물질 C가 물질 A보다 농도가 더 높다고 했으므로 수컷만 생산하는 온도에서 부화되고 있는 알은 단백질 '가'보다 훨씬 많은 양의 단백질 '나'를 가지고 있다는 것은 <가설>을 강화하는 사례이다.

ㄷ. 수컷만 생산하는 온도에서 부화되고 있는 알에 고농도의 물질 A를 투여하여 물질 C보다 그 농도를 높였더니 암컷이 생산되었다는 것은 물질 A가 많을 경우 암컷이 된다는 의미이므로 <가설>을 강화하는 사례이다.

17 견해 분석

정답 ②

난이도 ★★★★★
핵심포인트

지문이 갑, 을, 병의 대화체로 제시되어 있으므로 각각의 중심 견해를 찾는 데 집중한다. '견해 분석' 유형은 지문에서 각각의 주장이 대비되거나 동일한 주장이 동시에 제시될 수 있으므로 이러한 관계에 주목한다.

정답 체크

ㄴ. 갑과 병은 진품과 위조품을 구별할 수 있는 기준으로 시각적 특성을 들고 있으므로 시각적 특성만으로는 그 누구도 진품과 위조품을 구별할 수 없다면 이 둘의 예술적 가치가 같을 수 있다는 데 동의할 것임을 알 수 있다.

오답 체크

ㄱ. 갑은 시각적 특성을 강조하고, 을은 예술적 가치로서의 창의성을 강조하지만, 갑, 을 모두 예술적 가치로서의 창의성이 시각적 특성으로 드러나야 한다는 주장을 하고 있지는 않다. 따라서 예술적 가치로서의 창의성은 시각적 특성으로 드러나야 한다는 데 갑과 을이 동의하는지 알 수 없다.

ㄷ. 을은 메헤렌의 위조품이 결코 예술적 가치를 가질 수 없다고 했으므로 메헤렌의 위조품이 고가에 거래되는 이유가 그 작품의 예술적 가치에 있다는 데 동의하지 않을 것임을 알 수 있다.

18 밑줄 추론

정답 ③

난이도 ★★★★☆
핵심포인트

<보기>를 보면 경우에 따른 구매율 또는 마케팅 만족도를 비교하여 판단하는 문제임을 알 수 있다. 따라서 구매율과 마케팅 만족도를 기준으로 실험의 결과를 각각 정리하며 내용을 파악한다.

정답 체크

제시된 조건을 표로 정리하면 다음과 같다.

구분	A	B	C	D	E
사업 분야	드라마 수출	올림픽 개막	올림픽 폐막	게임 개발	음식 보급
지원 여부		○			
부가 가치					최하

· 조건 1: 지원 → ~최종 후보
· 조건 2: 올림픽 > 엔터테인먼트
· 조건 3: ~A ∨ ~C → B ∨ E
· 조건 4: D → ~A
· 조건 5: 최하 부가가치 → ~최종 후보

조건 1에 의해 B, 조건 5에 의해 E가 최종 후보에서 제외된다. 또한 조건 3의 대우에 의해 A와 C가 최종 후보가 되고, 조건 4의 대우에 의해 D가 최종 후보에서 제외된다. 이에 따라 A 또는 C 중 하나가 최종 선정되어야 하는데, 조건 2에 의해 올림픽 관련 단체인 C가 선정됨을 알 수 있다.

22 논증의 타당성   정답 ①

난이도 ★★★★☆
핵심포인트
명제의 내용이 아닌 논증 형식의 참·거짓 여부를 판단하는 문제이다. 논증의 형식이 같다는 것은 타당한 논증이 타당한 논증끼리 묶인 것, 타당하지 않은 논증이 타당하지 않은 논증끼리 묶인 것을 의미한다. 제시된 논증의 전제와 결론을 기호화하여 전제가 참일 때 결론이 반드시 참이 되는지 여부로 타당성을 판단한다. 특히 논증을 타당하게 만드는 법칙인 '후건 긍정법'과 논증을 부당하게 만드는 '후건 긍정의 오류'를 구분하는 데 유의한다.

정답 체크
ㄱ. 전제 1: 국립대학 교수 → 대통령에 의해 임용
전제 2: ~대통령에 의해 임용
결론: ~국립대학 교수
'후건 부정법'에 따라 전제가 참일 경우 결론이 반드시 참이므로 타당한 논증이다.

ㄴ. 전제 1: ~여당 지도부 지지 → 새로운 증세안 기각
전제 2: ~새로운 증세안 기각
결론: 여당 지도부 지지
'후건 부정법'에 따라 전제가 참일 경우 결론이 반드시 참이므로 타당한 논증이다.

ㄷ. 전제 1: 본선 2라운드에 진출 → 조별 리그에서 최소 1승
전제 2: B팀은 조별 리그에서 1승
결론: B팀은 본선 2 라운드에 진출
이는 전제 1의 '역'에 해당하는 논증으로 '후건 긍정의 오류'이므로 전제가 참이더라도 결론이 반드시 참이 되지는 않는 타당하지 않은 논증이다.

ㄹ. 전제 1: 총 강의 시간의 1/4 이상 결석 → F학점
전제 2: C군은 논리학 F학점
결론: C군은 논리학 1/4 이상 결석
이는 전제 1의 '역'에 해당하는 논증으로 '후건 긍정의 오류'이므로 전제가 참이더라도 결론이 반드시 참이 되지는 않는 타당하지 않은 논증이다.

따라서 형식이 같은 것은 (ㄱ, ㄴ)-(ㄷ, ㄹ)이다.

23 논증 평가   정답 ③

난이도 ★★★★☆
핵심포인트
선택지에서 가설 A나 가설 B를 강화하는지 약화하는지 여부를 묻고 있으므로 지문에서 가설 A와 가설 B의 내용을 판단한다.

정답 체크
호수나 강에는 인간의 생존을 위협하는 수인성 바이러스가 광범위하게 퍼져 있었으며 인간의 피부에 그에 대한 방어력이 없다는 사실은 인간이 오랜 물속 생활을 했다는 가설 A의 내용과 방향성이 반대이다. 따라서 가설 A를 약화한다.

오답 체크
② 털 없는 신체나 피하 지방 같은 현대 인류의 해부학적 특징들을 고래나 돌고래 같은 수생 포유류들도 가지고 있다는 사실은 인간이 오랜 물속 생활을 했다는 가설 A의 내용과 방향성이 같다. 따라서 가설 A를 약화하지 않는다.

④ 열대 아프리카 지역에서 고대로부터 내려온 전통 생활을 유지하고 있는 주민들이 옷을 거의 입지 않는다는 사실은 인간이 자신을 더 효과적으로 보호할 수 있는 의복이나 다른 수단들을 활용할 수 있었을 때 비로소 털이 없어지는 진화가 가능하다는 가설 B의 내용과 방향성이 반대이다. 따라서 가설 B를 강화하지 않는다.

⑤ 피부를 보호할 수 있는 옷이나 다른 수단을 만들 수 있는 인공물들이 사용된 시기는 인류 진화의 마지막 단계에 한정된다는 사실은 인류 진화 계통의 초기인 약 700만 년 전에 인간에게 털이 거의 없어졌다고 보고 있는 지문의 내용과 무관하다. 따라서 가설 B를 강화하지 않는다.

⏱ **빠른 문제 풀이 Tip**

'논증 평가' 유형은 평가의 대상이 선택지에 나타나므로 지문을 읽기 전에 선택지를 미리 파악한다. 이 문제의 경우 선택지에 '가설 A, B를 강화시킨다, 약화시킨다.'는 표현이 반복적으로 제시되고 있으므로 가설 A, B의 내용을 빠르게 파악한다.

난이도 ★★★★☆
핵심포인트
지문에 로빈슨과 코드의 견해가 제시되었으므로 두 사람의 견해, 즉 로빈슨과 코드의 주장을 찾는 데 집중한다. 특히 두 사람이 모두 아리스토텔레스에 대해 얘기하고 있으므로 이에 대한 견해의 차이가 무엇인지 중심으로 내용을 파악한다.

24 논증의 비판과 반박   정답 ⑤

난이도 ★★★★☆
핵심포인트
글의 논지에 대해 반론하는 것을 찾는 문제이므로 글의 논지가 무엇인지 찾는다. 지문에서 논지를 찾은 후, 선택지에서 이를 반박하는 내용을 찾으면 글의 논지에 대한 반론이 된다.

정답 체크

이 글의 논지는 '공화정 체제는 국민의 동의가 어렵기 때문에 전쟁이 일어나기 어렵지만, 군주제 하에서는 전쟁 선포의 결정이 지극히 손쉬운 일이다.'이다. 따라서 공화제 하에서도 국익이나 애국주의를 내세운 선동에 의해 국민들이 전쟁에 동의하게 되는 경우가 적지 않다는 것은 공화제 하에서는 전쟁이 일어나기 어렵다는 글의 논지를 반박하는 내용이 될 수 있으므로 글의 논지에 대한 반론으로 적절하다.

오답 체크

① 군주는 외교적 격식을 갖추지 않고도 전쟁을 감행할 수 있다는 것은 군주제 하에서는 전쟁 선포의 결정이 지극히 손쉬운 일이라는 글의 논지와 동일한 내용이다. 따라서 글의 논지에 대한 반론으로 적절하지 않다.

② 전쟁을 방지하기 위해서는 공화제뿐만 아니라 국가 간의 협력도 필요하다는 것은 글의 논지와 무관하다. 따라서 글의 논지에 대한 반론으로 적절하지 않다.

④ 지문에서는 공화제 국가가 전쟁이 일어날 가능성이 낮은 이유를 공화정 하에서 전쟁을 결정하려면 국민의 동의가 필요한데, 국민들이 위험 부담을 떠안으며 동의할 가능성이 없기 때문으로 보고 있다. 따라서 군주제 국가와 인접해 있는지 여부는 공화제 국가가 전쟁을 결정하는 이유와 무관하다. 따라서 공화제 국가라도 군주제 국가와 인접해 있을 때에는 전쟁이 일어날 가능성이 높다는 것은 글의 논지에 대한 반론으로 적절하지 않다.

정답 체크

ㄱ. 로빈슨은 아리스토텔레스가 '능동적 지성'이 신체로부터 단지 논리적으로 분리 가능한 것이 아니라 실제로 분리 가능한 것으로 본다고 여긴다고 했으므로 로빈슨에 따르면 아리스토텔레스는 심신이 실제로 분리 가능하다고 봄을 알 수 있다.

ㄹ. 코드는 물질적 신체와 비물질적 영혼을 구분하는 것은 데카르트 이후의 근대적인 구분법이라 보고 있으며, 로빈슨은 물질적 신체와 비물질적 영혼을 구분하고 있다. 따라서 코드에 따르면 로빈슨은 근대적 논리로 아리스토텔레스의 심신론을 해석한다고 간주할 수 있음을 알 수 있다.

오답 체크

ㄴ. 코드에 따를 때, 아리스토텔레스가 물질을 생명체보다 상위의 범주로 보는지는 알 수 없다.

ㄷ. 로빈슨에 따르면 아리스토텔레스는 비물질적인 지성을 인정하므로 지성이 물질적 속성을 가진다고 볼 수 없음을 알 수 있다.

부록

기출 출처 인덱스

기출 출처 인덱스

교재에 수록된 문제의 출처를 쉽게 확인할 수 있도록 출제 연도, 시험 유형, 책형, 문제 번호, 교재 수록 페이지 순으로 정리하였습니다. 기출문제 풀이 후 해당 유형을 찾아 학습할 때 활용할 수 있습니다.

5급공채

2025 대비 최신개정판

해커스PSAT
7급PSAT
기본서 언어논리

개정 5판 1쇄 발행 2024년 9월 6일

지은이	조은정
펴낸곳	해커스패스
펴낸이	해커스PSAT 출판팀

주소	서울특별시 강남구 강남대로 428 해커스PSAT
고객센터	1588-4055
교재 관련 문의	gosi@hackerspass.com
	해커스PSAT 사이트(psat.Hackers.com) 1:1 문의 게시판
학원 강의 및 동영상강의	psat.Hackers.com

ISBN	979-11-7244-139-5 (13320)
Serial Number	05-01-01

PSAT 교육 1위,
해커스PSAT **psat.Hackers.com**

ħ 해커스PSAT

· 해커스PSAT 학원 및 인강(교재 내 인강 할인쿠폰 수록)

공무원 교육 1위,
해커스공무원 **gosi.Hackers.com**

ħ 해커스공무원

· 공무원 특강, 1:1 맞춤 컨설팅, 합격수기 등 공무원 시험 합격을 위한 다양한 무료 콘텐츠
· 7급 PSAT 정답률을 높여주는 자료집! **치명적 실수를 줄이는 오답노트**